公共管理硕士（MPA）系列教材

公共部门经济学

（第三版）

高培勇　崔　军　编著

中国人民大学出版社
·北京·

图书在版编目(CIP)数据

公共部门经济学/高培勇，崔军编著．—3版．—北京：中国人民大学出版社，2011.1
（公共管理硕士（MPA）系列教材）
ISBN 978-7-300-13254-9

Ⅰ.①公…　Ⅱ.①高…②崔…　Ⅲ.①公共经济学-研究生-教材　Ⅳ.①F062.6

中国版本图书馆CIP数据核字（2010）第263990号

公共管理硕士（MPA）系列教材
公共部门经济学（第三版）
高培勇　崔　军　编著
Gonggongbumen Jingjixue

出版发行	中国人民大学出版社		
社　　址	北京中关村大街31号	**邮政编码**	100080
电　　话	010－62511242（总编室）		010－62511770（质管部）
	010－82501766（自营网店）		010－62514148（明德书店）
	010－62511173（销售部）		010－62515275（盗版举报）
网　　址	http://www.crup.com.cn		
经　　销	新华书店		
印　　刷	北京昌联印刷有限公司	**版　　次**	2001年9月第1版
开　　本	720 mm×1000 mm　1/16		2011年3月第3版
印　　张	25.5	**印　　次**	2025年11月第19次印刷
字　　数	445 000	**定　　价**	58.00元

《公共管理硕士（MPA）系列教材》编审委员会

出版说明

公共管理硕士（Master of Public Administration，MPA）专业学位研究生教育是以公共管理学科及其他相关学科为基础的研究生教育项目，其目的是为政府部门及非政府公共机构培养高层次的应用型专门人才。

我国的MPA教育始于1999年。1999年5月，国务院学位委员会第17次会议审议通过了《公共管理硕士（MPA）专业学位设置方案》；2001年10月，我国进行首次MPA招生考试；2002年3月，首批MPA研究生正式入学。经过十多年的发展，我国的MPA培养院校从最初的24所发展到2014年的200余所；截至2015年7月，全国MPA培养院校累计招收MPA研究生15万余人，授予MPA学位8万余人，MPA教育成为我国公共部门人才培养的重要渠道。

为了满足国内MPA教育对教材和教学参考资料的需要，不断探索和回应公共管理实践中的各种问题，同时反映国内外公共管理研究的最新成果，自2001年起，中国人民大学出版社组织有关专家编写“公共管理硕士（MPA）系列教材”。本套教材涵盖国务院学位办确定的《公共管理硕士专业学位培养方案（试行稿）》（2000年发布）和《公共管理硕士专业学位研究生指导性培养方案》（2012年发布）中规定的各门MPA核心课程教材，也包括公共管理各领域的专业方向必修课程教材及部分选修课程教材。本套教材不仅适合MPA学生使用，同时也可供公共管理学科的研究生及各级行政管理人员作为参考和培训资料使用。

“公共管理硕士（MPA）系列教材”力求体现如下特色：第一，系统完整，基本涵盖公共管理专业教育的主要知识领域；第二，反映国内外公共管理研究领域的最新成果，为公共管理领域的教育者、学生、实际工作者提供该领域的最新信息、资料及多视角思考空间；第三，反映MPA专业教育的特点，重视应用性，注重能力的培养，教材中除讲授一般理论知识外，还提供丰富的案例分析素材；第四，将中国传统的行政管理思想、国外先进的公共管理理论与中国政府的管理实践紧密地结合起来，理论联系实际。

在“公共管理硕士（MPA）系列教材”策划出版之初，中国人民大学出版社邀请国内公共管理领域有关专家成立了阵容强大的教材编审委员会。同时，本着将国内公共管理领域有影响的学校和有影响的学者都吸收进来以博采众家之长的原则，我们广邀全国各地公共管理知名学者，使得本套教材的作者突破了一个学校和一个区域的界限。参与本套教材编写工作的有中国人民大学、北京大学、清华大学、复旦大学、中山大学、厦门大学、南开大学、上海交通大学、北京师范大学、华中科技大学、国防科学技术大学、国家行政学院、中国社会科学院等国内知名高校及科研院所的学者，他们都是公共管理教育领域的专家，具有丰富的教学经验，同时又注重公共管理实践，能够较好地将理论和实践结合起来。

自2001年首本教材出版以来，“公共管理硕士（MPA）系列教材”受到了国内公共管理学界的广泛好评，被誉为“与中国MPA共同成长”的一套高质量的MPA教材。国内众多高校将本套教材选为MPA相关课程教材，“十二五”初期，本套教材的累计销量突破百万册，成为广受读者欢迎的MPA教材品牌。

随着公共管理教育和实践的不断发展，公共管理学科的研究和教育也在不断发展与完善，这就要求MPA教材也要不断修订和更新。在国内公共管理学界的热情支持下，我们编写的这套教材取得了一定的成绩。今后，还请广大读者，特别是在教学一线的MPA任课教师继续给我们反馈意见，对这套教材提出批评和建议，以帮助我们不断对相关教材进行修订和完善，实现这套教材“服务中国MPA教育事业，与中国MPA共同成长”的目标。

中国人民大学出版社

第三版编写说明

从2004年5月本书修订出版迄今，已有七年。这期间，根据形势变化和教学实践的需要，我们也在不断地补充、更新、完善讲稿。七年的时间走下来，这些补充、更新和完善的内容日渐成熟，便又有了对本书进一步修订的必要。于是，在中国人民大学出版社相关同志的支持下，本书的第三版与读者见面了。

相对于修订版（第二版）而言，第三版的主要变化可归结于以下几个方面：

1. 对第6章“公共支出增长及其经济分析”的内容作出调整。

(1) 在6.1中，剔除了较为陈旧的数据，增加了公共支出衡量指标的介绍，同时将本节标题改为“公共支出增长及其衡量指标”；

(2) 鉴于6.4“经合组织国家公共支出规模和结构的实证分析”的写作风格与第6章乃至本书的总体安排似不协调，且经合组织国家的支出情况已经发生变化而新的同口径数据又无法获得，所以将本节内容整体删除。

2. 对第14章“公债管理与宏观经济调控”中的14.3“公债管理的经济效应”一节内容进行了重新梳理，语言亦重新进行了组织。

3. 对第16章“财政政策”的内容进行重组。

(1) 将原16.2“相机抉择的财政政策”和原16.3“自动稳定的财政政策”两节内容合二为一，冠以标题“财政政策的类型”；

(2) 为保持本章内容的系统性与写作风格的连续性，将原16.4“供给学派的财政政策主张”一节内容删除；

(3) 考虑到“财政政策与货币政策的协调配合”相关内容对于保持“财政政策”知识体系完整性的重要作用，本章将其增补为一节，即16.3；

(4) 针对本轮全球经济危机应对过程中，国际社会普遍意识到的各国调控政策协调问题的重要性，本章增加了16.4“国际宏观经济政策协调”。

4. 对各章“本章阅读书目”栏目中的书目进行了调整。当然，凭借教学实践的体会，本次调整主要做的是“减法”。

除此之外，在第三版中，我们也对本书文字、图表、格式、体例（尤其是图表）中的个别细微之处予以调整，其中有些是由于资料陈旧或情况已变，进行了更新；有些是因为错误或不当，做出了修正。

是以说明。

高培勇　崔　军

2011年1月22日

第二版前言

● 早在2001年9月本书的第一版发排之前，人大出版社的同志就曾一再建议我们写一篇前言，对本书的意图、内容、特点等问题做一个基本的交代。但在那个时候，一来中国的公共管理硕士教育刚刚起步，许多观点都在探索中，对于它们的教学特点，我们心中没有太多的底数。二来中国的公共部门经济学也尚在建设之中，以什么样的线索编写适用于公共管理硕士教学需要的公共部门经济学教材比较适当，我们也只能试探着着手，没有太多的把握。再加上时间紧，诸事缠身，故而前言之事一拖再拖，最终未能交稿。

本书出版并投入教学之后，使用它的学生和教师比较认同，各方面的需求一再跃升。在不足两年的时间里，已经连续加印三次之多。我们对此总算有了一些底数，也有了一点自信，因而也就有了动手写前言的勇气。

公共部门经济学是一门关于公共部门——亦称政府部门——经济活动的科学。或者说，公共部门经济学的研究对象是公共部门经济活动的规律性。要研究它的规律性，就得有一条贯穿始终的主线。尽管公共部门经济活动的表现多种多样，纷繁复杂，事实上它是存在着一条主线的。在我们看来，这条主线不是其他别的什么东西，而是围绕公共部门经济活动发生的收入与支出。

本书正是循着公共收支这条主线来设计架构、取舍内容的。这可说是本书的一大特点。

既然以公共收支作为主线，就体系和内容来讲，它同我们熟悉的财政学教材便有了颇多相似之处。因为，传统的财政学就是按照所谓“收（入）”、“支（出）”、“管（理）”、“平（衡）”线索构建起来的。但是，不能把本书简单地等同于传统的财政学。二者还是存在着一定的差别的。

从学科发展史看，公共部门经济学是诞生于财政学基础之上的。从关于公共部门收支活动的科学——财政学——到关于公共部门经济活动的科学——公共部门经济学，其中的两个因素可能起了关键性的作用：

一是以宏观经济分析为主要特色的凯恩斯主义经济学的产生。它把财政学一下子推到了经济学科体系的前沿地带。凯恩斯主义对于财政学的最大理论贡献，就在于把财政作为调节经济、实现经济稳定发展的重要工具来使用。甚至认为，在政府干预经济的两大主要手段——财政政策和货币政策——中，财政政策是最重要的。于是，财政学的研究领域开始从微观向宏观扩展，逐步转向以宏观为主；财政学的研究内容也由单纯地研究公共收支管理本身，扩展至研究财政收支总量及其结构对于经济的影响和作用，并将重点放到了如何通过财政收支的安排来消除通货膨胀和失业，实现经济的稳定发展上。财政学研究范围和研究内容的这一变化，催生了以整个政府部门的经济活动为研究对象的公共部门经济学。

另一个因素是以市场经济眼光注解政府活动的所谓“新公共管理理论”的出现。按照政府部门实质上是一个特殊的产业部门——即所谓“产业型政府”——的理解，有关公共部门经济活动的几乎全部的事项，说到底就是生产或提供公共物品或服务。将这个线索应用于财政学，可以看到，作为其研究对象的公共收支活动所折射、所反映的，正是公共部门经济活动的核心内容——围绕政府为生产或提供公共物品或服务而筹集财源、拨付经费的活动。既然相对于其他线索上的政府经济活动而言，公共收支活动是居于“牵一发而动全身”地位的，那么，在主要着眼于公共收支活动本身的财政学基础上，以公共部门的收支活动为主线，构建涵盖整个政府部门的经济活动的公共部门经济学体系，也就有了相应的条件。

● 作为公共管理硕士教学的主干课程，本书旨在阐述公共经济学的基本原理，给学生提供一个有关公共部门经济活动规律性的基本知识架构。相对而言，本书对实践层面的东西涉及不多。要弥补这方面的缺憾，可在系统掌握本书内容的基础上，联系自身工作，进一步阅读偏重实践层面内容的公共管理硕士教材或其他相关文献。

● 本书的先修课是微观经济学和宏观经济学，因此，本书的体系和内容是在假定学生已经熟悉了有关微观经济学和宏观经济学知识的基础上进行安排的。

未修过这两门课程的读者，或可提前补修，或可在教学进程中，陆续补修这两门先修课的有关内容。

● 同本书第一版相比，修订版的最大变化，就是增加了第5篇——政府间财政关系理论。作为公共部门经济学的理论体系中一个重要内容，不同级次政府之间的财政关系未能进入第一版的视野，一直是我们的缺憾。利用这次修订的机会，我们补充了这部分的内容。

修订后的本书结构，分为5篇18章：

第1篇包括1～4章，侧重于公共部门经济活动一般原理的阐释。第1章讨论市场和政府的关系。这一章通过对资源配置效率、市场机制失灵、政府经济活动的范围以及公共部门的经济职能等问题的分析，旨在给出研究公共部门经济理论的基本线索。以此为起点，第2、3和4章分别讨论了公共部门经济领域的三个重要理论范畴：外部效应、公共物品和公共选择。对于外部效应和公共物品的讨论，重点在于说明外部效应、公共物品与资源配置效率的关系，以及将矫正外部效应、提供公共物品列入公共部门经济职能范围的原因。对于公共选择的讨论，则旨在将公共部门经济决策同政治程序联系起来，用经济学的方法来阐释公共收支决策的制定过程。

第2篇包括5～7章，侧重于公共支出理论以及相关制度的阐释。第5章讨论的是公共支出的分类及其经济影响；第6章重点考察公共支出的增长趋势，以描述有关公共支出增长模型为线索，阐释了导致公共支出增长的种种因素。第7章是对公共部门预算决策效率（主要是针对公共支出效益）的分析，主要介绍了进行公共部门预算决策效益分析的两种方法：机会成本分析和成本—效益分析。

第3篇包括8～13章，侧重于阐释公共收入理论及其制度结构。第8章概括讨论了公共收入的主要形式，先后进入考察视野的有税收、公债、政府引致的通货膨胀、对政府的捐赠、使用费和规费。9～13章则着力于对税收理论及其制度结构的阐释。第9章讨论税收原则理论，突出说明了税收公平和税收效率两个方面的原则。第10、11章讨论税种分类、税制结构和税收制度，从税种分类的各种方法以及税制结构的设计原理入手，着力考察了当今西方国家的三大课税体系：对所得的课税、对财产的课税和对商品的课税。第12章是对税收效应的分析，依次考察税收与生产者行为、消费者行为、劳动投入、私人储蓄、私人投资等方面的关系，进而指出了税收在这些方面所可能产生的经济影响。第13章是对税收的转嫁与归宿进行全方位的分析，在阐述了税收转嫁与归宿的含义和形式之后，着力说明了针对税收转嫁与归宿的两种分析方法：局部均衡分析和一般均衡分析。

第 4 篇包括 14～16 章，侧重于阐释公共部门宏观经济理论。第 14 章以公债管理与宏观经济调控作为标题，介绍关于公债的一般理论观点，并在对公债管理的两种效应——流动性效应和利息率效应——做出相应界定的基础上，重点讨论了公债管理作为一种宏观经济调控手段的传导作用机制及其同财政、货币政策的协调配合问题。第 15、16 章则转入对财政政策以及作为其理论基础的财政乘数的讨论。这两章提供了一个分析公共部门经济活动对经济均衡作用的理论框架。

第 5 篇包括第 17、18 章，侧重于阐释政府间财政关系理论。第 17 章研究的是政府间财政关系，主要从财政分权理论，中央与地方财政各自职能的合理界定，中央与地方政府间事权、财权的科学划分，以及分税制财政管理体制四个方面来分析政府间财政关系问题。第 18 章考察的是政府间转移支付制度，主要介绍了政府间转移支付的基本理论、世界各国的政府间转移支付制度。

在编写本书的过程中，我们给自己设定了三个方面的目标：第一，传统与现代相融合，提供一个比较完整的公共部门经济学体系。第二，贴近现实，尽可能将最新的研究成果融入其中。第三，用人们易于理解的语言和形式去解释抽象和复杂的问题。不故弄玄虚，将本来简单的问题复杂化。

本书亦可根据需要，在酌情做加法或减法的基础上，供政府部门工作人员培训或自学参考之用。

限于水平和时间，本书难免有错误和不当之处，敬请批评指正。

高培勇　崔　军

2003 年 8 月

目 录

第1篇 公共部门经济学基础理论

第 3 篇　公共收入理论

第 4 篇　公共部门宏观经济理论

第 1 篇

公共部门经济学基础理论

第 1 章

市场与政府

在当今的中国，我们生活的市场环境称之为社会主义市场经济体制。在这个体制环境中，市场是资源配置的主体，我们可以通过市场获取日常生活所需要的大部分物品或服务。但是，市场并非是满足我们需要的唯一渠道，它无法满足我们所有的需要。对于市场满足不了的需要，只能求助于另一个能够保证人民生活和经济社会运行的系统——政府部门。正因为如此，市场与政府之间相互依存、相互补充，共同担负着满足人们生活需要的任务。

本章的基本思路是：从社会资源配置效率的评判入手，分析市场机制的缺陷，揭示政府部门经济活动的必要性。以此为基础，界定政府部门经济活动的范围和公共部门的经济职能。

重点问题

- 资源配置效率的实现条件
- 市场失灵与政府经济活动的范围
- 公共部门的经济职能

1.1 资源配置的效率

1.1.1 资源配置效率的含义

经济学家将社会资源的合理配置视为经济学的核心问题，并把“效率”作为衡量社会资源配置状况的标准。

那么，如何把握和理解资源配置效率的含义呢？

如果经济社会中只有一个人，资源配置效率的含义是很容易说清楚的。经济学家常用的是鲁滨孙的例子。这位处在荒岛之上的英国人清楚地了解其可以利用的全部资源以及可供其使用的技术手段。对于自己所需物品的种类、数量以及对各种物品的偏好顺序，他也了然于胸。于是，他根据自己的需要顺序安排生产，产出的构成将使他获得满足。如果有一天他的需要发生了变化，他可以改变资源的用途，从而生产出新的物品构成，使之与他新的需求相吻合。所以，鲁滨孙与其所生产的各种物品之间的关系是一目了然的。然而，鲁滨孙的例子不过是一个故事，现代经济生活中的资源配置要复杂得多。在一个包含众多消费者，而且通过商品交换关系联系起来的现代化经济社会中，有多少消费者，几乎就有多少种需求偏好结构。如何安排出一种人人都满意的生产秩序，即达到社会资源的最佳配置状态，则不是一个容易的问题。

在经济学家们看来，对资源配置效率含义最严谨的解释是由意大利经济学家V. 帕累托（Vilfredo Pareto，1848—1923）作出的。按照帕累托的理论，如果社会资源的配置已经达到这样一种状态，即任何重新调整都不可能在不使其他任何人境况变坏的情况下，而使任何一人的境况更好，那么，这种资源配置的状况就是最佳的，也就是具有效率的。如果达不到这种状况，即可以通过资源配置的重新调整而使得某人的境况变好，而同时又不使任何一人的境况变坏，那就说明资源配置的状况不是最佳的，也就是缺乏效率的。这就是著名的帕累托效率准则。

实际上，在现实经济生活中，帕累托效率是不可能完全实现的。大多数的经济活动都可能是以其他人境况变坏为条件而使某些人的境况变好。帕累托效率准则的意义，不过是为实行市场经济的社会提供了一种最合理配置资源的理想状态。所以，可以将帕累托效率准则的实际含义解释为：经济活动上的任何措施，都应当使“得者的所得多于失者的所失”，或者从全社会看，“宏观上的所得要大于宏观上的所失”。如果做到了这一点，资源的配置就可以说是具有效率的。

1.1.2 资源配置效率的实现条件

在得到了上述关于资源配置效率的定义之后，资源配置效率的实现条件便可以运用边际分析的方法直接给出。

为此，有必要界定社会总效益、社会总成本、社会边际效益和社会边际成本等几个概念。

一种物品的社会总效益（total social benefit，TSB）是指人们从消费一定量的该种物品中所得到的总的满足程度。一种物品的社会边际效益（marginal social benefit，MSB），则是指人们对该种物品的消费量每增加一个单位所增加的满足程度。社会边际效益可以通过人们为增加一个单位的某种物品的消费量而愿付出的货币最高额来测定。例如，如果每条面包的社会边际效益是 2 元，那么，消费者为获得一条面包将愿意放弃相当于 2 元的其他物品的消费支出；同时，其境况不会因此而较前变好或变坏。如果消费者可以用低于 2 元的价格获得一条面包，其境况将会因此而较前变好。一种物品的社会边际效益随其数量的增加而倾向于减少。

一种物品的社会总成本（total social cost，TSC）指的是为生产一定量的物品所需要消耗的全部资源的价值。一种物品的社会边际成本（marginal social cost，MSC）指的是每增加一个单位该种物品的生产量所需增加的资源消耗的价值。社会边际成本可以通过为补偿因增加一个单位的某种物品的生产量所消耗的资源价值而需付出的货币最低额来测定。例如，如果每条面包的社会边际成本为 1 元，这一数额就是生产者在保证其境况不会较前变坏的条件下，为补偿因生产该条面包所消耗的生产要素投入而需付出的货币最低额。倘若他们出售每条面包所获取的收入超过 1 元，其境况将会因此而较前变好。倘若他们出售每条面包所获取的收入少于 1 元，其境况就会因此而较前变坏。一种物品的社会边际成本随其数量的增加而倾向于增加。

可以用图 1—1 来说明某种物品的最佳产量的决定条件。其中，图 1—1（A）表示不同的面包产量条件下的社会边际效益（MSB）和社会边际成本（MSC）。图 1—1（B）表示生产这些面包的社会总效益（TSB）和社会总成本（TSC）。可以看出，社会边际效益的数额为 $\Delta TSB/\Delta Q$。其中，ΔTSB 是面包的社会效益变动额，ΔQ 是面包的单位产量变动额。因此，社会边际效益就是社会总效益曲线上的任意一点上切线的斜率。与此相似，社会边际成本，即 $\Delta TSC/\Delta Q$ 也就是社会总成本曲线上的任意一点上切线的斜率。

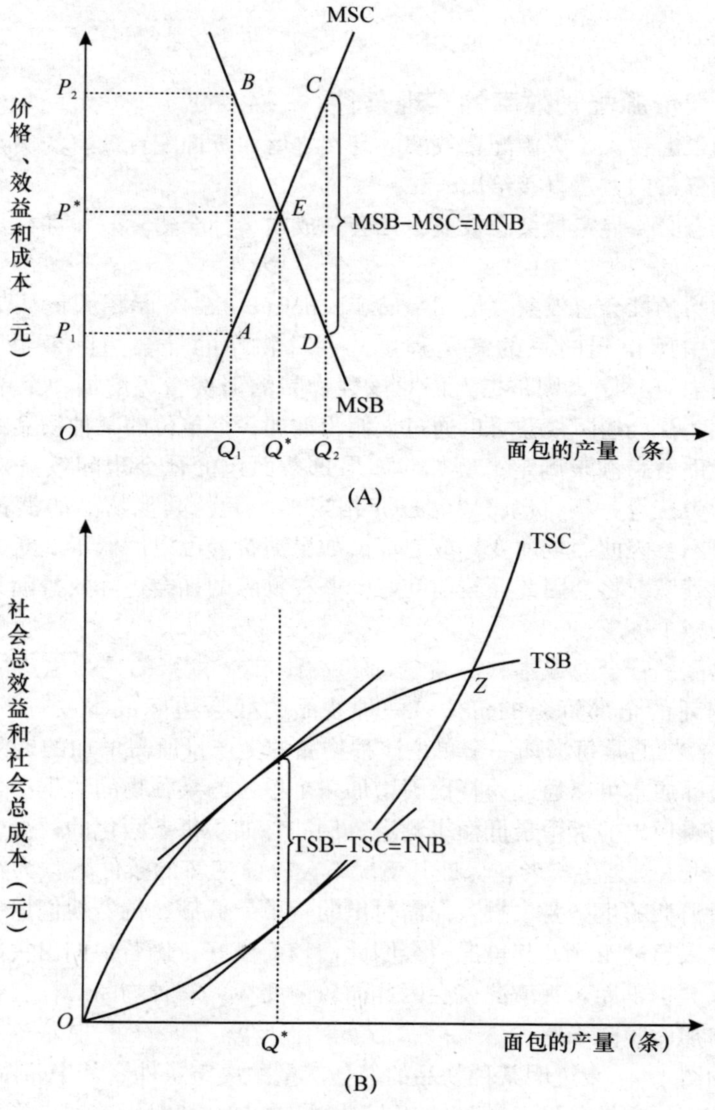

图 1—1　最佳产量的决定

面包的最佳产量可以通过比较其在不同的产量水平上的社会边际效益和社会边际成本来决定。从图 1—1（A）可以看出，Q_1＝10 000 条面包时的产量不是产量的最佳点。原因在于，在这个产量水平上面包的社会边际效益大于其社会边际成本。这意味着，消费者为增加消费一条面包所愿付出的货币最高额超过了生产者为补偿因增加生产一条面包所消耗的生产要素而需付出的货币最低额，同时，其境况又未因此而较前变坏。

比如，假定在 Q_1 的产量水平上，MSB＝2 元，MSC＝1 元。如果消费者为购买一条面包而付出了 2 元，则其境况并不因此而较前变坏。这是因为，这个消费者的社会边际效益是 2 元。如果生产者出售每条面包可以从购买者手中获取 2 元，其境况就会因此而较前变好。这是因为，这个生产者的社会边际成本只是 1 元。这就表明，10 000 条面包的产量不是最佳产量，生产者在这个产量水平上可以在不使任何消费者境况变坏的条件下，通过生产更多的面包而使自己的境况变好。

同样，在 10 000 条面包的产量水平上，如果消费者为获得一条面包所付出的货币数额为 1 元，其境况就会因此而较前变好。这是因为，他为获得一条面包而实际付出的货币额小于其愿意付出的货币最高额。如果生产者出售一条面包所得到的货币数额为 1 元，则其境况并不会因此而较前变坏。这是因为，他的边际成本已经得到了补偿。所以，在社会边际效益大于社会边际成本的条件下，至少会有一个消费者可以在不使面包生产者境况变坏的同时，使自己的境况较前变好。

易于看出，只要某种物品的社会边际效益大于其社会边际成本，至少有一人会随该种物品产量的增加而使自己的境况较前变好，同时又不会使其他任何人的境况较前变坏。可以用净边际效益（marginal net benefit，MNB）来表示一种物品的社会边际效益与其社会边际成本之间的差额。于是，可以据此得到这样一个结论：只要一种物品的净边际效益是正数，将更多的资源配置在这种物品的生产上，便会获得追加的效益。

进一步推理，为了使某种物品的效益最大化，该种物品产量的增加应当持续到这样一点上，即其社会边际效益等于社会边际成本，或其净边际效益为 0。如果该种物品的产量超过了这一点，其社会边际成本就会大于社会边际效益，从而其净边际效益就会为负数。这表明，用于该种物品生产的资源的追加，反而减少了该种物品的效益。换句话说，如果产量的增加超过了 Q^* ＝15 000 条面包的水平，消费者为获得一条面包而愿付出的货币数额将不足以补偿生产者因增加一条面包的生产而需消耗的生产要素的价值。这就意味着，当面包的产量超过了 Q^* 点之后，消费者便不能在不使生产者境况变坏的条件下而使自己的境况变好。

由此可见，实现资源配置效率最大化，即“帕累托效率”的条件是：配置在每一种物品或服务上的资源的社会边际效益均等于其社会边际成本。用公式表示，即为：

$$\text{MSB}=\text{MSC} \tag{1.1}$$

仍用前面的例子来说明，在图 1—1（A）中，MSB 和 MSC 曲线的相交点 E（在这一点上，MSB=MSC）决定了该种面包的有效产量为 $Q^*=15\ 000$ 条。如果产量处在 E 点的左边，即 MSB>MSC，表明每多生产一条面包所增加的效益大于生产这一条面包所消耗的成本。这时，还有潜在的效益没有获得，将更多的资源配置在该种物品的生产上，肯定可以得到追加的效益。ABE 的面积即为产量由 Q_1 增加到 Q^* 可能带来的追加的净效益。如果产量处在 E 点的右边，即 MSC>MSB，表明每多生产一条面包所增加的效益小于生产这一条面包所消耗的成本。这时有亏损，进行生产是不利的。减少在该种物品生产上的资源配置，至少有一人可以在不使其他任何人境况变坏的条件下，而使自己的境况较前变好。即是说，$Q_2=20\ 000$ 条不是该种物品的最佳产量。CED 的面积即为产量由 Q_2 减少到 Q^* 而可能带来的追加的效益。

只有在 MSB=MSC 时，即产量为 Q^* 时，配置在该种物品生产上的资源的总净效益（效益扣除成本）才实现了最大化。如图 1—1（B）所示，在产量为 Q^* 时，TSC 曲线的斜率等于 TSB 曲线的斜率。这时，两条曲线的垂直距离也最长，TSB－TSC 就是社会总效益扣除其社会总成本之后的剩余，而这正是该种物品的总净效益。若在此基础上继续追加资源投入，从而增加该种物品的生产，直至 TSB 等于 TSC［即图 1—1（B）中的 Z 点］，其结果反而会减少该种物品的总净效益。因为，这时的社会总效益和社会总成本之间的差额会减少至零，即处在 TSB=TSC 的点上。

根据上面的分析，可以得出如下结论：一种有效率的经济制度，可以使其全社会的资源配置满足这样一种条件，即每一种物品或服务的社会边际效益均等于其社会边际成本。

1.2　市场失灵与政府经济活动的范围

在以市场为资源配置主体的经济社会中，分析政府经济活动意义的起点是考察市场在资源配置中的作用。这需要从完全竞争的市场机制开始。

1.2.1　完全竞争市场的资源配置

在价格信号具有充分灵活性和伸缩性的基础上，完全竞争的市场机制能够使资源的配置达到最有效率的状态。其必要条件是：

1. 所有的生产资源都为私人所有；

2. 所有的交易都在市场上发生，并且每一个市场都有众多的购买者和销售者；

3. 没有任何购买者或销售者能够单独操纵价格；

4. 购买者和销售者都可以享有充分的信息；

5. 资源可以充分流动并且可以无任何阻碍地流向任何使用者。

我们来看一下满足这五个条件的完全竞争市场是如何实现资源的有效配置的。

先看消费者的购买行为。在决定某种物品的购买量时，消费者总要比较一下其货币支出（价格）与所能获得的满足程度（私人边际效益）。如果追加一个单位物品的消费给他带来的私人边际效益大于其必须为之付出的价格，他就会增加该种物品的购买量。如果追加一个单位物品的消费给他带来的私人边际效益小于其必须为之付出的价格，他就会减少该种物品的购买量。如此的调整将持续到他从最后一个单位物品的消费中所获得的私人边际效益恰好等于其必须为之付出的价格时为止。这时，他所获得的满足程度达到了最大化，消费者既不会增加购买量，也不会减少购买量。联系 1.1.2 部分的分析，消费者购买某种物品所获得的私人边际效益也就是该种物品所提供的社会边际效益。若以 P 代表价格，MPB 代表私人边际效益，MSB 代表社会边际效益，则上述条件可以用公式表示为：

$$P=\text{MPB}=\text{MSB} \tag{1.2}$$

再看生产者的销售（生产）行为。在决定某种物品的销售（生产）量时，生产者比较的是其增加销售（生产）一单位物品所消耗的成本（私人边际成本）与所能获得的货币收入（价格）。如果追加一个单位物品的销售（生产）所消耗的私人边际成本小于其所能获得的价格，他就会增加该种物品的销售（生产）量。如果追加一个单位物品的销售（生产）所消耗的私人边际成本大于其所能获得的价格，他就会减少该种物品的销售（生产）量。如此的调整会持续到他从最后一个单位物品的销售（生产）所获得的价格恰好等于其因此而消耗的私人边际成本时为止。这时，他所获得的利润实现了最大化。与前面的问题相似，生产者销售（生产）某种物品所消耗的私人边际成本也就是该种物品所消耗的社会边际成本。若以 P 代表价格，MPC 代表私人边际成本，MSC 代表社会边际成本，上述条件可以写成：

$$P=\text{MPC}=\text{MSC} \tag{1.3}$$

将公式（1.2）和公式（1.3）合并，可以得到公式（1.4）：

$$P=\text{MPB}=\text{MPC}=\text{MSB}=\text{MSC} \tag{1.4}$$

可以看出，由此决定的产量水平意味着，所有的消费者已将其消费量调整到了其私人边际效益等于该物品的价格的水平，所有的生产者已将其生产量调整到了其私人边际成本与该物品的售价相等的水平。

进一步看，如果消费者就是所出售物品的唯一受益者，且生产者承担了制造该物品的所有成本，那么，公式（1.4）也意味着该种物品的 MSB＝MSC。所以，该种物品市场的均衡点就是其最佳的产量点。如果这种条件在所有的市场上以及所有通过市场进行交易的物品上都得到了满足，那么，就意味着该经济社会中所有资源的配置达到了最佳状态，即实现了“帕累托效率”。

再回过头来看图 1—1（A）。MSB 曲线显然就是市场需求曲线，它反映了消费者在不同的面包产量下所愿意付出的最高价格。在完全竞争的市场上，MSC 曲线也就是市场供给曲线，它代表着生产者在任何水平的面包产量下所愿接受的最低价格。MSB 和 MSC 在 E 点相交，说明 E 点为该种面包的市场均衡点。由此决定了每条面包的价格为 $P^*=1.50$ 元，销售量为 $Q^*=15\,000$ 条。均衡价格 P^* 就是该种物品的最佳价格。这是因为，它同时代表着该种物品的社会边际效益和社会边际成本。均衡产量 Q^* 也就是该种物品的最佳产量。这是因为，在这一产量水平上：

$$P^*=1.50\text{ 元}=\text{MPB}=\text{MPC}=\text{MSB}=\text{MSC} \tag{1.5}$$

由此可以得出结论：当公式（1.5）的条件在所有的市场上和通过市场进行交易的物品或服务上都得到了满足时，完全竞争的市场机制可以通过供求双方的自发调节，而使资源配置达到最佳状态。

1.2.2 市场失灵

完全竞争的市场机制毕竟只是一种理论上的理想状态，在现实的经济生活中，它的五个必要条件不可能同时完全具备。而这五个条件如果缺少一个，市场机制在实现资源配置的效率方面就有可能出现运转失灵。经济学界将市场机制自身固有的缺陷称为“市场失灵”。正因为市场失灵的存在，公共部门的干预，即政府的经济活动就成为必要的了。

1. 效率的背离。导致市场运转失灵的基本原因在于价格信号并非总是能充分地反映社会边际效益和社会边际成本。具体说来，主要存在以下几个方面的现象：

（1）公共物品。公共物品（public goods）是具有共同受益或联合消费特征的物品。由于公共物品所提供的效用不能分割为若干单位，从而不能向个人或企业出售，也不能为其定价，市场的供给自然就成为无效的方式。诸如国防、公安、司法、防洪设施等等，便是公共物品的典型。很明显，它们不同于一般的物品。其效用的不可分割性使得消费者不愿为此付出价格，市场也无法通过供求双方的力量为其求得一种均衡价格。之所以如此，恰恰在于私人边际效益和社会边际效益、私人边际成本和社会边际成本在这类物品上发生了分离。在这种条件下，市场显然不能按照有效的产量水平供给这类物品，市场机制的作用在这类物品上的失灵，决定了政府部门介入该领域，担当起供给这类物品的责任。

（2）外部效应。所谓外部效应（externalities），指的是私人边际成本和社会边际成本之间或私人边际效益和社会边际效益之间的非一致性。其关键方面是指某一个人或厂商的行为活动影响了他人或其他厂商，却没有为之承担应有的成本费用或没有获得应有的报酬。这就决定了带有外部效应的物品，如果由市场供给，只能是过多或过少的，无法达到最佳的资源配置状态。因而政府也有必要在这一领域发挥自己的特殊作用，以非市场的方式矫正或解决带有外部效应的物品的供给问题。

（3）垄断。垄断的存在也是造成市场失灵的原因之一。当一个企业可以通过减少其所出售的物品的供给量，从而使得物品的出售价格高于该种物品的边际生产成本时，就发生了所谓“垄断”（monopoly）。垄断者实现利润最大化的办法是将其产量确定在边际效益（MPB）等于其私人边际成本的水平上。

如图1—2所示，对垄断性物品的需求曲线代表着其社会边际效益。假定垄断性物品的私人边际成本代表着生产最后一个单位物品所使用的所有生产要素的价值，即代表着社会边际成本，那么，该垄断企业的产量将为Q_M。Q_M是A点所决定的产量，而在A点上，MPB＝MSC。在这样的产量水平上，其价格将为P_M。P_M正是这种产量水平上的社会边际效益MSB_M。由于垄断者的边际效益低于该物品的价格，生产的社会边际成本也会低于该物品的价格。因此，在Q_M的产量水平上，P＝MSB＞MSC。而只要MSB＞MSC，资源配置的效率就不会实现。在图1—2中，三角形的阴影面积ABE代表着因垄断所造成的净效益损失。不难看出，如果能通过政府部门的干预，强迫垄断者增加产量，使其价格降至同社会边际成本相等的水平，即按照E点所决定的产量水平，将产量由Q_M增至Q^*，从而使得MSC＝MSB，便可以因此而获得ABE所代表的净效益。所以，政府有责任通过法律和经济手段保护有效竞争，纠正垄断对资源有效配置的扭曲。

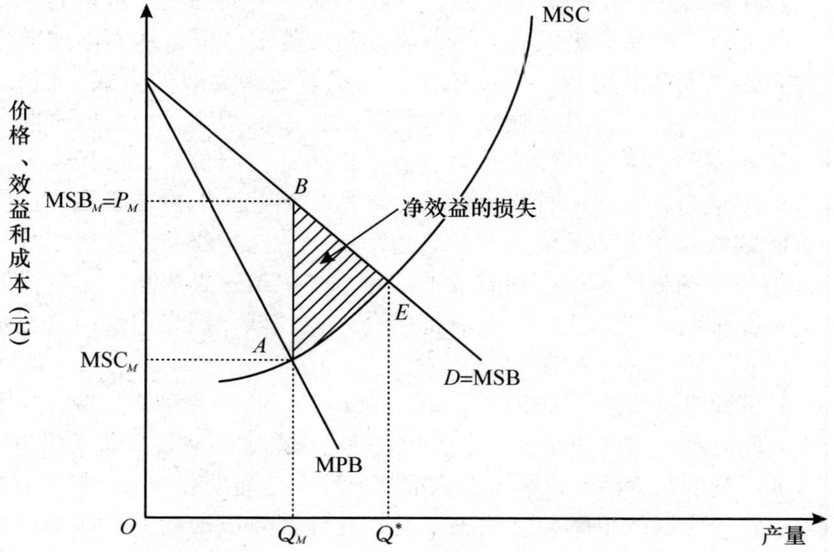

图 1—2　垄断所造成的净效益损失

市场机制在实现资源配置方面的失灵，不仅表现在微观经济领域，宏观经济领域同样存在着市场失灵的现象。

从微观上考察，资源配置的效率是可以运用帕累托效率准则来评判的。但是，若将该准则推广到宏观层面，则显得有些不够用了。宏观经济领域资源配置效率即宏观经济效率的评判，还需要借助于其他的指标，主要包括：就业水平、物价水平和经济增长状况。而自发的市场机制并不能自行趋向于充分就业、物价稳定和适度的经济增长。这一点早已被创立现代宏观经济理论与政策体系的凯恩斯学派所证明。在他们看来，自由放任的市场机制在实现宏观经济水平方面的失灵，一方面是由于价格信号在某些重要的市场上并不具有伸缩自如、灵活反应的调节能力；另一方面，从总供求角度看，不同经济主体在实现其经济利益上所具有的竞争性和排他性，也会使市场的自发力量不能经常保证总供求保持在充分利用资源的水平上。为此，唯有政府担负起对宏观经济的管理职能，经济才有可能获得稳定的增长。

2. 分配的不公。经济学家们还认为，效率并不是评判社会资源配置状况的唯一标准。在很多情况下，公平也是必须加以考虑的一个重要因素。

然而，在市场经济中可以观察到的一个基本事实是，由市场所决定的收入初次分配（即纳税前的收入分配）是极不公平的。这是因为，在市场机制的作用下，收入的分配状况是由每个人提供的生产要素（如劳动力、资本、土地等）的数量以及这些生产要素在市场上所能获得的价格决定的。显而易见，由于人们占有（或继承）财产情况的不同以及劳动能力的差别，由市场所决定的收入分配状况肯定高低悬殊。这不仅本身与社会公平的要求有违，而且会导致诸如贫困、富裕阶层中财富的浪费、社会冲突、低收入者阶层无法获得改善自己处境的机会等一系列不好的社会后果。所以，政府也有责任弥补市场机制的这一缺陷，将解决收入分配不公问题纳入其职责范围。

3. 经济的周期性波动。自发的市场机制并不能自行趋向经济的稳定增长，相反，由总需求和总供给之间的不协调而导致的经济波动是经常发生的。为此，需要政府运用宏观上的经济政策手段有意识地影响、调节经济，保证宏观经济得以稳定、均衡地向前发展。

1.2.3 政府经济活动的范围

在分析了市场机制失灵的若干方面之后，政府经济活动的范围便不难界定了。按照经济学家的推论，市场机制发生失灵的领域，也就是需要公共部门即政府发挥作用的范围。因此，我们可以对市场经济中政府的经济活动作一简短的归纳：

1. 提供公共物品。即由政府部门负责提供那些社会边际效益大于私人边际效益或者社会边际成本大于私人边际成本，因而不能通过市场有效供给的物品。

2. 矫正外部效应。即由政府部门采取措施来排除私人边际成本和社会边际成本以及私人边际效益和社会边际效益之间的非一致性。

3. 维持有效竞争。即由政府部门制定有关政策法令，实施禁止垄断、维持市场有效竞争的措施，以保证竞争性市场在资源配置方面的效率。

4. 调节收入分配。即由政府部门运用各种手段对有失公平的收入分配状况进行调节，解决市场经济条件下的收入分配不公问题。

5. 稳定经济。即由政府担当起维持经济稳定发展的责任，干预经济的运行。

1.3 公共部门的经济职能

在公共部门经济学中，公共部门经济、公共经济和公共财政是可以且经常互换的概念。公共部门的经济活动也就是公共财政的活动。因此，在界定了市场经济中政府经济活动范围的基础上，公共部门的经济职能或公共财政的职能便可以随之给出了。

从前面的分析不难作出这样的推论：在以市场为资源配置主体的经济社会中，只有在市场失灵的领域，政府部门的介入才是必要的。政府的介入，又是以政府的收支为基础的。政府的收支，就是政府的财政，即所谓公共财政。所以，公共部门的经济职能，应以市场失灵为标准，从纠正和克服市场失灵现象出发加以界定。公共部门所要解决的只能是通过市场不能解决，或者通过市场解决而无法令人满意的问题。

按照这样一种思路，可以作出如下的归纳：公共部门的职能，是指公共部门经济活动内在的、客观具有的经济功能，主要包括三项具体职能：资源配置职能、调节分配职能和稳定经济职能。

1.3.1 资源配置职能

所谓资源配置职能，指的是通过公共部门收支活动以及相应政策的制定、调整和实施，实现对社会现有的人力、物力、财力等社会资源结构与流向的调整与选择。通过调节地区结构、调节产业结构、调节资源在政府部门与非政府部门之间的配置结构等促进资源结构合理化。

资源配置也就是资源的使用方式和使用结构问题。市场在资源配置中起基础作用，在没有政府干预的条件下，市场会通过价格与产量的均衡自发地形成一种资源配置状态，但由于存在市场失灵和缺陷，市场自发形成的配置状态，不可能实现最优的效率结构。资源配置职能是由政府介入或干预所产生的，它的特点和作用是通过本身的收支活动为政府供给公共物品提供财力，引导资源的流向，弥补市场失灵和缺陷，最终实现全社会资源配置的最优效率状态。

那么，到底是什么原因使公共部门要履行资源配置这项经济职能呢？具体说来，主要有以下几个方面：

1. 公共物品的存在。公共物品的严格定义是保罗·萨缪尔森在《公共支出的纯理论》（The Pure Theory of Public Expenditure）一文中给出的。按照他的定义，纯粹公共物品指的是这样的物品，即每个人消费这种物品不会导致别人对该种物品消费的减少。①

---

① 参见［美］保罗·萨缪尔森：《公共支出的纯理论》，载《经济学和统计学评论》，1954（11）。

为了清楚地辨别公共物品同私人物品①的区别，经济学家们将萨缪尔森的定义加以引申，提出了公共物品具有与私人物品完全不同的三种特性：

第一，效用的不可分割性（non-divisibility）。即公共物品是向整个社会共同提供的，整个社会的成员共同享用公共物品的效用，而不能将其分割为若干部分，分别归属于某些厂商或个人享用，或不能按照谁付款谁受益的原则，限定为之付款的个人或厂商享用。②

第二，消费的非竞争性（non-rivalness）。即某一个人或厂商对某种公共物品的享用，并不排斥、妨碍其他人或其他厂商同时享用，也不会因此而减少其他人或其他厂商享用的数量或质量。③

第三，受益的非排他性（non-excludability）。即在技术上没有办法将拒绝为之付款的个人或厂商排除在公共物品的受益范围之外，或者说这样做成本太高。不论个人或厂商是否为之付款，都能从公共物品的提供中得到利益。或者说，任何个人或厂商都不能用拒绝付款的办法，将其所不喜欢的公共物品排除在其享用范围之外。

正因为公共物品具有上述三个特性，它们才不能由私人部门通过市场提供。这时，就发生了大卫·休谟（David Hume）早在1740年就指出的所谓“公共的悲剧”（tragedy of the commons）。

“公共的悲剧”形容的是这样一种情况，在一个经济社会中，如果有公共物品存在，“免费搭车者”（free rider）的出现就不可避免。但如果所有的社会成员都成为免费搭车者，最后的结果则是没有一个人能享受到公共物品的好处。中国古老的“一个和尚挑水吃，两个和尚抬水吃，三个和尚没水吃”的说法，其实也是用于形容“免费搭车者”这类“公共的悲剧”的。“公共的悲剧”实际上告诉

---

① 公共物品是相对于私人物品而提出的概念。私人物品的三个特性是：效用的可分割性、消费的竞争性和受益的排他性。

② 关于纯粹公共物品的这一特性，还可由下述定义看出：对一种私人物品来说，

$$X_j = \sum_{i=1}^{n} X_j^i$$

这就是说，物品 X_j 的总量等于每一个消费者 i 所拥有或消费的该物品数（X_j^i）的总和。它意味着私人物品是能在消费者之间分割的。对一种纯粹公共物品来说，

$$X_{n+i} = X_{n+j}^i$$

这就是说，对于任何一个消费者 i 来说，他为了消费而实际可以支配的公共物品的数量，就是该公共物品的总量 X_{n+j}。它意味着公共物品在一组消费者中是不可分割的。

③ 也可以使用另外一种表述方式，即当一种公共物品再增加一个消费者时，其边际成本为0。

我们，不能指望追求自身利益—效用最大化的个人会保证公共物品的供给。因此，休谟认为，公共部门的经济职能之一，就是在个人之间以及眼前利益与长远利益之间合理配置资源，从而实现全体社会成员的公共利益最大化。

可以用一个典型的例子来说明。

假定一个社会是由生活在一个孤岛上的渔民所组成的。经过了几次渔船与岩石相撞和搁浅之后，这个孤岛上的渔民感到有必要建造一个灯塔为渔船导航。显而易见，这样的灯塔一旦建成，对岛上的每一个渔民都可以带来益处，每个渔民都可以享用它所提供的效用，就是说，它的效用具有不可分割性；而且任何一个渔民对灯塔效用的享用不会排斥、妨碍其他渔民的同时享用，也不会因此减少其他渔民享用的数量和质量，这就是说它的消费具有非竞争性；同时，即使有个别渔民不参加灯塔建造或不为之承担费用，他照样可以享受灯塔导航的益处，没有办法因其未为此出力或出资而不准他享受灯塔的效用，就是说它的受益具有非排他性。可见，这样的灯塔是一种公共物品。

仍继续上面的例子。这样的灯塔对岛上的每个渔民来说无疑是有必要建造的。那么，采取什么方式才能建造呢？

一种方式是由私人，即某一渔民出资建造。这显然是不可行的，任何渔民都不能因为其出资建造了灯塔，而向享用灯塔导航效用的渔民收费，或禁止不肯交费的渔民在灯塔附近航行，他做不到这一点。另一种方式是组织渔民共同建造。渔民们可以召集在一起，共同制订建造计划，按照某一标准确定每个人应分摊的工时和费用，然后集体建造。然而，要做到这一点，必须满足下述两个条件之一：一是参与灯塔建造的渔民们有权强迫不肯合作的人离开这个岛屿；二是这个岛上没有不予合作的人存在。显然，这也是不可能的。第三种方式是由政府出面兴建。而政府一旦介入，前述的问题就迎刃而解了。政府在这方面的最大优势是它拥有强迫其所辖区域内的所有成员（如这个岛屿上的所有渔民）为类似灯塔这样的公共物品的建造出资或出力的权力。政府可以向其所管辖的人民征税，然后用来提供类似灯塔这样的公共物品。也就是说，政府一方面可以通过征税取得灯塔建造资金，另一方面可以将灯塔建造纳入政府支出，从而以非市场方式——财政手段提供类似灯塔这样的公共物品，实现资源在私人物品和公共物品之间的有效配置。

在政府以财政手段履行资源配置的职能方面，有许多例子。诸如国防、外交、宇宙空间探索、公安、司法、环境保护等等，这些都是经济学家们所列举的主要公共物品，也都是需要通过政府财政手段来提供的。

不过，有一点需要注意：以财政手段提供公共物品，并不意味着公共物品一定要由公共部门来直接生产。例如，供国防使用的军备用品无疑属于公共物品，但在西方国家，军备用品有相当大的部分是由政府出资交由私人部门生产的。

2. 外部效应的存在。在公共部门经济理论中，可以见到的有关外部效应的定义颇多。布坎南（J. M. Buchanan）和斯塔布尔宾（W. C. Stubblebine）1962年合作发表了一篇题为《外部效应》（Externality）的论文。在这篇论文中，他们对外部效应给出了自己的定义：只要某一个人的效用函数（或某一厂商的生产函数）所包含的变量是在另一个人（或厂商）的控制之下，就存在有外部效应。① 可以用公式表示为：

$$U^A = U^A\ (X_1,\ X_2,\ X_3,\ \cdots,\ X_n,\ Y_1) \tag{1.6}$$

就是说，如果某一个人 A 的效用，不仅受其所控制的活动 $X_1, X_2, X_3, \cdots, X_n$ 的影响，而且也受到其他活动 Y_1 的影响，而 Y_1 又在第二个人 B 的控制之下，就发生了外部效应。布坎南和斯塔布尔宾将类似于 Y_1 的这类活动解释为“任何可以计量的人类行为，如吃面包、喝牛奶、向空中喷烟、在公路上洒水以及救济穷人等”。

有些公共部门经济学教科书的定义似乎更为简练些：当一种经济交易的结果对除交易双方之外的第三者发生了影响，而其又未参与该项交易的任何决策时，即存在有外部效应。

由上述对外部效应定义的表述可见，外部效应的关键方面是相互影响而又没有相应的补偿。某些个人或厂商的行为活动影响了他人或厂商，却没有为之承担应有的成本费用或没有获得应有的报酬。简言之，外部效应就是未在价格中得以反映的经济交易成本或效益。

很明显，在现实生活中，有无数种活动会影响到其他人或厂商，或者说，会受到其他人或厂商的影响。也就是说，具有外部效应的经济活动的例子是随处可见的。

如果某一个人或厂商的行为活动使得其他人或厂商因此而受益，可以称为正的外部效应，或称作外部效益；反之，如果某一个人或厂商的行为活动使得其他人或厂商因此而受损，可以称为负的外部效应，或称作外部成本。无论是正的外部效应，还是负的外部效应，如果不能予以纠正或抵消，其结果都将是资源配置的失效，也就是具有外部效应的物品或服务的供给，不是过多，就是过少，不可能实现具有效率的均衡。

---

① 参见［美］布坎南、斯塔布尔宾：《外部效应》，载《经济学》，1962（11）。

这是因为，在存在正的外部效应（外部效益）时，社会边际效益就会和私人边际效益发生偏离，社会边际效益超过了私人边际效益，而决定市场状况的是私人边际效益，因此会导致社会消费不足；在存在负的外部效应（外部成本）时，社会边际成本也会和私人边际成本发生偏离，社会边际成本超过了私人边际成本，而决定市场价格的是私人边际成本，因此会造成物品的过度生产。

由此看来，除非外部的有利因素（即正的外部效应），正好为外部的不利因素（即负的外部效应）所抵消，否则帕累托的资源配置效率便不可能达到。那么，采取什么样的办法才能纠正外部效应呢？

如果市场处于完全竞争状态，市场机制的作用有可能使外部效应问题得到适当解决。可以通过市场估价解决一个单位与另一个单位的外部联系问题，使每一个单位的边际成本等于边际效益，其结果，将无外部效应存在。但是，如果完全竞争的五个必要条件有一个或更多的条件丧失，就会产生不能适当解决的外部效应。这时，就不能指望在市场机制的框架内解决问题了，而必须由政府部门以包括财政手段在内的非市场方式来解决了。

用于矫正外部效应的财政手段通常可以归纳为两类：为了纠正诸如环境污染这类问题，政府可以课征污染税，迫使污染者为此付出附加成本，调整生产决策，减少产出水平，从而减轻环境的污染程度。为了纠正因外部效应对总产出带来的波动影响，政府可以对因负的外部效应造成的过度生产采取抑制生产的措施，如课征高额税收等；而对因正的外部效应造成的生产不足实施鼓励生产的措施，如给予财政补贴等。

3. 不完全竞争状态的存在。不完全竞争状态或者说是市场竞争失灵的出现，主要是垄断以及规模报酬递增行业的存在而造成的。从前面的讨论可以看出，在不完全竞争的状态下，生产者按照边际效益等于边际成本法则决定的产量水平，低于帕累托资源配置效率所要求的水平，按此决定的价格水平，高于社会边际成本的水平。由此势必造成一种净效益的损失，或者说是资源配置的失效。

为了使产量增加到社会边际效益等于社会边际成本的水平，并使价格降至同社会边际成本相等的水平，政府必须进行干预。例如，可以通过对这类厂商发放财政补贴的办法，从而要求其增加产量，降低价格。也可以接管这类企业，直接将产品低价出售，并按照价格＝社会边际效益＝社会边际成本的标准安排产量和产品售价。

1.3.2 调节分配职能

所谓调节分配职能，指的是公共部门通过对参与收入分配的各主体利益关系的调节，达到收入公平合理分配的目标。

收入分配的目标是实现公平分配，而公平分配包括经济公平和社会公平两个层面。经济公平是市场经济的内在要求，强调的是要素投入和要素收入相对称，它是在平等竞争的环境下由等价交换来实现的。在个人消费品的分配上，实行按劳分配，个人通过诚实劳动和合法经营取得收入，个人的劳动投入与劳动报酬相对称，这既是效率原则，又是公平原则。社会公平是指将收入差距维持在现阶段社会各阶层居民所能接受的合理范围内。在市场经济条件下，由于各经济主体或个人所提供的生产要素不同、资源的稀缺程度不同以及各种非竞争因素的干扰，各经济主体或个人获得的收入会出现较大的差距，甚至同生产要素及劳动投入不相称，而过分的悬殊将涉及社会公平问题。

公共部门履行调节分配的职能，是由于收入分配不公现象的存在。前已述及，在市场机制作用下所决定的收入初次分配状况极不公平。这样，客观上就要求社会有一种有助于实现公平目标的再分配机制。然而，在市场机制的框架内，有效的再分配很难完成。原因在于：第一，在市场中通常不存在以公平分配为目标的再分配机制，即使存在这样的再分配机制，其功能也极为微弱；第二，私人慈善机构或许能进行某些方面的再分配活动，但不能从根本上解决问题，并且在缺乏一种相互配合的政策的情况下，一种慈善行为很可能与另一种慈善行为发生冲突。既然在市场机制的框架内不能解决再分配问题，客观上又要求社会进行这种再分配，那显然只有依靠外部的力量，以非市场方式——财政手段来完成这一任务了。在经济学家们看来，公共部门可以说天然地拥有进行再分配的工具，政府拥有强制征税的权力，这使得它可以大规模地介入国民收入的分配过程，通过税制设计上的巧妙安排，如征收累进的所得税，把资金从那些应该减少收入的人们手中征集上来，然后，再通过各种类型的转移性支出项目，如医疗保险、食品券补贴等，把资金转移给那些应该增加收入的人们。

1.3.3 稳定经济职能

所谓稳定经济职能，指的是公共部门通过运用各种政策手段，有意识地影响、调控经济，实现充分就业、物价稳定和经济稳定增长的目标。在这里，充分就业是指可就业人口的就业率达到了该国当时社会经济状况所能承受的最大比率；物价稳定是指物价上涨幅度维持在不至于影响社会经济正常运行的范围内；国际收支平衡指的是一国在国际经济往来中维持经常性项目收支（进出口收支、服务收支和无偿转移收支）的大体平衡。

公共部门履行稳定经济的职能，是由于市场经济不可能自动、平稳地向前发展。

无论是亚当·斯密的“看不见的手”，还是萨伊的“供给能够创造其本身的需求”等市场经济发展初期阶段的代表性观点，实质上都在于表明这样一种共同的认识，即自由放任的市场经济是完美无缺的，无须由政府进行宏观调控。20世纪30年代经济大衰退的爆发给自由放任市场经济论者以致命一击，使之陷入无法自圆其说的境地。以此为契机，人们对市场经济的认识有了根本性的转变，从过去的自由放任市场经济是尽善尽美的，转变为认识到其在实现宏观经济目标方面难如人愿。为此，政府必须担负起对宏观经济的管理职能，去充当协调总供求关系与维持力量平衡的砝码，发挥推进经济持续发展的推进器作用。

在政府所拥有的各种宏观经济政策手段中，公共部门的政策措施举足轻重，它在维持总供求的大体平衡方面具有无法替代的作用。

在总需求超过总供给时，公共部门可以减少支出和增加税收，或二者兼用，通过压缩政府部门需求和压缩非政府部门需求来抑制社会总需求。在总需求小于总供给时，公共部门又可以增加支出和减少税收，或二者兼用，通过增加政府部门需求和增加非政府部门需求来扩大社会总需求。在这个过程中，公共部门的收支活动发生不平衡是可能的，而且是允许的，因为这正体现了以公共部门收支的不平衡换取整个社会总供求平衡的意图。

除此之外，还可以通过制度性安排，使公共部门发挥某种“自动”的稳定作用。累进所得税制就具有这种功能：当经济繁荣时，投资增加，国民收入增加，累进所得税会自动随之递增，这时，它就产生了一种拉力，防止经济过度繁荣而发生通货膨胀；当经济衰退时，投资减少，国民收入下降，累进所得税会自动随之递降，这时，又产生了一种推力，防止经济过度衰退而导致萧条，从而促使经济趋于自动稳定增长。在支出方面，如失业救济金支出制度，也可以发挥类似的作用。由于它规定了领取失业救济金者的收入标准，当人们的收入因经济过“热”而普遍增加时，可以领取失业救济金的人数自然减少，救济金支出随之减少，从而公共部门总支出“自动”获得压缩；反之，当人们的收入因经济不景气而普遍下降时，有资格领取失业救济金的人数自然增加，救济金支出随之增加，从而公共部门总支出“自动”获得增加。

本章小结

1. 经济学家以帕累托效率准则来评判资源配置状况。按照这一准则，只要经济活动上的任何措施可以使“得者的所得多于失者的所失”，或者从全社会看，“宏观上的所得大于宏观上的所失”，资源配置就可以说是具有效率的。

2. 资源配置效率的实现条件可以运用边际分析的方法直接给出，即社会边际效益等于社会边际成本。据此，可以将评判一种经济制度是否具有效率的标准定义为：全社会的资源配置状况满足这样一种条件，即每一种物品或服务的社会边际效益均等于其社会边际成本。

3. 政府经济活动的必要性是同市场失灵相联系的。效率背离、收入分配不公以及经济周期性波动便是市场失灵的主要表现，同时也是需要公共部门积极发挥作用的领域。

4. 在以市场机制为资源配置主要方式的经济社会中，公共部门的经济职能是以市场失灵为标准的，是从纠正和克服市场失灵现象出发加以界定的。由于公共物品、外部效应以及不完全竞争状态的存在，决定了公共部门履行资源配置的职能；由于收入分配不公现象的存在，决定了公共部门履行调节分配的职能；由于市场经济不可能自动、平稳地向前发展，又决定了公共部门履行稳定经济的职能。

关键术语

帕累托效率准则	社会总效益	社会总成本
社会边际效益	社会边际成本	完全竞争下的市场机制
公共物品	外部效应	垄断
市场失灵	效用的不可分割性	消费的非竞争性
受益的非排他性	“公共的悲剧”	“免费搭车者”
资源配置职能	调节分配职能	稳定经济职能

复习思考题

1. 举例说明资源配置效率的实现条件。
2. 何谓市场失灵？政府经济活动的范围包括哪些？
3. 公共部门担负着哪些经济职能？

本章阅读书目

1. 华民. 当代资本主义的市场经济. 福州：福建人民出版社，1994

2. 欧阳明. 简明宏观经济学. 上海：上海人民出版社，智慧出版有限公司，1993

3. 施建生. 现代经济思潮. 台北：大中国图书公司，1996

4. 宋承先. 现代西方经济学（宏观经济学）. 上海：复旦大学出版社，1994

5. [美] 弗里德曼. 资本主义与自由. 北京：商务印书馆，1982

6. [美] J. M. 布坎南. 自由、市场与国家. 上海：上海三联书店，1989

7. [美] 斯坦利·费希尔. 宏观经济学的最近发展. 见：现代国外经济学论文选（第16辑）. 北京：商务印书馆，1995

8. [法] 萨伊. 政治经济学概论. 北京：商务印书馆，1982

9. [美] 萨缪尔森. 经济学（上卷）. 北京：中国发展出版社，1992

第2章

外部效应理论

外部效应，也称为外部性或外溢性，是指在市场活动中没有得到补偿的额外成本或额外收益。简单地说，外部效应就是指某些个人或厂商的经济行为影响了其他个人或厂商，却没有为之承担应有的成本费用或没有获得应有报酬的现象。当外部效应存在时，人们在进行经济活动决策中所依据的价格，既不能精确地反映其全部的社会边际效益，也不能精确地反映其全部的社会边际成本。其后果在于，依据失真的价格信号所作出的经济活动决策，肯定会使得社会资源配置发生错误，而达不到帕累托效率准则所要求的最佳状态。

本章首先对外部效应作了简单的分类，然后考察外部效应扭曲资源配置的发生机制。以此为基础，说明公共部门矫正外部效应的政策措施。

重点问题

- 外部效应的分类
- 外部效应与资源配置效率
- 政府矫正外部效应（或实现外部效应内在化）的措施

2.1 外部效应的分类

在现实经济生活中，外部效应的表现形式是多种多样的。对此，可以依照不同的标准来分类。

2.1.1 对消费的外部效应与对生产的外部效应

外部效应的承受者，可能是消费者，也可能是生产者。于是，按照外部效应的承受者的不同，可以将外部效应区分为对消费的外部效应和对生产的外部效应。

2.1.2 生产活动的外部效应与消费活动的外部效应

外部效应的发起者，可能是生产单位，也可能是消费单位。于是，又可以按照外部效应的发起者的不同，将外部效应区分为生产活动的外部效应和消费活动的外部效应。

2.1.3 正的外部效应与负的外部效应

外部效应可能对承受者有利，也可能对承受者不利。于是，还可以按照外部效应结果的不同，将外部效应区分为正的外部效应（外部效益或外部经济）和负的外部效应（外部成本或外部不经济）。

经济学家强调，尽管对外部效应可以从不同的角度作不同的分类，但从外部效应同经济效率的关系来看，最基本的还是依靠外部效应的结果来分类，即正的外部效应和负的外部效应。

1. 正的外部效应与负的外部效应的含义。正的外部效应，也称为外部效益或外部经济，指的是对交易双方之外的第三者所带来的未在价格中得以反映的经济效益。在存在正的外部效应的情况下，无论是产品的买者，还是产品的卖者，都未在其决策中意识到他们之间的交易会给其他人或厂商带来益处。关于正外部效应的一个最突出的例子是消防设备的交易。很明显，一笔消防设备的交易，除了买卖双方可以从中受益之外，其他人或厂商（至少是邻近买方的人或厂商）也可以从火灾蔓延的风险由此而减少中得益。但消防设备买卖双方并未意识到这一点。他们的买卖决策并未加入其交易会降低第三者的财产损失风险这样一个因素。如果加入了这一因素，也就是将外部效应考虑在内，在不能向第三者收取相应报偿的情况下，消防设备的消费量将肯定会因此而出现不足。

负的外部效应，也称外部成本或外部不经济，指的是对交易双方之外的第三者所带来的未在价格中得以反映的成本费用。工业污染对人及其财产所带来的损害，是关于负外部效应的一个最突出的例子。工业污染在损害人们的身体健康，降低人们的财产以及资源的价值上所产生的负效应，已成为现代社会的人们的共识。但是，与带来工业污染有关的产品的生产者和购买者，显然是不会在其生产决策或消费决策中考虑那些因此而受损害的人们的利益的。也正因为如此，这类产品的生产往往是过多的。

在这里，有必要指出的是，并非所有的对交易双方之外的第三者所带来的影响都可以称作外部效应。那些对第三者所造成的可以通过价格或可以在价格中得以反映的影响，就不是本章所讨论的外部效应。例如，如果一个人增加了摄影的爱好，那么，这一爱好本身肯定会增加对摄影器材的市场需求，从而抬高摄影器材的市场价格。毫无疑问，其他摄影爱好者或摄影器材消费者会因摄影器材价格上扬而受损。但不能因此说由于这个人的摄影爱好的增加而给第三者带来了负的外部效应。产品价格上扬，仅仅说明这样一个事实，即该物品相对于人们的现实需求来说变得稀缺了。价格上扬的结果是一部分收入从购买者手中转移到生产者手中，并增加了生产该种产品的动力。同时，从资源配置的角度看，通过价格的提高也使现有的产量处于合理状态。① 很明显，这样的影响并不会导致资源配置的扭曲，当然也不在政府要采取措施加以矫正的外部效应范围之列。

2. 正的外部效应与负的外部效应的排列。根据上文的分析，外部效应可能有下列八种排列情况：

(1) 消费活动产生正的消费外部效应。某个人或家庭因别人或家庭的消费活动而受益。如A的邻居B拥有一个美丽的花园，A也会因此而享受到该花园的效益。此即为正的消费外部效应。

(2) 消费活动产生正的生产外部效应。某厂商因某个人或家庭的消费活动而受益。如购买者偏好的变化增加了对厂商产品的需求。

(3) 消费活动产生负的消费外部效应。某个人或家庭因别人或家庭的消费活动而受损。如A嫉妒B的较高生活水平，他会因此而遭受负的消费外部效应。

(4) 消费活动产生负的生产外部效应。某厂商因某个人或家庭的消费活动而

---

① 一些经济学家将这种因某种物品或服务需求量或供给量变动而以价格上涨或下降形式给现有消费者带来的影响，称作“金钱的（pecuniary）外部效应”，以此同“真正的（real）外部效应”即不能在价格中得以反映的效益或成本相区别。

受损。如购买者偏好的改变减少了对厂商产品的需求。

(5) 生产活动产生正的消费外部效应。某个人或家庭因某厂商的生产活动而受益。如由于采用新的技术，使得企业在追求最大利润时，以较低的价格出售质量较好的产品，消费者就会因此而受到正的外部效应影响。

(6) 生产活动产生正的生产外部效应。某厂商因别的厂商的生产活动而受益。如一个养蜂者接近苹果园，他的养蜂活动便会有益于苹果园的主人。反过来，苹果园的扩大，也会给养蜂者带来益处。

(7) 生产活动产生负的消费外部效应。某个人或家庭因某厂商的生产活动而受损。如厂商的活动造成了污染，便会对附近居民的健康带来有害影响。

(8) 生产活动产生负的生产外部效应。某厂商因别的厂商的生产活动而受损。如设在湖边上的纺织印染厂排出的污水，便有害于养鱼者的生产活动。

2.2 外部效应与资源配置效率

在外部效应存在的情况下，私人的边际效益和边际成本会同社会的边际效益和边际成本发生偏离。由于决定个人或厂商经济选择的是私人边际效益和私人边际成本，而不是社会边际效益和社会边际成本，所以，当个人或厂商仅从自身的利益出发，而完全忽略了外部效应带给他人或厂商的效益和成本时，其所作出的决策很可能会使资源配置发生错误。

2.2.1 负的外部效应与资源配置效率

负的外部效应的最关键问题，就是带有负的外部效应的物品或服务的价格，不能充分反映用于生产或提供该种物品或生产要素的社会边际成本。比如，由于污染环境，纸张的生产会给除纸张买卖双方之外的其他人或厂商造成损害。而无论买者或卖者都未核算其给第三者带来的这一成本，对此，经济学家用外部边际成本（marginal external cost，MEC）来表示这种因增加一个单位的某种物品或服务的产量而给第三者所带来的额外成本。外部边际成本是生产某一物品或提供某一服务的社会边际成本的一部分，但它未在该种物品或服务的价格中得到反映。

1. 负的外部效应的分析。以纸张生产为例，它之所以会带来负的外部效应，是因为纸张生产所造成的污染物倾泻于河流，导致水资源的污染，从而降低水资源使用者可以从中获得的效益，如减少可供捕捞的鱼的数量，妨碍人们可以进行的诸如游泳、划船等各种形式的娱乐活动。对此，可以区别三种情况来分析，即外部边际成本不变，外部边际成本递增和外部边际成本递减。

(1) 外部边际成本不变。图2—1 (A) 描绘的是外部边际成本不变的情况。假定每吨纸的MEC为10元，且固定不变，MEC线与横轴平行。这就意味着，外部总成本将随产量的增加而按照一个不变的比率即每吨纸10元的幅度增加。如图2—1 (B) 所示，如果某一造纸厂的年产量为40吨，其外部边际成本为每吨

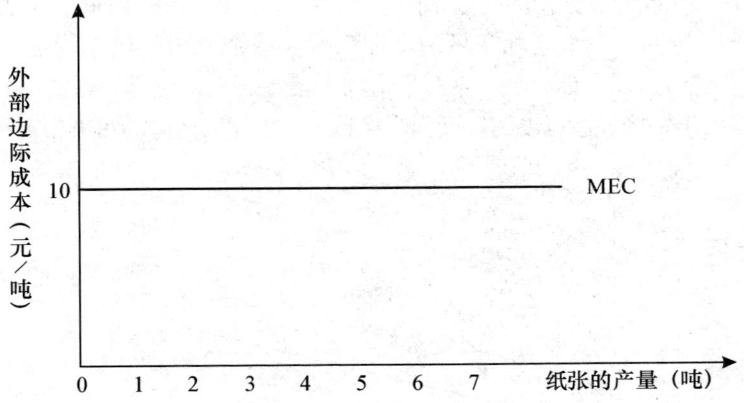

(A)

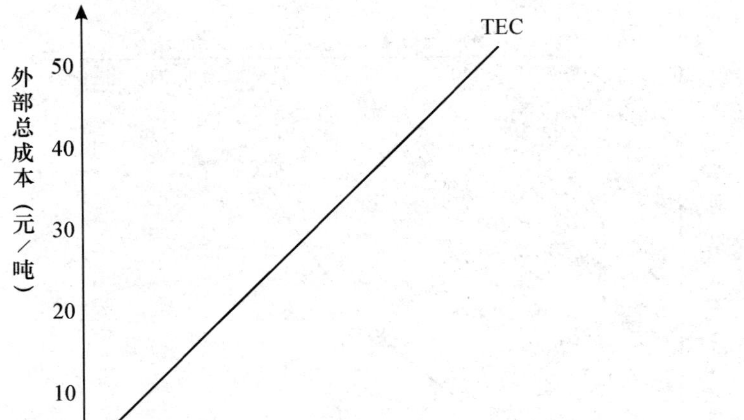

(B)

图2—1　外部边际成本和外部总成本：MEC不变的情况

10 元，外部总成本（total external cost，TEC）将为 400 元。这时，TEC 线是一条斜率为 ΔTEC/ΔQ＝MEC＝10 元的直线（ΔTEC 是外部总成本的增量，ΔQ 为纸张产量的增量）。如果纸张年产量增加一倍，但 MEC 不变，那么，外部总成本也将随之增加一倍。

（2）外部边际成本递增。图 2—2 描绘的是外部边际成本随产量增加而递增的情况。对第三者造成的外部边际损害递增，意味着较高的年产量水平比较低的年产量水平带来的边际损害更大。所以，图 2—2（A）中的 MEC 线向右上方倾斜。在这种情况下，外部总成本将随产量的增加而按照一个递增的比率增加。如图 2—2（B）中的 TEC 线所示，如果纸张年产量增加一倍，那么，对第三者造成的外部总成本的增加将大于一倍。这也说明，纸张产量越高，由此而产生的污染损害越严重。

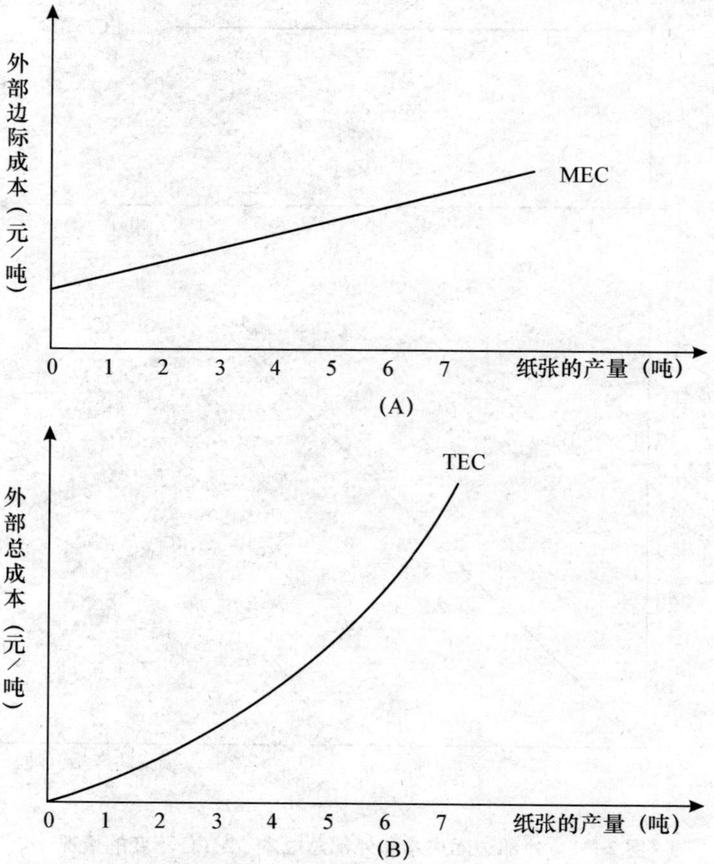

图 2—2　外部边际成本和外部总成本：MEC 递增的情况

（3）外部边际成本递减。第三种情况是，外部边际成本随着产量的增加而趋于递减，并最终为0。但对于负的外部效应来说，这种情况发生的可能性一般较小。这是因为，外部边际成本的递减实际上意味着污染造成的总损害将按一个递减的比率增加，而在某一点之后，追加的污染不会带来进一步的损害。显而易见，污染损失不可能存在着一个最高限额。

2. 负的外部效应与资源配置效率。运用外部边际成本的概念，可以解释负的外部效应是如何导致资源配置的扭曲的。

现在假定造纸工业处在完全竞争的市场条件下，也就是说，在纸张市场上，任何买者或卖者都不可能操纵价格。在图2—3中，需求曲线 D 和供给曲线 S 在 A 点相交，这一点决定的均衡价格和均衡产量分别为100元和5万吨。从图中可以看出，需求曲线 D 代表着购买者可以从纸张的消费中所得到的边际效益。为了简化起见，假定这条曲线所代表的也就是纸张的社会边际效益，即 D＝MSB。供给曲线 S 代表着厂商为生产每一追加单位的纸张所付出的边际成本。但是，这条曲线所代表的边际成本仅是私人边际成本，即 S＝MPC，而未将生产每一追加单位纸张所发生的全部成本包括在内，也就是未计入外部边际成本MEC。

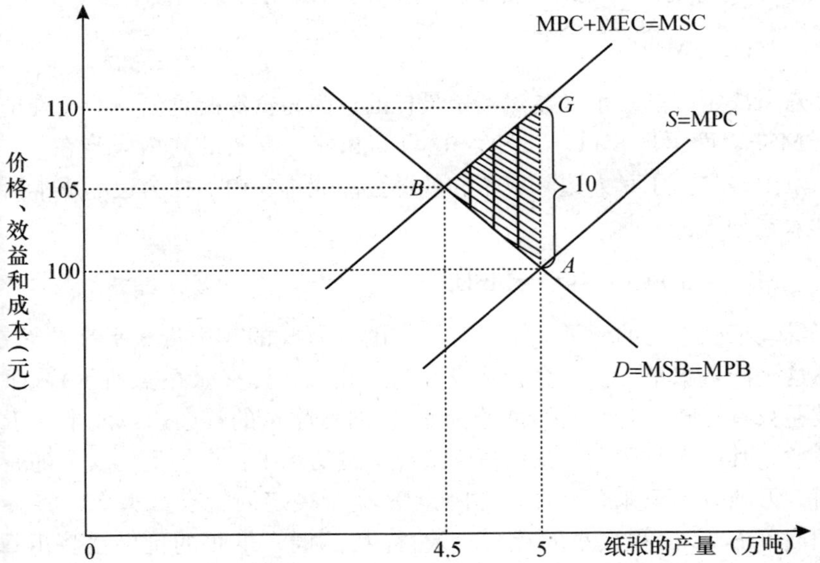

图2—3　市场均衡：负的外部效应与资源配置效率

再假定生产每吨纸张的外部边际成本为10元，且固定不变，其变动趋势如图2—1（A）所示。这10元的外部边际成本显然未在生产者的产量决策中加以考虑，生产者所考虑的仅仅是其私人的边际成本。前面已经指出，除非私人边际成本与社会边际成本相一致，否则，依据私人边际成本作出的产量决策肯定不是最佳的。

为了得到社会边际成本 MSC，私人边际成本 MPC 必须加上外部边际成本 MEC，即

$$MPC+MEC=MSC \tag{2.1}$$

这表明，在存在负的外部效应的情况下，物品或服务的私人边际成本小于其社会边际成本。

要得到图 2—3 中的社会边际成本 MSC，可以将 MPC 与 MEC（10 元）相加，即 MPC＋10 元＝MSC。鉴于 MEC 固定不变，不随产量变动而变动，MPC 曲线应按相当于 10 元的幅度向上平行移动至 MSC。也就是说，MSC 曲线与 MPC 曲线之间的垂直距离为 10 元（见图 2—3）。如果 MEC 不是固定不变的，而是随产量的增加而递增的，则 MSC 曲线与 MPC 曲线之间的垂直距离将呈逐渐扩大趋势。

现在来总结一下已经得出的分析结果。

如图 2—3 所示，不加干预的纸张市场的均衡在 *A* 点实现。在这一点上，

$$MPC=MSB \tag{2.2}$$

A 点所决定的产量水平显然不是最佳的。因为资源配置效率的实现条件应是 MSC＝MSB，而不是 MPC＝MSB。这就意味着，有效的均衡应当在 *B* 点实现。在这一点上，包括了私人边际成本和外部边际成本在内的社会边际成本恰好同社会边际效益相等：

$$MSC=MPC+MEC=MSB \tag{2.3}$$

仍继续纸张市场的例子。*A* 点所决定的 5 万吨的年产量水平是缺乏效率的。因为在这一产量水平上，社会边际成本为每吨 110 元（如 *G* 点所示），而其社会边际效益只有每吨 100 元（如 *A* 点所示）。纸张生产的社会边际成本大于其社会边际效益，其结果必然是纸张以高于最佳产量的水平在市场上出售。随着纸张年产量由 5 万吨减少至 4.5 万吨，即降至 *B* 点所决定的年产量水平，将会因此而获得相当于 *BGA* 面积大小的社会净效益。[①] 这时，纸张的价格也将由每吨 100 元升至 105 元，以促使消费者将年消费量从 5 万吨减少至 4.5 万吨。4.5 万吨即

---

① 换一个角度说，若不对纸张生产的负的外部效应加以矫正，社会将会有相当于图 2—3 中 *BGA* 面积大小的净效益损失。

纸张的最佳产量水平。因为在这一产量水平上，纸张生产的社会边际成本恰好等于其社会边际效益。

经济学家由此得出的结论是，在存在负的外部效应时，物品或服务的生产和销售将会呈现过多状态。

2.2.2 正的外部效应与资源配置效率

同负的外部效应类似，正的外部效应的最关键问题，就是带有正的外部效应的物品或服务的价格，不能充分反映该种物品或服务所能带来的社会边际效益。例如，用于预防传染病的疫苗接种，就是带来正的外部效应的一个典型例子。一个明显的事实是，疫苗接种不仅会使被接种者本人降低感染病菌的可能，那些没有接种疫苗的人也可以因此而减少接触感染病菌者的机会。依此类推，整个社会都可以从减少疾病传播的可能性中得益。再进一步，如果疾病能以这种方式得以根除，那么，整个世界的人口都会成为某一人进行疫苗接种的受益者。对此，也可以用外部边际效益（marginal external benefit，MEB）来表示这种因增加一个单位的某种物品或服务的消费而给第三者所带来的额外的效益。疫苗接种的外部边际效益，就是给除疫苗接种者之外的其他人所带来的减少感染病菌可能性的好处。

外部边际效益的概念，可以用以解释正的外部效应是如何导致资源配置的扭曲的。

图 2—4 将疫苗接种服务置于竞争的市场上来考察。从图中看出，疫苗接种的需求曲线 D 和供给曲线 S 相交于 U 点，这一点所决定的均衡价格和均衡产量分别为 25 元和 10 万人次。显而易见，10 万人次的疫苗接种量不是最有效率的。因为需求曲线 D 所反映的仅是消费者自身可以从疫苗接种中获得的边际效益。也就是说，消费者的决策所依据的仅仅是 25 元的私人边际效益，而未包括 20 元的外部边际效益。这样一来，在 D 与代表疫苗接种的社会边际成本的供给曲线 S（为简化起见，这一例子假设提供疫苗接种的私人边际成本恰好等于其社会边际成本）相交点所决定的产量水平上，疫苗接种的实际社会边际效益（45 元）超过了私人边际效益（25 元）。前面已经指出，只要社会边际效益和私人边际效益不相一致，依据私人边际效益作出的产量决策肯定不是具有效率的。

社会边际效益可以通过将私人边际效益同外部边际效益相加而求出。即

$$\text{MPB}+\text{MEB}=\text{MSB} \tag{2.4}$$

这表明，在存在正的外部效应的情况下，一种物品或服务的私人边际效益小于其

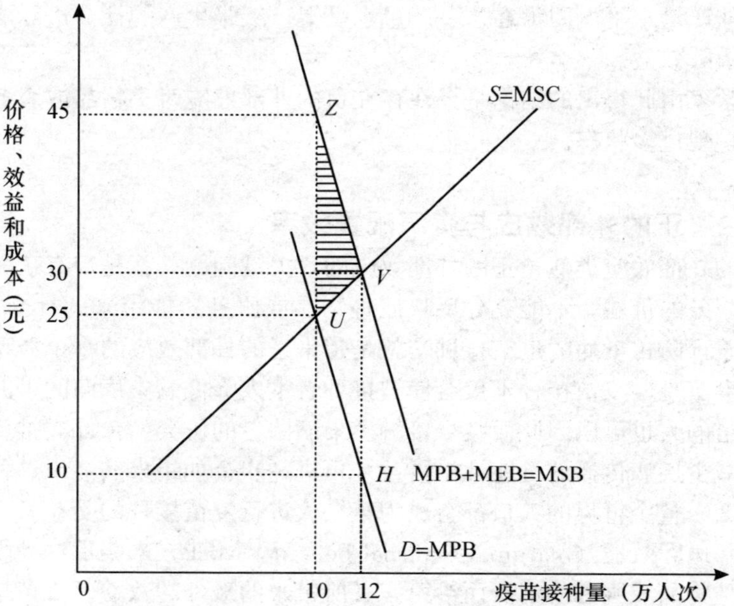

图 2—4　市场均衡：正的外部效应与资源配置效率

社会边际效益。

要得出图 2—4 中的社会边际效益，必须以 MPB 加上 MEB，即 MSB＝25 元＋20 元＝45 元。这就是说，原来的 *D*＝MPB 线应当向右上方平行移动相当于 20 元的垂直距离，并为 MPB＋MEB＝MSB 线所替代。MPB＋MEB＝MSB 线同 *S*＝MSC 线在 *V* 点相交，由此而决定疫苗接种量为 12 万人次。易于看出，这一产量水平是最佳的产量水平。因为它满足实现效率的边际条件：在 *V* 点上，疫苗接种的社会边际效益恰好等于其社会边际成本，即

$$\text{MPB}+\text{MEB}=\text{MSB}=\text{MSC} \qquad (2.5)$$

随着疫苗接种量由 10 万人次增加到 12 万人次，社会将会因此而获得相当于 *UZV* 面积大小的净效益。① 同时，向消费者收取的疫苗接种价格也将由原来的 25 元降至 10 元，以和疫苗接种的市场需求曲线上的 *H* 点相对应。在这一价格水平上，消费者对疫苗的需求量正是 12 万人次的最佳水平。

经济学家由此得出的结论是，在存在正的外部效应时，物品或服务的生产和

① 换一个角度说，若不对疫苗接种的正的外部效应加以矫正，社会将会有相当于图 2—4 中 *UZV* 面积大小的净效益损失。

销售将会呈现不足状态。

2.2.3 外部边际效益递减的情况

经济学家们指出，在现实经济生活中，某种物品或服务的外部边际效益往往不是固定不变的。它很有可能随其消费量的增加而递减。前面所说的疫苗接种的例子就是一个典型。每一人次的疫苗接种所带来的外部边际效益是会随接种人次的增加而逐渐减少的。其中的原因不难理解，随着接种人次的增加，疾病传播的可能性在降低，担心感染疾病的人数在递减，给外部带来的边际效益自然也是要递减的。一旦出现这种情况，当接种疫苗的人次达到一定水平时，其外部边际效益将最终趋向于零。

这种情况可以用图 2—5 来说明。假定疫苗接种的 MEB 逐渐下降，并在 16 万人次的接种水平上趋向于零。如图 2—5 所示，MSB 大于 MPB 的现象只有在疫苗接种量少于 16 万人次的条件下才会存在。而且，由于 MEB 随着接种疫苗人员的增加而递减，MPB 曲线和 MSB 曲线的距离也趋向于越来越小。

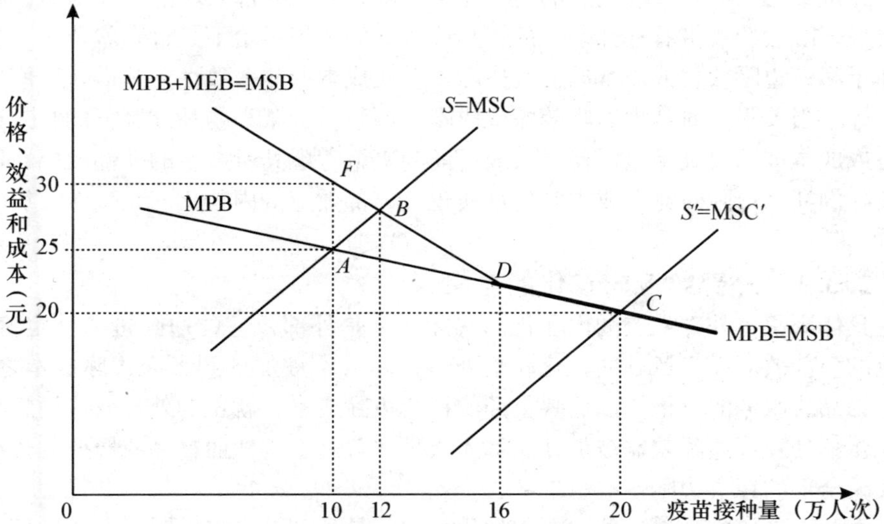

图 2—5　正的外部效应：外部边际效应递减的情况

这种形式的外部效应所体现的含义，对于理解市场失灵是非常重要的。例如，假设社会边际成本曲线是 S，S 也是完全竞争市场条件下的供给曲线。这时，市场的均衡将在 A 点实现，由此而决定的疫苗接种价格为每人次 25 元，疫苗接种量为 10 万人次。这肯定不是最佳的产量水平。因为在这一点上，疫苗接种的社会边际效益大于其社会边际成本。与 B 点所对应的 12 万人次才是具有效率的最佳水平。因为在这一点上，MSC＝MSB＝MPB＋MEB。这说明，这时有市场失灵现象存在。

如果供给曲线不是 S＝MSC，而是 S'＝MSC′。这时，市场的均衡点就为 C 点了。由此而决定的疫苗接种价格为每人次 20 元，疫苗接种量为 20 万人次。那么，这一产量水平是不是也缺乏效率呢？答案当然是否定的。因为在 20 万人次的疫苗接种量水平上，MEB＝0。也就是社会边际成本同社会边际效益恰好相等。

由此可以得出的结论是，在存在外部边际效益递减的正的外部效应时，市场机制作用下的产量水平并非总是缺乏效率的。只有在处于较低产量水平（在这一水平上，MEB＞0）条件下，市场机制才会在实现资源配置的效率方面发生失灵。

2.3 外部效应的内在化

经济学家一般用外部效应的内在化来解释政府对外部效应的矫正措施。在他们看来，既然造成带有外部效应的物品或服务的市场供给不是过多就是不足的原因在于私人边际效益或成本同社会边际效益或成本的非一致性，那么，政府的矫正措施应当着眼于对私人边际效益或成本的调整。当某种物品或服务的私人边际效益或成本被调整到足以使得个人或厂商的决策考虑其所产生的外部效应，即考虑实际的社会边际效益或成本时，就实现了外部效应的内在化。

2.3.1 外部效应内在化的含义

具体来说，外部效应的内在化，实际上就是外部效应的边际价值被定价了。就负的外部效应而言，其内在化就是外部边际成本被加计到私人边际成本之上，从而物品或服务的价格得以反映全部的社会边际成本；就正的外部效应而言，其内在化就是外部边际效益被加计到私人边际效益之上，从而物品或服务的价格得以反映全部的社会边际效益。

由此看来，外部效应的内在化过程，也就是外部效应得以矫正，资源配置由不具有效率到具有效率的过程。

政府用于矫正外部效应（或者说是实现外部效应内在化）的措施大体可以区分为两类，即矫正性的税收和矫正性的财政补贴，前者用于实现负的外部效应的内在化，后者则用于实现正的外部效应的内在化。

2.3.2 负的外部效应的内在化

政府一般运用矫正性的税收来实现负的外部效应的内在化。矫正性的税收主要着眼于私人边际成本的调整，其操作办法是：对带有负的外部效应的物品或服务征收相当于其外部边际成本大小的税收，以此将征税物品或服务的私人边际成本提高到同社会边际成本相一致的水平，从而实现负的外部效应的内在化。所以，矫正性税收的突出特征是其单位税额同外部边际成本相等。

仍以造纸工业的例子来说明。假定政府决定以对纸张的生产者征收矫正性税收（如污染税）的办法，来实现纸张生产所带来的负的外部效应的内在化。其影响如图 2—6 所示。

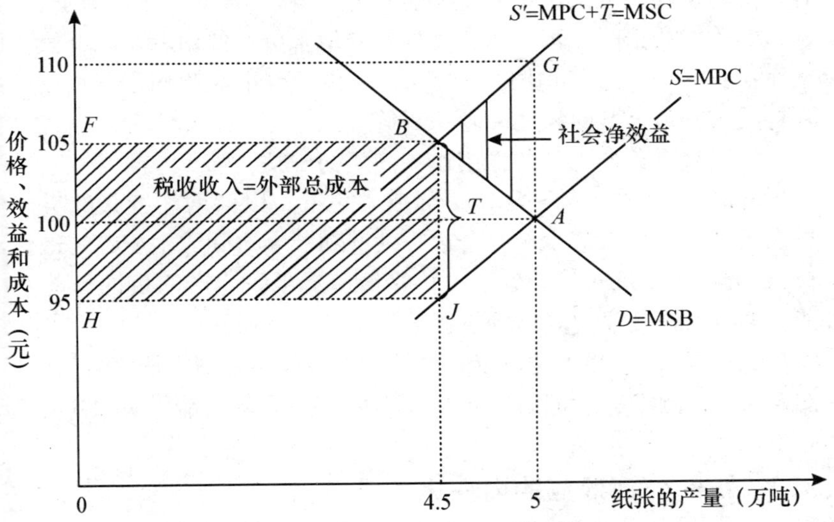

图 2—6 矫正性的税收

矫正性税收 T 的额度取决于外部边际成本 MEC 的大小，即

$$T = \text{MEC} \tag{2.6}$$

假定每吨纸张的外部边际成本为 10 元，矫正性的税收额度就是每吨纸张 10 元。由于政府对所生产的每一吨纸张都征收 10 元的税收，生产者所面临的纸张生产的私人边际成本将因此而加计相当于税收的数额，也就是 MPC$+T$。其结果，纸张的供给曲线由 S 移至 S'，而 S' 所代表的正是纸张生产的全部社会边际成本，即 $S'=\text{MPC}+T=\text{MSC}$。$S'$ 线与需求曲线 $D=\text{MSB}$ 在 B 点相交，于是，市场均衡点也因政府征税而从 A 移向 B。随着市场均衡点的变动，纸张的市场

价格提高至每吨 105 元，纸张的均衡产量从 5 万吨减少至 4.5 万吨。而 4.5 万吨恰恰就是最有效率的年产量水平。

在年产量为 4.5 万吨的产出水平下，政府可以征收的税收总额为 45 万元（10 元×45 000=450 000 元），如图 2—6 中的 $FBJH$ 的面积所示。政府对纸张生产的征税，还使得河流的污染成本因此而下降了。政府征税之前，由于每吨纸张生产造成的污染成本为 10 元，在纸张年产量为 5 万吨的情况下，河流的污染成本为 50 万元。征税之后，随着纸张产量从 5 万吨减少至 4.5 万吨，河流的污染成本也减至 45 万元。但是，矫正性的税收虽然有助于河流污染的减少，但并不能使河流的污染成本减少至零。

政府征得的税收也可以用于实现各种政策目标。例如，可以将 45 万元的税收以补贴的形式发放给除纸张生产者之外的其他水资源使用者，以补偿他们因河流被污染而受到的 45 万元的损失；也可以将 45 万元的税收用于增加政府提供的服务或弥补政府其他公共收入的减少；等等。

因此，可以将矫正性税收的作用作一简要的归纳：

1. 将外部边际成本加计到私人边际成本之上，以此增加纸张的生产成本和售价，进而将纸张的产量减少至社会边际效益和社会边际成本相等的最佳水平；

2. 将部分收入从纸张生产者手中转移给遭受纸张生产的负的外部效应之害的个人或厂商以及需要享受政府提供服务的个人或厂商；

3. 将水资源的污染减少至可以容忍的水平（但不能减少至零）。

在图 2—6 中，BGA 的面积代表的正是矫正性的税收所能带来的社会净效益。

2.3.3 正的外部效应的内在化

政府一般采用矫正性的财政补贴来实现正的外部效应的内在化。矫正性的财政补贴主要着眼于私人边际效益的调整，其操作方法是：对带有正的外部效应的物品或服务的消费者按照该种物品或服务的外部边际效益的大小发放财政补贴，以此将补贴物品或服务的私人边际效益提高到同社会边际效益相一致的水平，实现正的外部效应的内在化。所以，矫正性的财政补贴的突出特征是其数额与外部边际效益相等。

仍可以用疫苗接种的例子来说明这个问题。假定政府决定以对疫苗接种者发放财政补贴的办法，来增加消费者对疫苗接种的需求，实现疫苗接种所带来的正的外部效应的内在化。其影响如图 2—7 所示。

矫正性的财政补贴 W 的额度取决于外部边际效益 MEB 的大小，即

$$W = \text{MEB} \tag{2.7}$$

前面曾假定每一人次的疫苗接种所带来的外部边际效益为 20 元。故政府宣布将给疫苗接种者每人发放 20 元的补贴。这样，每一人次的疫苗接种的社会边际效益将因此而加计 20 元，也就是 MPB＋20 元。于是，对疫苗接种的需求曲线向右上方移动，由原来的 $D=\text{MPB}$ 平行移至 $D'=\text{MPB}+20$ 元$=\text{MSB}$。随着对疫苗接种的需求量的增加，市场均衡点也从原来的 U 点移至 V 点。由此而决定的疫苗接种的市场价格增加到 30 元，以弥补生产的边际成本的增加。然而，消费者得到补贴之后所支付的净价格却下降了。现在每一人的疫苗接种的净价格是 30 元－20 元＝10 元。消费者所支付的净价格的下降，可以诱使消费者将疫苗接种的需求量增加到 12 万人次，即达到疫苗接种量的最佳水平。

矫正性的财政补贴的发放，通过诱使消费者增加对疫苗接种的需求量，也增加了疫苗接种者所得到的效益，即从原来的 200 万元增加到 240 万元（20 元×120 000＝2 400 000 元）。政府为每年 12 万人次的疫苗接种者发放补贴，共支付 240 万元，如图 2—7 中的 $RVXY$ 的面积所示。

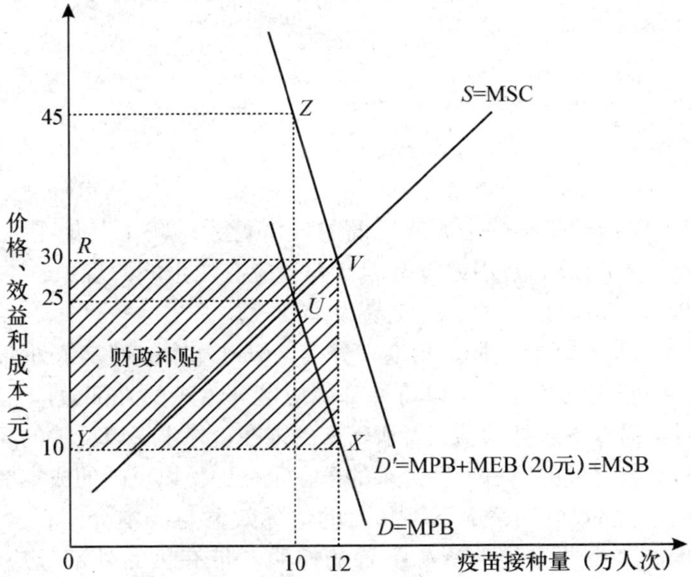

图 2—7　矫正性的财政补贴

在实际生活中，关于矫正性的财政补贴的例子是很多的。例如，对于在自己庭院内或庭院周围植树的个人或家庭，虽然其所植的树木属私人财产，但因为由此可以带来自然环境的改善，政府往往要给予补贴，如他们可以半价从政府那里购置树苗，以此实现植树所带来的正的外部效应的内在化。还有，政府对在校学生所发放的助学金和奖学金，也可以看做是矫正性的财政补贴的一种类型。教育所带来的正的外部效应表现在：良好的社会风气和生活环境、经济可以较快地获得发展等。助学金和奖学金的发放，显然是将这些正的外部效益内在化的一个措施。

但是，也要注意到，并非政府发放的财政补贴都是基于矫正外部效应的目的。实际上，政府发放的许多财政补贴是建立在其他政策目标的基础之上的。如食品券补贴、副食品补贴就不是用于实现外部效应的内在化，而是为了减轻贫困，维持人们基本的生活水准。

因此，矫正性的财政补贴的作用可以归纳如下：

1. 将外部边际效益加计到私人边际效益之上，以此增加对带有正的外部效应的物品或服务的需求，并降低消费者为其支付的净价格，进而将其产量调整至社会边际效益同社会边际成本相等的最佳水平。

2. 增加带有正的外部效应的物品或服务的消费者所获得的效益，从而鼓励这类物品或服务的消费。

本章小结

1. 外部效应指的是某些个人或厂商的经济行为影响了其他个人或厂商，却没有为之承担应有的成本费用或没有因此获得应有的报酬的现象。它可以简单地定义为未在价格中得以反映的经济交易成本或效益。

2. 对外部效应可以从不同的角度来分类。但最基本的还是依外部效应所带来的后果分类。按照这一标准，可以将外部效应区分为正的外部效应和负的外部效应。前者指对交易双方之外的第三者所带来的未在价格中得以反映的经济效益，后者则指对交易双方之外的第三者所带来的未在价格中得以反映的成本费用。

3. 在存在外部效应的情况下，私人的边际效益与成本会同社会的边际效益与成本发生偏离，由此会导致资源配置的扭曲。带有负的外部效应的物品或服务，因其价格不能充分反映用于生产或提供该种物品或服务的生产要素的社会边际成本，它的生产和销售会呈现过多状态。带有正的外部效应的物品或服务，因其价格不能充分反映该种物品或服务所能带来的社会边际效益，它的生产和销售会呈现不足状态。

4. 可以用外部效应的内在化来解释政府对外部效应的矫正措施。当某种物品或服务的私人边际效益或成本被调整到足以使得个人或厂商的决策考虑其所产生的外部效应时，就实现了外部效应的内在化。为此，政府通常采取两类措施：矫正性的税收和矫正性的财政补贴。前者意在对私人边际成本的调整，通过对带有负的外部效应的物品或服务征收相当于其外部边际成本大小的税收，将其私人边际成本提高至同社会边际成本相一致的水平，以此实现负的外部效应的内在化；后者意在对私人边际效益的调整，通过对带有正的外部效应的物品或服务的消费者发放相当于其外部边际效益大小的财政补贴，将其私人边际效益提高到同社会边际效益相一致的水平，以此实现正的外部效应的内在化。

关键术语

外部效应
对消费的外部效应
对生产的外部效应
生产活动的外部效应
消费活动的外部效应
正的外部效应（外部效益或外部经济）
负的外部效应（外部成本或外部不经济）
外部效应的内在化

复习思考题

1. 何谓外部效应？如何对外部效应进行分类？
2. 举例说明正的外部效应与负的外部效应分别对资源配置效率有什么影响。
3. 政府用于矫正外部效应（或说是实现外部效应内在化）的措施大体可以分为几类？它们的适用范围各有哪些？

本章阅读书目

1. 陈共. 财政学. 北京：中国人民大学出版社，2009
2. 刘宇飞. 当代西方财政学. 北京：北京大学出版社，2000
3. ［英］马歇尔. 经济学原理. 北京：商务印书馆，1997

4. ［美］鲍迪威，威迪逊．公共部门经济学．北京：中国人民大学出版社，2000
5. ［英］C. V. 布朗，P. M. 杰克逊．公共部门经济学．北京：中国人民大学出版社，2000
6. ［美］斯蒂格利茨．公共部门经济学．北京：中国人民大学出版社，2000
7. ［美］阿图·埃克斯坦．公共财政学．北京：中国财政经济出版社，1983

第 3 章

公共物品理论

公共部门经济学历来十分重视对公共物品问题的研究。这不仅是因为公共物品是市场机制发生失灵的一个重要领域，公共部门的资源配置职能主要就是体现在公共物品的提供上，而且，市场经济条件下公共部门经济活动所涉及的许多问题，都与公共物品有关。正因为如此，对公共物品问题的研究，构成了公共部门经济理论的一个核心内容。

本章主要回答如下几个方面的问题：什么是公共物品？为什么在公共物品的配置上市场机制会发生失灵？怎样衡量对公共物品的需求？怎样决定公共物品的最佳产量？如何保证公共物品的有效供给并实现公共物品与私人物品的最佳组合？

重点问题

- 公共物品的特性及其判定
- 纯粹公共物品与纯粹私人物品
- 林达尔均衡与免费搭车者问题的解决
- 混合物品的概念及其供给

3.1　公共物品与私人物品

公共物品和私人物品是对应的。人类社会需要各式各样的物品和服务。从总体上看，大体可分为两类：一类是以个人或家庭为单位分别提出的需要，如食品和服装；另一类是以整个社会为单位共同提出的需要，如国防和社区服务。前一类称作“私人个别需要”，后一类称作“社会公共需要”。相应地，用于满足私人个别需要的物品，被称为私人物品。用于满足社会公共需要的物品，被称为公共物品。

3.1.1　公共物品与私人物品的特性比较

公共物品的特性是在同私人物品的特性的比较中得出的。如第1章所述，相对于私人物品的特性来说，公共物品的特性可以归纳如下：

1. 效用的不可分割性。效用的不可分割性，是指公共物品是向整个社会共同提供的，具有共同受益或联合消费的特点。其效用为整个社会的成员所共享，而不能将其分割为若干部分，分别归属于某些个人或厂商享用。或者说，不能按照“谁付款，谁受益”的原则，限定为之付款的个人或厂商享用。例如，国防提供的国家安全保障就是针对一国国内的所有人而不是针对某个人的。事实上，只要生活在该国境内，任何人都无法拒绝这种服务，也不可能创造一种市场将为之付款的人同拒绝为之付款的人区别开来。所以，国防是公共物品的一个典型事例。相比之下，私人物品的效用则是可分割的。私人物品的一个重要特性，就是它可以被分割为许多能够买卖的单位。而且，其效用只对为其付款的人提供，或者说是谁付款谁受益。例如，日常生活中的电冰箱就与国防显著不同。它按台出售，出售后，其效用就归购买者自己或由其家庭独享。这样的物品显然属于私人物品。

2. 消费的非竞争性。消费的非竞争性，是指某一个人或厂商对公共物品的享用，不排斥、妨碍其他人或厂商对其的同时享用，也不会因此而减少其他人或厂商享用该种公共物品的数量或质量。这就是说，增加一个消费者不会减少任何一个人对公共物品的消费量，或者说，增加一个消费者，其边际成本等于0。仍以一国的国防为例。尽管人口往往处于与年俱增的状态，但没有任何人会因此而减少其所享受的国防所提供的国家安全保障。私人物品的情况就不是这样。它在消费上具有竞争性，即某一个人或厂商对某种一定数量的私人物品的享用，实际上就排除了其他人或厂商对其的同时享用。例如，前面提到的按台出售的电冰箱，当某一消费者将一台电冰箱购入家中后，这台电冰箱显然就只能归这个消费者及其家庭享用了，其他人或家庭不可能同时享用这台电冰箱所提供的效用。其他人或家庭要享用电冰箱的效用，只能另行购入，而此时它的边际成本显然不为0。

3. 受益的非排他性。受益的非排他性，是指在技术上没有办法将拒绝为之付款的个人或厂商排除在公共物品的受益范围之外，或者说这样做的成本太高。从另一个角度说，任何人都不能用拒绝付款的办法，将其所不喜欢的公共物品排除在其享用范围之外。还是以一国的国防为例，如果在一国的范围内提供了国防服务，则要想将任何一个生活在该国的人排除在享受国防保护的范围之外是极端困难的。就是那些在政治上反对发展核武器而拒绝为国防费用纳税的人们，即便被投进监狱，也仍然处在核武器所提供的国家安全保障的范围之内。对于私人物品，这种情况就不会发生。私人物品在受益上是必须具有排他性的，因为只有在受益上具有排他性的物品，人们才愿意为之付款，生产者也才会通过市场来提供。例如，如果一个人喜欢某种电冰箱，其他的人不喜欢，那么这个人就可以付款得到它，其他的人则无须这样。如果某个人拒绝付款，而又想得到电冰箱，那么也很简单，卖者可以拒绝卖给他。这个人肯定会被排除在电冰箱的受益范围之外。

3.1.2 判定公共物品的步骤

由上述分析可以看出，要辨别一种物品是否是公共物品，可以分以下步骤进行：

第一步，看该种物品的效用是否具有不可分割性，如果具有不可分割性，则转入第二步分析；

第二步，看该种物品的消费是否具有非竞争性，如果具有非竞争性，则转入第三步分析；

第三步，看该种物品的受益在技术上是否具有非排他性，如果具有非排他性（或者排他的成本太高）也就是说该种物品同时具有了效用的不可分割性、消费的非竞争性和受益的非排他性，则这种物品必为纯粹公共物品，如国防、环保。它应该由政府负责提供，市场机制在这个领域是失灵的。

如果一种物品既不具有效用的不可分割性，又不具有消费的非竞争性和受益的非排他性，则该种物品必为纯粹私人物品，如衣服、鞋。它可以通过市场机制来实现供求平衡。

如果一种物品同时具有效用的不可分割性和受益的非排他性，但在消费上具有竞争性，则这种物品可以被称为“拥挤性的公共物品”，如不收费的公路或桥梁。

如果一种物品同时具有效用的不可分割性和消费的非竞争性，但在技术上能够排他，而且实现排他的成本并不高，则这种物品可以被称为“价格排他性的公共物品”，如对外售票的电影院和足球赛场。

上述判定步骤见图 3—1。

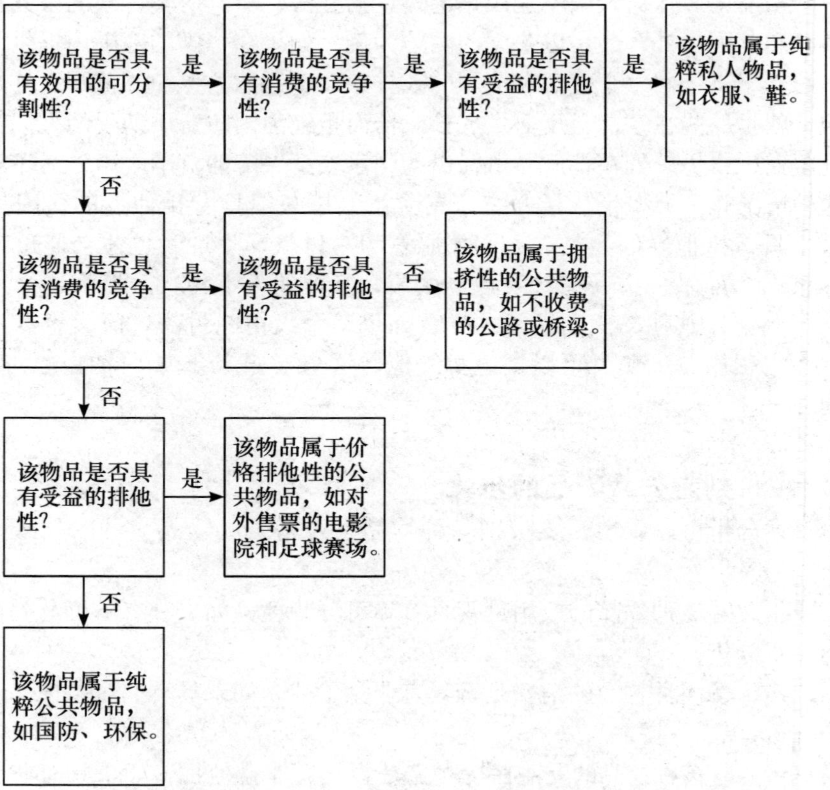

图 3—1　判定公共物品的步骤

3.2　纯粹公共物品

在揭示了公共物品的三个基本特性的基础上，经济学家们给出了“纯粹公共物品”的概念。在他们看来，现实生活中的公共物品满足三个特性的情况是不同的。并不是所有的向整个社会共同提供的物品，都同时具有非竞争性和非排他性的特性。或者，在消费上具有非竞争性的物品，却很可能是具有排他性的。例如，公路所提供的服务，按照上述的特性标准来看，无疑是具有非竞争性的，但是，它却不一定满足非排他性的条件。因为在实践上，完全可以通过收取养路费的方式将不愿为此付款的人排除在公路的使用者范围之外。所以，公共物品是可以分作几个层次的。只有同时满足前述三个特性条件的物品，才可以称作“纯粹公共物品”。

3.2.1 纯粹公共物品与纯粹私人物品的区别

纯粹公共物品，指的是那种向全体社会成员共同提供的且在消费上不具有竞争性、受益上不具有排他性的物品。相对来说，纯粹私人物品，指的是那种只向为其付款的个人或厂商提供的，且在消费上具有竞争性，并很容易将未付款的个人或厂商排除在受益范围之外的物品。如果将外部效应理论应用于公共物品和私人物品的区分上，那就是，纯粹私人物品的市场交易，既不会带来正的外部效应，也不会带来负的外部效应。而纯粹公共物品，即使其初衷是只提供给某一特定的个人，其结果也会使该社会的所有人享受广泛的外部效益。可以将纯粹私人物品和纯粹公共物品视做一个闭区间的两个极点，居于它们之间的显然就是既带有公共物品的某些特性，又带有私人物品的某些特性的物品。例如，消费上具有竞争性，但受益上具有非排他性的公共资源①；消费上具有非竞争性，但技术上能够实现排他的公共物品等，都不是纯粹公共物品，当然也不是纯粹私人物品。对于这样的物品，政府是需要采取补贴的办法，并通过市场给予支持的。

经济学家强调区分“分配成本”和“生产成本”的必要性。前面说过，根据公共物品的特性之一，即消费的非排他性，将一定数量的某种公共物品分配给任何一个追加的消费者的边际成本等于 0。但是，生产任何一个追加单位的公共物品的边际成本都永远是正数。这是因为，正如所有其他的经济物品一样，纯粹公共物品的数量的增加，要求以追加的资源投入为条件。图 3—2 揭示了这两种成本的区别。其中，图 3—2（A）表明，一旦向任何一人提供了一定数量的某种纯粹公共物品，那么，在这个既定数量的该种公共物品上无论添加多少消费者，其

---

① 例如草原，当某一个人在草原上放牧时，他与这块草原的其他放牧者之间在消费上就具有竞争性关系。

边际成本均等于0。图3—2（B）则假定纯粹公共物品的平均成本是固定不变的。如果公共物品的平均成本为每单位200美元，其边际成本也将为200美元，即生产该公共物品的边际成本永远是正数。

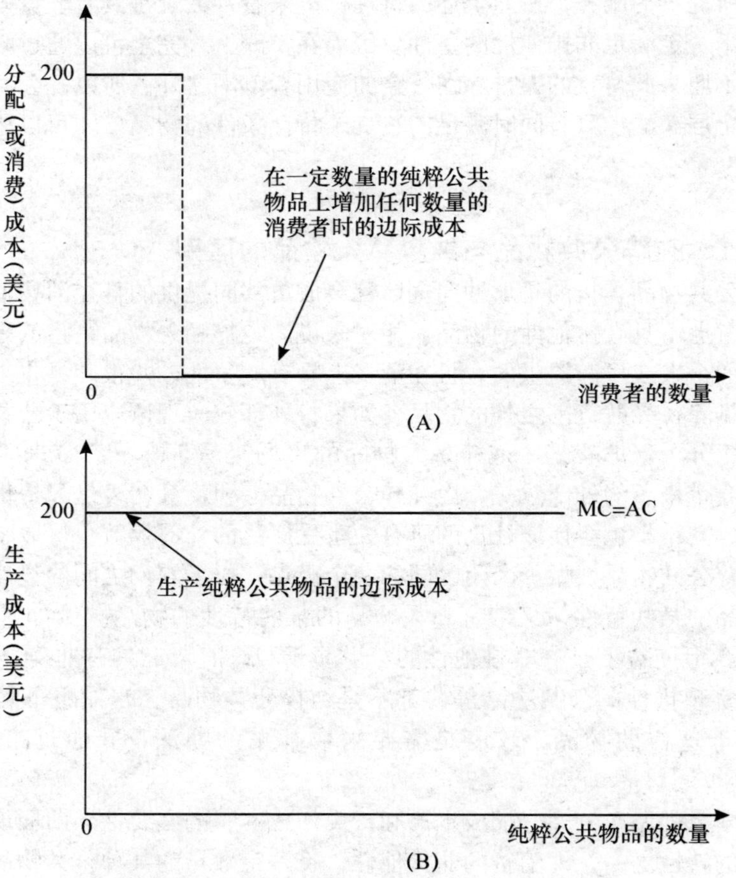

图3—2　消费和生产纯粹公共物品的边际成本

可以用一个简单的例子来说明纯粹公共物品与纯粹私人物品之间的区别。

假定一个社会是由生活在一个房间内的人们所组成的。在这个房间内所作出的决策只对这个房间内的人们产生影响，而不会影响到其他任何人。这个房间的人每天都收到固定数量的面包并享受房间供暖设备所提供的热量。

那么，面包属于一种什么性质的物品呢？我们可以从三个方面来分析：（1）面包可以分割成若干单位，并在人们之间进行分配，满足“效用的可分割性”。(2) 这个房间的人每天所收到的面包总量等于其每天所消费的面包总量；如果某人某天分得的面包数量多一些，其他的人所消费的面包数量就要少一些，满足“消费的竞争性”。(3) 面包可以很容易地通过由每天供求双方的力量对比所决定的价格在市场上出售。在价格既定的条件下，这个房间的人可以根据其偏好和经济状况而调整其面包的消费量，满足“受益的排他性”。显然，面包同时具有私人物品的三个特性，是一种纯粹私人物品。

那么，供暖属于一种什么性质的物品呢？这也可以从三个方面来分析：(1) 这个房间供暖设备所提供的热量是不可能在人们之间进行分割的，生活在这个房间的任何位置上的人都享受同样的室内温度，满足“效用的不可分割性”。(2) 假定这个房间的面积很大，可以容纳更多的人进住其内，而随着室内居住人数的增加，该房间供暖设备所提供的热量并不需要增加。同时，也没有可能使某些人所消费的热量多一些，其他人所消费的热量少一些，满足“消费的非竞争性”。(3) 在技术上没有可能让生活在这个房间的不同的人消费不同数量的热量，即任何人所享受的室内温度，其他所有人同样能够享受。所以，消费者无法根据其个人的偏好及经济状况来调整其所消费的热量，满足“受益的非排他性”。不难看出，这个房间的取暖水平同时具有公共物品的三个特性，它无疑是一种纯粹公共物品。

3.2.2 纯粹公共物品的需求与纯粹私人物品的需求

通过对纯粹公共物品和纯粹私人物品的分析，可以引出这样一个重要的结论：对纯粹公共物品的需求完全不同于对纯粹私人物品的需求，必须将二者严格区别开来。

1. 纯粹私人物品的需求。根据私人物品的特性，对某种纯粹私人物品的市场需求，可以通过加总某一时间内市场上所有单个消费者在各种价格水平上对该种私人物品的需求量而得出。只要能计算出每个消费者在一定时间内、在各种可能的价格水平上愿意并且能够购买的某种纯粹私人物品的数量，又知市场上有多少消费者（购买者），便可以得到对该种私人物品的市场需求。同理，只要知道每个消费者的个人需求曲线，通过把某种纯粹私人物品市场上的所有消费者（购买者）的需求曲线水平相加，即可得出对该种私人物品的市场需求曲线。

图 3—3 所描绘的是对某种纯粹私人物品，如面包的市场需求曲线。可以看出，在任何既定的价格水平上，对某种纯粹私人物品的市场需求曲线上的任何一点，都可以简单地通过将每一消费者在该价格水平上愿意并且能够购买的数量加总来得出。所以，只要将个人需求曲线按水平的方向相加，就可以得出市场需求曲线。

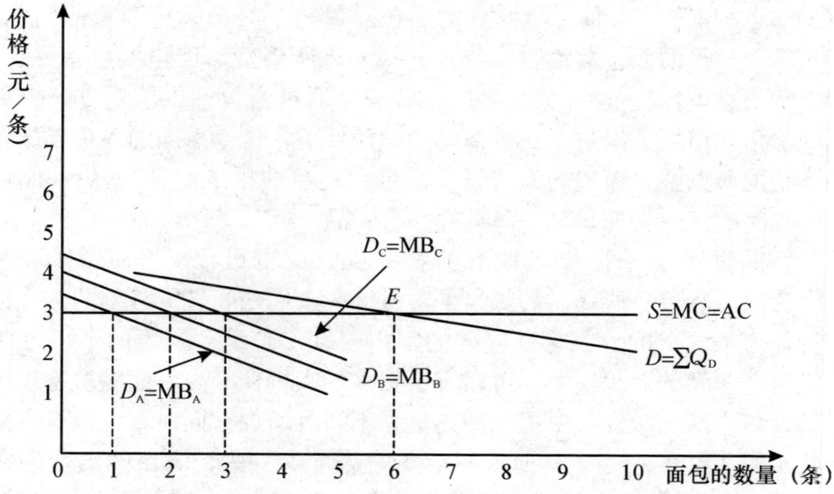

图 3—3　对纯粹私人物品的需求

在图 3—3 中，假定面包市场上只有三个消费者 A、B 和 C，其个人需求曲线分别以 D_A、D_B 和 D_C 代表。当面包价格为每条 3 元时，A 每周购买 1 条面包，因为在这个购买量水平上，价格恰好等于其每周所获得的边际效益（MB_A＝3 元）。依此类推，B 在每条 3 元的价格水平上的购买量为每周 2 条面包，因为在这个购买量水平上，其每周所获得的边际效益为 MB_B＝3 元。C 在每条 3 元的价格水平上的购买量为每周 3 条面包，因为在这个购买量水平上，其每周所获得的边际效益为 MB_C＝3 元。于是，当面包价格为每条 3 元时，这三个消费者的总的市场需求量是每周 6 条，即 $D=\sum Q_D=1+2+3=6$ 条。这恰好是图 3—3 中的市场需求曲线 $D=\sum Q_D$ 同市场供给曲线 S＝MC＝AC 的相交点 E 所决定的购买量水平。

还可以从图 3—3 中看出，当面包价格为每条 4 元时，个人需求曲线为 D_C 的消费者 C 是唯一的购买者。只有当价格降到一定水平之后，个人需求曲线分别以 D_B 和 D_A 代表的消费者 B 和 A，才会相继进入面包市场，其在价格水平上的需求量才可以与 C 的需求量水平相加，从而得出市场需求量 $\sum Q_D$。

2. 纯粹公共物品的需求。对于某种纯粹公共物品来说，所有的消费者必须同时消费同样数量的该种物品。这就使得它同私人物品的情况完全不同了。

纯粹公共物品的购买者，没有能力调整他们各自的消费量，从而不能出现其消费量分别为某人每周 1 个单位，另一人每周 2 个单位，再一人每周 3 个单位的情况。如果 A 每周的消费量为 3 个单位，其他所有的人也必须每周消费 3 个单位。也就是说，纯粹公共物品的消费者无法将其购买量调整到该种公共物品的价格恰好等于其边际效益的水平。事实上，由于受益的非排他性的存在，纯粹公共物品是不能定价的。

那么，如何才能得出对于某种公共物品的需求曲线呢？既然公共物品是不能定价出售的，图 3—4 中的纵轴所代表的变量就不是市场价格，而是消费者对某种既定数量的公共物品所愿支付的最大数量。它通常以消费者在既定数量的公共物品上所能获得的边际效益来代表。例如，假定三个消费者 A、B 和 C 生活在一起并组成一个小社区。这个小社区显然需要安全保障，再假定安全保障的数量可以用为在这个社区巡逻而需雇用的保安人员数量来测定。在这里，保安就是这三个消费者的纯粹公共物品。也就是说，A、B、C 中的任何一人都无法在不使其邻居受益的条件下，而为自己单独雇用一个保安。

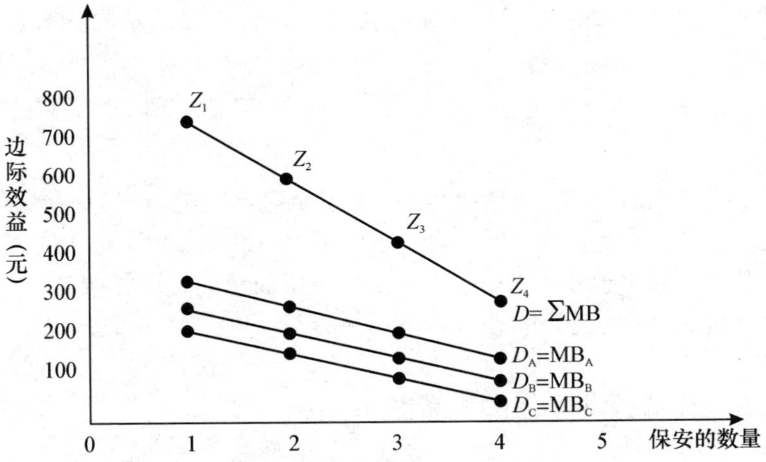

图 3—4　对纯粹公共物品的需求

在图 3—4 中，A、B、C 对保安的需求曲线分别用向下倾斜的 D_A、D_B 和 D_C 来表示。个人需求曲线上的任何一点都代表着消费者为获取每一单位的相应数量的公共物品所愿意支付的最大数量。在这一例子中，这个最大数量指的是每一单位数量的保安所能带来的边际效益。从每一个人的需求曲线可以看出，保安所能带来的边际效益随着保安数量的增加而下降。

这样一来，对纯粹公共物品的总需求曲线可以通过将每一消费者在每一可能数量水平上的边际效益加总来得出。所以，只要将个人需求曲线以垂直的方向相加，即可以得到对公共物品的需求曲线。这就是说，对纯粹公共物品的需求曲线，是通过把该种物品的所有消费者的个人需求曲线垂直相加而得到的。

例如，当只雇用一个保安时，其个人需求曲线为 D_A 的消费者 A 为此所愿支付的最大数量为 $MB_A=300$ 元。与此类似，其个人需求曲线为 D_B 和 D_C 的消费者 B 和 C 所愿支付的最大数量分别为 $MB_B=250$ 元和 $MB_C=200$ 元。于是，对保安的需求曲线可以简单地通过将这些最大量相加而得到。在图 3—4 中，这一点为与三个消费者的边际效益总量相对应的 Z_1 所代表。由此决定的是，当只雇用一个保安时，这个社会所愿支付的最大数量为 $\sum MB=750$ 元。

还可以看出，每一追加单位的纯粹公共物品的边际效益是呈递减状态的。当可雇用的保安人员数量为 2 人时，消费者为雇用每一个保安所愿支付的最大数量肯定小于可雇用的保安数为一人时的情况。如图 3—4 所示，当可雇用的保安数为 2 人时，三个消费者为每一保安所愿支付的最大数量分别为 $MB_A=250$ 元；$MB_B=200$ 元；$MB_C=150$ 元。所以，可雇用的保安为 2 人时的边际效益总数是 $\sum MB=600$ 元，即图 3—4 中的 Z_2 点所示。将任何保安数量水平上的每一消费者所能获取的边际效益垂直相加，其结果，就是对纯粹公共物品的需求曲线上的各个点，再将这些点用一条线连接起来，即可以得到需求曲线 $D=\sum MB$。

为什么私人物品的需求是水平相加，而公共物品的需求却是垂直相加呢？这是因为，对于私人物品，每个消费者都是既定价格的接受者，他所能调整的只是其消费的数量；而对于公共物品，每个消费者所面对的是同样数量的公共物品，但他所愿支付的价格（边际效益）是不一样的。

3.2.3 纯粹公共物品的配置效率

在第 1 章中曾经指出，实现社会资源配置效率最大化的条件是：配置在每一种物品上的资源的社会边际效益均等于其社会边际成本，即 MSB＝MSC。这一条件同样适用于纯粹公共物品，现举例加以说明。

假定某个人欲购买一种纯粹公共物品供自己使用。很明显，依照公共物品的定义，该种公共物品的购买，不仅会使这个购买者本人受益，其所在社会的其他所有成员也会因此而受益。所以，这种公共物品的社会边际效益肯定大于购买者本人所获得的追加效益。也就是说，购买者本人和其他所有成员会同时享受这种公共物品所带来的效益。将带给这个社会的所有成员的这些效益加总求和，就是每一追加单位的公共物品的购买所带来的社会边际效益。于是，一定数量的纯粹公共物品的社会边际效益，就是所有消费者因此而获得的个人边际效益的总和。

所以，纯粹公共物品的最佳产量应当在这样一点实现，即所有消费者因此而获得的边际效益总和恰好等于该种物品或服务的社会边际成本。若以 $\sum \mathrm{MB}$ 代表消费者所获得的边际效益总和，则纯粹公共物品的配置效率的实现条件可以写成：

$$\mathrm{MSB} = \sum \mathrm{MB} = \mathrm{MSC} \tag{3.1}$$

进一步来看，由于公共物品的购买者在决定其购买量时所考虑的仅仅是他个人的边际效益，个人对于公共物品的购买显然会带来正的外部效应。这种外部边际效益就是所有其他消费者因此而获得的边际效益总和。由前面的分析可知，当个人购买者未将外部边际效益纳入其决策因素时，物品的销售量肯定会出现不足，而小于其最佳的产量水平。为了评估某种公共物品所带来的追加效益，不仅要计入实际购买该种物品的个人所获得的效益，而且还须计入其他所有人因此而获得的效益。这样，纯粹公共物品配置效率的实现情况还可以改写为：

$$\mathrm{MSB} = \mathrm{MB}_i + \sum_{j=1}^{n-1} \mathrm{MB}_j = \mathrm{MSC} \tag{3.2}$$

公式（3.2）表明，某一单位纯粹公共物品的社会边际效益就是接受该种物品的任何个人本人所获得的边际效益（MB_i）加上这个接受者之外的所有其他社会成员（$n-1$）因此而获得的边际效益的总和（$\sum \mathrm{MB}_j$）。或者说，社会边际效益就是某一个人效益和由此而带给其他所有社会成员的外部效益的总和。由此也可以将 $\sum_{j=1}^{n-1} \mathrm{MB}_j$ 视做某一单位的纯粹公共物品所带来的外部边际效益的总和。正因为如此，也有人将纯粹公共物品定义为，其生产会给所有社会成员带来正的外部效应（外部效益）的物品。

表 3—1 提供了一组有关公共物品所带来的边际效益的数字。这些数字是根据图 3—4 所描绘的由三个消费者所组成的小社区对安全保障的需求曲线而得出的。在表 3—1 中，列出了消费者 A、B 和 C 在雇用的保安数量分别为 1 人、2 人、3 人和 4 人时所获得的边际效益（仍分别用 MB_A、MB_B 和 MB_C 来代表）。

表 3—1　　由三个消费者组成的小社区从安全保障中获得的边际效益　　单位：元

	保安的数量			
	1	2	3	4
MB_A	300	250	200	150
MB_B	250	200	150	100
MB_C	200	150	100	50
$\sum MB$	750	600	450	300

现假定保安的雇用费用（工资）为每人 450 元。如果在这个费用率下可雇用的保安数量是无限的，雇用保安的平均成本将固定为每人 450 元不变。由于平均成本固定不变，其边际成本也就等于平均成本。再假定保安提供的安全保障不会带来负的外部效应，雇用保安的社会边际成本也将保持在 450 元的水平上不变。

表 3—1 也列出了三个消费者在雇用保安的数量分别为 1 人、2 人、3 人和 4 人时所获得的边际效益的总和数 $\sum$ MB。将表 3—1 图示化，可以得到图 3—5。图 3—5 分别标绘了三个消费者的边际效益曲线 MB_A、MB_B 和 MB_C。并在同一坐标系上描绘出了社会边际成本曲线。由于假定平均成本等于边际成本，又和社会边际成本相等，即 MC＝AC＝MSC，社会边际成本曲线便是一条在 450 元的水平上与横轴平行的直线。将 MB_A、MB_B 和 MB_C 加总求和，便可以给出三个消费者的边际效益的总和 $\sum$ MB 曲线，即社会边际效益曲线 $D=\sum MB=MSB$。

易于看出，由三个消费者所组成这个小社区的保安的最佳雇用量为 3 人。这是由 MSB 线和 MSC 线的交点 E 所决定的。在这一雇用量上，边际效益的总和即社会边际效益恰好等于社会边际成本。除此之外的任何雇用量，如 2 人或 4 人都是缺乏效率的，因为其社会边际效益不是大于社会边际成本，就是小于社会边际成本。

从深一层次看，图 3—5 还可以用来解释为什么市场机制在提供类似安全保障这样的公共物品上是失灵的。如果保安的服务只是由单一的消费者个人通过市场来购买，那么，这个社区的保安的雇用量将为 0。这是因为，每一保安的雇用费用为 450 元，而任何单一的消费者个人的边际效益都达不到如此高的水平。即使在只雇用 1 个保安的条件下，消费者为此所愿支付的最高数额也只有 300 元。显而易见，对于任何单一的购买者（消费者）来说，其所愿支付的最高数额都小于每一保安的市场价格，从而无法弥补供给者因此而付出的边际成本。

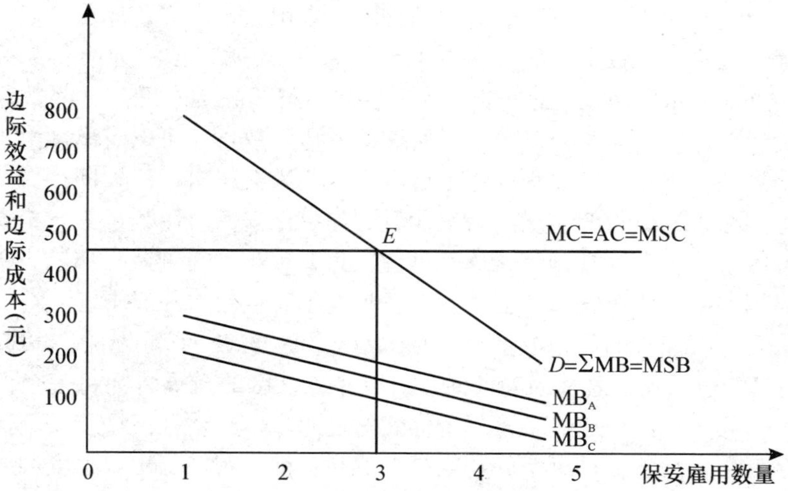

图 3—5　纯粹公共物品的最佳产量

然而，雇用量为 0 是无效率的。如图 3—5 所示，当只雇用一个保安时，消费者所获得的边际效益总和超过了为此而付出的社会边际成本。雇用第一个保安的社会边际效益是 750 元，而其社会边际成本只有 450 元。所以，一个保安都不雇用肯定是没有效率的。事实上，具有效率的雇用量为 E 点所决定的 3 人。在这一点上，个人所获得的边际效益总和恰好等于社会所付出的边际成本。这也正是公共物品必须以非市场方式提供的原因所在。

3.3　林达尔均衡和免费搭车者

3.3.1　通过自愿捐献与成本分担供给公共物品

由上一节的讨论得到这样一个明显的事实：雇用 3 个保安对这个小社区来说是最有效率的。但如何才能实现这一目标呢？

一种可选择的方式是该社区的所有成员分担为此而发生的成本。假定三个消费者决定在解决他们所共同需要的安全保障方面实行合作方式，并为此而分担雇用保安所需的资金费用。三个消费者可以将其所拥有的资金集中在一起，用于雇用保安的需要。如果以这种方式可以筹措到足够的资金，他们就能够通过享受保安所提供的安全保障来使自己的境况变好，而这种效益是他们中的任何一个人都无法或不愿凭借自己的资金实力来实现的。在这种情况下，他们会乐于以这种合作方式雇用保安，并将雇用数量增加到其所集中的资金不再足以承担最后一个保安的雇用费用时为止。例如，倘若他们试图只雇用一个保安，那么，他们可以按自愿捐献方式筹措的资金数额是多少呢？图 3—5 表明，A 将为第一个保安的雇用捐献 300 元，依此类推，B 将捐献 250 元，C 将捐献 200 元。这些数额代表着三个消费者在保安的雇用数量为 1 时所获得的边际效益。可以看出，由于自愿捐献的资金总额大于第一个保安的边际成本，这些人会得出结论，即将保安的雇用数量增加到 2 人是值得的。从另一角度看，如果保安的雇用数量只有 1 人，用于安全保障的预算肯定会有剩余。这就是说，只要预算存在剩余，那就表明，这个社区所雇用的第一个保安的社会边际效益超过了其社会边际成本。

再来看一下保安的雇用数量为 2 时的情形。从表 3—1 和图 3—5 可知，雇用 2 个保安时的边际效益总和为 600 元。所以，该社区的成员将为每一个保安的雇用捐献 600 元。这同样超过了第二个保安的边际成本。该社区用于安全保障的预算肯定会有剩余。那么，剩余的数额是多少呢？前面曾经指出，保安的雇用费用固定为每人 450 元，因此，雇用 2 个保安的总成本为 900 元。同时，由于每一成员均按照本身的边际效益确定捐献的资金数额，因此当雇用的保安数量为 2 人时，A 将为此捐献 500 元，B 将为此捐献 400 元，而 C 将为此捐献 300 元。捐献的资金总额为 1 200 元。收支相抵，剩余的数额是 300 元。

那么，雇用 3 个保安的情形又怎样呢？当保安的雇用数量为 3 人时，$MB_A=200$ 元，$MB_B=150$ 元，$MB_C=100$ 元。边际效益的总和（450 元）恰好等于第三个保安的边际成本 450 元。这时，雇用 3 个保安的总成本为 1 350 元。A 将为每一个保安的雇用捐献 200 元，或者为 3 个保安的雇用捐献 600 元；B 将为每一个保安捐献 150 元，从而为 3 个保安的雇用共支付 450 元；而 C 为每一个保安捐献 100 元，即为 3 个保安的雇用捐献 300 元，捐献的总额为 1 350 元，恰好与雇用 3 个保安的总成本 1 350 元完全相等。在图 3—5 中，这正是 E 点所决定的最佳雇用量水平。在 E 点上，这种公共物品的 $\sum$ MB 曲线与其边际成本曲线相交。这时，对这三个消费者来说，$MSB=\sum MB=MC=MSC$。

能否将保安的雇用量增加到大于 3 人的水平呢？当雇用量大于 3 人时，以自愿捐献方式筹措的资金将不足以抵付其成本。因为雇用量大于 3 人时的边际效益总和小于那个雇用量水平的边际成本，如表 3—1 和图 3—5 所示。所以，通过自愿捐献方式将不能筹措到保安雇用量大于 3 人时所需的资金。

由此可见，在成员人数较少的社会中，通过自愿捐献和成本分担的合作方式，有可能使得公共物品的供给量达到最佳水平。

3.3.2 林达尔均衡的条件与免费搭车者的出现

从上面的分析可以得到这样一个结论，如果每一个社会成员都按照其所获得的公共物品的边际效益的大小，来捐献自己应当分担的公共物品的资金费用，则公共物品的供给量可以达到具有效率的最佳水平。在公共部门经济学中，这被称作“林达尔均衡”。

然而，以瑞典经济学家林达尔（Erik Lindahl）的名字命名的这一具有效率的均衡的实现，是以下面两个假设为前提的：

第一，每个社会成员都愿意准确地披露自己可以从公共物品的消费中获得的边际效益，而不存在隐瞒或低估其边际效益从而逃避自己应分担的成本费用的动机。

第二，每个社会成员都清楚地了解其他社会成员的嗜好以及收入状况，甚至清楚地掌握任何一种公共物品可以给彼此带来的真实的边际效益，从而不存在隐瞒个人边际效益的可能。

易于看出，上述的假设条件只有在人数非常少的群体中，才是有可能存在的。而在人口众多的社会中，情况就有所不同了。

假设一个群体是由生活在同一套公寓中的人们所组成的。由于生活在同一套公寓中，他们常常需要聚在一起协商诸如维修其公寓内的走道、提供公寓的安全保障等事宜。所以，这个群体的人们之间彼此熟悉，任何人都可以对邻居的嗜好及收入状况有充分的了解，甚至能够准确地说出任何一种物品可以给彼此带来的边际效益为多少。在这样的情况下，即使处于讨价还价式的决策过程中，人们通常也不会有隐瞒其偏好的念头。既然人们不想也无法将其对公共物品的偏好隐瞒起来，依据人们所获得的边际效益的大小来确定各自应分担的公共物品的成本费用，并最终在社会边际效益与社会边际成本相一致的基础上实现公共物品的最佳供给，将不是一件十分困难的事情。

但是，如果一个社会是由成千上万的人们所组成的。上述的假设条件就很难具备了。在一个人口众多的社会中，没有任何一个人能够做到对其他所有成员的情况无所不知。既然不能准确地掌握社会成员的嗜好和经济状况，人们便有可能隐瞒其从公共物品上所获得的真实的边际效益。而且，如果人们知道他们所须分担的公共物品的成本份额取决于其因此而获得的边际效益的大小，从低呈报其真实的边际效益的动机也肯定会产生。这样一来，一方面，人们可以通过从低呈报边际效益而减少其对公共物品的出资份额，从而保存其收入；另一方面，由于公共物品的消费不具有排他性，人们也不会因其出资份额的减少而失掉公共物品的任何效益。事实上，在这样的社会条件下，人们完全有可能在不付任何代价的情况下，而享受通过其他人的捐献而提供的公共物品的效益。这时，在经济学上被称作“免费搭车者”的人便出现了。

免费搭车者是对那些寻求不付出任何代价而又得到效益的人的一种形象的说法。然而，一个不容回避的事实是，如果所有的社会成员都采取这样的行为方式，其结果是，公共部门将没有任何资金来源，从而也就谈不到公共物品的效益了。

广播电视节目便是这个问题的一个突出例子。如果播放广播电视节目的资金来源于听众和观众的自愿捐献，那么，大部分听众和观众很可能倾向于这样一种行为方式：一方面依旧收听或收看广播电视节目，同时却不为此捐献任何资金，或者按照远远低于其边际效益的数额捐献资金。很显然，如果所有的听众和观众都如此，结果就是没有任何广播电视节目可供播放了。这就是被休谟早在 1740 年就描绘过的“公共的悲剧”。

在经济学家们看来，免费搭车对任何人来说都是一种理性选择。这就是说，只要有公共物品存在，免费搭车者的出现就不可避免。所以，在合作性的自愿捐献和成本分担制度下，公共物品的供给量发生不足，而低于其应当达到的最佳产量水平，就是一件不言而喻的事情了。

仍以前面保安雇用量的例子来说明。那个小社区的三个成员都可以通过采用免费搭车策略而使自己的境况更好。假设 C（其边际效益曲线如图 3—5 所示）试图成为免费搭车者，他因此可以得到多少效益呢？这需要计算其从保安最佳雇用量 3 人所获得的净效益。从图 3—5 和表 3—1 可知，他的总效益为 450 元。这是通过将其在每一保安雇用量上所获得的边际效益加总（450＝200＋150＋100）而得到的。如果他确实可以隐瞒其边际效益而成为一个免费搭车者，他对雇用保安的捐献额将为 0。这时，如果其余 2 个成员仍旧依其边际效益的大小作出自己的捐献，第三个保安的雇用费用就不足了。道理很简单，在 3 个保安的雇用量上，A 和 B 的边际效益为：$MB_A+MB_B=350$ 元，每一保安的雇用费用则为 450 元。而在 2 个保安的雇用量上，$MB_A+MB_B=450$ 元，恰好弥补第二个保安的雇用费用。在这一雇用量水平上，C 可以在不为此掏一分钱的情况下而获得 350 元的净效益（第一个保安的边际效益 200 元加上第二个保安的边际效益 150 元）。这就是说，由于 C 成为免费搭车者，这个社区的保安雇用量由原来 3 人的最佳水平减少至 2 人，这一水平显然是缺乏效率的。

其他社会成员也是可以采取免费搭车策略的。然而，就这个社区而言，如果有两个人试图成为免费搭车者，其结果就是没有一个保安可以雇用了。在这种情况下，由于他们完全丧失了安全保障，这 3 个人的境况都因此而变坏了。

进一步来看，如果这个社区的成员不是 3 人，而是 10 000 人，乃至更多，免费搭车的问题将更为尖锐。因为在人数较少的群体中，只要有一个成员不作出捐献，人们就会强烈地感觉到公共物品的可供量的减少，这肯定会驱使他们进行合作。而在人口众多的群体中，某一成员或几个成员的免费搭车，对公共物品的可供量的影响就不那么显著了。所以，一个社会的成员越多，人们免费搭车的欲望就越强烈，从而因免费搭车者问题而导致公共物品供给量下降的可能性就越大。

3.3.3 通过强制性的融资解决免费搭车的问题

由上述分析可见，由于免费搭车问题的存在，自愿捐献和成本分摊的合作性融资方式，不能保证公共物品的有效供给。既然公共物品不可或缺，免费搭车者的问题又不可避免，那就只有依靠强制性的融资方式来解决公共物品的供给问题了。事实上，政府正是一方面以征税手段取得资金；另一方面又将征税取得的资金用于公共物品的供给的。

仍依前例，既然那个小社区的保安最佳雇用量为 3 人，实现这一最佳雇用量所需的费用为 1 350 元，那就完全可以通过向 3 个消费者征税的办法来筹措这 1 350元，即可以依照他们的边际效益的大小，分别向 A 征收 600 元，向 B 征收 450 元，向 C 征收 300 元①，也可以根据他们的收入水平或支出水平的高低制定相应的征收标准。但不管怎样，其结果是，强制性的融资方法使 3 个保安的最佳雇用量得到了保证，同时也基本上排除了免费搭车的可能性。

3.4 混合物品

3.4.1 混合物品的概念及分类

前面说过，纯粹公共物品与纯粹私人物品并不是普遍存在的。在现实经济生活中，更为常见的物品是居于这两个极点之间的，它们既非纯粹公共物品，又非纯粹私人物品；既具有私人物品的某些特性，又具有公共物品的某些特性。正因为如此，经济学界赋予它们一个特殊的名称，即“混合物品”。也有人将其称作“半公共物品”或“半私人物品”。

从考察混合物品的性质出发，可以将混合物品分为拥挤性的公共物品和价格排他性的公共物品两类。

1. 拥挤性的公共物品。拥挤性的公共物品（congestive public goods）是混合物品的一种。所谓拥挤性的公共物品，是指那些随着消费者人数的增加而产生

---

① 这正是林达尔均衡理论的意义所在。

拥挤，从而会减少每个消费者可以从中获得的效益的公共物品。这种物品的效用虽为整个社会成员所共享，但在消费上具有一定程度的竞争性。这就是说，这种物品在消费者的人数达到拥挤点之后，消费者人数再增加，其边际成本就不再为0。例如，不收费的公路，当行驶的车辆达到一定数量之后，追加的车辆便会阻碍交通，甚至增加交通事故的风险。图3—6描绘的正是这种情况。图中的N点即为公路的拥挤点。最初消费者人数的增加不会增加公路的边际成本，这时的边际成本曲线与横轴重合，即边际成本等于0。但是，当消费者的人数增加到N之后，这时的边际成本曲线便不再与横轴重合，而随之向右上方倾斜。这表明，类似公路这样的拥挤性公共物品，在消费者达到一定数量之后，其边际成本将为正数。

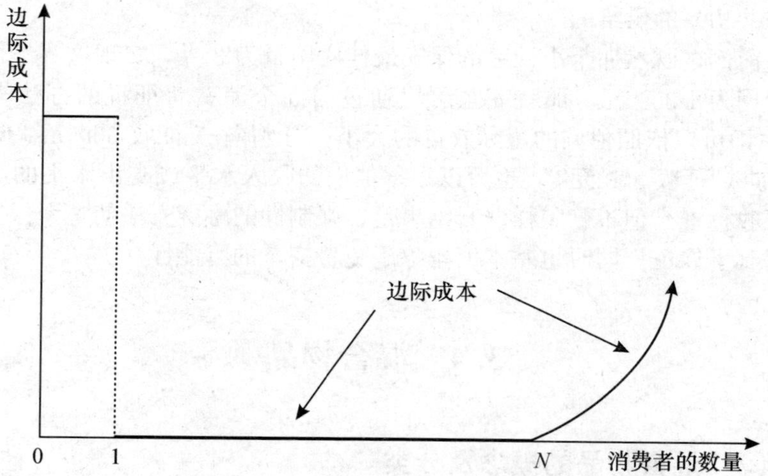

图3—6　拥挤性的公共物品

2．价格排他性的公共物品。价格排他性的公共物品（price-excludable public goods）是另一种混合物品。所谓价格排他性的公共物品，是指那些效益可以定价，从而可以在技术上实现排他的公共物品。这类物品的特点是：一方面，它的效用在名义上向全社会提供，即谁都可以享用；另一方面，它在受益上却可以排他，即谁花钱谁受益。中央政府或地方政府兴建的收费的公园以及其他收费的娱乐设施就是这样，名义上整个社会的成员都可以到公园游览，享受公园提供的效益，而实际上由于公园收费，只有为此花钱的人才可以进入公园，而不为此付款的人是被排除在公园的受益范围之外的。公办的学校和医院也属于这类，一方面，谁都可以进入学校和医院就学、就医，而且，就学、就医也会带来正的外部效应；但另一方面，学校和医院的收费制，又使得那些不愿为此付款的人享受不到学校和医院的服务。

3.4.2 混合物品的供给

私人物品由私人部门通过市场提供，公共物品由政府部门以非市场方式提供，这只是理论上的一种理想化的说法，现实生活中的情况并非如此简单。实践上，很难将市场的供给和政府的供给截然分开。在许多物品上，市场的供给和政府的供给都是交织在一起的，这突出表现在混合物品的供给上。

就两类混合物品来看，它们的一个共同特点，就是既可以由私人部门通过市场提供，也可以由政府部门直接提供，或是由政府部门给予补助的办法通过市场提供。

1. 拥挤性公共物品的提供。在消费者达到一定数量之前，拥挤性的公共物品的消费是具有非竞争性的。这就意味着，通过向消费者收取一定的费用，也是可以在技术上实现排他的。既然如此，市场的供给和政府的供给便都是可以选择的方式。至于实践上是以政府的供给为主，还是以市场的供给为主，则可以视具体情况而定。如公路、桥梁及其他类似公共设施的建设，通常要以政府的税收为资金来源，并由公共部门经营。但同时，这些公共设施的使用者或受益者还要以向政府缴纳一定的使用费为代价。而电影院、剧场、体育设施等，通常是由私人部门出面提供的，但其建设和经营的资金，一方面来源于向使用者收取的费用，另一方面也有可能来源于政府给予的补贴。所以，在这类物品的供给中，市场的因素与政府的因素兼而有之。

2. 价格排他性公共物品的提供。价格排他性的公共物品，可以在技术上实现排他，但其生产或消费很可能会产生外部效应，而且是正的外部效应。这类物品，如果由私人部门通过市场提供，由此而带来的正的外部效应，必须由政府给予补贴，否则很可能会出现供给不足。如果由公共部门直接出资经营，往往也需通过市场上的销售渠道，利用市场价格机制。无偿（免费）供给的情况是不多见的。一些国家的私人医院或公共医院、学校、大型交通设施等方面的供给，就属于这种情况。

本章小结

1. 公共物品的特性，是在同私人物品的特性的比较中得出的，这就是效用的不可分割性、消费的非竞争性和受益的非排他性。一项物品是否是公共物品，就要依据这三个特性，按照一定步骤进行判定。

2. 纯粹公共物品，需要同时满足公共物品的三个特性。非纯粹公共物品，只需要满足上述一个或两个特性。纯粹公共物品的需求同纯粹私人物品的需求显著不同，后者表现为水平相加，即某种纯粹私人物品的需求曲线，可以通过加总某一时间内所有单个消费者在各种价格水平上对该种私人物品的需求曲线而得出，其原因在于，每个消费者都是既定价格的接受者，他所能调整的只是其消费的数量；前者则表现为垂直相加，即某种纯粹公共物品的需求曲线，可以通过将该种公共物品的所有消费者的个人需求曲线垂直相加而得到，其原因在于，每个消费者所面对的是同样数量的物品，但他所愿支付的价格是不一样的。

3. 纯粹公共物品的配置效率是在这样一点实现的，即其私人边际效益的总和（社会边际效益）恰好等于其社会边际成本，即 $MSB=\sum MB=MSC$ 。市场的供给对于纯粹公共物品来说，往往是缺乏效率的。这是因为对于它的个人消费必然伴随着正的外部效应，从而会导致免费搭车者的出现。

4. 如果每一社会成员自愿捐献的资金数额与其所获得的公共物品的边际效益相等，公共物品的供给量便可以达到具有效率的最佳水平，这被称作“林达尔均衡”。然而，免费搭车现象的不可避免将会造成公共物品供给的不足，从而达不到帕累托效率所要求的最佳水平。强制性的融资方式是解决免费搭车问题的有效途径。

5. 现实社会中，许多物品居于纯粹公共物品与纯粹私人物品之间，它们兼有公共物品与私人物品的某些特性，被经济学家们称作混合物品。从考察混合物品的性质出发，可以将混合物品分为拥挤性的公共物品和价格排他性的公共物品两类。混合物品的供给方式往往是市场的因素和政府的因素兼而有之。

关键术语

公共物品	私人物品	效用的不可分割性
消费的非竞争性	受益的非排他性	纯粹公共物品
纯粹私人物品	林达尔均衡	免费搭车者
混合物品(半公共物品或半私人物品)	拥挤性的公共物品	价格排他性的公共物品

复习思考题

1. 相对于私人物品，公共物品具有哪些特性？判定公共物品应遵循什么步骤？

2. 何谓纯粹公共物品？何谓纯粹私人物品？二者有哪些区别？对纯粹公共物品的需求与对纯粹私人物品的需求有什么区别？

3. 如何实现纯粹公共物品的配置效率？

4. 什么是林达尔均衡？什么叫免费搭车者？如何解决免费搭车者问题？

5. 什么是混合物品？什么是拥挤性的公共物品？什么是价格排他性的公共物品？混合物品是通过什么途径、怎样供给的？

本章阅读书目

1. 马俊，郑康彬. 当代西方财政实践. 北京：中国财政经济出版社，1997

2. 张五常. 卖桔者言. 成都：四川人民出版社，1988

3. [美] R. H. 科斯. 经济学中的灯塔. 见：论生产的制度结构. 上海：上海三联书店，1994

4. [英] 穆勒. 政治经济学原理（下卷）. 北京：商务印书馆，1991

5. [英] 亚当·斯密. 国民财富的性质和原因的研究. 下卷. 北京：商务印书馆，1974

6. [英] 休谟. 人性论. 北京：商务印书馆，1980

7. Musgrave，R. A. and Peacock，A. T. eds.，*Classics in the Theory of Public Finance*. London：MacMillan & Co. Ltd.，1958

第 4 章

公共选择理论

公共选择（public choice）理论可以定义为对非市场决策的经济学研究，或者简单地说，是对政府决策过程的经济分析。

按照经济学家的分析，政治不过是经济交易过程的延伸。从本质上说，政治家、官僚或国家代理人同私人经济中的个人一样，也是一种“经济人”，他们同样是个人私利的追求者。在公共选择领域作出决定的人和其他人没有差别，既不更好，也不更坏，这些人一样会犯错误，他们的行动本身也要受到一些规则与约束的影响。这些规则与约束同样是人类创造的，不一定比其他任何社会组织的规则更加正确无误。由此出发，经济学家将经济交易和政治决策这两种人类行为的基本方面纳入单一的私人利益分析模式，并在此基础上，运用经济学的方法解释个人偏好与政府公共选择的关系，研究作为投票者的消费者如何对公共物品供给的决定表达意愿。

重点问题

- 政治均衡的概念与投票决策中的政治均衡
- 单峰偏好和多峰偏好的含义及其与政治均衡之间的关系

- 投票交易及其对资源配置效率的影响
- 公共选择过程中的政治行为

4.1 简单多数规则

按照经济学家的解释，公共选择是根据既定的规则并通过许多人的政治交互作用而作出的。这就是说，通过公共选择过程而进行的公共物品的供给，要求人们在公共物品的供给数量和融资方式方面达成协议。不过，在以民主方式进行的公共选择过程中，一般并不能要求就公共物品的供给数量以及融资方式的问题取得完全一致的意见。事实上，在各种可供选择的公共规则中，最常用的是多数投票法，或称简单多数规则。简单多数规则要求，一项提案在付诸执行之前必须拥有 $n/2$ 以上的拥护者（n 为投票者的数目）。

前面所讨论的建立在自愿捐献与成本分担基础上的公共物品的供给模型，对于影响公共选择因素的分析是有帮助的。只不过在这里，用于弥补公共物品提供费用的资金来源是税收，而不是自愿捐献。对某项已获通过的提案投了反对票的公民，也必须接受并遵守投票的结果。这是与建立在自愿捐献和成本分担基础上的公共物品的供给模型的区别所在。

4.1.1 政治均衡的概念

可以用政治均衡（political equilibrium）来说明公共选择的过程。如果一个社会的成员根据既定的规则，就一种或多种公共物品的供给量以及相应的税收份额的分配达成了协议，就取得了所谓政治均衡。

这里所说的税收份额（tax shares），有时也称作税收价格（tax prices），是指事先公布的公民所须承担的税收数额，它是政府所提供的公共物品的成本的一部分。对每一个投票者来说，这些税收份额代表着政府所提供的公共物品的单位价格，其总额必须等于公共物品的成本（没有盈余或赤字）。如果以 t_i 代表某一投票者须承担的某种纯粹公共物品的单位份额的成本，那么，对于所有投票者来说，$\sum t_i$ 必须等于该种物品的成本。

公民必须承担的税收份额的大小，是由公共物品的生产成本所决定的。在税收份额分布既定的条件下，公共物品成本的增加，将导致人们为每单位该种公共物品所须承担的税收份额的增加。因此，除非这种成本的增加伴随着效益的增加，否则，税收的增加肯定会减少人们对于增加公共物品产量的支持率。

在现实社会中，有关公共物品成本的信息是很难获得的。由于生产成本的大小在很大程度上影响着投票者对各种水平的公共物品的支持率，政治家们往往出于自身的需要，故意夸大或缩小公共物品的成本数字。因此，一旦这些成本数字被人为地夸大或缩小，公共选择的结果便很可能是缺乏效率的。这就是说，掌握公共物品的成本和效益的信息，是影响公共选择及其效率的一个重要因素。为了简化起见，本章所讨论的模型假定人们可以充分获得有关公共物品的成本和效益的信息。

4.1.2 投票与决策

在形式上，公共选择的决策是通过投票而作出的。在这一过程中，通常每人只有一票。前面说过，政治过程的经济分析是按照私人利益的分析模式进行的，投票者对政府所提供的公共物品的评价与其对市场提供的私人物品的态度没有什么区别，也就是说，只有在他们的境况能够较前变好的情况下，他们才会对提案投赞成票。

依此推理，对于某一个人来说，其最偏好的政治结果是，政府所提供的公共物品的数量达到这样的水平：他所须承担的税收份额恰好与该种物品带给他的边际效益相等。在这一点上，他所获取的满足程度最大。如果政府所提供的公共物品的数量超过了这一水平，其境况就会较前变坏。

图 4—1 揭示了投票者最偏好的政治结果。在该图中，t_i 和 MB_i 分别为某一投票者为每一单位的公共物品所承担的税收份额和该种物品对他的边际效益曲线。不难看出，其最偏好的结果是 Q^* 个单位的公共物品的产量。这个产量水平之所以对于他是最优的，是因为在与这个产量水平相对应的 Z 点上，$MB_i = t_i$。如果产量水平超过了 Q^* 个单位，他因此而须承担的追加的税收份额就要超过其所获得的追加的效益。这时，投票者的境况显然会较前变坏。实际上，投票者对于公共物品的行为方式，如同他在市场上按照 t_i 的价格购买公共物品一样，只要他从某一特定产量的公共物品中所获得的边际效益不少于他因此而必须支付的税收份额，他就会对这个产量水平的公共物品的提案投赞成票。

进一步看，对于一种既定的公共选择规则来说，投票的结果在一定程度上取决于税收份额在人们之间的分布状况。在某种税收份额的分布状况下，增加公共物品产量的提案不能获得通过，在另一种不同的税收份额分布状况下该提案却可能获得通过。之所以如此，是因为投票者税收份额的变化会带来其最偏好的政治结果的相应变化。依此类推，政治均衡的结果也取决于公共物品的效益在人们之间的分

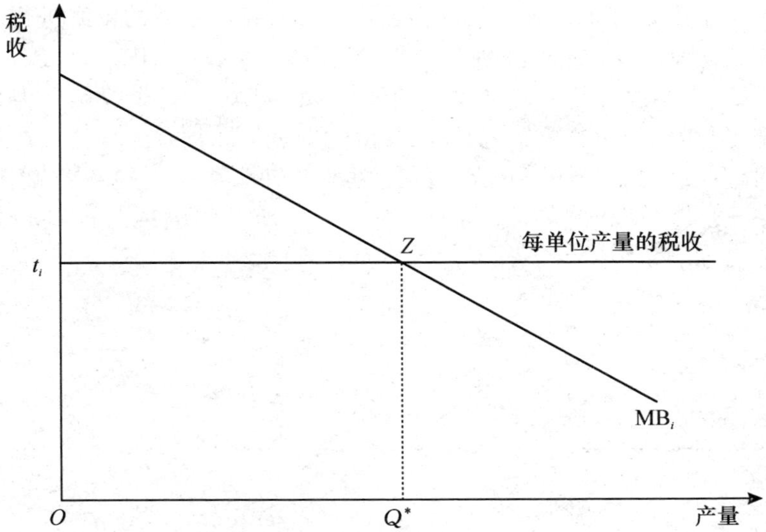

图 4—1　投票者最偏好的政治结果

布状况。某项公共工程的效益分布状况的变化，会因投票者最为偏好的政治结果的相应变化而改变其获得通过的可能性。

综上所述，在公共选择过程中，一项有关公共物品的产量提案能否获得通过，取决于以下几个因素：

1. 公共选择的规则，即提案获得通过所需的赞成票数占投票者总数的比例；
2. 公共物品的平均成本和边际成本；
3. 投票者获得与提案有关的成本和效益的信息的难易程度；
4. 税收份额在投票者之间的分布状况；
5. 公共物品的效益在投票者之间的分布状况。

上述任何一个因素发生变化，都会导致政治均衡结果的相应变化。

4.1.3　多数规则下政治均衡的实证分析

我们来考察下述例子。

现假定投票者必须就某种纯粹公共物品的产量作出抉择。该种物品的平均成本既定；税收份额的分布状况已经公布，每一个人将为每单位的公共物品缴纳相同数额的税收。这样，如果该种公共物品的平均成本 AC 固定不变，并且该社会的人数为 n，那么，每个人为每单位公共物品所需缴纳的税收数额就为 AC/n。

在图 4—2 中，假定共有 7 个投票者要就保安雇用数量的提案进行投票。这些投票者的边际效益曲线分别为 MB_A、MB_B、MB_C、MB_M、MB_F、MB_G 和 MB_H。保安的边际成本（平均成本）曲线为 MC＝AC。每个投票者为每一个保安的雇用所需缴纳的税收为 t。保安所提供的安全保障具有纯粹公共物品的所有特性，并随保安雇用数量的多少而增减。再假设每一个保安的雇用费用为 AC＝MC＝350 元，每个投票者为每一个保安的雇用所承担的税收份额为 t＝50 元（AC/n＝350 元/7）。

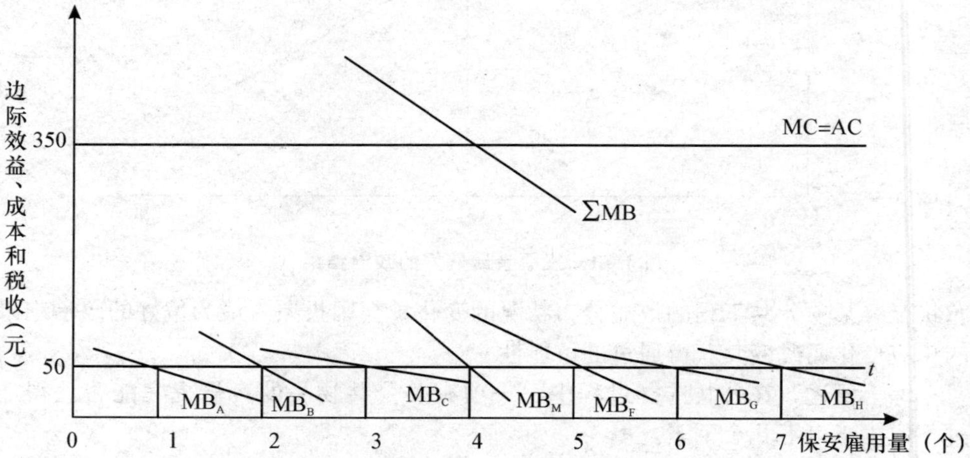

图 4—2　多数规则下的政治均衡

容易看出，如果保安所提供的安全保障是一种按 t 的单价出售的私人物品，每个投票者都能够按照其 MB 曲线与 t 相交点所决定的最为偏好的数量来雇用保安。这时，保安的雇用数量将从 1 个到 7 个而有所不同。然而，由于雇用保安是一种纯粹公共物品，所有人都必须消费同样的数量，保安的雇用量便只能按照多数原则通过的提案来决定了。依此例，只要增加保安雇用量的提案获得至少 4 张（半数以上）赞成票，提案就可以获得通过。

表 4—1 揭示了投票者就增加保安雇用量（从 1 个到 7 个）提案进行表决的情况及其结果。可以清楚地看出，就保安雇用量从 0 个增加到 1 个的提案进行的第一轮投票获得了一致通过。之所以如此，是因为对于任何一个投票者来说，第一个保安所提供的边际效益均不小于其所承担的税收份额。如表 4—1 所示，所有的投票者都投了赞成票。

表 4—1　　简单多数规则下就保安雇用量提案所进行的投票及其结果

		增加保安雇用量至						
		1	2	3	4	5	6	7
投票者	A	赞成	反对	反对	反对	反对	反对	反对
	B	赞成	赞成	反对	反对	反对	反对	反对
	C	赞成	赞成	赞成	反对	反对	反对	反对
	M	赞成	赞成	赞成	赞成	反对	反对	反对
	F	赞成	赞成	赞成	赞成	赞成	反对	反对
	G	赞成	赞成	赞成	赞成	赞成	赞成	反对
	H	赞成	赞成	赞成	赞成	赞成	赞成	赞成
投票结果		通过	通过	通过	通过	否决	否决	否决

就保安的雇用量从 1 个增加到 2 个的提案进行的第二轮投票，只有投票者 A 投了反对票。A 之所以这样做，是因为第二个保安给他带来的边际效益小于其为该保安的雇用所须支付的追加税收（$MB_A<50$ 元）。然而，在简单多数规则下，即便有一人的境况会因此而变坏，这项提案还是以 6∶1 的投票比分获得了通过。依此类推，增加保安雇用量至 3 个和 4 个的提案，也在 5∶2 和 4∶3 的投票比分下获得了通过。这是因为，至少有半数以上的社会成员的境况会随保安雇用量增加至 3 个和 4 个而较前变好。

但是，当保安雇用量增加到 4 个以上（不含 4 个）时，提案就不能获得通过所需的多数赞成票了。例如，就保安雇用量增加到 5 个的提案进行的投票，只能获得 3 张赞成票。其余的 4 个投票者投反对票的原因在于，第 5 个保安给他们带来的边际效益小于其因此所须承担的追加的税收份额。

所以，在边际效益曲线既定（见图 4—2）的条件下，根据简单多数规则所取得的政治均衡为 4 个保安的雇用量。如果投票者必须在这个雇用量数字同其余的数字之间进行选择，4 个显然会获得通过。其中的原因不难说清，这就是 4 个保安的雇用量接近多数投票者所最偏好的结果。

4.1.4　中间投票者

所谓中间投票者，指的是这样一种投票者，其最偏好的结果处于所有投票者最偏好结果的中间状态。在图 4—2 中，其边际效益曲线为 MB_M 的投票者，就是中间投票者。可以看出，所有投票者最偏好的结果区间为 1 个至 7 个保安。投票者 M 最偏好的结果为 4 个保安，恰好处于 1 个至 7 个这一区间的中间位置。有 3 个投票者的最偏好结果少于 4 个保安，另有 3 个投票者的最偏好结果多于 4 个保安，因此，M 就是中间投票者。

在前面的例子中，7 个投票者就保安雇用量提案所达成的政治均衡为 4 个保安的雇用量，这正是中间投票者 M 所最偏好的结果。在税收份额既定的情况下，投票者 A、B、C 将消费高于其最偏好水平的保安雇用量，而投票者 F、G 和 H 所消费的保安雇用量将低于其最偏好的水平。

进一步看，如果所有投票者对公共物品的边际效益曲线均呈向右下方倾斜状态（见图 4—2），那么，中间投票者最偏好的公共物品的产量，就是简单多数规则下的政治均衡。在公共部门经济学中，将此称作“中间投票者定理”（median voter rule）。①

根据中间投票者定理，简单多数规则下的反映中间投票者意愿的那个提案会最终获胜。因为选择该提案会使整个社会的效益损失最小，或者说，会使整个社会获得的效益最大。这是简单多数规则下的一个重要结果。换一个角度说，当有两种以上的方案可供选择时，简单多数规则并不能保证 51％的投票者将获得他们最偏好的结果。实际上，只有中间投票者可以获得其最偏好的结果。简单多数规则所能保证的是使所有投票者最偏好的结果和最终达成的政治均衡的偏离度最小。

中间投票者定理在公共选择理论中占有重要地位。它实际上告诉人们，任何一个政党或政治家，要想赢得极大量的选票，必须使自己的竞选方案符合中间投票者的意愿。

4.2 简单多数规则下投票结果的唯一性和循环性

在某些情况下，依据简单多数规则所取得的政治均衡并不是唯一的。就某种特定的公共物品来说，可能有两种或两种以上的产量提案均获得多数赞成票。对此，可以用单峰偏好（single-peaked preference）和多峰偏好（mutiple-peaked preference）来解释。

4.2.1 单峰偏好与多峰偏好

现在考察下述假设的投票例子。

由 3 个公民所组成的一个小社区必须就每年燃放的焰火次数进行表决。投票

① 在此前的例子中，我们曾假定所有投票者所承担的税收份额相同，下面的分析还将表明，即使在每一个投票者所承担的税收份额不同的条件下，中间投票者定理也是成立的。

者们面临三种选择，每年燃放1次、每年燃放2次、每年燃放3次。就任何两种选择进行投票的结果将根据简单多数规则来决定。

表4—2揭示了每一个投票者对三种选择方案按其所获得的净效益水平（假定其税收份额既定），从高到低依次排列的情况。换句话说，投票者是依据其从每一种方案可以获得的总效益，减去其必须承担的税收份额之后所得出的净效益的大小顺序，对三种选择方案加以排列的。对于投票者来说，每一种产量水平的净效益，就是该产量水平的总效益与以税收衡量的该产量水平的总成本之间的差额。

表4—2　　投票者对每年焰火燃放方案的排列

	第一种选择	第二种选择	第三种选择
投　票　者			
A	3	2	1
B	1	3	2
C	2	1	3

将表4—2图示化，就可以得到三个投票者A、B和C在每一种选择下的净效益曲线（见图4—3）。可以清楚地看出，对于三种选择方案来说，A的偏好情况是这样的，其所获得的净效益随着每年焰火燃放数量的增加而上升。而B在每年只燃放1次焰火时所获得的净效益最大；其次是每年燃放3次，即投票者们所面临的最多的燃放次数方案；每年燃放2次的中等次数方案，带给B的净效益最小，相对于中等次数方案来说，B显然会偏好其余的两个，即每年燃放1次和3次。至于C，其在每年燃放2次焰火时所获得的净效益最大，除此之外，无论是每年燃放1次，还是每年燃放3次，都只能给其带来较低的净效益。与上述情况相对应，人们的偏好结构也就有单峰形和多峰形之别。

单峰偏好意味着人们最理想的结果只有一个。对于这个唯一的最理想目标的偏离，无论是正的方向，还是负的方向，都是坏事情。多峰偏好则意味着人们最理想的结果不止一个。最初，当人们偏离其最偏好的选择目标时，境况会因此变坏。但若继续沿着这个方向运动，其境况则会最终变好。依据上面的例子，在三个投票者中，只有B是具有多峰偏好的。如图4—3所示，当每年燃放的焰火次数由1次增加到2次时，B的境况因此而变坏了。然而，当每年燃放次数由2次再增加到3次时，这个投票者的境况又因此而变好了。相比之下，A和C则是具有单峰偏好的。对于A来说，如果每年燃放焰火的次数减少到低于3次时，他的境况便会持续变坏。对于C来说，只要每年燃放焰火的次数偏离了其最偏好的结果2次，不论是向哪个方向偏离，他的境况都会因此变坏。

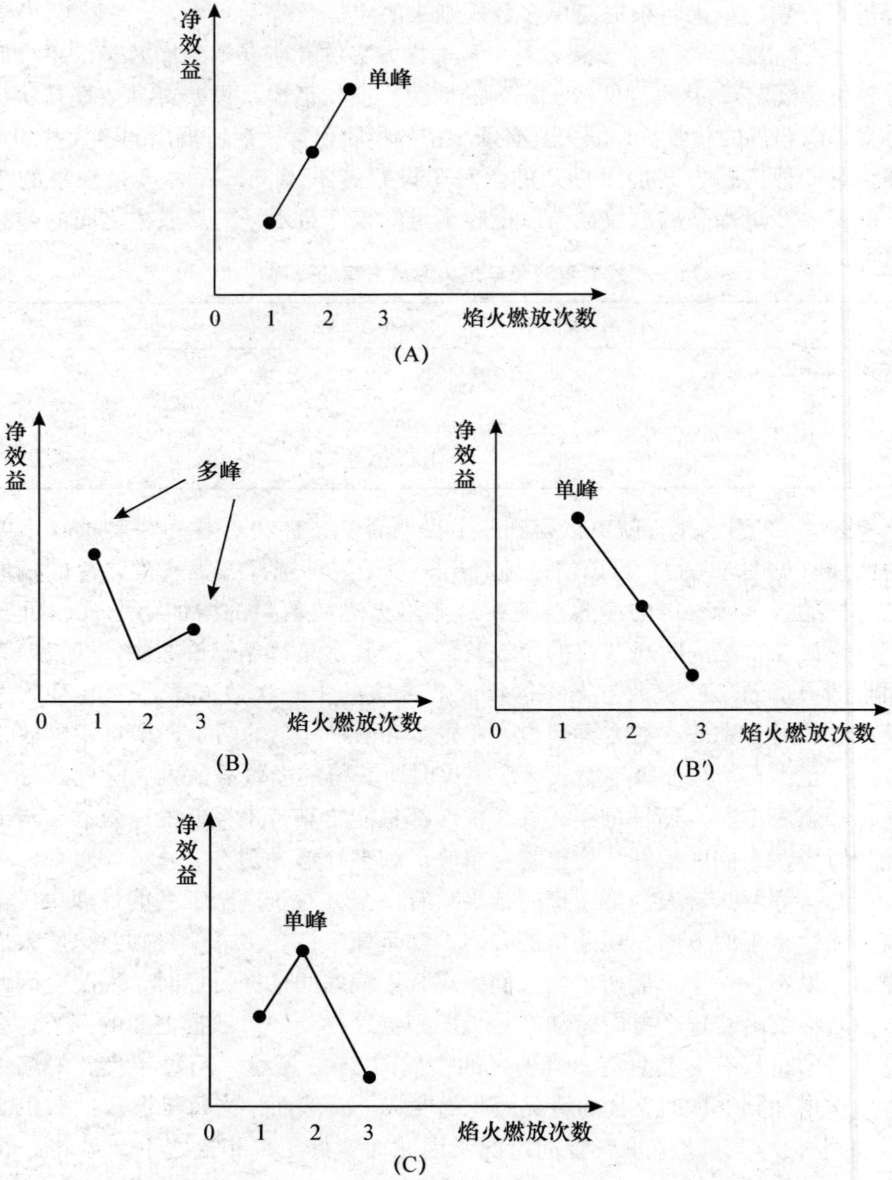

图 4—3　单峰偏好和多峰偏好

4.2.2 配对投票

当有三个或更多的方案可供选择时，就其中的任意两个方案进行的投票，便是所谓“配对投票”。

我们的考察可以从就每年燃放焰火 1 次，还是每年燃放焰火 2 次的提案所进行的第一轮配对投票开始。其前提条件是，每个投票者都将把赞成票投在可以给他带来最大净效益的提案上。表 4—3 根据表 4—2 对每年燃放焰火方案的排列顺序给出了历轮配对投票的得票记录及其结果。

表 4—3　　配对投票的得票记录及其结果

第一轮配对投票	每年燃放焰火 1 次	每年燃放焰火 2 次
投　票　者		
A		×
B	×	
C		×
得票数	1	2
结果：每年燃放焰火 2 次的提案获胜		
第二轮配对投票	每年燃放焰火 3 次	每年燃放焰火 1 次
投　票　者		
A	×	
B		×
C		×
得票数	1	2
结果：每年燃放焰火 1 次的提案获胜		
第三轮配对投票	每年燃放焰火 2 次	每年燃放焰火 3 次
投　票　者		
A		×
B		×
C	×	
得票数	1	2
结果：每年燃放焰火 3 次的提案获胜		

从表 4—3 可以清楚地看出，就每年燃放焰火 1 次还是 2 次所进行的第一轮配对投票，由于每年燃放 2 次的提案获得 2 张赞成票，而每年燃放 1 次的提案只获得 1 张赞成票，其结果，每年燃放 2 次的提案以 2∶1 的比分赢得胜利。

现在，假定下一轮配对投票是在上一轮配对投票中被否决的提案之间进行，即在每年燃放1次和所剩的每年燃放3次的提案之间进行。这时，一个有趣的现象出现了。如表4—3所示，每年燃放1次焰火的提案赢得了胜利。

最后，再假定第三轮配对投票在每年燃放3次和每年燃放2次的提案之间进行。这时，有趣的现象再次出现，在上一轮配对投票中被否决的每年燃放3次焰火的提案赢得了胜利。

以这种方式在三种可供选择的方案之间进行的配对投票，其结果将是一个永远没有尽头的循环。在上述三轮配对投票中，先是每年燃放2次焰火的提案战胜了每年燃放1次焰火的提案；然后，每年燃放1次焰火的提案又在同每年燃放3次焰火的较量中成为胜利者；最后，当每年燃放3次焰火的提案与每年燃放2次焰火的提案配对时，前者又赢得了胜利。每一项被否决的提案，当与另一种可以选择的提案配对时，都有可能变成胜利者。也就是说，按照所进行的配对投票中的次序不同，三种可以选择的提案都可以在简单多数规则下获胜。这种现象被经济学家们称作"循环性"。一旦出现这种循环，简单多数规则下的投票结果便不具有确定性，政治均衡也就不存在了。这时，没有任何一种提案可以战胜其他所有可供选择的提案。

为什么配对投票的结果会出现循环现象呢？这可以从多峰偏好的存在找到答案。应当注意的是，我们前面的考察是建立在表4—2所给出的提案排列顺序基础之上的。而在表4—2中，投票者B的偏好是多峰形的（见图4—3）。那么，如果所有投票者的偏好都是单峰形的，多数规则下的配对投票结果会不会也呈现出循环现象呢？

让我们删除具有多峰偏好的投票者B，而代之以其偏好呈单峰形的投票者B′，并假定B′所承担的税收份额同B所承担的税收份额完全一样，B′从焰火燃放中所获得的净效益随着燃放次数的增加而下降（见图4—3）。现在我们将A、B′和C的净效益函数放在同一坐标图上。如图4—4所示，三个投票者都分别有自己的偏好单峰（或极大值）。A在每年燃放3次焰火的水平上获得的净效益最大，B′在每年燃放1次焰火的水平上获得的净效益最大，而C则会在每年燃放2次焰火时获得最大的效益。C的偏好峰处于3次投票者偏好峰的中间状态，根据中间投票者定理，C最偏好的结果即每年燃放焰火2次的提案便是多数规则下的政治均衡。我们来考察一下情况是否如此。

现在仍按照前面的方式进行配对投票，但其根据不再是表4—3，而是表4—4（在该表中，B的多峰偏好结构被B′的单峰偏好结构所替代）。历轮配对投票的得票记录及结果如表4—5所示。

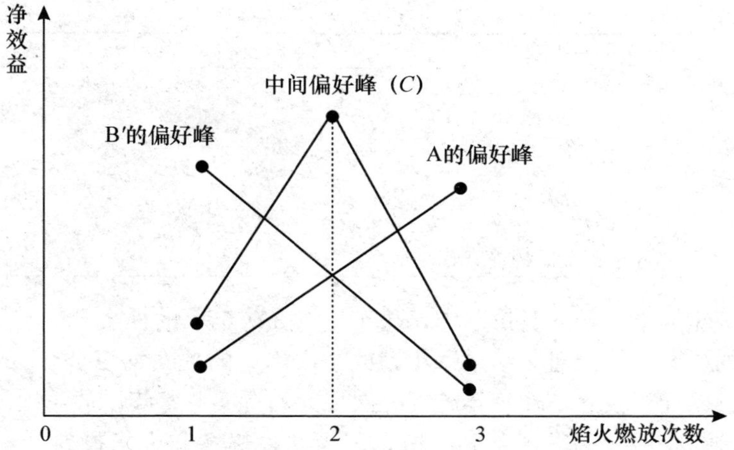

图 4—4　中间偏好峰是多数规则下的政治均衡

表 4—4　　投票者对每年焰火燃放方案的排列：所有投票者都具有单峰偏好

	第一种选择	第二种选择	第三种选择
投　票　者			
A	3	2	1
B′	1	2	3
C	2	1	3

表 4—5　　配对投票的得票记录及其结果

第一轮配对投票	每年燃放焰火 1 次	每年燃放焰火 2 次
投　票　者		
A		×
B′	×	
C		×
得票数	1	2
结果：每年燃放焰火 2 次的提案获胜		
第二轮配对投票	每年燃放焰火 3 次	每年燃放焰火 1 次
投　票　者		
A	×	
B′		×
C		×
得票数	1	2
结果：每年燃放焰火 1 次的提案获胜		

续前表

第三轮配对投票	每年燃放焰火 2 次	每年燃放焰火 3 次
投 票 者		
A		×
B′	×	
C	×	
得票数	2	1
结果：每年燃放焰火 2 次的提案获胜		

在第一轮和第三轮配对投票中，每年燃放 2 次焰火的提案分别与每年燃放 1 次和 3 次的提案直接配对。结果每年燃放 2 次焰火的提案均以 2∶1 的比分获得通过。第二轮配对投票是在每年燃放 3 次焰火的提案和每年燃放 1 次的提案之间进行的。结果是后者赢得了胜利。但是，当这种提案和中间投票者最偏好的结果，即每年燃放 2 次焰火的提案进行配对投票时，它又会成为失败者。所以，每年燃放 2 次焰火的中间偏好峰，就是简单多数规则下唯一的政治均衡。

这就是说，如果所有投票者的偏好都呈单峰形，多数规则下的投票结果就是唯一的，而不会出现循环现象。反过来说，如果多数规则下的投票结果出现了循环现象，那就说明，在所有投票者中，至少有一人的偏好是多峰形的。

再进一步，只要所有投票者的偏好都是单峰形的，多数规则下的投票结果就只有一个。这就是，中间偏好峰，即反映中间投票者最偏好结果的提案获胜。①

这进一步告诉我们，只要所有投票者的偏好都呈单峰形，不论他们所须承担的税收份额如何，中间投票者定理均可以成立。

4.2.3 多峰偏好的存在

按照边际效益递减规律，任何物品的边际效益都是随其数量的增加而减少的。易于证明，多峰偏好与公共物品的边际效益递减趋势是矛盾的。

图 4—5（A）给出了某投票者从纯粹公共物品中所获得的净效益曲线，其相应的税收份额和边际效益曲线也由图 4—5（B）同时给出。可以看出，当该投票者从每单位的公共物品中所获得的边际效益大于其因此而须承担的税收时，他所获得的净效益就增加。当公共物品的产量达到 Q^* 个单位时，他所获得的净效益最大。如果产量水平高于 Q^* 个单位，他所获得的边际效益就会小于其因此而须

① 中间投票者定理的正式提出者 A. 唐斯（A. Downs）在《民主的经济理论》一书中指出：如果在一个多数投票规则模型中个人偏好都是单峰的，则反映中间投票者意愿的那种政策会最终获胜。

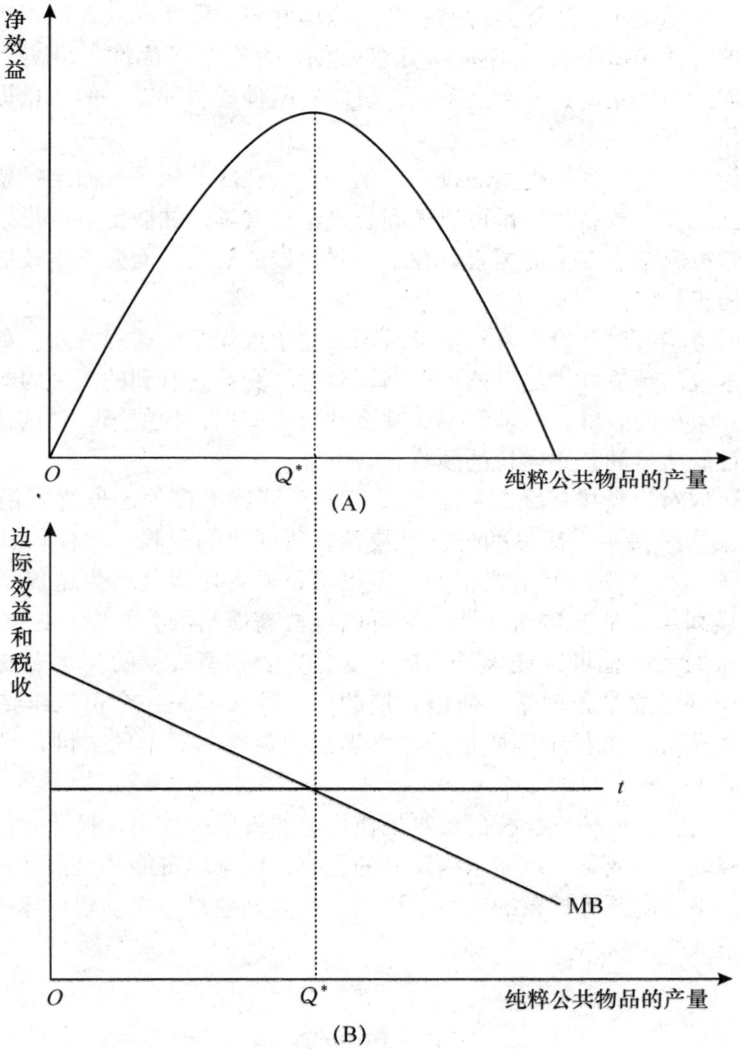

图 4—5 纯粹公共物品的边际效益递减，意味着投票者的偏好是单峰形的

支付的税收，净效益将要随之下降。所以，对于任何投票者来说，公共物品的边际效益递减将使得其净效益曲线呈倒“U”形，如图 4—5（A）所示。还可以进一步看出，图 4—5（A）中的净效益曲线是单峰形的。而且，当产量的增加达到 Q^* 个单位，即 MB$=t$ 时（边际效益等于税收），净效益曲线也恰好达到峰顶。

然而，问题在于，边际效益递减和单峰偏好的一致性（或者说，边际效益递减同多峰偏好的矛盾性），并不能排除多峰偏好存在的可能性。事实上，在某些情况下，就某种特定的公共物品来说，可能有两种或两种以上的产量提案，在多峰偏好的作用下均获得多数赞成票。

人们为公立学校预算提案的投票，就是一个现成的例子。假定投票者既可以将孩子送到私立学校就学，也可以送到公立学校就学，并假定决定投票者在送孩子到哪种学校就学态度上的因素，在于公立学校的质量，而公立学校的质量又与其预算规模正相关。

我们的考察可以从投票者将孩子送到私立学校就学的选择开始。如果他这样做，公立学校的预算规模尽可能地压缩，对他的利益是有利的。因为既然不能直接享受公立学校的效益，他就不愿为其多纳税。所以，他的第一种选择将是一个仅够维持最低质量的公立学校的预算。

那么，他对维持中等质量的公立学校的预算持怎样的态度呢？沿着前面的思路，如果为维持中等质量的公立学校预算所征收的税收，将使得其税后收入在支付孩子到私立学校就学费用上发生困难，或者使得其认为送孩子到私立学校就学不再划算，他会转而支持一个可以维持高质量的公立学校的预算。因为如果这样做的话，他可以让孩子直接享受公立学校所提供的高水平的效益，而放弃送孩子到私立学校就学。所以，他的第二种选择是一个可以维持高质量的公立学校的预算。维持中等质量的公立学校的预算，对于他来讲，是一种最差的选择。

可以看出，在就公立学校的预算规模提案的投票过程中，投票者最偏好的结果是两个极端，即或是尽可能压缩预算的规模，或是尽可能扩大预算的规模，而不会依低、中、高预算规模的次序来排列。这时，他对公立学校预算规模的偏好曲线就会呈双峰形状。

4.3 投票交易

4.3.1 互投赞成票与投票交易

前两节的分析都是基于一次就某项提案的投票而展开的。现实生活中也常常存在这样的情形，投票者须同时就两个或两个以上的问题或提案进行投票。其中既有投票者所赞成的，也有其反对的。如果投票者对这些问题具有不同的偏好强度，他们会愿意就那些与其关系重大的问题进行投票交易。在公共选择理论中，这种投票交易过程被称作“互投赞成票”（logrolling）。

例如，假定投票者同时就两项提案进行投票。一项提案可以给石油生产厂商带来利益，另一项提案则会给食品生产厂商带来利益。由于两项提案都分别代表着少数投票者的利益，任何一项提案均没有单独获得通过的可能。这时，如果石油生产厂商从对其有利的提案中获得的效益，大于其在对食品生产厂商有利的提案获得通过的情况下所蒙受的损失，他将愿意对代表食品生产厂商利益的提案投赞成票，以换取食品生产厂商对代表石油生产厂商利益的提案的支持。如果食品生产厂商的情况也是如此，他也会同意进行这种交易。于是，两项分别代表对方利益的提案同时获得了多数赞成票，交易双方也同时获得了净效益。

需要指出的是，投票交易只有在与提案有关的效益和损失不对称——收益大于损失的情况下才会发生。如果石油生产厂商从对其有利的提案中获得的效益，恰好被其在对食品生产厂商有利的提案获得通过的情况所蒙受的损失所抵消，甚至不足以抵消，他们肯定不会有进行投票交易的动机。

不管怎样，以互投赞成票为特征的投票交易，无疑大大增加了某些提案在简单多数规则下获得通过的机会。

4.3.2 隐含的投票交易

当分别代表不同利益集团的两个或更多的议题被组合在一起，让投票者就此进行投票时，隐含的投票交易（implicit logrolling）就会发生。这在现实的政治生活中，可以说是屡见不鲜的。例如，两个本来互不相关的议题，如对纺织品的进口限额议题和新型轰炸机的研制经费议题，可能被放在同一项提案中。在这种情况下，投票者将不得不面临这样的选择：要么两者都要，要么两者都不要。很显然，对纺织品的进口限额是一项对纺织品生产厂商有利的提案，而新型轰炸机的研制经费是一项对军工品生产厂商有利的提案。由于这两项提案都只代表少数投票者的利益，若将这两项提案分别交给投票者表决，肯定会遭否决。然而，在将它们组合在一起，并放入同一提案交给投票者表决的情况下，获得通过的可能性就加大了。因为在这时，每一个处于少数地位的特殊利益集团，为了获得对自己有利的项目的利益，是愿意对组合在一起的包括一揽子项目的提案投赞成票的。

同样的道理，每一特殊利益集团对组合性的包括一揽子项目的提案是否投赞成票，取决于其对这些项目的相对偏好强度。如果从对其有利的项目中获得的效益，与从对其他特殊利益集团有利的项目中蒙受的损失相等，他们就不会具有对此类提案投赞成票的动机。只有在这样的提案可给其带来正的净效益的条件下，人们才会愿意以互投赞成票的方式进行这种隐含的投票交易。

4.3.3 投票交易与资源配置效率

让我们来考察下面的例子。

假定一个社会的公民就是否支持安全保障和社会娱乐这两项提案进行投票。两项提案涉及的物品，对于这个社会的公民来说，都属于纯粹公共物品。安全保障可以用每年雇用的保安数量来测度，社会娱乐则可以用每年燃放的焰火数量来测度。再假设这个社会只有3个投票者，并且他们同意平均分担这两种公共物品的费用。每个焰火的燃放费用为300元，每个保安的雇用费用也是300元。所以，这两种公共物品的边际成本和平均成本均为300元。最初，3个投票者就这两项提案是分别进行投票的，且没有互投赞成票的投票交易。每一投票者必须为每一单位的公共物品承担100元的税收。投票的结果根据简单多数的规则来决定。

图4—6分别给出了两种公共物品的边际效益曲线、税收份额曲线和边际成本曲线。如图4—6（A）所示，当焰火燃放次数为每年1次时，投票者A和B所获得的边际效益为0。然而，投票者C从每年燃放1次焰火中所获得的边际效益却为250元。3个投票者中，只有C所获得的边际效益大于其因此而承担的税收。因此，他是唯一一个对每年燃放1次焰火的提案投赞成票的人。A和B则将对此投反对票。根据多数规则，其结果是该社会没有任何焰火可供燃放。

再看图4—6（B），当保安的雇用量为每年1个时，投票者A所获得的边际效益为250元，投票者B和C所获得的边际效益则为0。在他们为此而须承担的税收均为100元的条件下，只有A所获得的边际效益大于其为此承担的税收份额，故他是唯一一个对此提案投赞成票的人。而B和C，则会对此提案投反对票。根据简单多数规则，其结果同样是该社会不雇用任何保安，从而不提供任何安全保障。

这就是说，在就两项提案分别进行投票，且无投票交易的情况下，简单多数规则下的投票结果是，既不提供安全保障，也不提供社会娱乐。

现在假定A和C私下串通，达成了隐含的投票交易，从而将焰火燃放和保安雇用组合在一起，并放在一项提案中。这时，交给投票者进行表决的提案，就是一项包括每年燃放1次焰火和每年雇用1个保安的预算。图4—6（C）将焰火燃放数量和保安雇用数量加在一起，并给出了在这一加总的产量水平下的边际效益曲线、边际成本曲线和税收份额曲线。

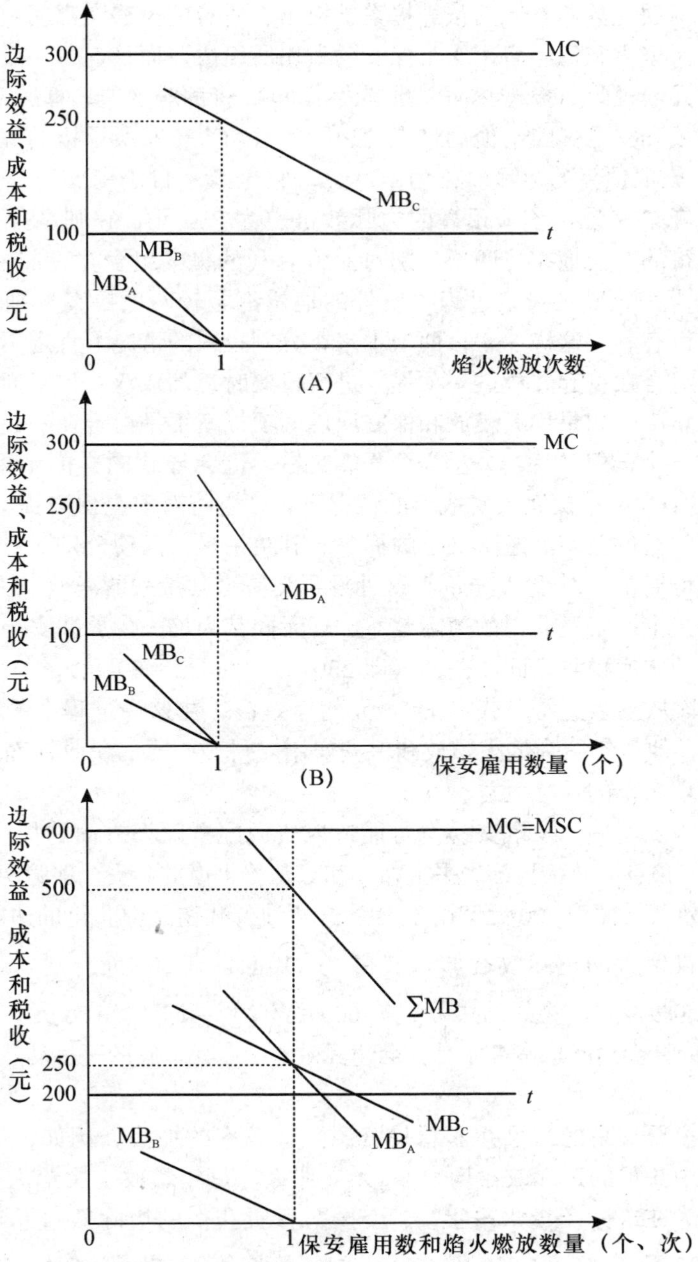

图 4—6　投票交易：互投赞成票

于是，一项为数 600 元的预算提案被提出。所有的投票者都明白这项预算由每年燃放 1 次焰火和每年雇用 1 个保安的费用所组成，而且，每一投票者须为此而承担 200 元的税收份额。然而，投票者 A 和 C 将都对这项预算提案投赞成票，因为焰火燃放和安全保障给他们带来的边际效益均大于其所承担的税收。对投票者 A 来说，该项预算的边际效益为 250 元，它全部来自于保安所提供的安全保障。对投票者 C 来说，该项预算的边际效益也为 250 元，它则全部是从焰火燃放项目所获得的。当他们将两项分别对对方有利的提案组合在一起达成协议时，无论是 A 还是 C，其在投票过程中所处的地位都会较两项提案分别单独交付表决的情况变得有利。这样一来，两项本来在分别投票的情况下肯定不会获得通过的提案，当组合在一起并放进一项提案进行投票时，却双双获得了通过。

换一个角度，如果焰火燃放和保安雇用两项提案不是组合在一起，而是分别交给投票者表决，但 A 和 C 达成了投票交易，也会导致同样的结果。这就是，在 A 同意对焰火燃放提案投赞成票的情况下，C 也将对安全保障提案投赞成票，即使该提案的通过会使其遭受一定的损失。其结果是，两项分别对对方有利的提案，双双获得通过。对于 A 来说，这种投票交易给其带来的净效益为 50 元。这是其从雇用 1 个保安所获得的边际效益 250 元同其为焰火燃放和安全保障两个项目所承担的 200 元税收之间的差额（即 250 元－200 元＝50 元）。与 A 的情况相似，C 也同样从投票交易中获得了 50 元的净效益。在这一过程中的最大损失者是投票者 B，他每年须为焰火燃放和保安雇用支付 200 元的税收，而这两个项目都不能给其带来正的边际效益。

由上述例子可见，投票交易有可能造成资源配置效率方面的损失。如上例，在每年 600 元预算的政治均衡水平上，A 和 C 从焰火燃放和安全保障两个项目中所获得的边际效益总额为 500 元。由于 B 从这两种公共物品中获得的边际效益为 0，即使将 3 个投票者的边际效益加总求和，总共也只有 500 元（$\sum$ MB＝500 元），远低于提供这两种公共物品的边际成本 600 元（MC＝MSC＝600 元）的水平。既然该项预算的社会边际成本高于其社会边际效益 100 元，它的通过显然意味着公共支出的浪费。

不过，投票交易的结果并非总是资源配置效率的损失。例如，如果 A 和 B 从焰火燃放中获得的边际效益均为 25 元，那么，每年燃放 1 次焰火显然是具有效率的。因为在这一产量水平上，3 个投票者所获得的边际效益总额为 300 元（$\sum$ MB＝25 元＋25 元＋250 元＝300 元），恰好等于其边际成本。但是，若将每年燃放 1 次焰火的提案单独交付表决，A 和 B 肯定要投反对票，因为在他们为此而须承担的税收份额（每人 100 元）均大于其可以获得的边际效益（25 元）。与此类似，如果 B 和 C 从保安雇用中获得的边际效益均为 25 元，每年 1 个保安的雇用量也是具有效率的，因为在这个雇用水平上的保安的边际效益总额为 300 元($\sum$ MB=250 元+25 元+25 元=300 元)，恰好与其边际成本相等。而这项提案在 B 和 C 投反对票的情况下，也是不能通过的。然而，当这两项提案被组合在一起时，情况就发生变化了。这时，B 仍然要投反对票，因为他从两个项目中获得 50 元的效益低于其须为此付出的 200 元税收。但是，A 和 C 却双双要投赞成票。这是因为，他们每人都可以从这项组合性提案中获得 275 元的效益，而每人须为此支付的税收却只有 200 元。这项组合性提案的边际效益总额为 600 元($\sum$MB = 275 元 + 275 元 + 50 元 = 600 元)，恰好等于其边际成本 600 元。这时，投票交易对资源配置效率的作用，是不言而喻的。

4.4 政治行为的分析

前三节较为详尽地阐述了公共选择程序和规则的理论。这一节在此基础上，转入对参与公共选择过程的投票者、政治家（政党）、官僚以及特殊利益集团的政治行为分析。

4.4.1 投票者参与投票的动因

在经济学家们看来，投票者是否参加投票，主要取决于两个方面的因素：一个是其参加投票的效益和成本；另一个是其投票对公共选择产生影响的可能性。

参加投票的效益，来自于投票者从行使公民权利中所获得的满足和利益；参加投票的成本，则是指为投票所花费的时间和精力。只有在参加投票有净效益(MB−MC⩾0)① 的情况下，投票者才会乐于参加投票。

很多人会因确信其投票不会对投票结果产生任何影响而不愿参加投票。这通常出现于投票者人数相当多的社会。在这种情况下，由于每个投票者参加投票的成本是正数，而他按对投票结果的影响力来衡量的效益接近于零，投票者选择弃权策略是合乎理性的。但是，如果所有的投票者都选择这种行为方式，其结果也

① 在这里，MB 为投票者因参加投票所获得的边际效益；MC 为投票者因参加投票所付出的边际成本。

就不会有以投票为特征的公共选择过程了。因此，为了防止在投票活动上的“免费搭车者”现象的出现，一些国家将参加投票规定为公民必须履行的法律义务。不过，即使在没有这种法律规定的国家，行使公民权利所带来的满足和利益，以及不参加投票所面临的社会压力，也足以促使大多数人参加投票活动。

4.4.2 政治家（政党）与选票极大化

在投票过程中，有关政府的作用和其他问题上意见一致或相似的人们，往往会组合成一个势力集团，形成政党。这些政治家们不仅对交付投票者表决的提案的形成施加影响，而且当有关提案的信息相对稀缺时，他们的政治行为通常也可以在一定程度上左右最终达成的实际政治均衡。

对于个人投票者来说，任何一项特定的预算提案给其带来的边际效益情况，不仅取决于整个预算支出规模的大小，也取决于各种类型支出在预算中的构成。同时，他对该项预算提案是否投赞成票，还要视为弥补预算支出所需征收的税收规模及其负担的分布情况而定。从某种意义上说，政党在投票过程中的作用，就像是促成投票者之间达成投票交易的经纪人。政党的纲领通常由一系列分别迎合少数投票者利益的项目所组成，然而，通过将这些利益项目巧妙地进行组合，并将其成本分散到多数人身上，政党可以赢得选票。

西方经济学家们倾向于用追求选票极大化来解释政党的行为。他们认为，在简单多数规则下，哪个政党可以在实现选票极大化方面获得成功，哪个政党就可以赢得选举。所以，选票极大化是多党制社会中成功地获得政治权力的先决条件。

前面曾说过，任何一个政党或政治家，要想赢得极大化的选票，必须使自己的竞选方案符合中间投票者的意愿。如果各政党或政治家的竞选方案的区别点只有一个，即公共物品的供给量，那么，政治均衡总是要在中间投票者最偏好的结果上形成，也就是说，哪个政党或政治家能够精确地了解中间投票者最偏好的结果，哪个政党或政治家就会成为竞选的胜利者。

A. 唐斯对此作出了精辟的归纳。在他看来，“政党所感兴趣的并不是社会资源的有效配置，相反，每个政党所追求的只是通过获得最多的选票从而再次被选上。因此，如果政府确有能力使社会向帕累托效率移动，这也只有通过同别的政党的竞争才能达到……所以，关键在于政党之间的竞争是否总是迫使政府向一种帕累托最佳状态努力。”

由此可见，在唐斯的模型中：（1）政党或政治家是追求自己的利益的，而不是追求某种意识形态的目标或者公共利益的；（2）政党或政治家是凭选票的极大化才能实现自我利益的；(3) 政党或政治家是以其提出的竞选纲领或可供选择的提案来争取选票的；(4) 政党或政治家提出的纲领或提案，只有符合中间投票者的偏好，才能实现选票极大化。①

4.4.3 官僚主义与公共物品的供给

在公共部门经济理论中，"官僚主义"是政府机构和政府官员行为的同义语。一个显而易见的事实是，政府机构和政府官员的行为，对于公共物品的供给及其效率状况会产生重大影响。换句话说，官僚们的行为将影响公共物品的供给条件，从而影响最终形成的政治均衡。

西方经济学家们用追求公共机构权力的极大化来解释政府机构和政府官员的行为。在他们看来，政府官僚机构提供公共物品同私人部门提供私人物品之间，是有着很大差别的：

第一，在政府官僚机构中，并不存在提供同种公共物品的竞争。缺乏竞争意味着缺乏刺激，从而会降低公共部门的服务效率。

第二，政府机构的官僚们并不以利润最大化作为其工作目标。由于追求利润必然要降低成本，不以营利为目的的政府机构所提供的公共物品，往往要与相对较高的成本相伴随。

第三，公共物品通常不以价格形式出售。因此，社会成员在对公共部门的工作进行评价时，其敏感程度肯定低于市场价格。②

既然官僚们不以营利为目的，而是将公共机构权力的极大化作为追求的目标，公共权力的大小又与其所控制的社会资源的数量正相关，从而与政府预算的规模正相关，其结果也就不言自明：追求公共机构权力的极大化必然带来政府预算规模的极大化。

实证分析表明，官僚们对政府预算极大化的追求，必然导致公共物品的供给量过剩，而高于其最佳的产量水平。图 4—7 有助于解释这个结论。

图 4—7 (A) 给出了一定年产量下的公共物品的社会边际成本 (MSC) 和社会边际效益 (MSB) 曲线。在 E 点，社会边际成本曲线与社会边际效益曲线相交，由此决定了最佳的年产量水平为 Q^* 。然而，官僚们为追求其预算规模的极大化，想方设法说服投票者们同意给予其动用尽可能多的资金的权力（如征收尽可能多的税收的权力或发行政府债券的权力），并按照社会总成本 (TSC) 和

---

① 参见 A. Downs，*An Economic Theory of Democracy*，New York：Harper & Row，1957。

② 参见平新乔：《财政原理与比较财政制度》，90～91 页，上海，上海三联书店，1992。

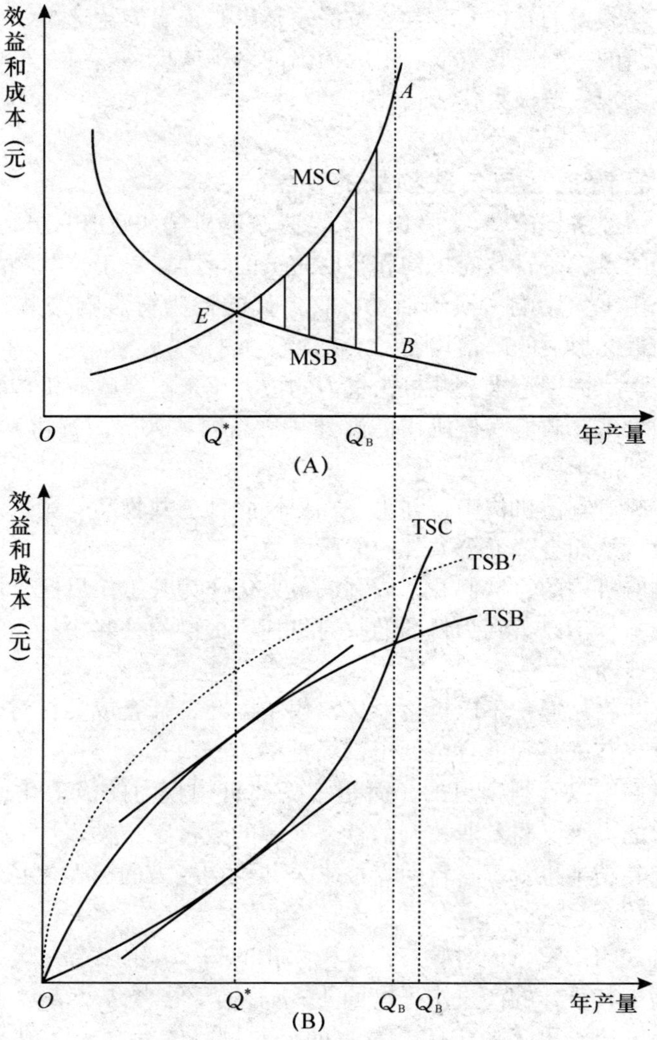

图 4—7　官僚主义与效率

社会总效益（TSB）相一致的条件来安排公共支出规模。如图 4—7（B）所示，在与最佳的产量水平 Q^* 相对应的点上，社会总成本曲线的斜率与社会总效益曲线的斜率恰好相等。这个产量水平正好与图 4—7（A）中的 MSC＝MSB 点相对应。但官僚们企图获得通过的产量水平却是 Q_B，Q_B 是由 TSC 与 TSB 的相交点（即 TSC＝TSB）所决定的。很显然，官僚们所偏好的产量水平超过了最佳的产量水平。

从图 4—7（A）中还可以看出，若官僚们所追求的公共物品的年产量水平获得通过，则可能造成的净效益损失由 EAB 的面积所代表。

还应当注意的是，政府官僚机构通常拥有提供公共物品的垄断权。如类似环境保护、国防、社会保险等，是由专门的政府机构负责提供的。在很多情况下，只有政府机构本身能够掌握有关这些物品的信息。这就使得官僚们在追求预算规模的极大化方面更上一层楼：将公共物品的社会效益人为夸大，如由图 4—7（B）中的 TSB 线向左上方移动至 TSB′，从而使得通过投票过程所决定的公共物品的年产量水平进一步由 Q_B 增至 Q'_B。

4.4.4 特殊利益集团与政治均衡

特殊利益集团一词，指的是谋求增加对其成员有利的政府支出的院外活动集团。他们与政党的不同之处在于，其领导人并不执掌政治机构的权力，但是，他们却对政府官员、投票者施加各种压力或影响，以谋求对其成员有利的提案得到支持。为此，特殊利益集团通常采用的手段是：对政治家以让集团成员投票反对他相威胁；对支持于其有利的提案或反对于其不利的提案的政治家，提供竞选资金。

特殊利益集团是公共选择过程中一支不可忽视的力量。研究结果表明，特殊利益集团的活动常常可以左右税收负担的水平及其分布、政府财政补贴的去向、政府支出项目的设置，并对政治均衡的最终形成产生重大影响。

然而，由此而引发的一个不容忽略的问题是，特殊利益集团在获得来自政府支出增加的效益的同时，必然要以其他人的境况因此而变坏为前提。这是因为，政府用于增加对某一特殊利益集团有利的项目支出的资金来源，不外乎有两个：或是增加对其他社会成员（或全体社会成员）税收的征收；或是减少对其他社会成员有利的项目的支出。

本章小结

1. 公共选择可以定义为对非市场决策的经济学研究。其特点是将经济交易和政治决策这两种人类行为的基本方面纳入单一的私人利益分析模式，并在此基础上，运用经济学的方法解释个人偏好与政府公共选择之间的关系，研究作为投票者的消费者如何对公共物品的决定表达意愿。

2. 所谓政治均衡，是在一定的规则下，就一种或多种公共物品的供给量以及相应的税收份额在人们之间的分配所达成的协议。公共物品的生产成本与效益的大小以及投票者获得有关信息的难易程度，是决定政治均衡状况的主要因素。投票者最偏好的政治结果是政府所提供的公共物品的数量达到这样的水平，即他所承担的税收份额与该种公共物品的边际效益恰好相等。而在投票者最偏好的政治结果中，处于中间状态的、反映所谓中间投票者意愿的公共物品的产量，往往是多数规则下的政治均衡。

3. 由于人们的偏好结构有单峰形和多峰形之别，多数规则下所取得的政治均衡，有时并不是唯一的。单峰偏好意味着人们最理想的结果只有一个，在所有投票者的偏好都呈单峰形的条件下，多数规则可以保证投票结果的唯一性。多峰偏好则意味着人们最理想的结果不止一个，而在所有投票者中，只要有一人的偏好呈多峰形，多数规则下的投票结果便可能出现循环现象。

4. 互投赞成票是在投票者之间就那些与其关系重大的问题或提案所进行的投票交易。当两个或两个以上的问题或提案同时交付投票者表决时，互投赞成票的投票交易就可能发生。在这种情况下，两项本来在分别投票下肯定不会获得通过的提案，便可能双双获得通过。投票交易一方面会造成资源配置效率的损失，另一方面，也可能在促成资源配置效率目标的实现方面发挥作用。

5. 参与公共选择过程的投票者、政治家（政党）、官僚以及特殊利益集团的行为各有其特点。投票者只有在参加投票获得净效益，或确信其投票可以对投票结果产生影响的情况下，才会乐于参加投票；政治家（政党）追求的目标是选票极大化，故其所提出的竞选方案或提案总是设法向符合中间投票者意愿的结果倾斜；政府机构的官僚们并不以营利为目的，而以权力极大化作为追求目标。这就导致了政府预算规模和公共物品的供给量总是高于其最佳状态的水平；特殊利益集团往往通过对政府官员、投票者施加压力或影响，来谋求对其成员有利的提案的支持，其活动常常左右公共选择的结果。

关键术语

政治均衡	单峰偏好	多峰偏好	税收份额（税收价格）
中间投票者	配对投票	互投赞成票	投票交易
隐含的投票交易	政治家（政党）	选票极大化	官僚主义
权力极大化	特殊利益集团		

复习思考题

1. 何谓政治均衡？如何理解在投票者最偏好的政治结果中，处于中间状态的反映所谓中间投票者意愿的公共物品的产量，往往是简单多数规则下的政治均衡。

2. 举例说明投票决策中单峰偏好、多峰偏好和配对投票，简要论述它们与投票结果的关系。

3. 何谓投票交易？何谓隐含的投票交易？投票交易对资源配置效率有什么影响？

4. 简要分析参与公共选择过程的投票者、政治家（政党）、官僚以及特殊利益集团的行为。

本章阅读书目

1. [美] 詹姆斯·M·布坎南，理查德·A·马斯格雷夫. 公共财政与公共选择：两种截然对立的国家观. 北京：中国财政经济出版社，2000

2. [美] 詹姆斯·M·布坎南，戈登·塔洛克. 同意的计算：立宪民主的逻辑基础. 北京：中国社会科学出版社，2000

3. [美] 肯尼思·约瑟夫·阿罗. 社会选择：个性与多准则. 北京：首都经济贸易大学出版社，2000

4. [美] 丹尼斯·C·缪勒. 公共选择理论. 北京：中国社会科学出版社，1999

5. [美] 缪勒. 公共选择. 上海：上海三联书店，1993

6. [美] A·爱伦·斯密德. 财产、权力和公共选择：对法和经济学的进一步思考. 上海：上海人民出版社，1999

第 2 篇

公共支出理论

第 5 章

公共支出的分类及其经济影响

公共支出（public expenditures），也称为财政支出或政府支出，是指政府为履行其职能而支出的一切费用的总和。换句话说，一旦政府在以多少数量、以什么质量向社会提供公共物品方面作出了决策，公共支出实际上就是执行这些决策所必须付出的成本。所以，公共支出也就是政府行为的成本。

公共支出是公共部门经济活动的一个重要方面。公共部门对经济的影响作用主要表现在公共支出上，政府调节经济的职能也主要是通过公共支出来实现的。公共支出的数额反映着政府介入经济生活和社会生活的规模和深度，也反映着公共部门在经济生活和社会生活中的地位。

重点问题

- 公共支出的分类
- 消耗性支出的经济影响
- 转移性支出的经济影响

5.1 公共支出的分类

公共支出总是由不同项目的支出构成的。对此，常常采用不同的方法对公共支出进行分类。但综合起来看，基本的方法有两种，即理论分类法和统计分类法。

5.1.1 理论分类

对公共支出的理论分类，主要用于理论和经验分析，可以根据分析问题的不同需要而作如下区分：

1. 消耗性支出与转移性支出。按照公共支出的性质来分类，可以将公共支出分为消耗性支出和转移性支出。①

消耗性支出（exhaustive expenditures）直接表现为政府购买物品或服务的活动，包括购买进行日常政务活动所需的或用于进行国家投资所需的物品或服务的支出。前者如政府各部门的行政管理费，后者如政府各部门的投资拨款。它由这些物品或服务的数量与它们的价格相乘来计算。这些支出项目的目的和用途当然有所不同，但却具有一个共同点，政府一方面付出了资金，另一方面相应地获得了物品或服务，并运用这些物品或服务，来履行政府的各项职能。就是说，在这样的一些支出安排中，政府如同其他经济主体一样，在从事等价交换的活动。之所以称这类支出为消耗性支出，是因为这类支出反映了公共部门要占用社会经济资源的要求，由政府部门运用这些资源，就排除了私人部门运用它们的可能性。因此，这类公共支出是应该计入国民生产总值与国民收入之内的。

转移性支出（transfer expenditures）直接表现为资金无偿的、单方面的转移，这类支出主要包括政府部门用于养老金、补贴、债务利息、失业救济金等方面的支出。这些支出的目的和用途当然也有不同，但却有一个共同点，即政府付出了资金，却无任何资源可得。在这里，不存在任何交换的问题。这些公共支出并不反映公共部门占用社会经济资源的要求，相反，转移只发生在社会成员之间，是一种资源的再分配，公共部门只起中介人的作用。

按照公共支出的性质将全部公共支出区分为消耗性支出和转移性支出有着较强的经济分析意义。例如，前者所起的作用是通过支出使政府所掌握的资金和其

---

① 也有人将此称作政府采购支出与转移支付。

他经济主体所提供的物品或服务相交换。在这里，政府直接以物品或服务的购买者身份出现在市场上，因而，对于生产、就业以及社会总需求有着直接的影响。这类支出当然也会影响到国民收入的分配，但这种影响是间接的。后者所起的作用，则是通过支出过程使政府所掌握的资金转移到特定的领受者手中，它只是资金使用权的转移，对于国民收入的分配有直接影响，但对生产、就业以及社会总需求的影响是间接的。

再如，联系公共部门的经济职能来看，在公共支出总额中，若消耗性支出所占的比重较大，说明直接通过公共部门所配置的社会资源的规模较大。所以，消耗性支出占较大比重的公共支出结构，履行资源配置的职能较强。反之，在公共支出总额中，若转移性支出所占比重较大，说明公共部门经济活动对国民收入分配的直接影响较大。所以，转移性支出占较大比重的公共支出结构，履行调节收入分配的职能较强。

这两类支出在5.2节和5.3节中会作详细分析。

2. 预防性支出与创造性支出。按照公共支出的目的性来分类，可以将公共支出分为预防性支出和创造性支出。

预防性支出（precaution expenditures）指的是用于维持社会秩序和保卫国家安全，不使其受到国内外敌对力量的破坏和侵犯，以保障人民生命财产安全与生活稳定的支出。这类支出主要包括国防、警察、法庭、监狱与政府行政部门的支出。

创造性支出（creative expenditures）指的是用于改善人民生活，使社会秩序更为良好，经济顺利发展的支出。这类支出主要包括经济、文教、卫生和社会福利等项支出。

对公共支出作这样的区分，可以揭示公共支出的去向及其在经济生活中的作用。

3. 可控制性支出与不可控制性支出。按照政府对公共支出的控制能力来分类，可以将公共支出分为可控制性支出和不可控制性支出。

这里所说的控制能力，就是政府可以根据经济形势的变化和公共收入的可能而对公共支出进行调整（增减）的能力。

以此为分类标准，不可控制性支出可以解释为根据现行法律和契约所必须进行的支出，也就是说，在法律或契约的有效期内必须按照规定准时如数支付，不得任意停付或逾期支付，也不得任意削减其数额。这类公共支出主要包括两大项：一项是国家法律已有明文规定个人所享受的最低收入保障和社会保障，如失业救济、食品券补贴等；另一项是政府遗留义务和以前年度设置的固定支出项目，如债务利息、对地方政府的补助等。

与此相反，可控制性支出可以解释为不受法律和契约的约束，可以由政府部门根据每个预算年度的需要分别决定或加以增减的支出。

对公共支出作这样的区分，可以表明政府对其支出项目的可控制能力，掌握哪些支出有伸缩的余地，哪些支出是固定不变的。

4. 一般利益支出与特殊利益支出。按照公共支出的受益范围来分类，可以将公共支出分为一般利益支出与特殊利益支出。

所谓一般利益支出，指的是全体社会成员均可以享受其所提供的效益的支出，如国防支出、警察支出、司法支出、行政管理支出等。这些支出具有共同消费或联合受益的特点，所提供给各个社会成员的效益不能分别测算。

所谓特殊利益支出，指的是对社会中某些特定居民或企业给予特殊利益的支出，如教育支出、医药支出、居民补助支出、企业补助支出、债务利息支出等。这些支出所提供的效益只涉及一部分社会成员，每个社会成员所获得效益的大小有可能分别测算。

按照这种标准进行分类，可以说明公共支出所体现的分配关系，进而分析不同阶层或不同利益集团的投票者在公共支出决策过程中所可能采取的态度。

5.1.2 统计分类

对公共支出的统计分类，主要用于国家预算的编制，它是根据政府预算所编列的支出项目来进行分类的。预算支出项目的编制通常与政府部门的职能或机构设置结合起来，即有多少职能就设置多少支出项目，有多少机构就设置多少支出项目。归纳起来，大体有下列几项：

1. 行政管理支出。行政管理职能是政府的一项最基本职能，它是指国家依法行使国家权力，组织和管理国家事务的职责。相应地，行政管理支出就是政府机构行使行政管理职能所需要的支出。它是维持国家政权存在，保障各级国家管理机构正常运转必需的费用，是纳税人必须支付的社会成本。行政管理支出的合理安排，对于建立卓有效率的政权机关及其他各类管理机关具有重要的作用。如果必要的行政经费供应不足，就会影响国家管理机关工作的正常开展，导致其服务效能的下降。但是，从另一方面来说，行政管理支出毕竟不会直接创造社会物质财富，因此，对行政管理支出必须进行适度控制。

行政管理支出主要包括国家元首、国家权力机关、国家行政机关、公安警察机关、司法机关等的管理费支出。

2. 国防支出。国防是纯公共物品，它在消费过程中具有非竞争性和非排他性。国防支出的需求来自于社会成员对安全的渴望，国防支出代表的是全体社会成员为消费国家安全这一公共物品而支付的一种成本。政府作为社会成员利益的代理人，集中了广大人民的偏好，集中行使配置军事资源的职能。因此，国防支出是一种政治投票的过程。政府通过法定程序，对军事资源作出安排，赋予军队一定的财力，通过军事经济运行形成国家安全和威慑，从而满足全体社会成员对于安全的消费需要。

国防支出主要包括各种武器和军事设备支出、军事人员给养支出、有关军事的科研支出、对外军事援助支出等。

3. 社会文教科卫支出。社会文教科卫支出是文化、教育、科学、卫生等项支出的简称，主要包括文化事业支出、教育支出、科研支出、医疗卫生支出等。文教科卫诸项事业的发展在现代经济发展中发挥着越来越重要的作用，但它们并非是完全意义上的社会公共需要。因此，从总体上说，为了促进这些事业的发展，政府和社会公众应当共同出资。具体地说，在文教事业方面，政府应当为那些有助于普遍提高全民素质的教育和文化事业出资；在科学研究方面，应当主要为基础科学研究出资；在医疗卫生事业方面，则主要应为公共卫生事业（如社区卫生、健康普及教育）出资。除此之外的文教科学卫生事业，原则上都是可以由社会公众出资的。

4. 社会保障支出。社会保障支出是与社会保障制度联系在一起的，各国的社会保障制度不同，相应的社会保障支出安排也就存在较大的差别。但是，在现代社会条件下，在任何社会制度的任何国家，社会保障支出都是社会公共需要的重要组成部分。社会保障是一种社会性的事业，因此，介入其中是政府的一项义不容辞的职责。政府介入，一方面可以弥补市场失灵和缺陷；另一方面，可以减少实施成本，增强抗拒风险的能力，还可以运用社会保障调节经济的运行。

社会保障支出主要包括失业保险、养老保险、伤残救助、社会救济以及退伍军人福利和服务等项支出。

5. 经济建设支出。经济建设支出主要包括公营企业支出、公共经济事业支出、农业援助支出、交通运输支出、物资储备支出、对外经济援助支出等。

6. 外交事务支出。外交事务支出主要包括驻外使领馆支出、国际会议支出、对国际组织缴纳费用支出、外事机关活动经费支出等。

7. 保护环境和自然资源支出。保护环境和自然资源支出主要包括能源支出、污染控制设施建设支出、电力资源设施建设支出等。

8. 政府债务支出。政府债务支出包括公债利息支出、公债还本支出和公债管理支出等。

9. 其他支出。

国际货币基金组织（IMF）《政府财政统计手册》列举了市场经济国家按标准职能分类的支出，主要有：一般公共服务；国防与服务；社会治安事务；教育事务和服务；住房和社区设施的事务和服务；娱乐、文化和宗教的事务和服务；燃料和能源事务与服务；农业、林业、渔业和狩猎业的事务和服务；除燃料以外的采矿和矿产资源的事务和服务；制造业事务和服务以及建筑性事务和服务；运输和通信事务和服务；其他经济事务和服务；不按大类划分的公共支出。①

5.2 消耗性支出的经济影响

按照公共支出的性质将公共支出区分为消耗性支出和转移性支出有着较强的经济分析意义。本节和下一节将分别分析消耗性支出和转移性支出的经济影响。

5.2.1 消耗性支出对流通领域的影响

政府的消耗性支出，首先影响到物品或服务的销售市场。众所周知，在市场经济条件下，物品或服务必须通过市场销售后才能被使用；市场上必须有足够的、有支付能力的需求，销售才能实现。

在现代市场经济条件下，社会总需求是由私人消费需求、私人投资需求和政府消耗性需求构成的。政府的消耗性支出显然对于社会总需求的形成有着重大的影响。

在社会总需求中占主要地位的私人消费需求，其中包括了政府雇员、军事人员及其家庭的消费需求，而这些显然也是必须通过政府的消耗性支出才能形成的。私人投资需求，主要是资本品的投资。私人部门只是在市场状况对它们有利的情况下才会进行这种投资，而只有在政府大量订货的刺激诱导下，市场状况才能满足其追求最大利润的欲望。所以，没有相应的政府消耗性支出，私人部门的生产投资必然不能达到这样的规模。至于政府部门本身的消耗性需求，更是社会总需求的一个组成部分。它的增减变动会直接制约社会总需求的形成，在此不再赘述。

简言之，政府的消耗性支出是现代市场经济条件下各种物品或服务的销售得

① 参见 Executive Office of the President，*Budget of the United States Government*：*Fiscal Year 1997*，Washington D. C.：Government Printing Office，1996。

以实现的一个不可或缺的条件。

5.2.2 消耗性支出对生产领域的影响

政府的消耗性支出既然能够影响流通，自然也会在一定程度上影响到生产。政府消耗性支出对生产领域的影响，可以从两个方面来分析，即消耗性支出的增加和消耗性支出的减少。

政府的消耗性需求是社会总需求的一个重要组成部分。当消耗性支出增加时，政府对物品或服务的需求增加，这就会导致市场价格水平上升，厂商利润率提高，厂商会因为利润率的提高而扩大生产，所需的资本品和劳动力也将随之增多，所需资本品的增多，又可能推动生产资本品的厂商扩大生产；所需劳动力的增多，会引起就业人数的增多，从而引起消费品的社会需求膨胀，生产消费品的厂商的生产规模同样可能因之扩大。在各部门厂商相互刺激和相互推动的情况下，消耗性支出的增加有可能在全社会范围内导致一系列厂商的生产有较为普遍的增长。随着社会生产的增长，对资本和劳动力的需求就可能增加，从而出现下述情况：在资本市场方面，由于投资的利润率有所提高，原来不愿投资的市场游资会转向生产，或者个人将储蓄资金的一部分用于投资；在劳动力市场方面，失业的劳动者会被吸收到生产中去，或者新生的劳动力获得就业的机会。资本和劳动力供给的增加，均为继续扩大社会生产提供了所需的物质条件。于是，政府消耗性支出的增加，往往会通过直接或间接刺激社会总需求的增加，导致社会生产的膨胀，形成经济繁荣的局面。

当消耗性支出减少时，则会出现相反的情况：政府对物品或服务的需求减少，市场价格下降，利润率下降，厂商收缩生产，所需资本品和劳动力减少。同样的道理，在各部门厂商之间出现连锁反应、相互影响的情况下，政府消耗性支出的减少可能导致社会生产普遍萎缩。随之而来的是，资本市场和劳动力市场也将有相应的反应：一方面出现游离的闲散资本；另一方面出现失业的劳动力，由此而引起的投资和消费需求的减少，都会导致社会生产的继续萎缩。于是，政府消耗性支出的减少，往往会通过直接或间接地减少社会总需求，而导致社会生产萎缩，形成经济衰退的局面。

5.2.3 消耗性支出对分配领域的影响

如果政府消耗性支出的总额不变，而只是所消耗的物品或服务的种类发生变动，那么，为政府提供所需物品或服务的各个厂商分别从政府消耗性支出中所获得的收益额便会因此而发生变动。相应地，这些厂商对各种生产要素的报酬也会有增有减。如果政府决定增加某种物品或服务的购置，同时减少另一种物品或服务的购置，那么，后者的生产厂商或部门从政府消耗性支出中所获得的利润以及对各种生产要素所支付的报酬，肯定会随之减少。被减少的这部分利润将转入为政府提供所增购物品或服务的生产厂商或部门，并使这些厂商或部门有可能对其所使用的各种生产要素支付较高的报酬。其结果是各有关厂商或部门从政府消耗性支出中所获得的利润在比例上发生变动，有的增加，有的减少，整个社会的收入分配状况将因政府消耗性支出结构的变动而受到相应的影响。

如果政府的消耗性支出不是在结构上发生变化，而是普遍增加或普遍减少，那么，为政府提供所需物品或服务的各个厂商或部门从政府消耗性支出中所获得的收益额也会随之增减。当消耗性支出普遍增加时，由于促使社会生产增长，特别是为政府提供所需物品或服务的厂商或部门的生产增长，国民收入随之增加，资本的利润率和劳动力的工资率都会有所提高；而当消耗性支出普遍减少时，由于社会生产因此而萎缩，特别是为政府提供所需物品或服务的厂商或部门的生产萎缩，国民收入随之减少，资本的利润率和劳动力的工资率都会有所下降。

5.3 转移性支出的经济影响

5.3.1 转移性支出对流通领域的影响

政府的转移性支出对流通领域的影响，是通过其对社会总需求构成中的私人消费需求和私人投资需求的作用来实现的。

如前所述，政府的转移性支出，主要是由养老金、补贴、债务利息和失业救济金等方面的支出所构成的。这些支出的结果，是政府的一部分资金无偿地注入非政府部门之中。如果转移性支出的对象是个人或家庭，这些支出会直接转化为个人或家庭的可支配收入，从而以这些个人或家庭的边际消费倾向的大小形成私人消费需求；如果转移性支出的对象是厂商，这些支出会直接转化为厂商的可支配收入。其中一部分有可能形成厂商的私人投资支出，另一部分则通过增加资本和劳动力报酬的途径而转化为个人或家庭的可支配收入，从而进一步形成私人消费需求。这就是说，政府转移性支出的相当部分会通过各种途径直接或间接地转化为私人消费支出和私人投资支出，从而促进社会总需求的形成。毋庸赘言，政府的转移性支出也是现代市场经济条件下各种物品或服务的销售得以实现的一个重要条件。

5.3.2 转移性支出对生产领域的影响

政府的转移性支出对生产的影响，根据转移性支出的对象是个人、家庭还是厂商而有所不同。

如果转移性支出的对象是个人或家庭，如居民生活补贴，其对生产的影响就是间接的。它是通过受补贴的居民将所受领的补贴用于购买物品或服务之后才实现的。享受补贴的居民大都属于低收入阶层，他们所购买的一般都是大众消费品或服务，其购买量是这类物品或服务的销售总量的一个重要组成部分，对这类物品或服务的生产有相当大的影响。当享受补贴的居民领到补贴金时，就形成了一定数量的货币购买力，从而会增加对大众消费品的需求，并导致这类物品或服务的产量相应增加。也就是说，随着居民生活补贴规模的变动，大众消费品或服务的产量会随之发生相应变动，增则亦增，减则亦减。进一步看，生产大众消费品所需原材料的各种厂商，也可能受到居民生活补贴的影响，而使其生产规模随之扩张或收缩。

如果转移性支出的对象是厂商，如企业生产补贴，其对生产的影响就是直接的。向厂商发放补贴的目的，就是保障其所得利润不低于应有的水平，以鼓励私人厂商对利润较低或风险较大的行业进行投资，或者使有亏损的私人厂商得以维持其原有的生产规模，继续经营。所以，企业生产补贴通过对一些在国民经济中占有重要地位的厂商给予支持，帮助其克服生产经营中的各种困难，可以在促进生产发展，或者遏止生产规模萎缩方面发挥重要作用。

5.3.3 转移性支出对分配领域的影响

政府的转移性支出有可能改变在初次分配中形成的国民收入分配格局。

就以个人或家庭为对象的转移性支出，如居民生活补贴来说，它实质上是在国民收入已经完成了初次分配的基础上进行的再分配。一方面，转移性支出的资金来源于各种纳税人在国民收入初次分配中所分得的各种收入，如利润、利息、地租和工资；另一方面，转移性支出的对象又是特定的，主要限于那些收入低于维持正常生活标准所应有的水平（即在所谓贫困线以下）的居民。于是，通过转移性支出这一渠道，国民收入的分配格局会发生有利于享受居民生活补贴的个人或家庭的变化。

就以厂商为对象的转移性支出，如企业生产补贴来说，其资金来源当然也是政府的税收收入，而税收收入又是政府取自各种纳税人在国民收入初次分配中所分得的收入。通过课税和转移性支出过程，国民收入中的一部分便会由纳税人的手中转移到享受补贴的厂商手中，从而导致纳税人和享受补贴的厂商在国民收入分配中所占份额的相应变化。很显然，这种变化不利于前者，而有利于后者。

本章小结

1. 公共支出指的是政府为履行其职能而支出的一切费用的总和，也就是政府行为的成本。它是公共部门经济活动的一个重要方面，其数额的大小不仅反映着政府介入经济社会生活的规模和深度，也反映着公共部门在经济社会生活中的地位。

2. 对公共支出可以从不同的角度进行分类。在理论上，按照公共支出的性质，可以分为消耗性支出和转移性支出；按照公共支出的目的性，可以分为预防性支出和创造性支出；按照政府对公共支出的控制能力，可以分为可控制性支出和不可控制性支出；按照公共支出的受益范围，可以分为一般利益支出和特殊利益支出。在统计上，还可以根据政府预算所编列的支出项目和政府部门的职能或机构设置，将公共支出区分为若干项。

3. 消耗性支出对流通、生产和分配均有影响。在流通领域，它直接制约着社会总需求的形成；在生产领域，它的增减变动会通过社会总需求的相应变动而导致社会生产规模的扩大或萎缩；在分配领域，它的结构和总额上的变动，都会引起国民收入分配状况的相应变动。

4. 转移性支出对流通、生产和分配领域也均有影响。它对流通领域的影响是通过对私人消费需求和私人投资需求的制约作用来实现的；它对生产领域的影响，是通过转移性支出的对象将所获资金用于购买消费品或资本品的途径来实现的；它对分配领域的影响，实质上是在国民收入已经完成了初次分配的基础上进行的再分配。

关键术语

消耗性支出	转移性支出	预防性支出	创造性支出
可控制性支出	不可控制性支出	一般利益支出	特殊利益支出

复习思考题

1. 公共支出分别在理论上和统计上应做怎样的分类？

2. 按支出性质可以将公共支出分为哪几类？这样划分有什么经济分析意义？

3. 从经济角度谈谈消耗性支出对流通领域、生产领域和分配领域的影响。

4. 从经济角度谈谈转移性支出对流通领域、生产领域和分配领域的影响。

本章阅读书目

1. 冯秀华. 公共支出. 北京：中国财政经济出版社，2000

2. 雷爱先. 公共支出论. 北京：中国财政经济出版社，2000

3. [美] 艾伦·希克. 当代公共支出管理方法. 北京：经济管理出版社，2000

4. [美] A·普雷姆·詹德. 公共支出管理. 北京：中国金融出版社，1995

5. Robert H. Haveman，*Public Expenditure and Policy Analysis*，Chicago，Rand McNally College Pub. Co.，1977

第 6 章

公共支出增长及其经济分析

公共支出无论从绝对量还是从相对量上考察都呈现出不断增长的趋势，这已经是不争的事实。自从德国经济学家阿道夫·瓦格纳（Adolf Wagner）在19世纪80年代提出“公共支出不断上升的规律”以来，各个国家财政发展的实践已经证明了这一预测所包含的基本要点的正确性。现在的问题在于，如何更清晰地解释公共支出增长的原因、增长中出现的波动和不均衡性以及如何分析公共支出增长所带来的影响和变化。

重点问题

- 公共支出增长趋势
- 公共支出增长模型
- 公共支出增长的原因
- 经合组织（OECD）国家公共支出的规模和结构

6.1 公共支出增长及其衡量指标

6.1.1 政府职能范围的变化与公共支出的增长

无论从整个世界历史上看，还是从某个国家的发展史上看，在国家产生之初或某一国家的政权交替之时，在生产力发展水平较低的奴隶社会、封建社会，政府职能的着力点都是政治职能。随着统治阶级地位的确立与巩固，经济大大发展，社会稳定成为常态，国家政府职能的着力点就相应地发生了变化。全面地考察政府职能的演进变化过程会发现，其着力点是由政治职能转向经济职能，再由经济职能转向社会管理职能。而且在政府职能着力点变化的同时，政府的活动范围也在扩大，公共支出也随之增长。

公共支出增长，可以从其绝对量和相对量两个方面来考察。所谓绝对量就是公共支出的实际数量，它能够比较清晰地反映出公共支出的现状和增长趋势。但研究公共支出增长不能仅仅局限于研究其绝对量，而是应该同时研究其相对量，即公共支出绝对量与国民经济其他指标之间的比例关系。因为如果脱离国民经济其他指标，单纯的公共支出绝对量往往不能较为全面地说明问题，至少可以说反映不了与其紧密联系的特定的经济问题。一国公共支出绝对规模的大小当然可以在一定程度上反映其经济活动的概况，但要全面反映经济发展水平各方面的特征，仍需要将公共支出绝对量与经济活动其他指标进行对比，这样才能较为全面地反映出公共支出规模的问题。

6.1.2 公共支出增长的衡量指标

衡量公共支出规模的指标通常可以分为绝对指标和相对指标。

1. 绝对指标。

衡量公共支出规模的绝对指标是指以一国货币单位表示的公共支出的实际数额。

这一指标的优点是：可以直观地反映某一年度内政府支配的社会资源的总量，但其缺点也是比较明显的，主要包括：（1）绝对指标不能反映政府支配的社会资源在社会资源总量中所占的比重，因而不能充分反映政府在整个社会经济发展中的地位；（2）绝对指标一般以本国货币为单位，不便于进行国际比较；（3）绝对指标是以现价反映公共支出的数额的，没有考虑价格因素对支出总量的影响，因而所反映的只是名义上的公共支出规模，与以前年度，特别是与币值（价格）

变动比较大的年份的公共支出绝对额缺乏可比性。

2. 相对指标。

衡量公共支出规模的相对指标包括公共支出水平、边际公共支出倾向和公共支出弹性。

（1）公共支出水平。

公共支出水平是指公共支出额占国内生产总值（GDP）的比重，用公式可以表示为：

$$公共支出水平=\frac{公共支出额}{国内生产总值}\times 100\% \tag{6.1}$$

公共支出水平反映了这样的经济含义，即在整个经济总量中有多少资源是由政府公共部门支配的。

（2）边际公共支出倾向。

边际公共支出倾向是指公共支出增长额与国内生产总值增长额之间的比率，用公式可以表示为：

$$边际公共支出倾向=\frac{公共支出增长额}{国内生产总值增长额} \tag{6.2}$$

边际公共支出倾向反映了这样的经济含义，即国内生产总值的增加额中有多少用于公共支出。

（3）公共支出弹性。

公共支出弹性是指公共支出增长率与国内生产总值增长率之间的比率，用公式可以表示为：

$$公共支出弹性=\frac{公共支出增长率}{国内生产总值增长率} \tag{6.3}$$

公共支出弹性反映了这样的经济含义：如果公共支出弹性大于1，则说明公共支出增长幅度大于国内生产总值的增长幅度；如果公共支出弹性小于1，则说明公共支出增长幅度小于国内生产总值的增长幅度；如果公共支出弹性等于1，则说明公共支出与国民生产总值处于同步增长状态。

与衡量公共支出规模的绝对指标相比，相对指标的优点主要体现在以下几个方面：第一，反映出了政府经济活动在整个国民经济活动中的地位；第二，剔除了汇率因素的影响，便于进行国与国之间的国际比较；第三，剔除了价格因素的影响，便于不同年度之间的跨年比较。

6.2 公共支出增长模型

公共支出不断增长的问题，一直吸引着经济学家们的注意。在众多关于公共支出增长的论述中，主要有四种具有代表性的观点，即阿道夫·瓦格纳的“公共支出不断上升的规律”、皮考克（Peacock）和怀斯曼（Wiseman）关于公共支出增长的理论、R. A. 穆斯格雷夫（R. A. Musgrare）和罗斯托（Rostow）的“公共支出增长的发展模型”以及威廉·鲍莫尔（William Baumol）的“公共支出非均衡增长模型”。

6.2.1 公共支出不断上升的规律

阿道夫·瓦格纳是一位19世纪的德国经济学家，他曾致力于公共支出占GNP比例原因的研究，提出公共支出不断上升的趋势，后人称他的研究成果为“公共支出不断上升的规律”（law of rising public expenditure）或“瓦格纳定律”。对此，他的解释如下：

1. 一方面，随着社会的发展，完善国内外法律规章以及维护社会秩序的要求随同递增，以保证市场机制发挥作用所必需的社会“环境条件”；另一方面，在经济工业化和随之而来的管理集中化、劳动力专门化的条件下，经济结构以及当事人之间的关系越来越趋于复杂化，所有这些，都有赖于公共部门活动的加强。

2. 政府从事物质生产的经济活动越来越多。因为随着劳动生产率的提高，规模较大的公营企业较之规模较小的私营企业变得相对优越起来，这又促进了政府对生产领域的介入。

3. 政府提供的公共物品的范围越来越大了。诸如交通、银行、教育、卫生保健等项目，通常具有一种天然垄断的属性，且投资数额大，外部效应显著，如果交由私人部门经营，则很容易因私人垄断而导致社会的不安定。所以，政府介入这些项目，将这些物品或服务的提供纳入其职能范围，是一件必然的事情。

据此，瓦格纳得出结论：政府活动不断扩张所带来的公共支出的不断增长，是社会经济发展的一个客观规律。

瓦格纳关于公共支出增长的含义究竟是指公共支出在GDP中份额的上升，即指的是公共部门的相对增长，还是指它的绝对增长，这一点至今仍不清楚。按照穆斯格雷夫的解释，把瓦格纳定律理解为公共部门的相对增长，则可以把瓦格纳“公共支出不断上升的规律”理解如下：随着人均收入的提高，公共支出的相对比例也会提高。

瓦格纳结论的基础是经验性的。他对于19世纪的许多欧洲国家以及日本和美国的公共部门增长情况作了考察。他把公共支出对GDP的比率上升的原因分为政治因素与经济因素。所谓政治因素，是指国家活动规模的扩大；所谓经济因素，他初步提出了市场失灵与外部效应的观点，还提出了收入弹性的概念，这在19世纪是不容易的。瓦格纳认识到，随着经济的工业化，正在扩张的市场与这些市场中的当事人之间的关系会更加复杂，而这种市场中的相互关系对商业法与契约法产生了需求，而后者又要求建立司法与行政制度。城市化与高居住密度将产生外部效应，拥挤又需要公共部门进行干预与调节。因此，瓦格纳认为像法律服务、警察服务、银行服务的出现与发展是商品经济发展的必需。瓦格纳把对于教育、娱乐文化、保健与福利服务的公共支出的增长归因于需求的收入弹性。于是，随着实际收入的上升（即GDP上升），对于这些项目公共支出的增长率将会超过GDP的增长率。

简单地说，瓦格纳认为在社会经济日益工业化的过程中，国家职能的内涵和外延都在不断扩大，即不仅旧有职能不断扩大，而且新的职能不断出现，导致政府经济活动不断增加，所需经费开支相应上升。

自从瓦格纳提出“公共支出不断上升的规律”以后，围绕瓦格纳的分析，经济学家们对此进行了研究。英国经济学家伯尔德（Bird）在1971年提出了“瓦格纳定律”的现代模式，指出了公共支出增长的原因。他认为，这一现代模式包括以下三个内容：（1）瓦格纳所说的国家行政管理职能和保护职能的扩大导致公共支出的增长，这是因为公共经济对私人经济的替代作用增强；（2）瓦格纳认识到并直接指出了社会文化福利支出的明显增长，特别是与教育和收入再分配紧密相关的支出的增长；（3）瓦格纳认为随着科技水平的提高，生产规模会扩大，私人垄断力量会增强，政府必须抵消私人垄断力量对社会造成的不利影响，或者干脆取而代之。

6.2.2 皮考克和怀斯曼关于公共支出增长的理论

皮考克和怀斯曼在分析了英国1890—1955年间公共支出的增长状况后，对瓦格纳提出的“政府活动扩张法则”进行了验证。他们发现，瓦格纳的法则在现代经济条件下仍然是有效的，但他们认为瓦格纳只强调公共支出增长的长期趋势而忽略了公共支出增长的时间、形态和过程。他们得出的结论是：英国公共支出的增长是“阶梯式”的、“非连续”的。他们提出了一个更为复杂的解释，他们认为，公共支出的增长只是由于公共收入的增长而造成的，而不是其他别的什么原因所造成的。基于这种判断，他们将导致公共支出增长的因素归结为两种：

1. 内在因素。在税率不变的税收制度下，随着经济的发展和国民收入的增长，政府所征得的税收收入必然呈不断增长趋势。而追求政治权力最大化的政府是喜欢多支出的。除非既有的公共收入水平构成对其扩大支出欲望的约束，否则，政府公共支出的上升必然会同 GNP 的增长以及由此带来的公共收入的增长呈线性关系。

2. 外在因素。除了公共支出随着收入的增长而增长这种内在因素之外，还有一种外在因素也会导致公共支出的增长趋势，这就是，在社会发展过程中总会遇上动荡时期，如战争、饥荒及其他的社会灾难。在动荡时期，政府的支出必然会急剧增加。于是，政府会被迫提高税率或增加新税，不愿意多缴税的公众也会被迫接受提高了的税率和新增的税种。但在动荡时期过后，税率水平并不会退回到原来的水平上，有些新税还要继续存在。因而政府能够继续维持动荡时期的高额支出（见图 6—1)。

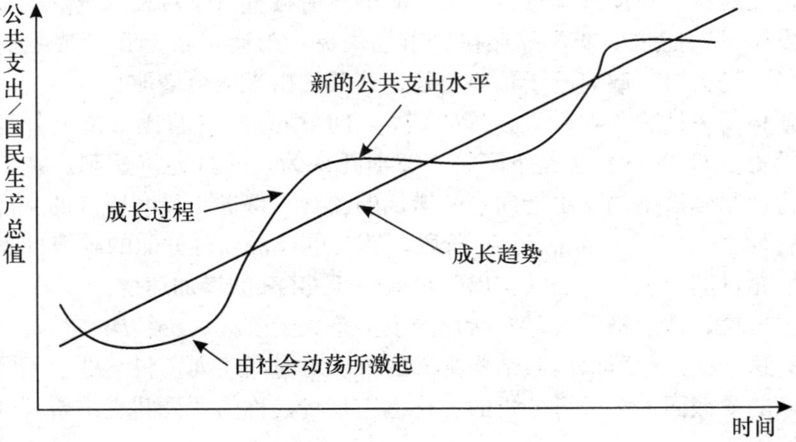

图 6—1 公共支出的增长趋势与过程

他们的分析是建立在以下假定上的：政府喜欢多支出，公民们不愿意多纳税。因此，政府在决定预算中支出的规模时，应该密切注意公民关于赋税承受力的反应，公民所容忍的税收水平是政府公共支出的约束条件。

由以上假定，皮考克与怀斯曼认为：随着经济的发展，收入水平的上升，以不变的税率所征得的税收收入也会上升，于是，公共支出的上升会与 GDP 的上升呈线性关系。但是，这只是正常情况，在社会发展中会遇上不正常阶段，比如战争、饥荒及其他的社会灾难，这时政府开支会被要求急剧增加，于是政府会被迫提高税率，而公众在危急时期也会接受提高了的税率。

按照皮考克与怀斯曼的分析，公共收入和公共支出总是同步增长的，公共支出增长的原因可以分为内在原因（GDP 上升→收入上升→税收上升）与外在原因（战争、饥荒及其他社会灾难），外在原因是公共支出增长超过 GDP 增长速度的主要原因。

6.2.3 公共支出增长的发展模型

这个模型是经济学家穆斯格雷夫和罗斯托根据经济发展阶段理论建立并用来解释公共支出增长原因的。根据这个理论，在经济发展的早期阶段，政府投资在总投资中占有较大的比重，因为公共部门要为经济发展提供社会基础设施，如道路、运输系统、环境卫生系统、法律与秩序、健康与教育以及其他用于人力资本的投资。他们共同认为，公共部门的这些投资，对处于社会经济发展早期阶段的国家进入“起飞”阶段、进入发展的中期阶段来说，是必不可少的。在增长的中期阶段，政府投资还应继续进行，但这时的政府投资只是对私人投资的补充。无论是在发展早期还是中期，都存在着市场失灵，阻碍经济趋于“成熟”。因此，为了对付市场失灵，政府的干预要增强，公共支出当然会增加。

穆斯格雷夫认为，在整个发展阶段，GDP 中总投资的比重是上升的，但政府公共投资占 GDP 的比重是下降的。罗斯托认为，一旦经济达到成熟阶段，公共支出将从基础设施的支出转向不断增加的教育、保健与福利服务的支出。而在“大量消费”（mass consumption）阶段，旨在进行福利再分配的政策性支出的增长会大大超过其他项目的公共支出，也会快于 GDP 的增加速度。

由上可见，穆斯格雷夫与罗斯托的模型是关于公共支出结构在长时期中变化的模型。这个模型是可以按照结构主义的方法对时间序列资料与处于不同发展阶段的国家的横截面资料进行分析的。这也正是将其称作“公共支出增长的发展模型”的原因所在。

6.2.4 公共支出非均衡增长模型

美国经济学家威廉·鲍莫尔对公共支出增长原因的解释是从公共部门平均劳动生产率偏低的现象入手的。

鲍莫尔在他所建立的所谓“非均衡增长模型”（unbalanced growth model）中，将国民经济区分为两个部门：生产率不断提高的部门（即有技术进步的部门）和生产率提高缓慢的部门。前者如制造业，后者则为服务业和政府部门。鲍莫尔假定两个部门的工资水平相等，且工资水平随着劳动生产率的提高而相应上调。据此，他对两个部门的有关数据进行了测算，并得到了下列结论：

1. 生产率增加缓慢的部门，其产品的单位成本不断上扬，而生产率不断提高的部门，其产品的单位成本或是维持不变，或是不断下降。

2. 如果消费者对生产率增加缓慢部门的产品的需求富有弹性，该部门的产品产量将越来越少，甚至可能完全停产。

3. 如果要维持生产率较低部门的产品产量在整个国民经济中的比重，必须使劳动力不断涌入该部门。

4. 如果要维持两个部门的均衡增长，政府部门的支出只能增加，同时也会导致整体经济增长率的不断降低。

根据以上推论，鲍莫尔得出了作为生产率偏低的政府部门的规模必然越来越大，负担必然越来越重的结论。

上面介绍的四种模型，首先都承认支出增长这一趋势的普遍性，所列举的支出增长的原因基本上是正常的原因，即商品经济发展与工业化进程本身会要求公共支出不断增长。瓦格纳法则强调的是公共支出在克服外部性方面的作用与收入弹性；穆斯格雷夫和罗斯托强调的是公共投资在经济起飞中的作用；只有皮考克和怀斯曼认为支出增长有非正常因素的作用；而鲍莫尔在他所建立的“非均衡增长模型”中，对公共支出增长原因的解释是从公共部门平均劳动生产率偏低的现象入手的。

在一个较长的历史时期内，公共支出绝对量不断增长的趋势无疑是存在的，具有广泛的普适性，但在长期增长的趋势中也呈现出短期的波动。至于公共支出相对量（公共支出占国内生产总值或国民生产总值的比重）的波动是经常发生的。但这种波动幅度在短期内比较小，其波动往往是由公共支出绝对量的变动与国内生产总值或国民生产总值变动的方向和幅度不完全一致造成的。

6.3 公共支出增长原因的综合分析

从一定意义上说，导致公共支出增长的原因是由需要和可能两方面因素共同促成的，具体论述如下。

6.3.1 公共支出需要方面的因素

1. 军备的加强。国家机构建立以后，统治阶级用它来保卫领土完整，捍卫国家主权，而某些国家则利用其对外进行战争，谋取海外利益。这就要求国家保持强大的武装力量和先进的军事装备，从而用于军事目的的公共支出也逐步上升。上面已经讲到：在战争时期，军事支出的增长幅度远远大于战前；战争结束后，军事支出往往仍然很庞大，不能恢复到战前水平。从历史的经验看，在平时，即使个别年度的军事开支较上年有所减少，但总的趋势则是不断上升的。第一次世界大战和第二次世界大战以后，美、苏、英、法等大国都曾在口头上主张裁军，而实际上都在为争夺世界霸权而穷兵黩武，其他国家也在加紧扩充军备。仅是这些事实便足以证明，政府公共支出继续膨胀是不可遏止的长期趋势。

2. 国家机构的扩增。国家自建立以来，随着社会的进步，经济、文化的发展，政治上的民主化进程要求权力分散，权力机构相互制衡；经济发展成为当今世界的普遍潮流，经济分工越来越细；社会保障制度也日趋完善，总之，国家职能不断健全，范围不断扩大。与此相应，国家机构也就随之不断扩张，庞大的国家机器运转需要巨额的费用支持，因而公共支出也就不断增长。

3. 经济干预的加强。19 世纪中叶以前，各国政府的公共支出中很少有经济项目。仅仅是从 19 世纪后期开始，政府的经济支出才逐渐增加，但经济支出在公共支出中占据比较重要的地位，还是在 1929—1933 年世界经济大危机以后。当时以美国为首的西方国家为了挽救经济危机，积极采取各种干预措施，直接参与各种社会经济活动。由于大力推行经济干预政策，各国政府用于经济方面的公共支出数额大增。第二次世界大战期间，各国政府因公众要求保证民用必需品的供应，又进一步实行经济统制的政策和措施，经济支出的规模又有所扩大。第二次世界大战后初期，有些国家（如英国、法国等）推行国有化政策，将重要的银行、铁路、电力、煤矿及其他大企业收归国有，同时对经济落后地区扩大投资、开发，这些都是促使经济支出继续扩增的原因。同时，战后 60 多年来，各国经济的基本矛盾时常尖锐化，经济危机的爆发更加频繁，各国政府对社会经济的干预不断加强，经济支出也就继续膨胀。

4. 社会福利事业的扩增。当代国家为保障社会安定，人民安居乐业，逐步实施各项社会福利措施，完善社会保障机制。随着这类事业的规模逐步扩大，用于社会福利的公共支出也相应增加。所谓社会福利支出可以分为两大类，一类是用于举办文化教育、医疗、卫生等项事业的支出；另一类是用于直接补助居民的社会保险和社会救济支出。前一类支出可以提高人民的文化与健康水平，有利于促进劳动生产率的提高，被看做“人力投资”，因而有增加的趋势。后一类支出在 20 世纪 30 年代以前并不占重要地位，30 年代以后，由于经济危机日趋严重，失业人数不断增加，需要救济的贫困居民也大大增加，这就需要政府不断增加这类支出。特别是进入 60 年代以后，社会福利支出得到了普遍推行和强化，在公共支出中的地位日益重要，在某些国家已超过军事支出而居首位，有的国家如芬兰、意大利、荷兰已达到 60%以上。

5. 人口不断增加。人口增加也是公共支出膨胀的原因之一。随着人口的增加，居民对于文化、教育、医药卫生、社会福利等方面的需要不断扩大，而司法、警察、行政管理等方面的事务也大大增加。因而，这些方面的公共支出在规模上也都相应地膨胀。

6. 物价的上升。从历史的情况来看，各国物价变动的长期趋势都是上升的。特别是在 1929—1933 年世界经济危机以后，各国货币制度相继停止金本位制，通货膨胀已成为普遍的现象，物价水平不断地迅速上升。第二次世界大战期间及战后的 60 多年中，通货膨胀和物价上涨的速度更是逐年递增。由于货币继续贬值，公共支出的金额也随之相应增加。因此，各国公共支出之所以不断增加，不仅缘于各方面的实际需要逐步扩增，而且也缘于物价上涨的影响，这种情况在战争期间尤为突出。

6.3.2 财政资源供应方面的因素

1. 国民收入的增长。各国政府用以供应支出的各种公共收入，不论其直接来源是什么，归根到底，都是来自劳动人民创造的国民收入。各国政府为了克服经济危机，千方百计地改进生产技术，提高劳动生产率，扩大生产规模，促进生产力的发展。随着劳动生产率的不断提高，劳动人民所创造的国民收入也相应地不断增长。由于国民收入持续增长，各国政府获得公共收入的根本来源就不断扩大。在这种情况下，即使各种筹措公共收入的制度（如税收制度）没有任何加强之处，公共收入的金额也会增加；如果提高了税率或扩大了课税的范围，公共收入就增加得更多了。国民收入不断增长，为各国政府公共收入的增长提供了有利的前提，为公共支出的扩大提供了保证。

2. 税收征管的强化。各国政府强化税收征管，获取更多的收入，也是刺激公共支出继续膨胀的因素。各国政府主要是依靠课税来供应公共支出需要的，公共支出的多少主要取决于税款收入的多少。在国家税收发展的过程中，政府为了更好地满足公共需要，必须增课税收、不仅从以课征间接税为主扩大到以课征直接税为主，而且在直接税和间接税两方面又扩大了课税的范围并提高了税率。随着课税制度不断加强，政府有可能获得更多的税收收入，因而就有可能增加公共支出。

3. 发行公债的便利条件增加。世界各国在早期是很少发行公债的，一般是财政上有特殊的紧急需要时（如发生战争，战败支付赔款等）才发行公债。这不仅因为平时人民反对，而且因为社会储蓄有限。虽然后来有些国家有时发行生产性公债，以创办私人不愿或无力投资的公营企业，但这也是不常有的。随着借贷资本不断增加，证券市场日益发展，这就为发行公债提供了越来越多的便利条件，使政府有可能多发公债，以供应增加的开支。因而，有时发行公债并非支出增加的后果；相反，却是由于有增发公债的便利条件而引起的对支出控制的放松。到了20世纪30年代以后，公债的发行逐渐成为政府筹措资金的一种经常运用的手段。这是由于现代国家发行公债的目的已不仅是为了弥补赤字，而且主要是在遇有社会经济萧条而私人投资停滞的情况下，用以吸收社会游资，举办公营企业或公共工程，以克服日益严重的经济危机。很多学者已不再像过去那样认为应该避免发行公债，而是相反，提倡积极运用公债政策，以调节社会经济，从而保障生产得以继续进行。随着关于公债政策观念的转变，在一定程度上，世界各国能够利用公债的发行以供应支出，从而成为促使支出增加的助长因素之一。

4. 增发不兑现纸币可能性的存在。一般国家是通过银行机构发行纸币的。在过去实行金本位货币制度的时代，世界各国为保障货币价值的稳定和纸币的自由兑换，通常都力求避免以增发纸币作为弥补赤字的手段。遇有确属不得已而增发纸币的情况，也要从速收回超过社会需要的通货。只有经济情况十分困难以致财政濒临破产境地的国家，才把增发纸币作为弥补赤字的经济性手段。自从30年代各国相继停止金本位制以后，纸币不再自由兑换，货币可能随时贬值，增发纸币已失去昔日固有的限制，这就有可能使政府把增发纸币作为弥补赤字的常用手段。由于增发纸币遇到的舆论反对可能少于增发公债，比发行公债容易，而且没有还本付息的经济负担，政府就倾向于更多地利用增发纸币所提供的方便。近50年来，增发纸币逐渐成为大多数国家政府筹措公共收入的重要手段之一，对于公共支出不断膨胀的长期趋势，起了显著的刺激作用。

本章小结

1. 随着国家的发展，经济、社会的进步，政府职能的着力点逐步发生了转变。全面考察政府职能的演进变化过程，其着力点是由政治职能转向经济职能，再由经济职能转向社会管理职能，并且政府的活动范围也在扩大，政府公共部门的支出也随之增长，无论是从绝对量，还是从相对量上都是如此。

2. 对于公共支出增长现象的理论解释主要有四种，一是瓦格纳的“政府活动扩张法则”，他倾向于从社会经济发展要求政府履行越来越多的职能的角度作出解释；二是皮考克和怀斯曼的“公共收入增长引致说”，他们倾向于从公共收入随经济发展和社会动荡而增长，并导致公共支出相应增长的角度作出解释；三是穆斯格雷夫和罗斯托的“公共支出增长的发展模型”，他们倾向于从经济发展的不同阶段要求公共支出结构作出相应变化的角度给出解释；四是鲍莫尔的“非均衡增长模型”，他则倾向于从公共部门劳动生产率偏低必然导致其规模偏大的角度作出解释。公共支出无论从绝对量还是从相对量上考察都呈现出不断增长的趋势，这已经是不争的事实。现在的问题在于，如何更清晰地解释公共支出增长的原因、增长中出现的波动和不均衡性以及如何分析公共支出增长所带来的影响和变化。

3. 从一定意义上说，导致公共支出增长的原因是由需要和可能两方面因素共同促成的：一方面，公共支出需要方面的因素，具体包括军备的加强、国家机构的扩增、经济干预的加强、社会福利事业的扩增、人口不断增加以及物价的上升；另一方面，财政资源供应方面的因素，具体包括国民收入的增长、税收征管的强化、发行公债的便利条件增加以及增发不兑现纸币可能性的存在。

关键术语

公共支出水平
公共支出弹性
皮考克和怀斯曼关于支出增长的理论
非均衡增长模型
政府就业比率指标
边际公共支出倾向
公共支出不断上升的规律（瓦格纳定律）
公共支出增长的发展模型
公共支出比率指标
社会性支出（社会福利支出）

复习思考题

1. 公共支出的增长呈现出一种什么样的趋势？
2. 衡量公共支出增长的相对指标有哪些？与绝对指标相比有何优点？

3. 关于公共支出增长的模型有哪些？各自包含什么内容？

4. 如何认识公共支出增长的原因？请简要加以分析。

本章阅读书目

1. 苏明．财政支出政策研究．北京：中国财政经济出版社，1999

2. 雷良海．财政支出增长与控制研究．上海：上海财经大学出版社，1997

3. [美] 艾伦·希克．当代公共支出管理方法．北京：经济管理出版社，2000

4. [美] A·普雷姆·詹德．公共支出管理．北京：中国金融出版社，1995

5. Earl R. Brubaker，*Public Expenditure Decisions*：*Behavior*，*Institutions*，*Procedures and Performance*，Greenwich，Conn.，JAI Press，Inc.，1989

第 7 章

公共部门预算决策效益分析

公共部门的收支决策是通过预算的编制过程来完成的。在预算的编制过程中，通常要面临两个互为关联的问题：一是公共支出的规模应当控制在怎样的水平上；二是如何保证公共部门的资源配置具有更高的经济效率，尤其是公共支出，作为预算活动的主要内容，其效益的高低是预算决策中的重要参考依据。

本章将重点研究以下内容：(1) 公共部门的收支决策在实际中是如何制定的；(2) 经济分析能否应用于公共收支的预算决策；(3) 哪些经济分析手段有助于这个决策过程。

重点问题

- 预算的原则及决策程序
- 预算决策效益的概念和特征
- 机会成本分析的含义及应用
- 成本—效益分析的含义、具体步骤、作用和局限性

7.1 关于预算的概念

为了说明公共部门的收支决策在实践中是如何作出的，有必要先弄清与预算有关的几个概念。

7.1.1 预算

通常可以从以下几个角度给“预算”下定义。在家计经济学中，预算被定义为在一定时期内家庭生活支出的计划安排；在有关宏观经济政策的讨论中，预算被视为执行财政政策的有效途径；在政治程序中，预算被解释为政府行政首脑每年年初向立法机关呈送的文件。

但就公共财政本身而言，预算则指的是政府在每一个财政年度的全部公共收支结构一览表。简言之，预算是政府的公共收支计划。

作为政府的公共收支计划，预算的功能首先是反映政府的活动范围和公共收支状况。从形式上看，预算就是按一定标准将公共收入和公共支出分门别类地列入特定的表格，它不仅表明了政府各部门及其机构是如何使用其经费的，也表明了政府的各项收入是从何种来源筹措的，它成为反映政府活动的一面镜子。从实际经济内容看，预算的编制是政府对公共收支的计划安排，预算的执行是公共收入的筹措和使用过程，预算的执行结果又会形成决算。预算反映着政府介入经济社会生活的范围、规模和程度。一本政府预算，就是一本政府活动的详细计划和记录。也许正是这个原因，一位美国经济学家曾这样写道：“要了解联邦政府将要做些什么或已经做了什么，看一看联邦政府预算就足够了。”①

预算的另一个重要功能还体现在它对公共支出的控制上。我们在第 4 章中曾经指出，政府官僚的政治行为特点，是追求公共机构权力的极大化，而公共权力的增大与公共支出的规模正相关。这就意味着，如不对公共支出加以有效的控制，很可能会出现公共物品的供给过剩。预算恰恰就是控制公共支出规模的一个有效手段。一方面，政府的全部收支项目及其规模都纳入预算，预算能够全面地反映政府的收支状况；另一方面，预算作为公共选择的一个重要内容，必须经过国家立法机关的审批才能生效，并最终形成国家的重要立法文件。这就使得政府

① ［美］阿图·埃克斯坦：《公共财政学》，31 页，北京，中国财政经济出版社，1983。

的支出被置于公民（投票者）、代议机关的监督和制约之下，而通过这一监督和制约，实际形成了对公共支出规模的有效控制。

7.1.2 预算年度

预算年度，也称作财政年度，是指编制和执行预算所应依据的法定时限，也就是预算收支起讫的有效期限，通常为一年。

各国预算年度的起讫日期不尽相同，有的采用历年制预算年度，即从每年1月1日起至同年12月31日止，如法国、德国、意大利等（我国采用的也是历年制预算年度）；有的国家采用跨年制预算年度，即从某年某月某日起，至次年某月某日止，中间历经12个月，但却跨越了两个日历年度，如美国的预算年度，从每年的10月1日起，至次年的9月30日止（以终了日属于哪一年份，称为哪一年的预算年度）。英国、日本的预算年度，从每年的4月1日起，至次年的3月31日止（以开始日属于哪一年份，称为哪一年的预算年度）。

一般说来，决定预算年度起讫日期的因素有两个：一是每年公共收入的旺季；另一个是每年立法机关召开会议的日期。各国的预算年度一般都是从一年中缴纳入库的公共收入为数最多，且立法机关又要召开会议的时刻开始的。以公共收入缴纳入库为数较多的时刻为预算年度的开始日期，可以使预算年度开始时的公共收入较为充足，得以保证当时较多资金的需要；以立法机关召开会议的日期为预算年度的开始日期，可以使拟订的预算早日获得立法机关的通过，以便及时着手执行。

7.1.3 预算的分类

预算作为政府的公共收支计划，在技术操作上要解决的主要是两个方面的问题：一是计划表格的安排，二是计划指标（数据）的确定。前者通常称为预算的形式，后者则是预算的内容。相应地，预算在形式和内容上的差别，便是对五花八门的预算进行分类的依据所在。

以形式上的差别为依据，预算可以分为单式预算和复式预算。单式预算指的是政府公共收支计划通过一个统一的计划表格来反映；复式预算指的是政府公共收支计划通过两个或两个以上的计划表格来反映。

以内容上的差别为依据，预算可以分为增量预算和零基预算。增量预算指的是公共收支计划指标是在以前预算年度的基础上，按新的预算年度的经济发展情况加以调整之后确定的；零基预算指的是公共收支计划指标的确定，只以新的预算年度的经济社会发展情况为依据，而不考虑以前的公共收支状况。①

这里需要指出的是，预算的划分，在总体上只包括上述两种方法。而且，零基预算事实上还未成为编制预算确定的一般方法，它通常只适用于某些具体的收支项目。目前各国普遍采用的，无论是单式预算，还是复式预算，仍主要是增量预算法。至于其他预算分类方法或其他各类预算，有些属于政府财政政策的代名词，有些是某项或某几项公共收支指标的测定方法，有些则是预算执行情况的考核方法。例如，中长期预算实际是政府的中长期公共收支状况的预测；项目预算、行动预算和绩效预算，是某些建设项目或某些行政支出的安排和核算方法，属于工程预算或行政机构预算的范畴。至于国民经济预算和充分就业预算，事实上是一种财政政策。如充分就业预算就是按照凯恩斯主义财政思想设计的一种实现充分就业、缓和经济衰退的政策手段。②

7.1.4 预算的原则

一定的预算制度，总是要依据一定的原则来建立和调整的。自预算产生之后，便开始了对预算原则的探索，形成了各种各样的思想和主张。目前在公共经济理论界，影响较大，并为多数国家所接受的预算原则可以归纳为以下五项：

1. 完整性原则。预算必须具有完整性，就是要求政府的预算必须包括政府的全部公共收支项目，反映以政府为主体的全部财政活动，不允许在政府预算规定范围之外的任何以政府为主体的资金收支活动。预算的完整性是建立规范化、法制化预算的前提条件。只有完整的预算才能保证政府控制、调节各类财政性资金的流向和流量，完善财政的分配、调节与监督职能。预算的完整性也便于立法机关的审议批准和社会公众对政府活动的了解，便于监督政府预算的执行。

2. 统一性原则。预算是政府宏观调控的重要杠杆，保证预算的统一是增强政府宏观调控能力的必要条件。预算必须具有统一性，就是要求预算收支按照统一的程序来计算和编制。任何机构的收支都要以总额列入预算，而不应只列入收支相抵后的净额。这实际上是要求各级政府都只有一个预算，而不能以临时预算或特种基金的名义另立预算。

---

① 这就是零基预算的所谓“从零开始”之意，但从零开始并不是一切都要重新开始，而是对已有的项目需要重新审定和安排，起点为零。

② 参见陈共主编：《财政学》，385～386页，成都，四川人民出版社，1991。

3. 可靠性原则。预算必须具有可靠性，就是要求对预算收支数字必须进行正确估计，不能估计得过高或过低；各种收支的性质必须明确区分，不能掺杂混同。

4. 公开性原则。预算必须具有公开性，就是要求全部公共收支必须经过立法机关审议，而且要采取一定形式向社会公布。

5. 年度性原则。预算必须具有年度性，就是要求预算按年度编制，列出全年的公共收支，对年度公共收支进行比较，不应对年度之后的公共收支作出任何事先的安排。

不过，上述预算原则是就一般意义而言的，不能进行绝对的理解。一套预算原则的确立，不仅要以预算本身的属性为依据，而且也要考虑到当时的经济社会状况。事实上，各国所推崇的预算原则，并不是一成不变的，常常要随社会经济形势的变化而作相应的调整。在这里，值得提及的是美国联邦政府在第二次世界大战后对预算原则进行的调整。

1945 年，为了适应联邦政府加强对经济进行干预的需要，美国联邦政府行政管理和预算局局长斯密，一改过去倾向于由国会拥有较大预算权限的预算原则，而提出了旨在加强政府行政部门预算权限的八项预算原则，这就是：(1) 预算必须有利于行政部门的计划。美国联邦政府预算必须反映总统的计划；在经国会通过之后，就成为施政的纲领。(2) 预算必须加强行政部门的责任。国会只能行使批准预算的权力，至于预算中已经核准的资金具体如何使用，应由总统决定。(3) 预算必须加强行政部门的主动性。国会只能对资金使用的大致方向和目标作出原则规定，至于如何达到这个目标，要由总统及其所属各个机构来决定。(4) 预算收支在时间上要保证灵活性。国会通过的关于预算收支的法案必须授权总统可以在一定范围内进行调整，总统有权力把本年度预算中的拨款转到以后年度的适当时机去动用。(5) 预算应以行政部门的情况报告为依据。当总统向国会提出预算草案及执行情况的报告时，应当一并提供国内外的情况资料作为国会立法的依据。(6) 预算的“工具”必须充分。在总统的领导下，必须有预算编制和执行的专职机构和人员。总统有权规定季度和月度的拨款额，有权建立储备金并在必要时动用它们。(7) 预算程序必须多样化。政府的各种活动在财政上应当采取不同的管理方式，公共收支数字也应当采用不同的预算形式。(8) 预算必须“上下结合”。在编制或执行预算时，总统必须充分利用他所领导的各个机构的力量。这些原则是加强政府的财政权，缩小国会权力的综合反映。它一方面显示了垄断资产阶级加强对财政控制的要求；另一方面也反映了以美国为代表的西方经济发达国家开始运用财政手段调节经济，以消除或减少经济危机对社会经济生活的影响。

7.1.5 预算的决策程序

预算的决策程序，大体是在每一个预算年度开始之前，由政府的预算编制机关编制当年的预算草案，经立法机关审议批准，成为正式预算。预算年度开始后，由政府行政机关负责执行预算，并由审计机关进行日常监督。预算年度终了后，由执行预算机关就全年执行预算情况及其结果编制该年度的实际收支报告（决算），经审计机关审核后，由立法机关予以批准。整个预算决策程序可以分作四个阶段，即预算的编制、预算的批准、预算的执行和预算的事后监督。这也就是通常所说的“预算周期”。

7.2 预算决策的效益分析

7.2.1 预算决策效益的含义

所谓效益，从经济学的一般意义上讲，就是人们在有目的的实践活动中所费与所得的对比关系。所费，即活劳动与物化劳动的消耗和占用；所得，即由上述实践活动带来的有用结果。人们研究效益问题的根本目的在于以尽量少的劳动消耗与占用，取得尽可能多的有用结果。衡量效益的标准有两种：一是在所费相同的情况下，所得越多效益越好，反之越差；另一种是在所得相同的情况下，所费越少效益越好，反之越差。

财政分配活动属于经济活动的范畴，其效益的含义也不能脱离效益的一般经济意义，即所费与所得的对比关系，但财政分配活动与一般的经济活动又有区别，它是以国家为主体，为满足社会公共需要而进行的分配活动。政府不能只像一般的微观经济主体那样单纯考虑直接、有形、物质的所费与所得的对比关系，还必须站在宏观的角度考虑整个社会和国民经济发展的整体效益。因此，在预算决策效益分析的含义中，其所费与所得有其特殊的意义。

综上所述，预算决策的效益是指财政分配活动中所费与所得的对比关系。这里的所费即预算支出，是指由政府集中支配的，以货币形态表现的活劳动与物化劳动在国民经济与社会发展（包括生产领域与非生产领域）各方面的消耗与占用；这里的所得，是通过财政分配活动取得的有用成果，既包括局部的（微观的）、直接的、经济的成果，也包括整体的（宏观的）、间接的、社会的成果。这也正是预算决策效益的特殊性所在。

7.2.2 预算决策效益的特征

预算决策效益是一个多层面的综合性概念，主要具有以下几个特征：

1. 经济效益与社会效益的统一。预算决策的经济效益是财政资金的耗费与经济成果的对比关系，对于生产性支出来说就是以尽量少的财政资金占用和消耗举办尽量多的事业，即“少花钱，多办事”。经济效益是可以用货币来度量的有形成果。前一类支出通常以盈利多少来衡量，后一类支出通常以支出节约的多少来衡量。

预算决策的社会效益是财政资金的耗费与社会效果的对比关系，这里的社会效果包括经济的稳定协调发展、社会公平、国家安全、社会秩序安定、生态平衡及环境保护、教育普及、科学进步等一系列社会目标的实现。预算决策的社会效益往往难以用货币来度量。

预算决策的经济效益与社会效益是互相依存、互相制约的对立统一关系。一方面，二者是互相依存的统一体，即实现良好的社会效益是财政分配活动的根本出发点，也是追求预算决策经济效益的最终目的；而从总体上来说预算决策经济效益的实现又是其社会效益得以实现的基本保证。另一方面，由于预算决策的经济效益和社会效益在选优标准上存在着显而易见的差异，因此二者之间在一定时期、一定范围内又存在着不同程度的矛盾，这也是预算决策效益问题复杂性的原因。政府在处理二者矛盾时所面临的重要课题，就是如何在二者之间权衡利弊，找到最佳制衡点。一般说来，国家财政的特殊地位决定了预算决策的经济效益应该服从社会效益。

2. 宏观效益与微观效益的统一。在预算决策的经济效益中又包含着宏观效益与微观效益两个层次。

宏观效益是指通过对公共支出总量和结构的安排与调整所产生的有关国民经济和社会发展全局以及国民整体利益、长远利益的经济效果，如国民经济的稳定均衡发展、资源的合理配置等；微观效益则是指每一笔预算决策项目所带来的具体的经济效果。

宏观效益与微观效益之间的关系表现在：(1) 宏观效益具有主导决定作用，它是实现微观效益的前提条件，公共支出只有实现国民经济整体的宏观效益，个别项目的微观效果才能得到保证。(2) 预算决策的微观效益是实现宏观效益的现实途径。(3) 预算决策的宏观效益与微观效益之间也存在着矛盾，例如预算支出投向一些处于国民经济薄弱环节的基础工业部门时，会有助于国民经济结构的调整，实现宏观效益，但这项支出所带来的直接收益却可能很小甚至没有；相反，如果把预算支出投向那些本小利大的加工工业部门，可能会在短期内得到较大的直接经济收益，但会对产业结构调整带来不利的影响。因此，正确处理二者之间矛盾的基本原则是微观效益服从宏观效益。

3. 直接效益与间接效益的统一。在考察预算决策效益时，既要考察其直接效益，也要考察其间接效益。例如，对于财政安排投资于学校的教育经费项目来说，其直接效益主要表现在该项支出与学校培养出的合格学生的数量及教员的科研项目数量之间的对比关系；其间接效益主要表现为学生走向社会后对生产力的推动作用及上述科研成果对社会发展的影响等。由此产生了预算决策效益的多层次性：既表现为直接的、有形的、可用货币度量的效益，也表现为间接的、无形的、难以用货币度量的效益。

7.2.3 预算决策的效益分析

经济学家认为，政府部门制定决策和私人部门制定决策是十分不同的。在私人部门中，市场机制的作用可以使其开支和生产的决策达到最优状态。而在政府部门中，决策是通过政治程序制定的，市场机制对于预算资金的分配使用并不起作用。既然客观上不存在这样一种机制，但现实又需要这样一种机制，即将适用于私人部门开支和生产决策的效益分析，应用于政府部门的预算决策，那么，进行所谓的模拟效益分析，就是一种可以选择的方法了。

具体来说，对于预算决策的效益分析，大体是从两个方面进行的：一方面是从宏观的角度，就整体的预算决策对社会资源配置的影响进行分析；另一方面是从微观的角度，就某一项目或方案的预算决策对社会资源配置的影响进行分析。与之相对应，前者使用的是机会成本分析法，后者使用的主要是成本—效益分析法。

7.3 预算决策的机会成本分析

通过预算程序所作出的有关公共收支的决策，实质上是将私人部门的部分资源转移到公共部门，并由政府加以集中使用的决策。所以，它也有一个资源配置的效率问题。

7.3.1 机会成本分析的含义

不言而喻的是，只有当资源集中在政府手中使其能够发挥比在私人部门中更大的效益时，政府占用资源才是对社会有益的，或者说是具有效率的。从这一推论出发，经济学家们倾向于用“预算资金的社会机会成本”（social opportunity cost of budget funds）来评价预算决策的效率。这里所说的预算资金的机会成本，指的是因这样一笔资金由私人部门转移到公共部门而导致的私人部门的效益损失。

这样一来，预算决策的效率评估也就演变为同样一笔资金由公共部门和由私人部门使用所能达到的效益的比较问题了。如果一笔特定的资金交由公共部门使用所能达到的效益大于交由私人部门使用所能达到的效益（或者说是大于其机会成本），那么，有关这笔资金的预算决策就是具有效率的；如果一笔特定的资金交由公共部门使用所能达到的效益小于交由私人部门使用所能达到的效益（或者说是小于其机会成本），那么，有关这笔资金的预算决策就是缺乏效率的；如果一笔特定的资金交由公共部门使用所能达到的效益，恰恰等于交由私人部门使用所能达到的效益（或者说是等于其机会成本），那么，这时整个社会的资源（资金）配置处于最佳状态。

7.3.2　机会成本分析的应用

我们来考察一下资源在公共物品和私人物品之间的配置情况。

如图 7—1 所示，假定公共物品和私人物品的支出效益曲线 M 和 N 均是向右下方倾斜的。[①] 当用于公共物品的资金支出为 OA，而用于私人物品的资金支出为 OB，且 OA 和 OB 的边际效益恰好相等，即 $OC=OD$ 时，资源配置处于最佳状态，这时的预算决策就是最有效率的；如果用于公共物品的资金支出仅为 OA'，而用于私人物品的资金支出为 OB'，OA' 的边际效益大于 OB' 的边际效益，即 $OC'>OD'$，且 $OA+OB=OA'+OB'=$ 全国可用资源时，增加公共部门支出的预算决策就是具有效率的。因为，如果这样的话，整个社会的总效益可望获得增加。沿着这个方向调整，最终将会出现资源配置的最佳状态，即每一货币单位无论花在公共物品上，还是花在私人物品上，所带来的边际效益都相等。由此可以将整个社会资源的最佳配置条件用公式表示为：

$$\frac{\text{公共物品的边际效益}}{\text{公共物品的边际支出}}=\frac{\text{私人物品的边际效益}}{\text{私人物品的边际支出}} \tag{7.1}$$

一旦整个社会的资源（资金）配置满足了上述条件，则不仅资源配置状态是最优的，与此有关的预算决策也是最优的。

---

① 在边际效益递减规律的作用下，任何物品或服务的边际效益曲线通常都会呈向下倾斜状态。

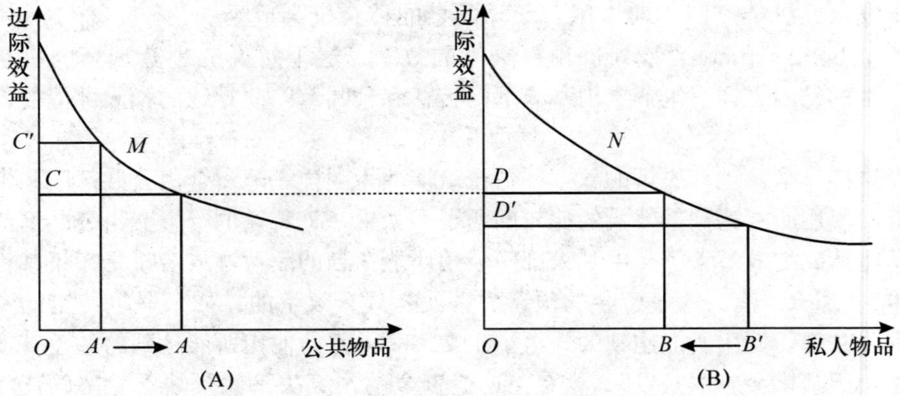

图 7—1　资源在公共物品和私人物品之间的配置

7.4　预算决策的成本—效益分析

7.4.1　成本—效益分析的含义

对预算决策进行成本—效益分析，就是把预算资金的使用划分为若干个项目或方案，分别就每个项目或方案核算其效益和成本。在此基础上，对不同项目和不同方案进行比较，确定其优先采用的次序，并摒弃那些社会边际成本超过社会边际效益的项目或方案。

7.4.2　成本—效益分析的步骤

我们以一个具体事例来说明。

假定某一地区经常洪水泛滥，给该地区造成很大损失。为了治理洪水，政府拟建设一座防洪设施。其成本和效益如表 7—1 所示。

表 7—1　　防洪工程的成本—效益分析　　单位：万美元

项目（方案）	效益（B）	成本（C）	$B-C$	B/C	$(B-C)/C$	次序
A	40 000	20 000	20 000	2.0	1.0	2
B	19 500	15 000	4 500	1.3	0.3	4
C	12 000	10 000	2 000	1.2	0.2	5
D	12 500	5 000	7 500	2.5	1.5	1
E	45 000	30 000	15 000	1.5	0.5	3
F	12 500	12 500	0	1.0	0	6
G	27 000	30 000	−3 000	0.9	−0.1	7

对像防洪设施这样的公共支出项目的成本—效益分析通常按照下列步骤进行：

第一步，计算各个项目或方案的效益和成本。这是一项比较复杂的工作。无论效益和成本，都可以区分为：该项目直接的效益和成本，与该项目有关的或者由此引起的间接效益和成本。前者较为具体，是该项目本身范围内的；后者则较为复杂，也不那么具体，是该项目对整个经济社会所造成的影响，可以称作该项目的社会效益和社会成本。如果仅仅考虑前者而完全忽略后者，则对该项目的效益不能作出正确的分析。而如果要完整地、毫无遗漏地计算一个项目的社会效益和社会成本，则会使分析工作实际上难以进行。所以，实际的做法是，详尽地计算每一个项目的直接成本和效益，并适当地计算其社会成本和社会效益。至于哪些社会成本和社会效益应当计算，在各个项目之间应当有一个统一的标准，这种标准应该是可以调整的。

另外，无论效益还是成本，都可以区分为两种：一种是所谓实际的成本和效益，如由于建设防洪工程而实际耗费的人力和物力，以及对社会、经济和人民生活造成的实际损失，这些是该项防洪工程的实际成本。由于建设防洪工程而更多地生产出的社会财富，以及由此而带来的社会的发展和人民生活水平的提高，是该项防洪工程的实际效益。另一种是所谓金钱的成本和效益，如由于防洪工程的建设，邻近地区的地价上涨，这既增大了这个项目在金钱上的效益，也由于工程造价上升而加大了该项目金钱上的成本。这种效益显然与航运的增加、农产品产量的增长等实际的效益，在性质上是不同的；这种成本显然也与工程费用、设备费用的性质不同。一个显而易见的道理是，甲方之所得或所失，即为乙方之所失或所得，整个社会的总成本与总效益的对比，并无变化。所以，这种成本和效益又称虚假的成本和效益，是应在经济分析中加以剔除的。

再有，每一个项目的效益和成本，也有有形和无形之分。有形的成本和效益，指的是可以用市场价格计算的、且按惯例应计入会计账目的一切成本和效益；无形的成本或效益，则指的是不能经由市场估价的，因而也不能入账的一切成本和效益。很显然，预算决策的经济分析也是要将无形的成本和效益计算在内的。

第二步，计算各个项目或方案的效益和成本的比率。如果对每个项目或方案都核算出效益和成本的总金额，那就可以随之计算出成本和效益的比率。通常使用的是两种比率：(1) B/C（即效益/成本）比率。这一比值的最低限是 1，凡低于 1 的项目在经济上都是不可行的。(2) $(B-C)/C$［即（效益－成本）/成本］比率。这一比值的最低限应是 0，凡是低于 0 的项目，即负值的项目，在经济上都是不可行的。

第三步，确定各个项目或方案的优劣次序。计算出效益和成本的比率之后，就可以据此确定各个项目或方案的优劣次序。无论 B/C 还是 $(B-C)/C$，都是值越大越好，因而优劣次序的确定可以按照数值的大小进行。在本例中，项目 D 最优，A 次之，G 最劣（见表 7—1）。

第四步，进行各个项目或方案的选择和决策。进行选择和决策，要以上述次序作为一种根据，并要看限制条件情况而定。

以本例来说，如果是七个不同的项目，如何选择就要看公共支出总额是既定的，还是可变的。公共支出总额既定，如既定不得超过 7 亿美元，那就是一个限制条件。在此情况下，就应选定项目 D、A、E 和 B。因为这四个项目的成本之和刚好是 7 亿美元，效益之和为 11.7 亿美元，效益和成本之差（$\sum B-\sum C$）为 4.7 亿美元。这是在既定的限制条件下所能取得的最大可能的值，因而这样的选择也是最佳的。

如果公共支出的总额是变化的，可以扩大，那么，实际的选择面就较广，项目实施的“边际”可以推广。以本例来说，除 D、A、E、B 四个项目外，C 也可以选定，因为采用这个项目也还是可以使 $\sum B-\sum C$ 的值有所增长；项目 F 就是所谓边际项目，即得失相等；项目 G 则不应选定。

如果本例不是七个不同的项目，而是同一项目的七个不同方案，那么，选择的限制条件就更多了。由于这些方案之间可以相互代替，一般情况下，选定了其中一个方案之后，其他的方案就不能再实施了。因为各个方案的效益和成本都有联系，一个方案的效益实际上成为另一个方案的成本（即有限的资源用于此就不能用于彼，从而形成所谓“机会成本”）。在这样的条件下，方案 D 无疑还是应当被优先选定；至于其他方案，如 A 是否也应被选定，那就要看其他条件了。

7.4.3 成本—效益分析中的贴现问题

以上只是简单说明了成本—效益分析的步骤及其有关情况。但有一个重要的因素尚未提到，那就是在成本和效益计算中肯定要遇到的时间问题。

在实际生活中，类似防洪工程这样的公共支出项目，其建设周期或使用周期往往都不会限于一个年份，或者准确地说，不会限于该项支出的预算年度，而要持续若干年甚至几十年。这样一来，任何一个项目的效益和成本，都不可能是一个数值，而要形成一系列的数值，即形成所谓由若干年的效益和若干年的成本所构成的“效益流”和“成本流”。不同时间发生的效益或成本不能直接相加，也不能直接相减，即不能进行比较。这里的关键在于，必须将“时间价值”因素以及由此而形成的利息因素考虑在内，也就是说，必须通过“贴现”的过程，将这些发生在若干年间的“成本流”和“效益流”都折算成现值，然后才能相加或相减，进行比较和分析。

对于一个公共支出项目而言，其效益和费用的“流”相应如下：

B_1，B_2，…，B_n

C_1，C_2，…，C_n

C_1 和 B_1，…，C_n 和 B_n，由于是在同一时间发生的，可以相比，但 C_1 和 B_2，…，C_{n-1}和 B_n，就不能直接比较。

为了使不同时间上的 B 和 C 能够相加或相减，就必须使用一个“贴现率”（r）加以换算。一般来说，“贴现率”实际上相当于一个年利率，即任何一笔资金相隔一年之后平均增值的百分比率。

依此方法，就可以比较 B 和 C 的“流”，得出公共支出项目的净效益（$B-C$）的现值，即该项目的“净现值”（net present value，NPV）。其计算公式为：

$$\begin{aligned} \text{NPV} &= \frac{B_1-C_1}{1+r}+\frac{B_2-C_2}{(1+r)^2}+\frac{B_3-C_3}{(1+r)^3}+\cdots+\frac{B_n-C_n}{(1+r)^n} \\ &= \sum_{i=1}^{n}\frac{B_i-C_i}{(1+r)^i} \end{aligned} \tag{7.2}$$

不难得出结论：只有 NPV 大于 0 的项目或方案，在经济上才是可行的。但这里只解决了一个问题，还有一个问题没有解决，即对于不同的项目来说，NPV 是不可比的。

为了使不同项目或方案之间可以比较，还应按同样的程序计算出各个项目或方案“成本流”的“总现值”（present value of costs，PVC），从而求出每个项目或方案的比值，即 NPV/PVC。由于这个比值是相对数，这时就可以在不同项目或方案之间进行比较，进而按这个比率的数值大小，确定各个项目或方案的优劣次序。

可以看出，无论是 NPV 还是 PVC，其大小都与贴现率 r 有密切关系。抽象地说，r 越大，则 NPV 或 PVC 越小；r 越小，则这两个值越大。因此，对贴现率的慎重选择至关重要。如果选择不当，就很可能导致错误的分析结果，例如较高的贴现率，对使用年限较短的支出项目有利。较低的贴现率，则有利于使用期限较长的支出项目。更为重要的是，过低的贴现率，会使得政府的支出计划受到过分的鼓励，私人投资相对减少，其结果会扭曲公共部门和私人部门之间的资源配置。

那么，如何才能较为恰当地选择好贴现率呢？对此，经济学家们倾向于用已经论述的“预算资金的社会机会成本”作为确定贴现率的依据。

所谓预算资金的社会机会成本，是指同样一笔资金若不用于公共支出项目，而投入私人部门所能创造的社会效益。显而易见的是，如果一笔资金投入到私人部门能够创造出更高的社会效益，就不应当将这笔资金从私人部门转到公共部门，由政府支配使用。将贴现率确定在资金的社会机会成本的水平上，将有助于避免资源配置的扭曲。

预算资金的社会机会成本通常可以用资金市场上的利率来表示。但在使用时须注意两点：一是市场利率应是完全竞争资金市场上的利率，在不存在完全竞争市场的情况下，就必须利用“影子利率”（shadow interest rate）来衡量了。二是市场利率往往含有税收的因素，在使用时必须对其加以排除。如在所得税税率为10%的条件下，市场利率为20%，排除掉税收的因素，其实际的市场利率，也就是纳税人实际可以获得的资金收益率只有18%。很显然，资金的机会成本应以后者为准，而不能建立在前者的基础上。

7.4.4 成本—效益分析的作用与局限性

虽然成本—效益分析可以作为预算决策经济分析的一个重要手段，但经济学家们对成本—效益分析的评价并不很高。在他们看来，这种方法的适用范围是很有限的。因为以货币为尺度并不能对许多政府活动领域的效益进行适当地分析，如对国防、太空研究、对外援助、公安和司法裁决等方面的效益用货币这个尺度来表示，是很困难的；而教育、住宅建设和公路建设，虽然被认为可以提供巨大的货币效益，但迄今为止也没有可靠的测量方法。它们的效益扩散得很广泛，而且有一部分是属于非经济性质的。因此，成本—效益分析仅适用于有限的几种情况，如防洪、电力生产、邮政、某些运输和娱乐设施等，也就是说，它一般只适用于那些效益主要是经济性质的、有形的，而且可以用货币测量的公共支出项目。

然而，对于预算决策的经济分析来说，成本—效益分析的作用是十分重要的，在经济学家们看来，它至少可以纠正下面两种广泛存在而又肯定会带来不良后果的倾向：

1. 它有助于纠正那些只顾需要，不管成本的倾向。在某些情况下，有些公共支出的项目确实是需要的，但是考虑到其成本情况，却是不值得的，因此必须予以放弃。因为预算资金有限，要在一些项目或方案之间进行稳妥的选择，过分强调需要则无助于使公共支出的效益达到最优。

2. 它也有助于纠正那种只考虑成本，而不管效益如何的倾向。在某些情况下，即使有些公共支出项目的成本相当庞大，但是其效益更大，从经济的角度上分析，这种项目就是可行的，应该选定，不应该因为成本过大就予以放弃。

7.5 预算决策效益的其他分析方法

通过上一节的学习，我们了解到，成本—效益分析一般只适用于那些效益主要是经济性质的、有形的，且可以用货币测量的公共支出项目，但在实践中有许多支出项目是无法用货币直接量化的。对于这样的支出项目，可以选用最低费用选择法或公共定价法来评价、分析。①

7.5.1 最低费用选择法

对于不能运用成本—效益分析法的公共支出项目，可以运用最低费用选择法进行分析。此法与成本—效益分析法的主要区别，是不用货币单位来计量备选的公共支出项目的社会效益，只需要计算每项备选项目的有形成本，并以成本最低为择优的标准。

运用最低费用选择法来确定公共支出项目，其步骤同成本—效益分析法大致相同，由于免去了计算支出效益与无形成本的麻烦，此法的分析内容要简单得多。首先，根据政府确定的建设目标，提出多种备选方案。其次，以货币为统一尺度，分别计算出各备选方案的各种有形费用并予以加总。在计算费用的过程中，如果遇到需要多年安排支出的项目，也要用贴现法折算出“费用流”的现值，以保证备选方案的可比性。最后，还要按照费用的高低排出顺序，以供决策者选择。

最低费用选择法多被用在军事、政治、文化、卫生等公共支出项目上。

运用最低费用分析法来确定最佳方案，在技术上并不困难，困难之处在于备选方案的确定。因为，这里提出的备选方案应能无差别地实现同一个目标，要做到这一点，可能并不容易。

7.5.2 公共定价法

在市场经济中，所有经济行为主体都采取使自我利益（对企业而言是利润，对消费者而言是福利或效用）最大化的行动，价格成为行为信号，价格机制是实

① 参见陈共编著：《财政学》，53～56 页，北京，中国人民大学出版社，2009。

现资源最优配置的主要机制。由于政府也提供大量的满足社会公共需要的“市场性物品”，那么，这些物品或服务也涉及同其他商品和服务一样的问题，即价格的确定，这就是所谓的公共定价。

从定价政策来看，公共定价实际上包括两个方面：一是纯公共定价，即政府直接制定自然垄断行业（如能源、通信和交通等公用事业以及煤、石油、原子能、钢铁等基本品行业）的价格；二是管制定价或价格管制，即政府规定竞争性管制行业（如金融、农业、教育和保健等行业）的价格。政府通过公共定价方法，目的不仅在于提高整个社会资源的配置效率，而且，更重要的是使这些物品和服务得到最有效的使用，提高公共支出的效益。

无论是纯公共定价还是管制定价，都涉及两个方面，即定价水平和定价体系。定价水平是指政府提供每一单位“公共物品”的定价（收费）是多少。在管制行业里，定价水平依据正常成本加合理报酬得到的总成本计算。因此，研究定价水平实质上是研究如何确定总成本。定价体系是指把费用结构（固定费用和可变费用的比率）和需求结构（家庭用、企业用和产业用，以及少量需求和大量需求等不同种类的需求，高峰负荷和非高峰负荷等不同负荷的需求）考虑进来的各种定价组合。

我们现以自然垄断行业为例，说明公共定价方法的选择。我们知道，自然垄断行业的经营规模一般很大，而且以较低的成本提供全部市场的需要。这些部门随着产量的增加，平均成本（AC）也呈现递减的趋势，如图 7—2 所示。

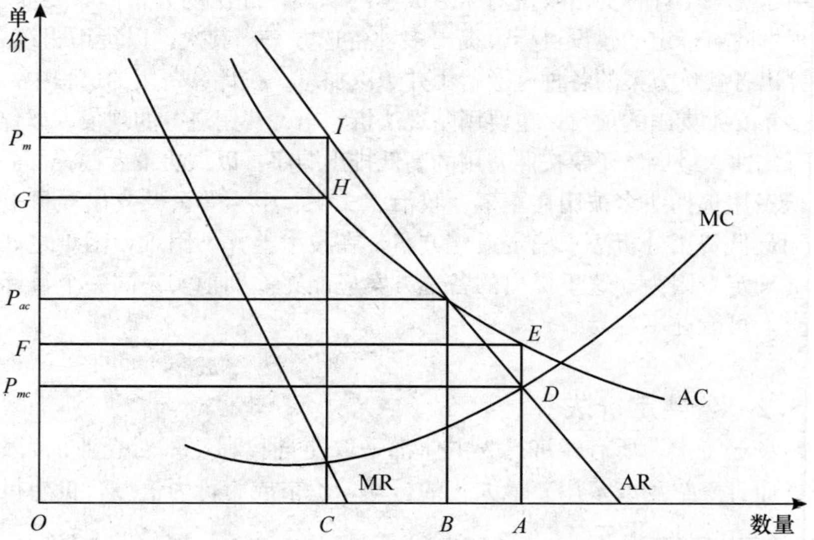

图 7—2　自然垄断下的公共定价法

如令价格 P_{mc}＝边际成本（MC），则产出为 OA，该部门将蒙受 $P_{mc}DEF$ 的亏损；如任由市场定价，则在利润最大化的情况下，边际收益（MR）＝边际成本（MC），此时的价格为 P_m，产量为 OC，而利润为 $GHIP_m$。另一种情况，如以平均成本（AC）定价，平均收益等于价格，此时，价格为 P_{ac}，产量为 OB，厂商的损益持平，无额外利润可以获得。比较这三种情况，可以知道：产量按边际成本定价时的 OA＞按平均成本定价时的 OB＞按利润最大化定价时的 OC。而价格的情况正好相反：按边际成本定价时的 P_{mc}＜按平均成本定价时的 P_{ac}＜按利润最大化定价时的 P_m。

很显然，若公共事业部门也按利润最大化的原则定价，此时价格为 P_m，而满足社会需要的产量只有 OC，它远比社会可能提供的公共事业部门的产量 OA 要低，这就意味着，资源并未得到充分利用，社会对公共事业部门产出的需要未能得到充分的满足。若按边际成本定价，价格为 P_{mc}，而满足社会需要的产量最大，此时，企业处于亏损状态，但却提供了较多社会需要的基础性产品或服务。亏损的弥补，部分可以通过财政渠道以补贴形式来进行，部分则可以通过自身的收费来弥补。

由此可见，政府若要既充分提供公共物品，又要提高有关公共支出的效益，就必须适当选择定价方法。根据上述分析，公共定价方法包括平均成本定价法、二部定价法和负荷定价法。

平均成本定价法是指政府在保持企业收支平衡的情况下，采取尽可能使经济福利最大化的定价方式。从理论角度来看，边际成本定价是最理想的定价方式，但它会使企业出现大量亏损，长此以往，它们很难提供满足社会公共需要的足够的物品，因为财政补贴也是有限度的。因此，在成本递减行业，为了使企业保持收支平衡，公共定价或价格管制要高于边际成本定价。

二部定价方法是由两种要素构成的定价体系：一是与使用量无关的、按月或按年支付的“基本费”；二是按使用量支付的“从量费”。因此，二部定价法是定额定价和从量定价二者合一的定价体系，也是反映成本结构的定价体系。由于二部定价法中的“基本费”是不管使用量的多少而收取的固定费，所以有助于企业财务的稳定。由于二部定价法具有“以收支平衡为条件实现经济福利最大化”的性质，所以现在几乎所有受管制的行业（特别是电力、城市煤气、自来水、电话等自然垄断行业）都普遍采用这种定价方法。

负荷定价法是指针对不同时间段或时期的需要制定不同的价格。在电力、煤气、自来水、电话等行业，按需求的季节、月份、时区的高峰和非高峰的不同，有系统地制定不同的价格，以平衡需求状况。在需求处于最高峰时，收费最高；

在需求处于最低峰时，收费最低。

本章小结

1. 公共部门的收支决策是通过预算的编制过程来完成的。把经济分析方法运用于预算决策，可以考察、评估公共财政的效率。为此，可以采用机会成本分析和成本—效益分析法。

2. 预算指的是政府在每一个财政年度的公共收支计划。其功能在于反映政府的活动范围和公共收支状况，并对公共支出加以控制。预算的决策程序大体由四个阶段组成，这就是预算的编制和提出、预算的审议和批准、预算的执行以及预算执行的监督。

3. 对预算决策所作的机会成本分析，是从宏观的角度，就整体的预算决策对社会资源配置的影响进行的分析。它以预算资金的社会机会成本作为评价预算决策效率的依据。其含义在于，只有当一笔特定的资金交由公共部门使用能够创造出比交由私人部门使用更大的效益时，有关这笔资金的预算决策才是具有效率的。

4. 对预算决策所作的成本—效益分析，是从微观的角度，就某一项目或方案的预算决策对社会资源配置的影响进行的分析。它通常按照下列步骤进行：计算出各个项目或方案的效益和成本；计算各个项目或方案的效益和成本的比率；确定各个项目或方案的优劣次序；进行各个项目或方案的选择和决策。在这一分析过程中，应当将时间因素考虑在内，将发生在若干年份的与所分析项目或方案有关的“成本流”和“效益流”折算成现值。在此基础上，才能对公共支出项目的成本和效益相加或相减，进行比较和分析。

5. 公共支出项目千差万别，衡量公共支出的效益需要多种方法。有一些支出项目，如电站投资之类，其效益是经济的、有形的，可以用货币计量，对于此类公共支出的效益，可以采用成本—效益法进行分析；但另有一些支出项目，如军事、政治项目之类，成本是易于计算的，但效益却不易衡量，而且，通过此类支出所提供的商品或服务，不可能以任何形式进入市场交换，分析此类公共支出的效益，一般采用最低费用选择法；还有一些支出项目，如公路、邮电之类，成本易于衡量，效益难以计算，但通过这些支出所提供的商品或服务，可以部分或全部进入市场交易，对于此类项目，可以通过设计某种公共定价法（或称为公共服务收费法）来衡量和提高效益。

关键术语

预算	预算年度	单式预算	复式预算
增量预算	零基预算	预算原则	预算决策程序
预算决策效益	机会成本分析	成本—效益分析	贴现
贴现率	成本流	效益流	最低费用选择法
公共定价	平均成本定价法	二部定价法	负荷定价法

复习思考题

1. 预算的原则包括哪些？
2. 预算的决策程序是怎样的？
3. 机会成本分析的含义是什么？举例说明如何应用。
4. 什么是成本—效益分析？具体分析步骤是怎样的？它有哪些作用和局限性？

本章阅读书目

中文书目

1. 雷爱先. 公共支出论. 北京：中国财政经济出版社，2000
2. 陈纪瑜. 国家预算理论与管理. 成都：西南财经大学出版社，1998
3. 李燕，马海涛，王奕，李保春. 国家预算管理学. 北京：经济科学出版社，1998
4. 桑贾伊·普拉丹. 公共支出分析的基本方法. 北京：中国财政经济出版社，2000

第 3 篇

公共收入理论

第 8 章

公共收入概论

公共收入（public revenue），也可以称为财政收入或政府收入，是指政府为履行其职能而筹集的一切资金的总和。

对于公共收入，首先应理解为一个过程，一个政府将私人部门的部分资源转移到公共部门的过程，这一过程是公共部门分配活动的一个阶段或一个环节，在其中形成特定的分配关系。同时，在商品货币经济条件下，公共收入也是以货币来度量的，从这个意义上来理解，公共收入又是一定量的货币收入，即国家占有的以货币表现的一定量的社会产品的价值，主要是剩余价值。

本章将着力讨论下述几个问题：第一，公共支出的费用应如何在社会成员之间分配？第二，政府取得公共收入的主要形式都有哪些？第三，如何评价公共收入的各种形式？其经济效应怎样？

重点问题

- 公共收入的受益原则和支付能力原则
- 税收的概念、特点、构成要素及作用
- 公债的概念、特点及功能

● 公共收入的其他形式——政府引致的通货膨胀、捐赠、使用费、规费

8.1 公共收入的原则

在经济学家的眼中，如何把政府所提供的公共物品的成本费用分配给其社会成员是公共收入的基本问题。对此，他们提出了许多原则。由于这些原则在讨论公共收入的具体形式时还要分别提到，所以，这里只简要地介绍两条原则，即受益原则和支付能力原则。

8.1.1 受益原则

所谓受益原则（benefit principle），指的是政府所提供的公共物品的成本费用的分配，要与社会成员从政府所提供的公共物品中所获得的效益相联系。从这个原则的角度看，规费和使用费是最理想的公共收入形式。规费和使用费具有类似价格的功能，它可以将物品或服务的成本费用分配给其消费者。

受益原则的主要优点在于，如果它能够得以成功地贯彻，那么，政府所提供物品或服务的每单位成本可以同这些物品或服务的边际效益挂钩。而如果所有的社会成员都依据其从政府所提供的物品或服务中获得的边际效益的大小作出相应的缴纳，那么，林达尔均衡就会形成，同时，不存在免费搭车者的问题。

然而，问题在于，政府所提供的大多数物品或服务都属于联合消费或共同受益的性质。客观上很难说清每一社会成员的受益多少。唯一的办法是让每一个社会成员自己呈报其所获得的效益为多少。但是，按照前已述及的道理，如果人们知道自己所承担的公共支出的成本份额取决于其所呈报的边际效益，他们肯定从低呈报或根本不呈报其所获得的真实效益。只有在一个社会是由很少的成员组成，人们对彼此的偏好非常了解的情况下，才不至于出现从低呈报或隐瞒不报的现象。

8.1.2 支付能力原则

所谓支付能力原则（ability-to-pay principle），指的是政府所提供的物品或服务的成本费用的分配，要与社会成员的支付能力相联系。例如，挣取收入能力较强的人，应当比挣取收入能力较弱的人负担更多的税收。按照这个原则，政府所提供物品或服务的成本费用的分配，与社会成员所获得的边际效益的大小无关，而只应依据社会成员的支付能力进行。

支付能力原则的主要优点在于，如果它能够得以成功地贯彻，政府所提供物

品或服务的成本费用的分配，可以使社会成员的境况达到一种相对公平的状态。这样，政府的许多税收就可以改变国民收入的分配状况，使其向收入分配公平的目标转变。

但是，支付能力原则也不是没有问题。按照社会成员的支付能力确定其所承担的公共支出成本的份额是一回事，怎样测度其支付能力是另一回事。经济学家们在如何测度社会成员的支付能力上存在着许多争议，有的主张以社会成员的收入、财产和消费支出的多少来测度其支付能力；有的则主张以社会成员因承担公共支出成本而在主观上感受的牺牲程度大小来测度其支付能力。对于这些问题，我们将在第 9 章给出较详细的分析。

8.2 税收：公共收入的主要形式

公共收入的分类，基本上是以公共收入的形式为标准的。按照这一标准，可以把公共收入区分为税收、公债和其他收入三大类，其中，税收是公共收入的主要形式。本节和下面两节将依次介绍税收、公债及其他公共收入形式。

8.2.1 税收的概念和特点

经济学家们对税收概念的表述历来是众说纷纭，以下是其中一些具有代表性的说法。

英国经济学家道尔顿认为，税收乃公共团体所课的强制捐献，不论是否对纳税人予以报偿，都无关紧要，但也不是因违法所征收的罚金。

美国经济学家塞里格曼认为，税收是政府对人民的一种强制征收，以供支付为获取公共利益所需要的费用，但此项征收究竟能否给予被强制者以特殊利益，则并无关系。

日本经济学家小川乡太郎认为，税收是国家为支付一般经费需要，依据其财政权力而向一般人民强制征收的财物或货币。

英国的《新大英百科全书》给税收下了如下定义：“在现代经济中，税收是国家公共收入最重要的来源。税收是强制的和固定的征收，它通常被认为是对政府公共收入的捐献，用以满足政府开支的需要，而并不表明是为了某一特定的目的。税收是无偿的，它不是通过交换来取得。这一点与政府的其他收入大不相同，如出售公共财产或发行公债等等。税收总是为了全体纳税人的福利而征收，每一纳税人在不受任何利益支配的情况下承担了纳税义务。”

美国的《现代经济学词典》给税收下的定义是："税收的作用在于为了应付政府开支的需要而筹集稳定的财政资金。税收具有强制性，它可以直接向居民或公司征收。"

综观经济学界关于税收概念的表述，可以明确税收的如下特点：

1. 税收是由政府征收的。这就是说，税收的主体是政府，而不是其他别的什么机构或组织。征税权力只属于政府，包括中央政府和地方政府。除此之外，其他任何组织或机构均无征税权。

2. 政府征税凭借的是其政治权力。税收的征收，实质上是政府参与社会资源的分配，而社会资源的分配总是要依据一定的权力来进行的。依据资本的所有权，可以取得利润、利息的收入；依据土地的所有权，可以取得地租的收入；依据劳动力的所有权，可以取得工资的收入。而作为公共管理机构的政府，显然只能依据政治权力来取得社会资源，即凭借政府的政治权力把私人部门占有的社会资源的一部分转移到公共部门。

3. 税收是强制征收的。在私有制条件下，征税是政府对私有财产的侵犯。在政府政治权力和私有财产权的对立之中，不实行强制，政府就不可能在国民收入已分解为工资、利润、利息、地租的情况下实行再分配，就不可能占有私人部门的一部分资源。这种强制征收的具体表现，就是政府以法律形式颁布税收制度和法令。不论纳税人是否愿意，都必须照章依法纳税，否则就要受到法律制裁。

4. 税收是无偿征收的。政府征税之后，税款即为公共部门所有。政府既不需要任何偿还，也不需要向纳税人付出任何代价。纳税人所缴纳的税款与其所可能享受的公共物品的效益之间也无任何必然联系。税收的征收完全是无偿的，不存在任何等价交换或等价报偿的关系。

5. 税收的征收有固定限度。既然政府征税是对私有财产的一种侵犯，这种侵犯就必须有一定限度。课征的数额也必须以法律形式预先确定下来。比如，对一亩地课征多少斤粮食，每个人缴纳多少钱，某一种收入要缴纳其中几分之几，等等。

6. 税收是为了满足政府经费开支的需要而征收的。政府为了维持它的存在和实现它的职能，需要耗费一定的人、财、物力，而所有这些经费开支的来源主要是税收。"捐税体现着表现在经济上的国家存在。官吏和僧侣、士兵和舞蹈女演员、教师和警察、希腊式的博物馆和哥德式的尖塔、王室费用和官阶表这一切童话般的存在物于胚胎时期就已安睡在一个共同的种子——**捐税**之中了。"①

① 《马克思恩格斯全集》，中文1版，第4卷，342页，北京，人民出版社，1958。

由此可以归纳出税收这一经济范畴比较全面而确切的简短定义：税收是政府为实现其职能的需要，凭借其政治权力，并按照特定的标准，强制、无偿地取得公共收入的一种形式。

8.2.2 税收的基本要素

不管什么样的税收，总离不开三方面的内容，即向谁课税，对什么课税和课征多少税。相应地，课税主体、课税客体和税率也就成为税收的三个基本要素。

1. 课税主体。课税主体是课税客体的对称，也称纳税人或纳税义务人，也就是税法上规定的直接负有纳税义务的人。

无论什么税，总是要由有关的课税主体来承担。因此，每一种税都有关于课税主体的规定。课税主体是税制构成的一项最基本要素。

税法上规定直接负有纳税义务的，可以是自然人，也可以是法人。自然人就是指个人；法人则是相对于或区别于自然人来说的，它是指依法成立并能独立地行使法定权利和承担法律义务的社会组织，如社团、公司、厂商等等。法定的课税主体有缴纳税款的义务，直接同国家的财政机关、税务机关发生关系。在不能依法履行纳税义务时，要受到法律的制裁。

课税主体或纳税人并不一定就是税负的承担者，即负税人。纳税人和负税人不一致的情况是经常发生的，比如，消费税是由消费品的生产者或经营者缴纳的，但纳税人可以把税款加在消费品价格上转嫁给消费者，因此，生产者或经营者只是纳税人，真正的负税人则是消费者。在某些情况下，纳税人和负税人又是一致的，比如，对一般劳动者课征的个人所得税以及对一部分厂商课征的法人所得税，由于不存在税负转嫁的可能，纳税人就是负税人。

2. 课税客体。课税客体又可以称为“课税对象”，即课税的目的物，也就是对什么课税。

政府进行课税，仅仅规定课税主体是不够的，还必须进一步规定对什么东西课税。例如，仅仅规定厂商有纳税的义务，但不明确对它们课征什么税或对它们的什么东西课税，就无法将该征收的税收上来。而规定对什么东西课税，就是在规定课税对象。

课税对象是税收制度中的核心要素。这首先是因为它体现着不同税种课税的基本界限。凡是列入课税对象的，就属于该税种的课征范围；凡是未列入课税对象的，就不属于该税种的课征范围。其次，它是区别不同税种的主要标志，通常要以课税对象为标志来划分税种并规定税名。对个人所得的课税，就叫做个人所得税；对财产的课税，就叫做财产税，等等。

课税客体或课税对象不一定就是税收的源泉，即税源。税收作为国民收入再分配的一种形式，其税源只能是在国民收入初次分配中已经形成的各项收入，主要是工资、利息、利润、地租等等。这些税源可以是直接的课税对象，也可以不是直接的课税对象。例如，对财产的课税，课税对象是特定的财产，而税源只能是各种收入；对农民的课税，税源是农民的收益，而课税对象却可以规定为农民所占用的土地量或利用土地所生产的农作物产量；又如，对厂商的课税，税源是厂商创造的利润额，但课税对象却可以是厂商的包括产品成本在内的商品销售收入，也可以是厂商的利润额，如此等等。因此，只是在少数的情况下，课税对象同税源才是一致的。而对于大多数税种来说，二者并非一致。课税对象解决的是课税的直接依据问题，税源则是税收收入的最终来源。

3. 税率。税率是所课征的税额与课税对象之间的数量关系或比例，也就是课税的尺度。

税率是税收制度的一个核心要素。在课税对象既定的前提下，税收的负担程度和政府课税的程度就主要体现在税率上。一般说来，税率越高，税收负担越重，政府的税收越多；反之，税率越低，税收负担越轻，政府的税收越少。

税率通常用百分比的形式表示。它又可以具体分为比例税率、累进税率和累退税率三种形式。为了清楚地说明三种税率形式的区别，先引入两个概念，即平均税率和边际税率。

所谓平均税率，指的是全部应征税额占课税对象数额的比例，可以月公式表示为：

$$平均税率=\frac{全部应征税额}{课税对象数额}\times 100\% \tag{8.1}$$

所谓边际税率，指的是课税对象数额的增量中税额增量所占的比例，可以用公式表示为：

$$边际税率=\frac{\Delta\,全部应征税额}{\Delta\,课税对象数额}\times 100\% \tag{8.2}$$

运用上述两个概念，比例税率、累进税率和累退税率就很容易解释了。

(1) 比例税率。比例税率，就是对课税对象规定的课税比率不随课税对象数额的变化而变化，而保持在一个不变的水平上。例如，对商品的课税，按商品销售额课征20%的税款。两个销售额分别为10 000美元和100 000美元的厂商，都按20%的税率计征税款。对10 000美元的销售额按20%的税率计征的税款为2 000美元，而对100 000美元的销售额按20%的税率计征的税款为20 000美元。

可见，在比例税率下，平均税率（不是税款的绝对额）与边际税率相等，但其高低同课税对象的数额无关（见图 8—1）。

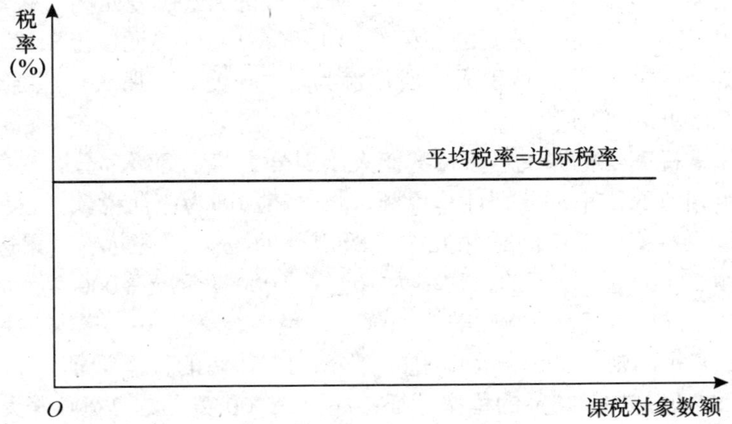

图 8—1　比例税率结构

（2）累进税率。累进税率，就是按照课税对象数额的大小，规定不同等级的税率，课税对象数额越大，税率越高。所以，在累进税率下，每一级税率也就是相应级距的课税对象数额的边际税率。同时，由于边际税率随课税对象数额的增加而上升，致使平均税率也呈现出同样的变化趋势，随着课税对象数额的增加而上升（见图 8—2）。

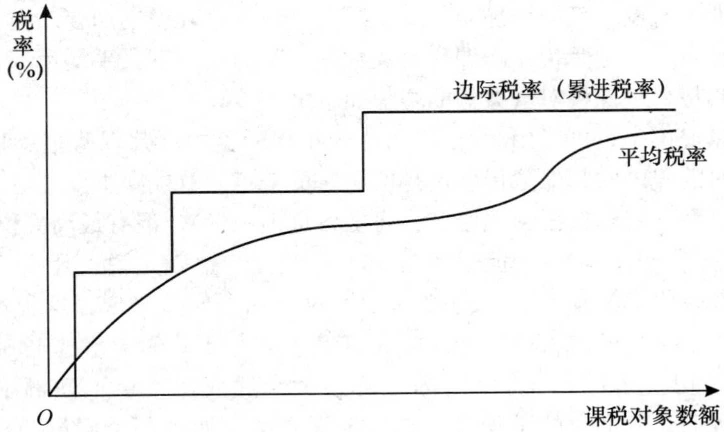

图 8—2　累进税率结构

累进税率又可以进一步分为全额累进税率和超额累进税率。全额累进税率是随课税对象数额的增加，税率逐步提高，全部应税数额都适用相应的最高等级的税率课征。假定全额累进税率规定为：所得未满 1 200 美元的，税率为 10%；1 200 美元以上未满 1 800 美元的，税率为 15%；1 800 美元以上未满 2 500 美元的，税率为 20%……若某纳税人的所得额为 2 400 美元，那么，这 2 400 美元要全部按照 20%的税率计税。

超额累进税率是把课税对象按数额大小划分为若干等级部分，对每个等级部分分别规定相应的税率，分别计算税额，将之相加即为应征税款。也就是说，一定数量的课税对象可以同时适用几个等级部分的税率。假定超额累进税率规定为：所得额 2 000 美元以下的，税率为 10%；2 000 美元至 3 000 美元的部分，税率为 15%；3 000 美元至 5 000 美元的部分，税率为 20%……若某纳税人的所得额为 4 000 美元，则 2 000 美元以下的部分，按 10%的税率计征，2 000 美元至 3 000 美元的部分，按 15%的税率计征；超过 3 000 美元的 1 000 美元，按 20%的税率计征。

两种累进税率相比，全额累进税率计算简便，但累进比较急剧，特别是在两个级距的临界部分可能出现税负增加超过课税对象数额增加的不合理现象。超额累进税率计算比较复杂，但累进程度缓和，更能体现税收公平原则。世界各国所适用的累进税率，主要是超额累进税率。

（3）累退税率。与累进税率相反，累退税率就是按照课税对象数额的大小，规定不同等级的税率，课税对象数额越大，税率越低。所以，在累退税率下，边际税率随课税对象数额的增加而下降。同时，由于边际税率的变动在先，平均税率的变动在后，在边际税率随课税对象数额下降的带动下，平均税率也呈现出同样的变化趋势，随课税对象数额的增加而下降。

对于累退税率，可以用 20 世纪八九十年代的美国联邦保险捐助税的例子来说明。当时的美国联邦保险捐助税是按照雇员全年领取或雇主全年对每个雇员支付的工资、薪金总额计征的（雇员、雇主各负担一半），但有最高应税限额规定。1989 年，税率为 15.02%，但限额为 48 000 美元，也就是说，凡高于 48 000 美元的工薪额，税率为 0，如图 8—3 所示。对每一个雇员来说，这种税每年的最高计征额为 48 000×15.02%＝7 209.60 美元。当年工薪额未超过 48 000 美元时，其面对的平均税率即是 15.02%的边际税率。然而，当年工薪额增加到超过 48 000 美元时，其面对的平均税率却持续下降了。如当一个雇员的年工薪额达到 60 000 美元时，其面对的平均税率即为 7 209.60÷60 000＝12%。这显然低于年工薪额为 48 000 美元时的 15.02%的平均税率。

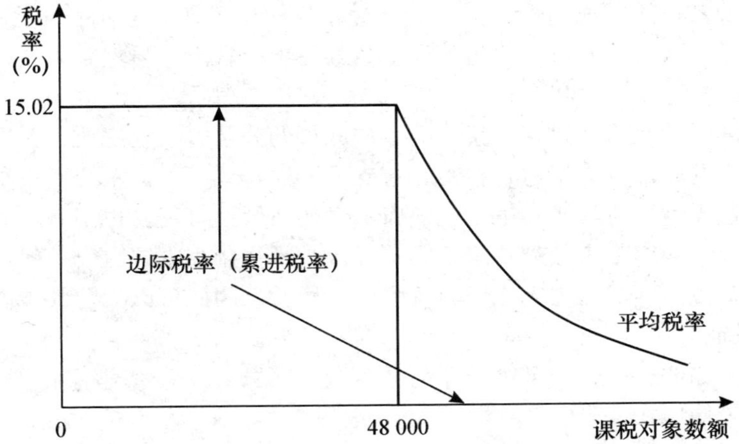

图 8—3　累退税率结构

顺便指出，在现实生活中，税率有时还可以用绝对量的形式表示，即按照课税对象的一定数量，直接规定一定的税额。比如，一辆汽车缴纳多少钱的牌照税，一个商店缴纳多少钱的营业执照税，进口一立升酒缴纳多少钱的进口税，等等。这种固定税额，即为税率，称作定额税率。

8.2.3　税收是政府取得公共收入的最佳形式

在经济学家看来，政府可以通过多种形式取得履行其职能所需要的公共收入，但税收是最有效或最佳的形式。

政府可以通过直接增发货币来取得公共收入。政府拥有货币发行权，它完全可以视财政需要而印发相应数量的货币。但是，凭空增发货币的结果会造成无度的通货膨胀，极不利于经济的稳定发展。在物价因此而飞涨的情况下，还可能诱发社会动乱。所以，除非在万不得已的情况下是不能靠印发货币来取得公共收入的。

政府也可以通过举借公债来取得公共收入。政府可以以债务人的身份，依据有借有还的信用原则，向国内外发行政府债券来取得相应的公共收入。但是，举债取得的收入终究是要偿还的。而且，除偿还本金之外，还要加付利息。所以，以举债形式取得公共收入是以支付一定的代价为条件的。

政府还可以通过收费的形式来取得公共收入。它可以像一个商业性厂商那样，对公共场所或公共设施的使用者或享用者按照特定标准收取相应的费用，以所收费用来满足政府用款的需要。但是，政府收费总要依据“受益原则”，向公共场所或公共设施的使用者或享用者取得，未使用者或不使用者是无须交费的。这就决定了政府以收费形式取得的资金数额不可能较大，显然是无法抵付公共支出需要的。

相比之下，政府通过课征税收的办法取得的公共收入，实质是人民将自己所实现的收入的一部分无偿地转移给政府支配。这样，第一，不会凭空扩大社会购买力，引起无度通货膨胀；第二，政府不负任何偿还责任，也不必为此付出任何代价，不会给政府带来额外负担；第三，税收是强制征收，政府一般可以制定法律向其管辖范围内的任何人或任何行为课征税款，因此可以为公共支出提供充足的资金来源。

正因为如此，在各种可供选择的公共收入形式中，经济学家特别推崇税收，视税收为最佳形式。

实际情况也是如此。自19世纪末至今，在主要的经济发达国家中，如英国、美国、法国，其税收收入一直占到公共收入的90%以上。只有在战争或经济衰退严重时期，由于政府往往要依靠大量借债解决公共支出的一部分需要，税收的比重才可能因此而暂时有所降低。马克思曾明确指出：赋税是政府机器的经济基础，而不是其他任何东西。美国著名经济学家保罗·萨缪尔森在其《经济学》一书中也作过这样的表述："国家（即政府）需要钱来偿付它的账单，它偿付支出的钱的主要来源是赋税。"由此可见，税收是国家公共收入的主要支柱。

8.3 公债：有偿性的公共收入形式

8.3.1 公债的概念和特点

公债的概念在上一节中已经有所涉及，一个国家的政府在组织公共收入时，一方面可以凭借政治权力，采取无偿的形式来进行，如课征税收；另一方面还可以依据信用原则，采取有偿的形式来进行，如发行公债。这就是说，公债是政府取得公共收入的一种有偿形式。

公债在将私人部门占有的一部分资源转移到公共部门，从而为政府取得公共收入这一点上，同税收的功能是无差别的。但它毕竟又不同于税收，有其自身的特征：

1. 公债的发行或认购是建立在资金持有者自愿承受的基础上的。对于公债，买与不买或认购多少，完全由资金持有者视本身情况自主决定。政府发行公债所依托的是其信用，而不是政治权力。在这里，政府处于债务人的地位，而债务人是不能向债权人（认购者）实行“强制”的。

2. 公债的发行是有偿的。通过发行公债取得的公共收入，政府必须按期偿还，除此之外，还要按事先约定的条件，向认购者支付一定数额的对暂时让渡资金使用权的报酬，即利息。

3. 公债的发行较为灵活。公债发行与否以及发行多少，完全由政府根据公共收支的状况，灵活地加以确定，而不是像课税那样，通过法律形式预先规定。也就是说，公债的发行，既不具有发行时间上的连续性，也不具有发行数额上的相对固定性，而是何时需要，何时发行；需要多少，发行多少。

将上述各点加以归纳，可以得出公债这一经济范畴的简短定义：

公债是政府举借的债，是政府为履行其职能的需要，依据信用原则，有偿、灵活地取得公共收入的一种形式。

8.3.2 公债的基本功能

公债作为一种公共收入形式出现，在历史时序上要比税收晚得多。它是在政府职能不断扩大，支出日益增加，仅靠税收已不能满足公共支出需要的情况下产生的。也就是说，公债本身就是与财政赤字相联系的公共收入形式，是作为弥补公共收支差额的来源而产生的。弥补财政赤字是公债最基本的功能。

财政赤字一般是指公共收入小于公共支出，即收不抵支的差额。问题在于，弥补财政赤字的方式可以有多种，如增加税收、增发通货，并非只有发行公债一种方式。为什么说公债最基本的功能是弥补财政赤字呢？这需要将发行公债同增加税收、增发通货等作一比较，来说明这个问题。

增加税收可以使政府公共收入增加到与公共支出相当的水平，因而是弥补财政赤字的一种方式。但税收的增加在客观上受经济发展状况的制约，如果因强行提高税率或增设税种而影响了经济的正常发展，使财源枯竭，结果将是得不偿失。同时，改变税制也要受立法程序的制约，不仅不能保证短期内迅速地筹集到所需的资金，而且会在政治上和经济上遭到纳税人的强烈反抗。

通过中央银行增发通货，也是增加公共收入，从而弥补财政赤字的一种形式。但通货虚增的结果是社会中流通的货币量的凭空扩大，很可能出现无度的通货膨胀。况且，在许多国家的现行金融制度下，也是难以办到的。如美国的货币发行由联邦储备银行掌握，财政部出现赤字时，自己不能直接增发通货来弥补，也不能要求联邦储备银行为弥补财政赤字而增发通货。

相比之下，以发行公债的方式弥补财政赤字，只是社会资金使用权的暂时转移，既不会招致纳税人的不满，又不会无端增加流通中的货币总量，造成无度的通货膨胀，还可以迅速地取得所需资金。此外，公债的发行或认购通常建立在资金持有者自愿承受的基础上，通过发行公债筹集的社会资金，基本上是资金持有者暂时闲置不用的资金。将这部分资金暂时集中，归政府使用，在正常情况下不会对经济发展造成不利的影响。

8.3.3 公债与政府的资本性支出

当然，将弥补财政赤字视为公债的基本功能，并不意味着公债不能有其他方面的用途。事实上，政府的资本性支出，有许多就是以发行公债作为财源的。如日本发行的公债明确分为两种，即建设公债和赤字公债。建设公债用于公共设施的建设，形成有益于当前和长远的社会资本；赤字公债用于弥补经常性公共支出的不足，只在支出年度受益；美国州和地方政府发行的公债，其收入一般只能用于铁路、公路、公用事业等基本建设（被称之为所谓的“资本工程”）。

在经济学家看来，用发行公债的方式为资本性支出开辟财源，是有其经济合理性的，这主要是基于公平和受益原则的考虑。

例如，公共设施（如学校）一旦建成后，便会在长时期内发挥效益。如果以税收的形式为学校的建设筹集资金，则因建设费用庞大，使税率急剧提高。这样，不仅纳税人不会容忍，而且让这个特定年份（指学校建设期间）的纳税人承受学校建设的全部负担，而让以后的若干年代的人无偿享用学校所提供的效益，也有违公平和受益的原则。特别是如果这一时期又发生了居民迁移的情况，不公平的问题会更加突出。如果用发行公债的形式为学校建设筹集资金，该年（学校建设期间）的税收既不会急剧增加，而且，随着学校的使用，受益人也可以通过纳税来偿还为学校建设而积欠的债务。于是，学校的建设费用便可以在学校使用期间的几代受益人中分摊。

8.4 公共收入的其他形式

除了税收和公债之外，政府也可以通过其他形式取得公共收入。这三要包括政府引致的通货膨胀、捐赠、使用费、规费等。

8.4.1 政府引致的通货膨胀

政府引致的通货膨胀（government-induced inflation）指的是这样一种情况，

为了弥补政府提供的物品或服务的费用而扩大货币供给，从而造成物价的普遍上涨。

为了弥补公共支出，政府可以开动印刷机印制钞票，或者采用扩大货币供给的手段。不管怎样，由此而带来的货币供给增加的结果，都是物价水平的普遍上涨。或者换句话说，就是发生通货膨胀。因货币供给增加而导致的物品或服务的市场价格上涨，其结果是人们手中持有的货币购买力下降，政府部门所能支配的资源即公共收入增加。因此可以这样说，政府引致的通货膨胀，实质上是一种社会资源的再分配。其净效应也是将私人部门占有的一部分资源转移到公共部门，只不过它采取的是一种隐蔽的形式。就这个意义讲，它和税收无异。也正因为如此，政府引致的通货膨胀被人们喻为“通货膨胀税”。

进一步加以分析，为弥补公共支出而增加的货币供给会导致通货膨胀，这一点已经明确。但如前所述，在许多国家的现行制度下，货币的发行权属于中央银行。财政部门发生赤字是不能直接增发货币来弥补的。因此，政府引致的通货膨胀往往是在中央银行的配合下发生的。一个为人们所熟知的道理是，中央银行增加基础货币，等同于印制钞票。财政部门的支出，如采取向中央银行透支或借款的办法加以弥补，其结果无异于基础货币的增加。这就是说，在现代经济社会条件下，政府引致的通货膨胀一般是通过向中央银行透支或借款的途径而发生的。

如图 8—4 所示，政府以通货膨胀作为取得公共收入的方式，这可以被视做是企图将经济向生产可能性曲线[1]（production-possibility curve）TT'之外的点移动。例如，在战争时期，以增加货币方式来扩大订购军需物品，实际上是企图在不减少民用物品（如黄油）的产量的同时，增加军需物品（如大炮）的产量。换句话说，政府以通货膨胀作为取得公共收入的形式，就是企图从图 8—4 中的 A 点移向 I 点。但由此而造成的通货膨胀，却促使经济向 C 点移动；大炮产量的增加（$G_1 \rightarrow G_2$）导致了黄油产量的下降（$B_1 \rightarrow B_2$）。之所以如此，是因为通货膨胀所引起的物价水平的上升，使消费者不得不减少民用物品的消费量。与此同时，通货膨胀也造成了人们所持有的金融资产（如储蓄）实际价值的下降，其结果是其民用品消费量的进一步减少。

---

① 生产可能性曲线表明在既定的资源条件下所能达到的两种产品最大产量的组合。线上的各点都是能够实现的最大产量的组合；线内的各点虽能够实现，但并不是最大产量的组合；线外的各点则是在现有资源条件下所实现不了的。

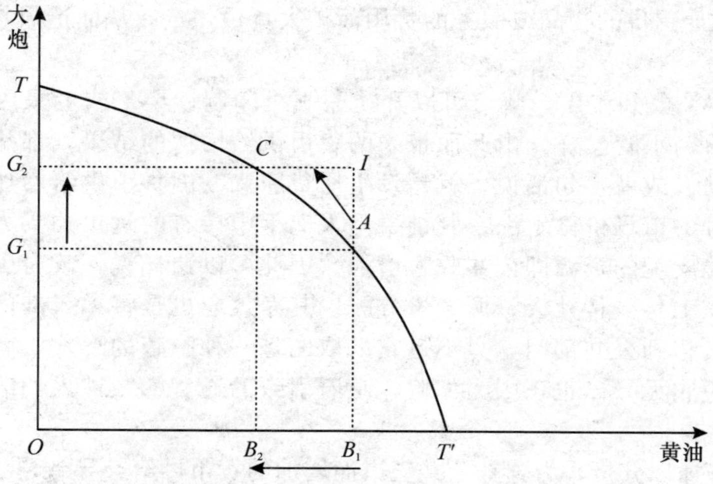

图 8—4　政府引致的通货膨胀

8.4.2　捐赠

政府有时也能得到来自个人或组织的捐赠（donations）。这往往发生在政府为某些特定的支出项目融资的情况下。比如，政府为了建立专门用于向遭受自然灾害地区的灾民或其他生活陷于困难之中的人提供救济的特别基金，会要求或号召人们对这样的基金提供捐赠。在战争期间，许多国家的人们都曾接到过政府要求捐助物资或人力的请求。即使在和平时期，政府也常常鼓励厂商和个人帮助提供那些本应属于政府职能范围内的公共物品，诸如公路、下水道和公园。

不过，在经济学家看来，尽管来自个人或组织的捐赠可以构成公共收入的来源，但只有在那些由具有相同偏好或目标的人们所组成的规模较小的社会中，人们的自愿捐赠才有可能作为主要的筹资手段，而发挥值得称道的作用。在现代经济社会条件下，自愿捐赠只能作为政府公共收入来源的一个很小部分，其作用常常是微不足道的。

8.4.3　使用费

对政府所提供的特定公共设施的使用者按照一定的标准① 收取使用费（user charges），也是公共收入的一个来源。这通常发生在公路、桥梁和娱乐设施等的

① 当然，这种标准不是由供求双方的力量对比所决定的，而是通过政治程序制定的。

使用上。按照受益原则，享受政府所提供的特定的公共物品的效益，应当相应地为此支付一部分费用，即所谓谁受益谁出钱。对政府所提供的诸如公路、桥梁和娱乐设施等收取使用费是和受益原则的要求相一致的。不过，这种使用费通常实行的是专款专用原则，也就是说，来自于公路、桥梁和娱乐设施等的使用者缴纳的费用，要专门用于公路、桥梁和娱乐设施等的建设和维修。

政府收取的使用费，通常低于其提供该种物品或服务的平均成本。易于看出，平均成本和使用费之间的差额，便是对使用者的补贴，而这一补贴是以税收为资金来源的。也就是说，政府对其所提供的物品或服务收取的使用费，往往只相当于其为提供该种物品或服务所花费的成本费用的一部分。诸如对公共住宅、公共交通、教育设施、公共娱乐设施、供水、下水道、公共保健等收取的使用费，都属于这种类型。

收取使用费的作用，除了可以为政府筹集一部分公共收入之外，更重要的还在于以下两个方面：一是有利于促进政府所提供的公共设施的使用效率；二是有助于避免经常发生在政府所提供的公共设施上的所谓“拥挤”（congestion）问题（见图 8—5）。

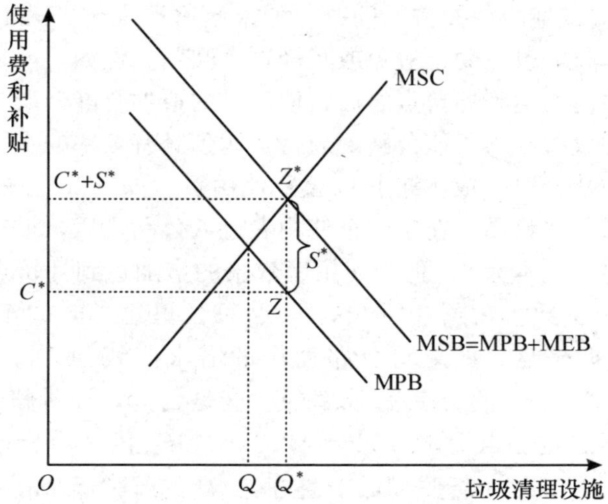

图 8—5　使用费与效率

1. 提高公共设施的使用效率。在多数情况下，政府收费的物品或服务是会产生一定的外部效益的项目。例如，学校、疫苗接种、文化设施等，这些是人们所公认的会产生外部效益的物品或服务。

对政府所提供的带有外部效益的物品或服务收取使用费的决策，类似于前面所说的矫正性的财政补贴决策。图 8—5 给出了某城市垃圾清理设施的社会边际成本和社会边际效益。社会边际效益由两部分构成，垃圾清理服务所带来的私人边际效益 MPB 及其所带来的外部边际效益 MEB。这种外部效益可以是传染疾病风险的降低，或者是城市环境的清洁，这是该城市的所有公民所能得到的公共效益。垃圾清理设施的最佳数量为 Q^*，Q^* 与 MSC 和 MSB 的相交点 Z^* 恰好对应。从图上可以看出，这一最佳数量可以通过对每一清理设施收取数额相当于 C^* 的使用费的办法来实现。在这个使用费水平上，公民对垃圾清理设施的需求量为 Q^*。它与图中的 Z 点相对应。然而，C^* 低于这一垃圾清理设施数量水平上的社会边际成本，两者之间的差额便是财政补贴 S^*（相当于外部边际效益）。所以，结果是，全体纳税人为每一垃圾清理设施支付费用 S^*，同时其使用者为每一垃圾清理设施支付费用 C^*。这显然会促使公共设施的使用者对其所获得的效益与其所付出的成本加以比较。或者换句话说，使得公共设施的使用者所获得的私人边际效益与其为此而付出的使用费（私人边际成本）大体相等。其结果肯定是社会资源使用效率的提高。

2. 避免公共设施的“拥挤”问题。如果政府所提供的公共物品面临拥挤问题，使用费的收取也有助于避免或减轻这个问题。例如，如果公路面临拥挤问题，在公路的使用达到拥挤点之后，使用量的追加会降低所有消费者从公路使用中所得到的效益。为了使公路的通行量达到具有效率的水平，可以按照一定水平通行量的社会边际成本来收取公路使用费。如图 8—6 所示，如果公路是一种拥挤性的公共物品，在第一个使用者进入公路之后，最初使用者的增加所带来的社会边际成本为 0。但当使用者数量的增加达到拥挤点之后，其社会边际成本会变为正数。在图 8—6 中，公路每公里每小时的车辆行驶量达到 100 辆时，就是拥挤点。如果对公路使用的需求曲线为 D_1，免费使用公路（即不收取任何使用费）将是具有效率的。这是因为，在价格为 0 的条件下，均衡点为 E_1。而在这一点上，$MSB_1 = MSC = 0$。E_1 代表着公路每公里每小时 80 辆汽车的行驶量，这个行驶量低于拥挤点 N^* 的行驶量，故社会边际成本为 0。但是，如果对公路使用的需求曲线不是 D_1，而是 D_2，免费使用公路就不再是具有效率的了。在价格为 0 的条件下，均衡点将为 E_2，即每公里每小时 150 辆汽车的行驶量。这个行驶量水平上的社会边际成本超过了其社会边际效益（$MSC > MSB_2$）。在这种情况下，公路的实际使用量肯定会大于其具有效率的使用量。

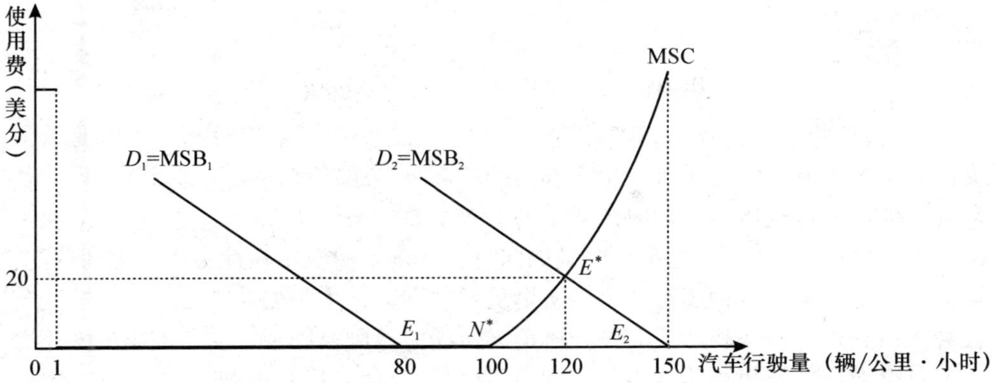

图 8—6　适用于拥挤性的公共物品的使用费

那么，公路的最佳使用量水平应该是多少呢？从图 8—6 中可以得知，它应该是 E^* 点所对应的每公里每小时 120 辆汽车的行驶量。这是因为在 E^* 点上，$MSB_2=MSC$。为了达到这一水平，政府可以对每辆汽车按每公里收取 20 美分的使用费。我们可以清楚地看到，每公里 20 美分的使用费将驱使公路的使用量降至具有效率的最佳水平。同时又可以增加政府所取得的公共收入。

8.4.4　规费

规费是政府部门为公民提供某种特定服务或实施行政管理所收取的手续费和工本费。它通常包括两类：一是行政规费，这是附随于政府部门各种行政活动的收费，名目很多，范围很广，具体包括：外事规费（如护照费）、内务规费（如户籍规费）、经济规费（如商标登记费、商品检验费、度量衡鉴定费）、教育规费（如毕业证书费）以及其他行政规费（如会计师、律师、医师等的执照费）。二是司法规费，它又可以分为诉讼规费和非诉讼规费两种，前者如民事诉讼费、刑事诉讼费；后者如出生登记费、财产转让登记费、遗产管理登记费、继承登记费和结婚登记费等。

政府部门收取规费的数额，在理论上通常有两个标准，一是所谓填补主义，即根据政府部门提供服务所需的费用数额，来确定规费的收取标准。二是所谓报偿主义，即以公民从政府部门服务中所获得效益的大小，来确定规费的收取标准。事实上，政府在规费数额的确定上，并非完全依据理论的标准来进行。通常的情况是，规费数额的确定，既不按照（也很难衡量）当事人所获得的效益，又不依据其所付出的服务费用（往往超过服务费用），因此规费的标准高低不一。

本章小结

1. 公共收入是指政府为履行其职能而筹集的一切资金的总和，也就是公共支出的资金来源。它实质是将私人部门的一部分资源转移到公共部门并由政府加以集中使用的过程，是公共财政活动的一个重要方面。

2. 公共收入的一个基本问题是如何将公共支出的费用在社会成员之间分配。对此，经济学家持两种观点：一是所谓受益原则，即主张公共支出的费用分配与社会成员获得的效益相联系；二是所谓支付能力原则，即主张公共支出的费用分配与社会成员的支付能力相联系。两个原则各有优点，也分别存在问题。实际上，现实生活中是很难找到一种能为所有社会成员满意的、最好的公共收入形式的。当然，要同时实现上述两条原则的目标，也是相当困难的。

3. 税收是公共收入的主要形式，公债则主要作为弥补财政赤字和资本性支出的来源而发挥作用。然而，政府也通过其他形式来取得公共收入，如政府引致的通货膨胀、接受个人或组织的捐赠、对公共设施的使用者收取使用费、向政府部门提供特定服务或实施行政管理的对象收取的规费等等。

4. 政府所利用的公共收入形式，可以对政治和经济均衡以及社会资源的有效配置产生影响。不同的公共收入形式有着不同的经济效应和社会效应。对此，应从不同的角度进行具体的分析。

关键术语

公共收入	受益原则	支付能力原则
税收	课税主体（纳税人或纳税义务人）	负税人
课税客体（课税对象）	税源	税率
比例税率	累进税率	全额累进税率
超额累进税率	累退税率	平均税率
边际税率	定额税率	公债资本性支出
资本工程	政府引致的通货膨胀（通货膨胀税）	捐赠
使用费	规费	行政规费
司法规费	填补主义	报偿主义

复习思考题

1. 公共收入的基本原则包括哪些？各自的内容是什么？各有哪些优缺点？

2. 什么是税收？税收有哪些特点？为什么说税收是政府取得公共收入的最佳形式？

3. 什么是公债？公债有哪些特点？公债的基本功能是什么？它还具有什么功能？

4. 除了税收和公债，公共收入还包括哪些形式？它们各自的含义是什么？

本章阅读书目

1. 高培勇. 西方税收——理论与实践. 北京：中国财政经济出版社，1993

2. 解学智. 公共收入. 北京：中国财政经济出版社，2000

3. 冯健身. 公共债务. 北京：中国财政经济出版社，2000

4. [英] 西蒙·詹姆斯，克里斯托弗·诺布斯. 税收经济学. 北京：中国财政经济出版社，1988

5. [美] 哈维·S·罗森. 财政学. 北京：中国财政经济出版社，1992

第9章

税收原则理论

一国政府在设计税制并通过税收取得公共收入时，必须考虑所采用的税制结构对于经济社会会产生怎样的影响。从根本上说，对经济社会不起影响作用的税收是不存在的，所不同的只是有多少起积极的作用，有多少起消极的作用。而要使税收充分发挥对经济社会的积极作用，税收制度的设计和实施是关键所在。税收原则就是政府在税收制度的设计和实施方面所应遵循的基本指导思想，也是评价税收制度优劣以及考核税务行政管理状况的基本标准。

古今中外，经济学家们在不同的历史发展时期，在不同的经济背景下，总结出不少税收原则。这些税收原则是研究、分析国家税收制度的根本出发点，也是公共部门经济理论的重要组成部分。

重点问题

- 税收原则理论的演变过程
- 税收公平原则的含义及衡量税收公平的标准
- 税收效率原则的含义及其包括的内容
- 税收原则的理论归纳

9.1 税收原则理论的演变

9.1.1 威廉·配第的税收原则

税收原则的最早提出者，是英国古典政治经济学创始人威廉·配第（William Petty，1623—1687）。威廉·配第一生写过不少经济著作，其中最著名的代表作是《赋税论》和《政治算术》。在这两本著作中，他比较深入地研究了税收问题，第一次提出了税收原则（他当时称之为“税收标准”）理论。

配第的税收原则是围绕“公平负担税收”这一基本观点来论述的。他认为当时的英国税制存在着严重的弊端：税制紊乱、复杂，税收负担过重且极不公平。当时的英国处在早期资本主义阶段，封建的经济结构体制仍根深蒂固，表现在税收上，就是它“并不是依据一种公平而无所偏袒的标准来征课的，而是听凭某些政党或是派系的掌权者来决定的。不仅如此，赋税的征税手续既不简便，费用也不节省”。由此，配第提出税收应当贯彻“公平”、“简便”、“节省”三条标准。在他看来，所谓“公平”，就是税收要对任何人、任何东西“无所偏袒”，税负也不能过重；所谓“简便”，就是征税手续不能过于烦琐，方法要简明，应尽量给纳税人以便利；所谓“节省”，就是征税费用不能过多，应尽量注意节约。①

配第特别强调税收的经济效果，反对重税负。“如果国王确能按时得到他所需要的款项，则预先将税款全部从臣民手中征收过来，并把它储藏在自己的金库中，这对于他自己也是一种很大的损失。因为货币在臣民手中是能够通过贸易而增值的，而储藏在金库之中不单对自己没有用处，而且容易为人求索而去或被浪费掉。”② 配第认为，过分征收赋税，会使国家资本的生产力相应地减少，因而是国家的损失。他主张，在国民经济的循环过程中把握住税收的经济效果，根据税收经济效果的优劣相应决定税制结构的取舍。

9.1.2 攸士第的税收原则

继威廉·配第之后，德国新官房学派的代表人物攸士第（Johan Heinrich Gottlobs von Justi，1717—1771）也对税收原则作出过相应阐述。

攸士第的代表作《国家经济论》共分为两卷，在第二卷第一部分国家收入论

---

① ［英］威廉·配第：《政治算术》，见《配第经济著作选集》，72页，北京，商务印书馆，1981。

② ［英］威廉·配第：《赋税论》，30页，北京，商务印书馆，1978。

中，他以征收赋税必须注意不得妨碍纳税人的经济活动为出发点，就征收赋税的方法提出了如下六大原则：

1. 促进主动纳税的征税方法，即赋税应当自愿缴纳。

2. 不得侵犯臣民合理的自由和增加对产业的压迫，即赋税要不危害人民的生活和工商业的发展，也不要不正当地限制人民的自由。

3. 平等课税。即赋税的征收要做到公平合理。

4. 具有明确的法律依据，征收迅速，其间没有不当之处，即赋税要确实，须对一定的目标征收，征收的方式也要做到不易避免。

5. 挑选征收费用最低的商品和货物征税。即赋税的征收费用不能过度，须和国家的政治原则相适应。

6. 纳税手续简便，税款分期缴纳，时间安排得当。即赋税应在比较方便的时候、以为人民所接受的方式缴纳。①

攸士第有关税收原则的许多思想为后来英国的亚当·斯密所吸收，或为亚当·斯密著名的"税收四原则"的重要组成部分。如斯密的第一税收原则（平等原则）就是攸士第的第三税收原则；斯密的第二税收原则（确实原则）也就是攸士第的第四税收原则；斯密的第三税收原则（便利原则）就是攸士第的第六税收原则；斯密的第四税收原则（最少征收费原则）又正与攸士第的第二税收原则和第五税收原则相对应。由此可见攸士第在税收原则理论方面的贡献和地位。

9.1.3 亚当·斯密的税收原则

第一次将税收原则提到理论的高度，明确而系统地加以阐述的是英国古典政治经济学家亚当·斯密（Adam Smith，1723—1790）。斯密所处的时代正是自由资本主义时期，当时的欧洲，政治上社会契约说思潮甚为流行，个人主义自由放任的经济学说也正风行。作为新兴资产阶级的代表人物，斯密极力主张"自由放任和自由竞争"，政府要少干预经济，特别不能去干涉生产自由，要让价值规律这只"看不见的手"自动调节经济的运行。政府的职能应仅限于维护社会秩序和国家安全。以这种思想为主导，斯密在其经济学名著《国民财富的性质和原因的研究》中提出了税收的四项原则：

1. 平等原则。斯密对"平等"含义的解释是，公民应根据自己的纳税能力来承担政府的经费开支，按照其在国家保护之下所获得收入的多少来确定缴纳税收的额度。"一国国民，都须在可能范围内，按照各自能力的比例，即按照各自

① 参见［日］坂入长太郎：《欧美财政思想史》，79～80页，北京，中国财政经济出版社，1987。

在国家保护下享得的收入的比例，缴纳国赋，维持政府。”“一个大国的各个人须缴纳政府费用，正如一个大地产的公共租地者须按照各自在该地产上所受益的比例，提供它的管理费用一样。”① 基于此，斯密主张，取消一切免税特权，即取消贵族僧侣的特权，让他们与普通国民一样依法纳税。税收“中立”，即征税尽量不使财富分配的原有比例发生变化，尽量不使经济发展受影响。税收依照负担能力而课征，即依照每个国民在国家保护之下所获得的收入课征。

2. 确实原则。斯密指出，课税必须以法律为依据。“各国民应当完纳的赋税，必须是确定的，不得随意变更。完纳的日期，完纳的方法，完纳的数额，都应当让一切纳税者及其他的人了解得十分清楚明白。如果不然，每个纳税人，就多少不免为税吏的权力所左右。”② 这一原则是为了杜绝税务官员的任意专断征税以及恐吓、勒索等行为。在他看来，税收不确实比税收不平等对公民的危害更大。

3. 便利原则。斯密指出，税收的征纳手续应尽量从简。“各种赋税完纳的日期及完纳的方法，须予纳税者以最大的便利。”③ 在时间上，应在纳税人收入丰裕的时候征税，不使纳税人感到纳税困难；在方法上，应力求简便易行，不让纳税人感到手续繁杂；在地点上，应将税务机关设在交通方便的场所，使纳税人纳税方便；在形式上，应尽量采用货币形式，以免纳税人因运输实物而增加额外负担。

4. 最少征收费原则。斯密强调，在征税过程中，应尽量减少不必要的费用开支，所征税收尽量归入国库，使国库收入同人民缴纳的差额最小，即征收费用最少。“一切赋税的征收，须设法使人民所付出的，尽可能等于国家所得的收入。如人民所付出的，多于国家所收入的”，那很可能是由于以下四种弊端所造成的：（1）税务官吏过多，这些官吏，不但要耗费大部分税款，而且为得到额外收入很可能另征附加赋税；（2）税收妨碍了生产活动，使可供纳税的资源缩减乃至消失；（3）对逃税的处罚，没收逃税者的资本，导致他们破产，从而使他们丧失通过运用资本所获的收益，造成社会的损失；（4）税吏频繁地登门及可厌的稽查，常使纳税人遭受极不必要的麻烦、困扰和压迫，成为纳税人负荷的一些黑费用。因此，斯密认为，从税制的设计上排除这些东西，是贯彻最少征收费原则的关键所在。

---

① ［英］亚当·斯密：《国民财富的性质和原因的研究》，下卷，384 页，北京，商务印书馆，1974。
②③ 同上书，385 页。

亚当·斯密的税收四原则是针对当时苛重复杂的税收制度、税负不公以及征收机构的腐败情况，在总结前人的税收原则理论基础上提出的。他的税收原则理论不仅成为当时世界各国制定税收制度与规范的理论指导，也对后世税收原则理论的发展有重要的影响。

9.1.4 萨伊的税收原则

J. B. 萨伊（J. B. Say，1761—1832）是法国经济学家，其代表著作是《政治经济学概论》。萨伊所处的时代是法国资产阶级革命后社会矛盾开始激化的时期，他认为，政府征税就是向私人征收一部分财产，充作公共需要之用，课征后不再返还给纳税人。由于公共支出不具有生产性，所以最好的财政预算是尽量少花费的预算，最好的税收是税负最轻的税收。据此，他提出了税收的五项原则

1. 税率最适度原则。他认为，政府征税事实上是剥夺纳税人用于满足个人需要或用于再生产的产品，所以税率越低，税负越轻，对纳税人的剥夺越少，对再生产的破坏作用也越小。

2. 节约征收费用原则。萨伊以税收征收费用对人民是一种负担，对国家也没有益处为由，主张节省征收费用。一方面尽量减少纳税人的负担烦扰，另一方面也不给国库增加困难。

3. 各阶层人民负担公平原则。他认为当每个纳税人承受同样的（相对的）税收负担时，每个人的负担必然是最轻的，如果税负不公平，不但损害个人的利益，同时也有损于国家的收入。

4. 最小程度妨碍生产原则。他认为所有的税收都是有害于再生产的。因为它妨碍生产性资本的积累，最终危害生产的发展。所以，对资本的课税应当是最轻的。

5. 有利于国民道德提高原则。萨伊认为，税收除具有取得公共收入的作用外，还可以作为改善或败坏人民道德、促进勤劳或懒惰以及鼓励节约或奢侈的有力工具。因此，政府征税必须着眼于普及有益的社会习惯和增进国民道德。这项原则可以说是他对税收原则理论的补充和发展。

9.1.5 瓦格纳的税收原则

19 世纪下半叶，德国新历史学派的代表人物阿道夫·瓦格纳（Adolf Wagner，1835—1917）集前人税收原则理论的大成，进一步发展了税收原则理论。瓦格纳所处的时代是自由资本主义向垄断资本主义转化和形成的阶段。当时资本日益集中，社会财富分配日益悬殊，社会矛盾甚为激烈。为了解决这些矛盾，以

瓦格纳为代表的德国新历史学派倡导社会改良，主张国家运用包括税收在内的一切政治权力，调节社会生活。

瓦格纳在其《财政学》一书中写道："从财政上的意义来看，赋税是作为对公共团体事务设施的一种报偿，根据一般的原则与标准，按公共团体单方面所规定的方法……以其主权为基础，强制地向个人征收赋课物。从社会政策的意义上来看，赋税是在满足财政需要的同时，或者无论财政有无必要，以纠正国民所得的分配和国民财产的分配，调整个人所得和以财产的消费为目的而征收赋课物。"① 瓦格纳认为，税收不能理解为单纯从国民经济年产物中的扣除部分。除此之外，它还包括纠正分配不公平的积极目的。也就是说，税收一方面有获得公共收入的纯财政的目的，另一方面又有运用权力对所得和财产分配进行干预和调整的社会政策目的。以这种思想为基础，瓦格纳将税收原则归纳为四大项九小点（也称为"四项九端原则"）。

1. 财政政策原则。又称为公共收入原则。即税收要以供给公共支出，满足政府实现其职能的经费需要为主要目的。为此，他提出了收入充分和收入弹性两个具体原则：

（1）收入充分原则是指从非税收入来源不能取得充分的公共收入时，可以依靠税收充分满足政府财政的需要以避免产生赤字。同时他还认为，由于社会经济的发展，政府职能将不断地扩大，从而论证了公共支出持续不断增长的规律，即通常所说的"瓦格纳定律"。因此，要求税收制度能够充分满足公共支出不断增长的资金需要。

（2）收入弹性原则是指税收要能随着财政需要的变动而相应增减。特别是在财政需要增加或税收以外的其他收入减少时，可以通过增税或税收的自然增收而相应地增加公共收入。

实现收入充分和收入弹性的原则，关键在于税制结构的合理设计。他认为可以把间接税作为主要税种，它能够随着人口增加、国力增强以及课税商品的增多而使税收自动增加，但它也可能因社会经济情况的变化，而使税收暂时下降，故还应注意以所得税或财产税作为辅助税种。

2. 国民经济原则。即政府征税不应阻碍国民经济的发展，更不能危及税源。在可能的范围内，还应尽可能有助于资本的形成，从而促进国民经济的发展。为此，他提出了慎选税源和慎选税种两个具体原则。

（1）慎选税源原则是指要选择有利于保护税本的税源，以发展国民经济。

---

① 转引自［日］坂入长太郎：《欧美财政思想史》，304～305页。

从发展经济的角度考虑，以国民所得为税源最好。若以资本或财产为税源，则可能伤害税本。但他同时强调，并不能以所得作为唯一的税源。如果出于国家的经济、财政或社会的政策需要，也可以适当地选择某些资本或财产作为税源。

（2）慎选税种原则是指税种的选择要考虑税收负担的转嫁问题。因为它关系到国民收入的分配和税收负担的公平，所以，他要求研究税收的转嫁规律，尽量选择难以转嫁或转嫁方向明确的税种。

3. 社会正义原则。税收可以影响社会财富的分配以至于影响个人相互间的社会地位和阶级间的相互地位。因而税收的负担应当在各个人和各个阶级之间进行公平的分配，即要通过政府征税矫正社会财富分配不均，贫富两极分化的弊端，从而缓和阶级矛盾，达到用税收政策实行社会改革的目的。这一原则又分为普遍和平等两个具体原则。

（1）普遍原则是指税收负担应普及到社会中的每个成员，每个公民都应有纳税义务。不应因身份或社会地位特殊而例行免税，要做到不偏不倚。

（2）平等原则是指应根据纳税能力的大小征税，使纳税人的税收负担与其纳税能力相称。为此，他主张采用累进税制，对高收入者税率从高，对低收入者税率从低，对贫困者免税。同时对财产和不劳而获所得加重课税，以符合社会政策的要求。

4. 税务行政原则。这一原则体现着对税务行政管理方面的要求，是对亚当·斯密的税收三原则（第二项原则至第四项原则）的继承和发展。具体包括三方面内容。

（1）确实原则，即税收法令必须简明确实，税务机关和税务官员不得任意行事。纳税的时间、地点、方式、数量等必须预先规定清楚，使纳税人有所遵循。

（2）便利原则，即纳税手续要简便，纳税时间、纳税地点、纳税方式等要尽量给纳税人以便利。

（3）节省原则，即税收征收管理的费用应力求节省，尽量增加国库的实际收入。除此之外，也应减少纳税人因纳税而直接负担或间接负担的费用开支。

瓦格纳所提出的税收原则，是资本主义从自由市场竞争阶段进入垄断阶段，在社会矛盾激化过程中产生的多中心的税收原则。在他的税收原则中，各家的学说都得到了相应的归纳和反映。正因为如此，经济学界视瓦格纳为集前人税收原则理论之大成者。

9.2 税收公平原则

从9.1节的描述中可以得到这样一个印象，税收原则不是抽象的、主观臆想的东西，而是在一定的客观经济基础上总结、提出的，并为当时的经济社会发展服务。也就是说，税收原则总是同特定的经济社会发展状况密切相关的。

当代经济学界关于税收原则的理论，主要渊源于凯恩斯主义及福利经济学的思想，并且，基本上都是围绕着税收在现代经济生活中的职能作用来立论，并据此从各个不同的角度提出了这样或那样的税收原则。但综合看来，比较一致、带有倾向性的提法是两大原则，即税收公平原则和税收效率原则。本节先讨论税收公平原则，税收效率原则留待下一节讨论。

9.2.1 税收公平原则的意义

在当代经济学家看来，税收公平原则（principle of tax equity）是设计和实施税收制度最重要或首要的原则。

税收公平原则的重要性在很大程度上取决于政府和纳税人对公平的自然愿望。一方面，税收的公平性对于维持税收制度的正常运转必不可少。例如，要使纳税人如实申报并依法纳税，必须使其相信税收是公平征收的，对每一个纳税人都是公平的。如果人们看到与他们富裕程度相同甚至远比他们富裕的人少缴很多税甚至享受免税待遇，如果人们认为现实税收征纳关系中存在着逃税的现象，纳税人的信心就要下降，纳税人很可能会因此而千方百计地逃税以至抗税。另一方面，税收矫正收入分配不均或悬殊差距的作用，对于维护社会稳定，避免爆发革命或社会动乱也是不可或缺的。这也正是自威廉·配第和亚当·斯密以来的许多经济学家都将“公平”、“平等”原则置于税收诸原则之首的原因所在。

那么，税收公平原则的含义是什么？怎样才能使税收对所有纳税人都做到公正对待呢？

税收公平原则就是指政府征税要使各个纳税人承受的负担与其经济状况相适应，并使各个纳税人之间的负担水平保持均衡。它可以从两个方面来把握：一是经济能力或纳税能力相同的人应当缴纳数额相同的税收，即以同等的方式对待条件相同的人。税收不应是专断的或有差别的，这称作“横向公平”（也称作“横的公平”或“水平公平”）。二是经济能力或纳税能力不同的人应当缴纳数额不同的税收，即以不同的方式对待条件不同的人，这称作“纵向公平”（也称作“纵的公平”或“垂直公平”)。

不难看出，公平是相对于纳税人的纳税条件来说的，而不单是税收本身的绝对负担问题。或者说，税收公平问题不能孤立地看税负本身，而要联系纳税人的经济能力或纳税能力。税收负担要和纳税人的经济能力或纳税能力相适应。

9.2.2 衡量税收公平的标准

要使税收既做到横向公平，又保证纵向公平，一个关键的问题是要弄清公平是就什么而言的，即要确定以什么标准来衡量税收公平与否。迄今为止，经济学界对这个问题的解释大体上有两种，即受益原则和负担能力原则。

1. 受益原则。受益原则也称为“利益说”。即根据纳税人从政府所提供的公共物品中获得效益的多少，判定其应纳多少税或其税负应为多大。获得效益多者应多纳税，获得效益少者可以少纳税，不获得效益者则可以不纳税。

从表面上看，这一原则有一定的合理性。既然人们在日常生活中要偿付从私人经济中所得到的物品和服务，那么人们也应对具有公益性的公共支出，按照其获得效益的多少作出相应分摊。如果税收不是按照纳税人享受公共支出效益的多少来课征的，政府提供的公共物品就成为对使用者的一种补助金。因为有些人享受这种服务是在其他人蒙受损失的情况下进行的。

实际上，这种说法有着很大的局限性。它只能用来解释某些特定的征税范围，而不能推广到所有场合。如它可以用来说明汽车驾驶执照税、汽油消费税、汽车轮胎税等税种，是根据纳税人从政府提供的公路建设支出获得效益的多少来征收的，但却不能说明政府的国防、教育、社会福利支出的受益和纳税情况。每个人从国防和教育支出中获得的效益很难说清，也就不可能根据每个人的受益情况确定其应纳税额的多少。至于社会福利支出，主要是由穷人和残疾人享受的，在他们的纳税能力很小甚至完全没有纳税能力的条件下，又如何根据受益原则向他们多征税呢?所以，就个别税种来说，按受益原则征税是可能的，也是必要的，但就税收总体来说，按受益原则来分摊则是做不到的。显然，这条原则只能解决税收公平的一部分问题，而不能解决税收公平的所有问题。

2. 负担能力原则。负担能力原则也称为“能力说”。即根据纳税人的纳税能力，判定其应纳多少税或其税负应为多大。纳税能力大者应多纳税，纳税能力小者可以少纳税，无纳税能力者则可以不纳税。

在经济学界，这是迄今公认的、比较合理也易于实行的标准。但如前所述，同意按照纳税能力征税是一回事，怎样测度纳税人的纳税能力是另一回事。经济学界对纳税能力如何测度的问题说法不同，其中主要存在着客观说和主观说的争议。

（1）客观说。客观说主张以纳税人拥有财富的多少作为测度其纳税能力的标准。由于财富多用收入、财产和支出来表示，纳税人纳税能力的测度，也就可以具体分为收入、财产和消费支出三种尺度。

收入通常被认为是测度纳税人纳税能力的最好尺度。因为收入最能决定一个人在特定时期内的消费能力或增添其财富的能力。收入多者表示其纳税能力强，反之则弱。美国芝加哥大学的著名经济学家亨利·西蒙斯曾指出，所有税收，不论其名义基础如何，都应当是落在个人收入上面。① 但问题在于，收入一般是以货币收入来计算的，而许多纳税人可以取得除货币以外的实物收入，对实物收入不征税显然不够公平；纳税人的收入也有多种来源，既包括勤劳收入，也包括不劳而获的意外收入或其他收入。对不同来源的收入不加区分，统统视做一般收入来征税，也有失公平。收入并不是衡量纳税人相对经济地位的足够精确的指示器。这方面极端的例子是，一个窖藏黄金的人和一个乞丐，都可能是“零收入”者（即收入方面为零的意思），但不会有人认为他们具有等同的纳税能力，因为财产的所有权也是对经济资源的控制。如果仅按收入征税，即使从横向的意义上看，也不可能认为是公平的。

财产也可以被认为是衡量纳税人纳税能力的合适尺度。财产代表着纳税人的一种独立的支付能力。一方面，纳税人可以利用财产赚取收入，仅仅拥有财产本身也可以使其产生某种满足；另一方面，纳税人通过遗产继承或受赠等增加的财产拥有量，的确会给其带来好处，增强其纳税能力。但按纳税人拥有的财产来衡量其纳税能力，也有一些缺陷：一是数额相等的财产并不一定会给纳税人带来相等的收益；二是有财产的纳税人中，负债者与无债者情况不同，财产中的不动产与动产情况也不同；三是财产情形多样，实践上难以核查，估值比较困难。

消费支出可以作为测度纳税人纳税能力的又一尺度。消费充分反映着一个人的支付能力。日常生活中消费多的人，其纳税能力必大；消费少的人，其纳税能力必小。而且，个人消费支出也可以通过纳税人的总收入情况来估算，进而可以根据消费支出数字设计税率。英国剑桥大学的尼库拉·卡尔多曾指出，作为课税基础的应当是消费，而不是收入。衡量一个人实际上从经济中抽出多少资源供个人使用的最好尺度就是消费。如果一个人对其消费予以节俭，即将一部分收入用做储蓄，则应在税收上予以鼓励，可以不将用做储蓄的部分计入课税基础。因为储蓄可以转化为投资，从而提高总的生产能力。如果一个人的消费额度超过其

① 参见［美］阿图·埃克斯坦：《公共财政学》，82页。

收入额度（如赊购或动用其过去的储蓄），他就应该按其消费额度缴税。因为消费会减少资本储备，不利于总生产能力的扩大。这实际上是主张用加重课税的办法限制消费，而用税收减免的办法鼓励储蓄。但它也有不足之处：不仅按消费支出纳税会延误国家税收及时入库，而且由于不同个人、家庭的消费能力不尽相同，如甲、乙两人，每个家庭消费都为 1 000 美元，但甲每年收入 2 000 美元，乙仅为 1 000 美元，若都以其支出数字确定纳税能力，也会产生不公平。

从客观说所主张的三种衡量纳税人纳税能力的尺度来看，无论哪一种尺度都难免带有片面性。绝对准确且公允的测度纳税能力的尺度，实际上难以找到。现实并可行的办法只能是，以一种尺度为主，同时兼顾其他两种尺度。

（2）主观说。主观说主张以纳税人因纳税而感受的牺牲程度高低作为测度其纳税能力的尺度。而牺牲程度的测定，又以纳税人纳税前后从其财富得到的满足（或效用）的差量为准。这种说法认为，对纳税人而言，纳税无论如何都是经济上的牺牲，其享受与满足程度会因纳税而降低。从这个意义上讲，纳税能力也就是忍耐和承担的能力。如果税收的课征，能使每一个纳税人所感受的牺牲程度相同，那么，课税的数额也就同各自的纳税能力相符，税收就公平，否则就不公平。具体又分为均等牺牲、比例牺牲和最小牺牲三种尺度。

均等牺牲（也称“等量绝对牺牲”）要求每个纳税人因纳税而牺牲的效用相等。按照边际效用递减原理，人们的收入与其边际效用呈反方向变化，收入越多，边际效用越小；收入越少，边际效用越大。也就是低收入者的货币边际效用大，高收入者的货币边际效用小（见图 9—1）。

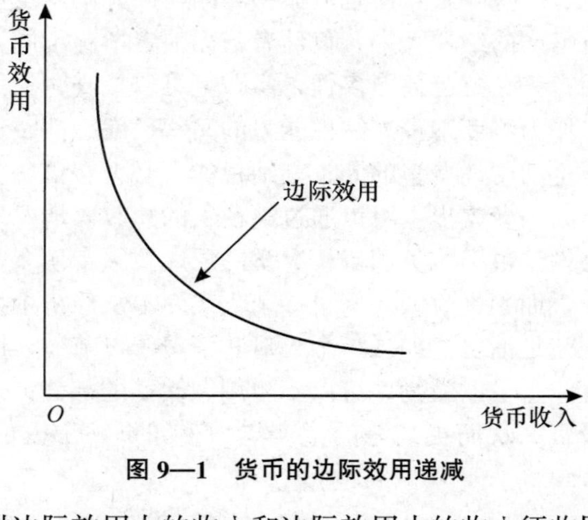

图 9—1　货币的边际效用递减

显然，如果对边际效用大的收入和边际效用小的收入征收同样比例的税，则前者的牺牲程度就要大于后者，这样的税收就是不公平的。所以，为使每个纳税人牺牲的总效用相等，就须对边际效用小的收入部分征高税，对边际效用大的收入部分征低税。或者说，对高收入者征高税，对低收入者征低税。

比例牺牲（也称“等量比例牺牲”）要求每个纳税人因纳税而牺牲的效用与其收入成相同比例。经济学家认为，虽然与纳税人收入增加相伴随的是边际效用的减少，但高收入者的总效用总是要比低收入者的总效用大。为此，应该对所获总效用大者（即收入多者）多征税，对所获总效用小者（即收入少者）少征税，从而有可能使征税后各纳税人所牺牲的效用与其收入成相同比例，以实现税收公平的目的。

最小牺牲（也称“等量边际牺牲”）要求社会全体成员因纳税而蒙受的总效用牺牲最小。要做到这一点，就纳税人个人的牺牲来讲，如果某甲纳税的最后一个单位货币的效用，比某乙纳税的最后一个单位货币的效用小，那么，就应该将某乙所缴纳的税收加到某甲身上，使得二者因纳税而牺牲的最后一个单位货币的边际效用相等。就社会全体来说，要让每个纳税人完税后因最后一个单位税收而损失的收入的边际效用彼此相等，就应该从最高收入者开始递减征税，对最低收入者实行免税。

9.3 税收效率原则

9.3.1 税收效率原则的意义

经济学家们所倡导的税收效率原则，其含义是多方面的。从资源配置的角度讲，税收要有利于资源的有效配置，使社会从可用资源的利用中获得最大效益；从经济机制的角度看，税收要有利于经济机制的有效运行，不仅可以使微观经济效益提高，宏观经济也要稳定增长；从税务行政的角度来说，税务行政要讲求效率，税收制度需简便，征纳双方的费用要节省等等。也就是说，税收效率原则就是要求政府征税有利于资源的有效配置和经济机制的有效运行，提高税务行政的管理效率。它可以分为税收的经济效率原则和税收本身的效率原则两个方面。

9.3.2 税收的经济效率原则

税收的经济效率原则，旨在考察税收对社会资源配置和经济机制运行的影响状况。而检验税收经济效率的标准，在于税收的额外负担最小化和额外收益最大化。

前面已经说过，经济学家一般用“帕累托效率”来解释经济效率。按照“帕累托效率”，经济效率的实际含义可以解释为：经济活动中的任何措施都应当使“得者的所得多于失者的所失”，或者从全社会看，宏观上的所得要大于宏观上的所失。如果做到了这一点，经济活动就可以说是具有效率的。

把“帕累托效率”概念应用于税收，税收的征收活动同样存在“得者的所得和失者的所失”的比较问题。在他们看来，税收在将社会资源从纳税人手中转移到政府部门的过程中，势必会对经济产生影响。若这种影响限于征税数额本身，乃为税收的正常影响（负担）。若除这种正常影响（负担）之外，经济活动因此受到干扰和阻碍，社会利益因此而受到削弱，便产生了税收的额外负担；若除正常影响（负担）之外，经济活动还由此而得到促进，社会利益因此而得到增加，便产生了税收的额外收益。

可以将税收的额外负担区分为两类：一是资源配置方面的额外负担。政府征税一方面减少私人部门支出，另一方面又增加政府部门支出。若因征税而导致的私人经济利益损失大于因征税而增加的社会经济利益，就发生了税收在资源配置方面的额外负担。二是经济运行机制方面的额外负担。税收作为一种强制的和无偿的国家占有，总会对纳税人的经济行为产生影响。若因征税对市场经济的运行产生了不良影响，干扰了私人消费和生产的正常运行或最佳决策，同时相对价格和个人行为方式随之变更，就发生了税收在经济机制运行方面的额外负担。而不论发生在哪一方面的额外负担，都说明经济处于无效率或低效率的状态。税收的额外负担越大，意味着给社会带来的消极影响越大。

一个典型的例子是18世纪英国政府开征的所谓“窗户税”。当时许多纳税人为逃避此税，采取了用砖将窗户砌死的办法。结果很明显，一方面，纳税人为避税而砌死窗户，减少了光线、通风等舒适感；另一方面，因纳税人将窗户砌死，窗户税形同虚设，政府并未从中获得任何利益。可以看出，因政府征税而使社会付出的代价（牺牲）超过了政府实际得到的好处。这就是说，英国政府的“窗户税”给社会带来了额外负担（该税开征不久就被废止了）。

还可以用图示（见图9—2）进一步说明这个问题。在图9—2中，为了简化起见，假设政府征税之前某种产品的供给曲线 S_0 是一条与横轴平行的线，它与需求曲线 D 相交于 E 点，由此决定的均衡价格为 P_0，均衡产量为 Q_0，厂商的收入为 OP_0EQ_0。政府征税之后，厂商将税款 T 加入价格，产品的价格提高到 P_1。随着价格的提高，需求量下降，均衡产量减少为 Q_1。这时，厂商的收入变为 $OP_1E'Q_1$，政府获得的税收为 $P_0P_1E'C$，而 $E'CE$（图中阴影部分）既没有为厂商所得，也没有被政府拿走，而是随着政府征税在无形中损耗了。所损耗的这部分收益就是税收的额外负担。它说明，由于政府征税，使消费者行为发生扭曲(因价格人为地提高而减少需求量)，从而导致消费者剩余的减少大于政府实际征课的税收。政府征税，也会使生产者的行为发生扭曲，本书第 12 章将对此作更详细的分析。因此，政府征税应当遵循这样一个原则，征税必须使社会承受的额外负担最小，以最小的额外负担换取最大的经济效益。

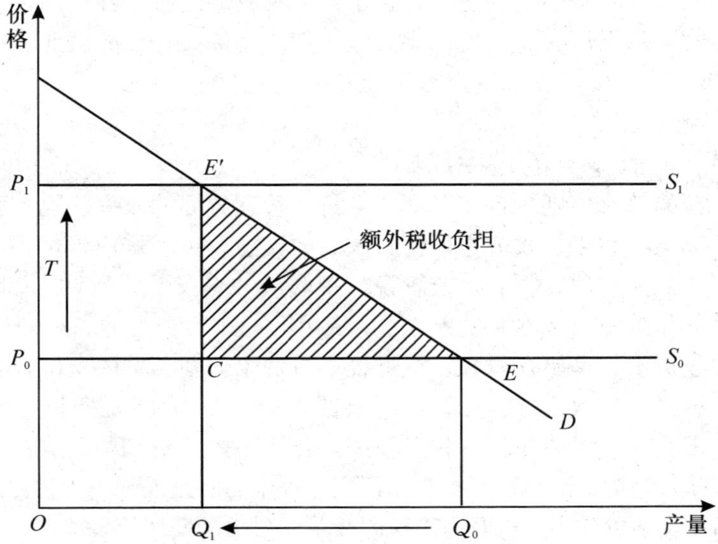

图 9—2　税收的额外负担

降低税收额外负担的根本途径，在于尽可能保持税收对市场机制运行的“中性”。所谓税收中性，包括两方面的含义：其一，政府征税使社会所付出的代价应以征税数额为限，除此之外，不能让纳税人或社会承受其他的经济牺牲或额外负担；其二，政府征税应当避免对市场机制运行产生不良影响，特别是不能超越市场而成为影响资源配置和经济决策的力量，应当依靠市场机制这只“看不见的手”。后一种含义在经济学界占有较重要的地位。

税收中性实际上只是一种理论上的论述。在现实经济生活中，税收对经济的影响不可能限于征税数额本身而保持“中性”，也就是说，税收额外负担的发生通常不可避免。因此，倡导税收中性的实际意义在于，尽可能减少（并非完全避免）税收对经济的干扰作用“度”，尽量压低（并非完全取消）因征税而使纳税人或社会承受的额外负担“量”。

经济学家用税收的经济调节作用来解释税收的额外收益。他们认为，政府征税一方面可以取得公共收入，满足公共支出的需要，另一方面也可以将政府的意图体现在税收制度和政策中，达到稳定经济的目的。他们同时强调，只有在市场失灵，即单纯依靠市场机制这只“看不见的手”不能保证经济稳定增长的时候，才会产生税收的额外收益。否则，由此而产生的很可能是税收的额外负担。

增加税收额外收益的主要途径，在于重视税收的经济杠杆作用，区别各种不同情况，适时采用灵活、有效的调整措施，使经济保持在充分就业、物价稳定和适度增长的水平。

9.3.3 税收本身的效率原则

税收本身的效率原则，旨在考察税务行政管理方面的效率状况。而检验税收本身效率的标准，在于税收成本占税收收入的比重，也就是说，是否以最小的税收成本取得了最大的税收收入，或者说，税收的“名义收入”（含税收成本）与“实际收入”（扣除税收成本）的差距是否最小。

所谓税收成本，是指在税收征纳过程中所发生的各类费用支出，它有狭义和广义之分。狭义的税收成本也称为“税收征收费用”，专指税务机关为征税而花费的行政管理费用，具体包括：税务机关工作人员的工资和奖金支出；税务机关办公用具和办公设备支出；税务机关在征税过程中因实施或采用各种方法、措施而支出的费用；税务机关为进行及适应税制改革而付出的费用等等。广义的税收成本除税务机关征税的行政管理费用外，还包括纳税人在按照税法规定纳税过程中所支付的费用，即“税收奉行费用”，具体包括：纳税人因填写纳税申报表而雇用会计师、税务顾问或职业报税者所花费的费用；企业厂商为个人代缴税款所花费的费用；纳税人花在申报税收方面的时间（机会成本）和交通费用；纳税人为逃税、避税所花费的时间、精力、金钱以及因逃税、避税未成功而受的惩罚等等。

税收征收费用相对来说容易计算，即使有些数字不明显，也可以估价解决，因此可以用税收征收费用占全部税收收入的比重作为衡量指标；税收奉行费用则相对不易计算，特别是纳税人所花费的时间、心理方面的代价，更无法用金钱来计算，故没有精确的指标加以衡量，也有人将其称为“税收隐蔽费用”。所以，各国政府对税收本身效率的考察，基本上是以税收征收费用占全部税收收入的比重为主要依据的。比重越低，说明税收成本越小，以较小的税收成本换取了较多的税收收入；比重越高，说明税收成本越大，取得税收收入是以相当多的税收成本为代价的。

税收征收费用占税收收入的比重这一指标的作用也是多方面的。除了作为考察衡量政府税收本身是否具有效率之外，还可以用于考察分析许多有关的理论和实际问题。例如，通过计算每一个税种所需花费的征收费用占该税种全部收入的百分比，可以便于比较分析哪个税种的效果最佳；通过计算不同时期税收的征收费用占税收收入的百分比，可以有助于反映税收效率的发展变化状况；通过计算不同国家税收征收费用占税收收入的百分比，还可以比较不同国家的税收征收费用及其税收本身的效率情况等等。

降低税收成本占税收收入的比重，提高税收本身效率的途径大体有三条：一是要运用先进、科学的税务管理方法，防止税务人员贪污舞弊，以节约征收费用；二是要简化税制，使纳税人易于理解掌握，并尽量给纳税人以方便，压低奉行费用；三是尽可能将纳税人所花费的奉行费用转化为税务机关所支出的征收费用，以减轻纳税人负担或费用分布的不公，进而达到压缩税收成本的目的。

9.4　税收原则理论归纳

综观不同历史时期的经济学家所倡导的税收原则，从其实质内容看，基本上可以归纳为三个方面。

9.4.1　税收的财政效益

税收本身就是作为政府取得公共收入，满足政府实现其职能需要的手段而产生的。没有公共收入，不仅政府的公共支出没有保障，也谈不到税收在其他方面的职能作用。因此，无论哪一历史时期的经济学家，都将财政效益作为税收的首要原则加以提出。财政效益的具体要求又可以分为如下几点：

1. 充裕的税源。政府在选择税种和设计税制时，首先要考虑如何保证国家有充裕的公共收入，使政府在预算年度内，能以主要的经常收入满足经常支出的需要。因此，税收必须力求收入充裕，税制的安排必须注意选择税源充沛而收入可靠的税种作为主体税种。

2. 弹性机能。这是指税收应能随着政府财政需要的变化而相应伸缩。特别是能随着政府职能的扩大和公共支出的增加，使税收相应地增长。

3. 高效率的税务管理。财政效益在税务管理方面的体现，就是尽量节约人力、物力和财力的消耗。为此要做到确实、便利和节约。所谓确实，是指税法一经确立，财政税务机关必须依法征税，不得任意行事。征纳双方对一切征税事宜必须明确和清楚，避免不必要的纷争。所谓便利，是指税收的缴纳时间和缴纳方法，都要尽可能地使纳税人感到便利，不使纳税人因纳税而增加额外负担。所谓节约，是指税务机关的征收管理费用要力求节省，使国库收入与人民缴纳的税收之差趋向最小。

9.4.2 税收的经济影响

税收来源于经济，经济不发展便不能使税收充裕。只有经济获得发展，才能保证税收有可靠的取之不竭的来源。从税收对经济的影响来看，它既可能妨碍经济的发展，也可能无害于经济的发展，还可能有助于经济的发展。因此，如何使税收避免妨碍经济发展的消极作用，发挥促进国民经济发展的积极作用，也就成为经济学界所关注的重要问题。这方面的具体要求如下：

1. 保护税本。就是要处理好税源和税本的关系。税收的课征只限于税源，不应该伤及税本。为此，在税制的设计上，一方面要保护原有产业和生产力的发展，另一方面要支持新兴产业的成长，以免国民经济因税收课征而受损，最终导致税源枯竭，税收难保。

2. 慎选税源。就是税源的选择必须慎重。在可以作为税源的所得、资本和财产三项中，以所得作为税源，一般不致伤及税本。而以资本或财产作为税源，如果超出一定限度，就难免要伤及税本。所以，以所得为税源，对所得课征所得税最为适宜，可以避免税收对经济的阻碍作用。

3. 税率适度。就是税率的设计必须适度，不能过高。税率的高低直接关系到税负的轻重，也往往是税收利弊得失的关键所在。就直接税而言，税率的高低不当，会直接造成纳税人的税负轻重失衡，进而影响其消费、储蓄和投资能力，最终导致国民经济发展失调；就间接税而言，税率同物价水平直接相关，税率的高低不当，会直接影响市场的供求状况，使社会资源无效率地转移，最终将影响生产发展。为此，间接税的税率设计，应注意课税商品的需求弹性，避免因征税而使生产和消费失去平衡；直接税的税率设计，应注意同纳税人的纳税能力相适应，纳税能力强者应多纳税，纳税能力弱者应少纳税，无纳税能力者不纳税。

9.4.3 税收的社会影响

税收可以影响国民收入的分配状况，进而影响人们相互间的社会地位。政府应防止由于税收问题而引起社会矛盾的激化，必要时通过税收矫正社会财富的分配不均，缓和社会矛盾。关注税收的社会影响，经济学家们提出了下述两个方面的要求：

1. 普遍原则。即在一个国家的税收管辖权限范围之内，要使税收普遍课征于一切应纳税的自然人和法人。非经立法，不让任何人、任何企业有任何形式的免税特权。

2. 平等原则。即要求纳税人的纳税负担与其纳税能力相适应，做到公平合理。也就是要通过税收政策改变社会的财富分配状况，缩小国民收入分配上的悬殊差距。

本章小结

1. 税收原则是政府在税收制度的设计和实施方面所应遵循的基本指导思想，也是评价税收制度优劣以及考核税务行政管理状况的基本标准。经济学家们在历史发展的不同时期所提出的各项税收原则，是财政经济理论的重要组成部分，也是我们研究分析国家税收制度的根本出发点。

2. 税收原则的最早提出者是英国古典政治经济学的创始人威廉·配第，其后是德国新官房学派代表人物攸士第、英国古典政治经济学家亚当·斯密、法国经济学家萨伊、德国新历史学派代表人物瓦格纳等，他们从当时所处的特定社会经济发展状况出发，提出了许多有价值的税收原则。其中，亚当·斯密的四项税收原则和瓦格纳的四项九端税收原则最为著名。这些税收原则为税收原则理论的发展奠定了基础。

3. 当代税收原则理论主要源于凯恩斯主义以及福利经济学的思想，且基本上围绕税收在现代经济条件下的职能作用来立论。据此而提出的税收原则虽然不尽相同，但综合起来，带有倾向性的说法是税收公平原则和税收效率原则。

4. 税收公平原则包含横向公平和纵向公平两方面意义，其特点为两项原则都不是孤立地看税负本身，而是和纳税人的纳税能力相联系。衡量税收公平与否的标准是受益原则和支付能力原则，受益原则以纳税人从政府所提供的服务中获得效益的多少作为判定其税负大小的标准。支付能力原则却是以纳税人的纳税能力作为判定其税负大小的标准，具体又有客观说和主观说两种说法，客观说主张以纳税人拥有财富的多少来测度其纳税能力；主观说主张以纳税人因纳税而感受的牺牲程度大小来测度其纳税能力。

5. 税收效率原则可以分为税收的经济效率原则和税收本身的效率原则两个方面。税收的经济效率原则旨在考察税收对社会资源配置和经济机制运行的影响状况，其检验标准在于税收的额外负担最小化和额外效益最大化；税收本身的效率原则旨在考察税务行政管理方面的效率状况，其检验标准在于税收成本占税收收入的比重。

6. 综观历代经济学家所倡导的税收原则，其实质内容基本可以归纳为三个方面：税收的财政效益，具体有充裕的税源、弹性的机能和高效率的税务管理三项要求；税收的经济影响，具体有保护税本、慎选税源和税率适度三项要求；税收的社会影响，具体有普遍和平等两项原则。

关键术语

税收原则	平等原则	确实原则
便利原则	最少征收费原则	财政政策原则（公共收入原则）
收入充分原则	收入弹性原则	国民经济原则
慎选税源原则	慎选税种原则	社会正义原则
普遍原则	平等原则	税务行政原则
确实原则	便利原则	节省原则
税收公平原则	横向公平（横的公平或水平公平）	纵向公平（纵的公平或垂直公平）
受益原则（利益说）	支付能力原则（能力说）	零收入
均等牺牲（等量绝对牺牲）		比例牺牲（等量比例牺牲）
最小牺牲（等量边际牺牲）		税收效率原则
税收的经济效率原则		税收的额外负担
税收的额外收益	税收中性	税收本身的效率原则
税收的“名义收入”	税收的“实际收入”	税收成本
狭义的税收成本（税收征收费用）		广义的税收成本（税收奉行费用或税收隐蔽费用）
税收的财政效益		税收的经济影响
税收的社会影响		

复习思考题

1. 简要论述不同历史时期税收原则理论的主要思想。
2. 何谓税收公平原则？衡量税收公平的标准有哪些？

3. 税收效率原则的含义是什么？具体包括哪些内容？

4. 综观不同历史时期的经济学家所倡导的税收原则，从其实质内容看，可以归纳为哪几个方面的内容？

本章阅读书目

1. 国家税务总局税收科学研究所. 西方税收理论. 北京：中国财政经济出版社，1997

2. 席克正，杨君昌. 财政理论与政策选择. 上海：上海财经大学出版社，1996

3. [美] 阿图·埃克斯坦. 公共财政学. 北京：中国财政经济出版社，1983

4. [英] 安东尼·B·阿特金森，[美] 约瑟夫·E·斯蒂格利茨. 公共经济学. 上海：上海三联书店，1992

5. [英] 达尔顿. 财政学原理. 上海：黎明书局，1933

6. [英] 亚当·斯密. 国民财富的性质和原因的研究. 下卷. 北京：商务印书馆，1974

7. Harberger，A. C.，"Taxation，Resource Allocation and Welfare"，in J. F. Due，ed.，*The Role of Direct and Indirect Taxes in the Federal Revenue System*. Princeton：Princeton University Press，1964

第 10 章

税种分类与税制结构

税种分类指的是对构成税收制度的各个具体税种，如何按一定的标准，进行科学、合理的分类。对于一种完善的税收制度，税源应怎样选择？税种应如何配置？税率又应该怎样安排？这就涉及税制结构的设计问题。这些都是公共部门经济学中公共收入理论的重要组成部分。

重点问题

- 税种分类理论与税种的分类
- 税制结构设计的内容

10.1 税种的分类

税收是一个总的范畴，一个国家的税收制度总是由许多不同的具体税种构成的。在国家税收的发展历史上，虽曾有不少学者提出过实行单一税制（即税收制度只以一种税组成）的主张，如 17 世纪英国学者霍布士的单一消费税论，18 世纪法国重农学派的单一土地税论，以及后来的单一资本税论和单一所得税论。但它始终只是在理论上存在，只不过是早期思想家的一种幻想。各国的税收制度历来就是复税制（即税收制度由相互配合的多种税所组成）。在复税制中，税种不是单一的，而是多样的。如何按一定的标准把具有相同或类似性质和特点的税种加以归类，始终是公共部门经济学关注的一个问题。

10.1.1 税种分类理论的沿革

关于税种分类的理论主张（也称为“税系理论”），可以追溯到古典经济学派。处在自由资本主义时期的古典经济学派多主张以课税主体的收入来源给税种分类。威廉·配第认为，土地和劳动是财富的最终源泉，“土地是财富之母，而劳动则为财富之父”①。劳动作用于土地才有生产物，地租则是这种生产物的剩余部分，因而他主张以纳税人的地租及其派生收入来归纳税种。亚当·斯密进一步认为，资本主义社会的三个阶级（土地所有者、资本家和工人）分别有三种收入：地租、利润和工资。所有的赋税不论课征方式如何，最终只能来源于这三种收入。所以他主张以地租、利润和工资三种收入来归纳税种，即将税收归纳为三大税系：地租税系、利润税系和工资税系。

到了19世纪60年代和70年代，德国新历史学派代表人物瓦格纳，从税收应作为调节社会分配手段的思想出发，主张按课税客体给税种分类。他认为，资本和土地的收益负担能力强，应多课税；服务收入负担能力弱，应少课税；高收入者所消费的商品，应多课税；一般共同需要的商品，应少课税。由此可以相应地把税收归纳为收益税、财产税和消费税三大税系。这种按课税对象划分税种的主张较按纳税人的收入来源划分税种的主张，应当说是一个很大的进步，它可以更清楚地表明各个不同税种的社会影响，从而更便于设计符合社会需要的税制结构。

20世纪30年代的大危机和第二次世界大战之后，随着以凯恩斯主义为代表的现代财政经济理论的兴起，税收开始全面地介入经济生活，其调节经济的作用大大加强。这就要求对各个税种在经济运行中的地位进行剖析，并在此基础上，按其经济影响的不同给税种分类。为此，美国哈佛大学的教授理查德·A·穆斯格雷夫（Richard A. Musgrave）和加利福尼亚大学的教授皮吉·B·穆斯格雷夫（Peggy B. Musgrave）按货币收支在家庭和厂商两大部门之间的循环流动方向，把税收归纳为货币资金运动过程中的课税和财产的持有及转让的课税两大体系，

---

① ［英］威廉·配第：《赋税论》，66页。

并分别归属于所得课税、商品课税和财产课税三大类（10.1.2 部分将对此作详细介绍）。穆斯格雷夫把课税对象的性质及其在货币资金运动中所处的不同地位联系起来归纳税种，是税收分类理论的一个重大发展，它可以更清楚地说明不同税种对经济的不同影响，也有利于政府将调节经济的意图体现在税制结构的设计上，使税制结构模式同经济稳定发展的需要相适应。

10.1.2 税种分类

当代经济学家所采用的税种分类方法是多种多样的。在他们看来，税种的分类可以有不同的依据，可以依据这个标准来分类，也可以依据那个标准来分类。这主要看要说明什么问题而定。

1. 中央税与地方税。以税收收入的归属为标准，可以将税种划分为中央税和地方税。凡收入归中央政府支配的税种，称为中央税。凡收入归地方政府支配的税种，称为地方税。

2. 经常税与临时税。以课税权行使的方式为标准，可以将税种划分为经常税和临时税。经常税是用以保证国家经常性费用的支出。它每年按法律规定连续地课征，除非税率或其他税制规定需要变动，一般不需要再经立法机关审议。临时税是出于某一特定目的，或者国家处于非常时期而特别征收的税。它只是在规定年度内才能课征，必须由立法机关审议通过。经常税与临时税两者之间并无绝对的界限。从历史情况来看，各国的许多经常税往往就是由临时税延续而成的。

3. 实物税与货币税。以税收收入的形态为标准，可以将税种划分为实物税和货币税。实物税就是以实物缴纳的税，大多盛行于商品货币经济不够发达的社会或时代。货币税就是以货币缴纳的税，在商品货币经济较为发达的社会或时代普遍采用。从世界各国的情况来看，后者是主要的。只有在财政发生困难的特殊情况下，政府才有可能课征一定数量的实物税。

4. 对人税与对物税。以课税的主客体为标准，可以将税种划分为对人税和对物税。对人税和对物税的划分，曾有不同的说法。一般认为，对人税是着眼于人，即以人为课税的客体。其最古老的形式是“人头税”，按人征收，同等课税。其现代形式是当前世界各国普遍征收的所得税。对物税是着眼于物，即以物为课税的客体，如对各种不同种类的财产或消费的课税。

实际上，对人税有作为课税客体的物，对物税也有作为课税主体的人。所以，对人税和对物税的主要区别还在于：以主体的“人”为基础的对人税，考虑的是纳税人的个人情况和纳税能力，或是易于衡量纳税人的纳税能力；而以客体的“物”为基础的对物税，不考虑纳税人的个人情况和纳税能力，或不易于衡量纳税人的纳税能力。

5. 从量税与从价税。以计税依据为标准，可以将税种划分为从量税和从价税。从量税以计税对象的重量、件数、容积、面积等为计税依据，按预先确定的单位税额计征，也称为“从量计征”。它不受价格变动影响，却与课税对象的数量直接相关。从价税以课税对象的价格为计税依据，按一定比例计征，也称为“从价计征”。它受价格变动影响，且与课税对象的价格有紧密关系。

6. 直接税与间接税。以税负能否转嫁为标准，可以将税种划分为直接税和间接税。凡纳税人不能将税负转嫁于他人，也就是说，纳税人与负税人同为一人，不发生转嫁关系的税种，称为直接税，如所得税和财产税。凡纳税人可以将税负转嫁于他人，也就是说，纳税人与负税人并非同一人，其间发生转嫁关系的税种，称为间接税，如商品流转税。

直接税和间接税是经济学界对税种的一种流传很广的分类方法。它最早见于18世纪法国重农学派代表人物弗朗索瓦·魁奈（Francois Quennay，1694—1774）的“纯产品”理论。基于其只有农业能够生产“纯产品”的学说，魁奈提出课征于土地的税是直接税，其他税均属间接税。到19世纪，英国经济学家约翰·斯图亚特·穆勒（John Stuart Mill，1806—1873）在其《政治经济学原理》一书中，又提出以租税立法时预期税负是否转嫁为标准，来区分直接税和间接税，凡立法时预期纳税人自己直接负担的税，就是直接税；凡立法时预期纳税人能够将税负转嫁于他人负担的税，就是间接税。此后，经济学界又提出过多种直接税和间接税的划分标准。例如，以财政机关的规定为标准，凡课税对象具有永久性质和预定事实并载于税册之上的，如对财产、所得等课税，称为直接税；凡临时偶然发生，无预定事实的税，如对消费、商品流转等的课税，称之为间接税。以税源为标准，凡从收入方面直接测定其负担能力，而对财产的所有和所得的获取所课征的税，称为直接税；凡从支出方面间接测定其负担能力，而对所得的支出即消费所课征的税，称为间接税。此外，还有其他区分直接税和间接税的观点。

当代经济学界关于直接税和间接税的分类标准尽管并非完全一致，一般还是同意以税负能否转嫁为主要标准来区分直接税和间接税。但在税负如何转嫁以及所得课税能否转嫁的问题上，看法不一。

7. 所得课税、财产课税和商品课税。尽管税种的分类可以采用不同的标准，但最基本的分类还是按课税对象性质的不同来划分。以课税对象的性质为标准，可以将税收划分为所得课税、财产课税和商品课税。

凡对纳税人的所得额或利润额课征的税收，为所得课税；凡对纳税人的财产按数量或价值额课征的税收，为财产课税；凡对商品或服务买卖的流转额课征的税收，为商品课税。

经济学家们之所以重视按课税对象的性质分类，其原因有三点：其一，税收制度的核心要素是课税对象，不同的税种以课税对象作为相互区别的主要标志，并以此规定税名。按课税对象分类，不仅易于区分税种，也易于被人掌握。其二，不同的税种因课税对象不同，作用就不同，具体的征收管理办法也不同。只有按课税对象分类，才能充分把握税收的具体作用，并据此制定体现政府政策意图的税收制度规定。其三，现实各国的税制基本上就是以课税对象作为分类标准的。

10.1.1 部分已经述及，理查德·A·穆斯格雷夫和皮吉·B·穆斯格雷夫的税种分类理论，把税收放在整个国民经济的循环运动中考察，在此基础上，得出了税收由两大体系组成，并分别归属于所得课税、财产课税和商品课税的结论。现对此作进一步的介绍（见图 10—1）。

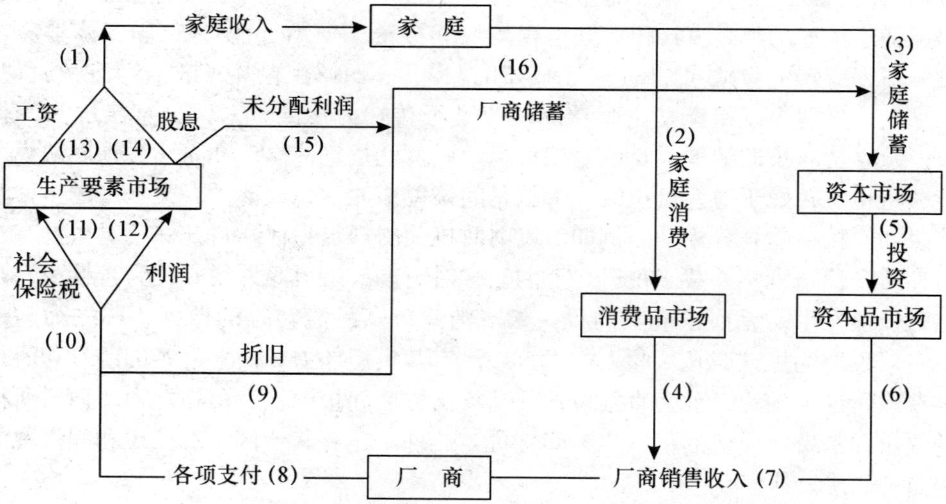

图 10—1 税收与国民经济的循环运动

首先考察前一大体系，即在货币资金运动中的课税。

如图 10—1 所示，假定整个国民经济只有家庭和厂商（或称企业）两个部门，即所谓“二元经济”。在这种经济中，会形成两种循环运动，生产要素投入和物品产出的生产流动与收入和支出的货币流动，两者流动的方向相反。

家庭向厂商提供各种生产要素，并从厂商处取得收入，而形成家庭部门的收入（1）。家庭收入一般用于两个方面：一部分用于家庭消费（2），通过在消费品市场上购买厂商提供的物品或服务，形成厂商物品和服务的销售收入（4）。另一部分则成为家庭储蓄（3），通过资本市场以投资支出形式进入资本品市场（5），购买厂商提供的资本品，形成厂商资本品的销售收入（6）。厂商销售收入（7）形成后，首先要扣除购买原材料、零部件等的价款（8），然后计提折旧（9）。其余部分（10）用于缴纳社会保险税（11）（由雇主缴纳部分）和支付使用资本的利润和利息（12），以及用于生产要素市场的其他投入，形成各种生产要素所获得的报酬，包括雇用劳动者所获得的工资（13）、股票持有者所获得的股息（14）、利息和土地所有者所获得的地租等等，最终又形成家庭的收入（1）。除此之外，厂商还保留一部分利润不予以分配（15），这部分未分配利润加上折旧，构成厂商储蓄（16），它和家庭储蓄（3）一起进入资本市场或购买资本品。整个国民经济就是这样周而复始地循环运动下去的。

政府税收就是在这种货币资金流动中选择确定一些课税点或课税环节征收的。由于课税点的位置不同而形成不同的税种。例如，（1）是对家庭收入的课税点，如个人所得税的课征；（2）是对消费支出的课税点，如消费支出税的课征；（4）是对零售营业收入的课征点，如零售销售税的课征；（7）是对厂商销售收入的课税点，如货物税的课征；（10）是对厂商扣除折旧后的净营业收入课税点，如所得型增值税的课征；（11）是对厂商工资薪金支付额的课税点，如雇主承担的社会保险税的课征；（12）是对利润的课税点，如公司所得税的课征；（13）和（14）是对个人工资收入和股息收入的课税点，如个人所得税和受雇人承担的社会保险税的课征；（15）是对厂商保留利润的课税点，如厂商保留利润税的课征。

由前述可见，处在图 10—1 上半部分的税种，基本上是以个人、家庭或厂商的所得额或其所得额中的使用额（消费支出）为课税对象的。处在图 10—1 下半部分的税种，则基本上是以厂商的销售收入额或进行某种扣除之后的销售收入额为课税对象的。由此可以将这些税种分别划分为所得课税和商品课税。

接下来考察后一大体系，即对财产的持有和转让的课税。

由于财产是以往年度的存量，不属于当年的国民生产总值和国民收入中的货币资金流动，所以没有包括在前述收入和支出的货币资金流动中（在图 10—1 中反映不出来）。不过，财产总是有归属的，或是属于个人家庭部门，或是属于厂商部门，由此可以确定对这些财产的归属者课税，或者对这些财产的转让行为课税，如对个人家庭或厂商拥有的各种财产所课征的财产税，以及对财产的遗赠所课征的遗产税、继承税及赠与税等。这些税种显然是以纳税人的财产按数量或价值额为课征对象的，属于财产课税。

据此，可以将税收按课税对象的不同归并为如下三类：

1. 所得课税，包括个人所得税、公司所得税、社会保险税、资本利得税、超额利润税、战时利得税、房地产收益税等。

2. 财产课税，包括一般财产税、个别财产税、遗产税、继承税、赠与税、净值税、资本税、土地税、房地产税等。

3. 商品课税，包括销售税（营业税）、国内产品税、关税、增值税、消费税等。

10.1.3 国际通用的税种分类

从具体的国别来说，税种的分类可以视其目的不同而采用不同的标准，没有必要强求一致。但从国际比较的角度来看，采用一个大体一致的标准对各国的税种加以适当的归类，并在此基础上进行国际比较，显然是完全必要的。目前在国际上，影响最大的税种分类方法主要有两种。①

1. 经合组织的税种分类。经合组织（Organization for Economic Cooperation and Development，OECD）是由主要发达国家于 1961 年 9 月 30 日成立的经济联合组织，其《年度财政统计手册》把成员国征收的税收划分为以下六类：

第 1 类：所得税，包括对所得、利润和资本利得的课税；

第 2 类：社会保险税，包括对雇员、雇主以及自营人员的课税；

第 3 类：薪金及人员税；

第 4 类：财产税，包括对不动产、财产值、遗产和赠与的课税；

第 5 类：商品与服务税，既包括产品税、销售税、增值税、消费税等，也包括对进出口课征的关税；

第 6 类：其他税。

2. 国际货币基金组织的税种分类。国际货币基金组织（International Monetary Fund，IMF）是 1945 年 12 月 27 日根据《国际货币基金协定》建立的国际金融组织，它采取的税种分类标准和经合组织的税种分类标准基本一致。不同之处仅是它把商品与服务税一分为二，国内部分划分为第 5 类，进出口贸易部分划分为第 6 类，另加第 7 类为其他税收。此外，经合组织把社会保险税视为税收收入，国际货币基金组织则将其认定为非税收入。即，第 1 类：所得税，包括对所得、利润和资本利得的课税；第 2 类：社会保险税，包括对雇员、雇主以及自营人员的课税（按非税收入统计）；第 3 类：薪金及人员税；第 4 类：财产税，

① 参见唐腾翔：《比较税制》，24～27 页，北京，中国财政经济出版社，1990。

包括对不动产、财产值、遗产和赠与的课税；第 5 类：商品与服务税，包括产品税、销售税、增值税、消费税等；第 6 类：进出口关税；第 7 类：其他税收。经合组织和国际货币基金组织的税种分类方法，为在国际上进行国与国之间的税制比较提供了可能。

10.2 税制结构的设计

在公共部门经济学中，一般用税收原则理论来解释税制结构的设计。这是因为，要发挥各个税种相辅相成的作用，避免各个税种间可能的冲突，建立合理的税制结构，首先需要考虑的就是税收原则的要求。既然当代经济学界所推崇的税收原则可以概括为税收公平原则和税收效率原则两个方面，那么，如何按照这两大原则的要求解决好下述几个问题，便成为其关注的焦点。

10.2.1 税种的配置

按照税收原则的要求来解决税种的配置问题，并不意味着所选择的税种都能够完全符合各项税收原则的要求。实际上，社会经济的复杂性决定了这样的税种在现实中是不可能存在的。比如累进所得税，从税收公平的角度看，它应当排在较高的地位。它既可以体现横向公平的要求，对处于同等经济地位的纳税人按相同的税率征税，又可以体现纵向公平的要求，对处于不同经济地位的纳税人按累进的税率征税。但就税收效率而言，累进所得税则应排在较低位。因为累进课征所得税的一个突出特点，就是它的边际税率随着收入的增加而逐步提高，对劳动投入、储蓄、投资等都有较大的替代效应，这对经济效率又是有损的。

所以，税种的配置实际上研究的是各个税种之间的相互配合问题。在此基础上，才能合理设置各个税种，使其相互协调，相互补充，形成一个能在总体布局上体现税收原则要求的税收体系。

由各个税种构成的相互协调、相互补充的税收体系，总是要有某一种或几种税居于主导地位。这种居主导地位的税种就构成税制结构中的主体税种，其他税种就是辅助税种。其中，主体税种的选择对于税种的合理配置具有关键意义。

在主体税种的选择上，经济学界一般是推崇所得课税的。著名经济学家 J. R. 希克斯（J. R. Hicks）和 M. F. N. 约瑟夫（M. F. N. Joseph）曾分别在《价值与资本》和《间接税的额外负担》两部著作中，对所得课税和商品课税进行了比较研究，并得出了所得课税优于商品课税的结论。

希克斯和约瑟夫分析的理论前提是：课税前的经济处于完全竞争状态，无外部因素的影响，且存在具有“帕累托效率”的资源配置；生产要素的供给固定，并在课税前后都能做到充分利用；所有纳税人的状况相同，如相同的偏好，相同的收入水平等等；税收的征收既无征收费用，也无奉行费用；不论是所得课税，还是商品课税，课征数额均为 R^*，公共支出模式也不变；纳税人只消费两种商品：X_1 和 X_2；政府只有两种选择，即或是对其中一种商品课税，或是对所有收入课征所得税。

图 10—2 表示消费者购买商品 X_1 和 X_2 的不同选择的组合情况。政府课税之前，消费者有一定的货币收入 m，X_1 和 X_2 的价格分别为 P_1 和 P_2，其面临的预算约束（budget constraint）可以用公式表示为：

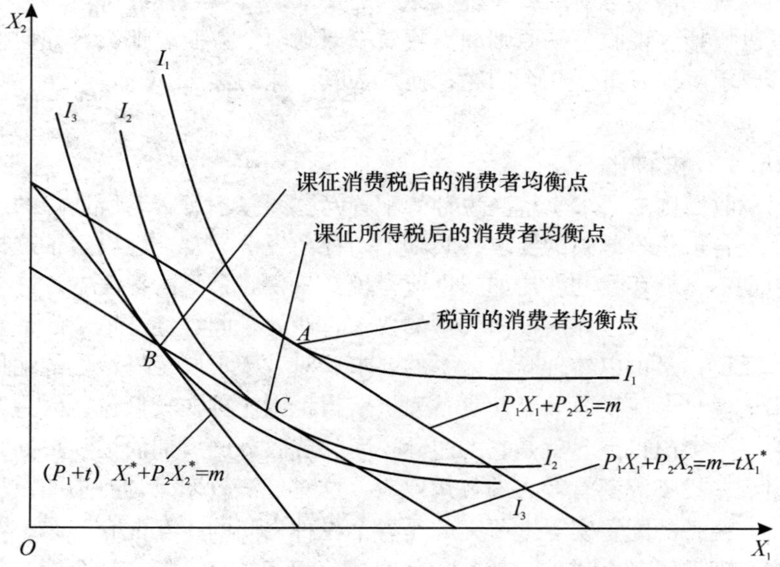

图 10—2　消费税和所得税对消费者选择的效应比较

$$P_1X_1+P_2X_2=m \tag{10.1}$$

图中，$P_1X_1+P_2X_2=m$ 线的斜率为 $-P_1/P_2$，表示 X_1 和 X_2 的相对价格。消费者的偏好可以用一组无差异曲线表示，每条曲线表示消费者同等满足程度下在 X_1 和 X_2 之间进行消费选择组合的轨迹。税前的消费者均衡点为 $P_1X_1+P_2X_2=m$ 线与其所能达到的最高的无差异曲线 I_1I_1 的切点 A。

当政府对 X_1 征收消费税（从量征收，税率为 t）时，消费者面临的新的预算限制为：

$$(P_1+t)X_1^*+P_2X_2^*=m \tag{10.2}$$

这是因为对 X_1 征税后，X_1 的相对价格提高了，由 P_1 升至 P_1+t，预算限制线的倾斜度因之加大。在 $(P_1+t)X_1^*+P_2X_2^*=m$ 线与其所能达到的最高的无差异曲线 I_3I_3 的切点 B，形成课征消费税后的消费者均衡点。可以看出，新的消费者均衡点较之税前为低。无差异曲线 I_1I_1 上 A 点所获得的满足程度同无差异曲线 I_3I_3 上 B 点所获得的满足程度之间的差额，代表由于征收消费税而使消费者境况变坏的数量，政府由此取得的收入为：

$$R^*=tX_1^*; \tag{10.3}$$

现再假定政府课征的不是消费税，而是所得税，则消费者面临的新的预算限制为：

$$P_1X_1+P_2X_2=m-R^* \tag{10.4}$$

为了表示政府征税数额没有变化，可以将 $R^*=tX_1^*$ 代入上式，即：

$$P_1X_1+P_2X_2=m-tX_1^* \tag{10.5}$$

它同样会使预算限制线 $P_1X_1+P_2X_2=m$ 向内移动，只不过所得税不会影响消费者对 X_1 和 X_2 的选择，两种商品的相对价格不会因此而变化。所以，新的预算限制线 $P_1X_1+P_2X_2=m-tX_1^*$，必然与原来的 $P_1X_1+P_2X_2=m$ 线具有相同的斜率 $-P_1/P_2$。所得税减少了个人收入，因此会同时减少两种商品的消费。

根据政府征税数额没有变化的假设，$P_1X_1+P_2X_2=m-tX_1^*$ 线肯定经过 B 点，说明消费者无论是缴纳消费税，还是缴纳所得税，税后都有能力购买 B 点组合下的商品。但问题在于，相对于 $P_1X_1+P_2X_2=m-tX_1^*$ 线而言，B 点并不是其最高的满足程度点，它还可以达到更高的无差异曲线 I_2I_2。在 $P_1X_1+P_2X_2=m-tX_1^*$ 线与 I_2I_2 线的切点 C，形成课征所得税后的消费者均衡点。很明显，I_2I_2 的境况要好于 I_3I_3。

由此得出的结论是，所得税给纳税人带来的额外负担（或说是对经济效率的损害程度）比同量的消费税轻。其原因在于，所得税不会影响商品的相对价格，对消费者的选择和资源配置的干扰相对要小。①

除了希克斯和约瑟夫所揭示的分析结果之外，所得课税还有其他方面的优点。比如，所得税是一种直接税，一般不能像商品课税那样采取提高商品价格的

---

① 实际上，所得税对经济选择也有一定的干扰作用，故也存在额外负担的问题。只不过同消费税相比，其额外负担相对较小罢了。

途径转嫁税负；所得税作为经济生活中的一种内在稳定器，可以削弱国民收入对经济波动反应的灵敏程度；所得税作为一种政策变量，可以通过相机抉择的政策措施，在促进经济的稳定方面发挥作用。在战后商品输出转变为大量资本输出的新情况下，推行所得税制可以克服间接税在维护国家经济权益和取得财政收入方面的局限性，与国际经济关系的发展状况相适应等等。

这些理论观点对大多以所得税为主体的经济发达国家税制结构的形成，产生了重要影响。

10.2.2 税源的选择

在税源的选择问题上，经济学家强调区分税本和税源的意义。税本、税源和税收之间的关系是，税本是税收来源的根本，税源是由税本产生的收益，税收则来自于收益。若将税本比喻为果树，那么果树所生产的果实就是税源，从果实中取出若干交给国家，即为税收。显而易见，有税本才有税源，有税源才有税收。所以，税源的选择问题实际上研究的是如何保护税本，尽可能不使税收侵及税本。

可以作为税源的，一般无非是地租、利润和工资。“个人的收入，最终总是出于三个不同的源泉，即地租、利润与工资。每种赋税，归根结底，必定是由这三种收入源泉的这一种或那一种或无区别地由这三种收入源泉共同支付的。”[①]在此范围内课税，虽“无疑会多少成为新资本进一步蓄积的阻碍，但不一定会破坏现存的资本。”[②] 也就是说，以地租、利润和工资作为税源，并将课税的额度限制在这个范围内，虽有可能课税过重，导致税源枯竭，但一般不致损害税本。至于财产，尤其是在财产中占重要地位的生产性资本，则属于税本的范畴，一般是不能作为课税对象的，否则就会损害资本的形成和积累，最终导致国民经济萎缩，政府公共收入来源枯竭。然而，生产性资本不宜作为课税对象，并不意味着对所有的财产都不能课税。基于某些特定的目的，对非生产性的私人财产的课税也是必要的。例如，课征遗产税、赠与税，可以达到促使社会财富合理分配的目的，对以股票、债券为代表的有价证券的课税，一方面并未伤及税本，另一方面也是调节国民收入分配的重要手段。在上述情况下，财产是可以而且应当作为税源的。

10.2.3 税率的安排

税率的安排，实际上解决的是两个方面的问题：一个是税率水平的确定，另

① ［英］亚当·斯密：《国民财富的性质和原因的研究》，下卷，384页。

② 同上，489页。

一个是税率形式的确定。

对前一个问题，经济学界曾有过两大学说，即所谓无限课税说和有限课税说。无限课税说认为，政府征税一方面减少人民的收入，另一方面增加国家的财富，即使课征重税，也不会影响国民经济，因而主张无限课税；有限课税说认为，政府征税不应该超过再生产的限度，不应该课征所得的全部，也就是不能课征到人民生活的最低限度。比较来看，无限课税说显然是错误的。如果税负水平无限提高，必然影响经济的发展，最终导致税源枯竭，税收减少，这是不言自明的道理。对确定税率水平有指导意义的是有限课税说，也就是要把税收的额度控制在税源的一定范围内，不能竭泽而渔。但税率水平究竟多高为合适，经济学界并无十分确切的说法，在这方面值得一提的是美国供给学派主要代表人物阿瑟·拉弗（Arther Laffer）描述的“拉弗曲线”原理。

拉弗为了给其宣扬的减税政策提供理论依据，把税率和税收的关系用一条曲线来说明，这条曲线被称为“拉弗曲线”（Laffer curve），其基本含义是：税率水平有一定限度，在一定限度内，税率提高，税收收入增加，因为税率提高不会等比例地导致税源的减少（见图 10—3）。

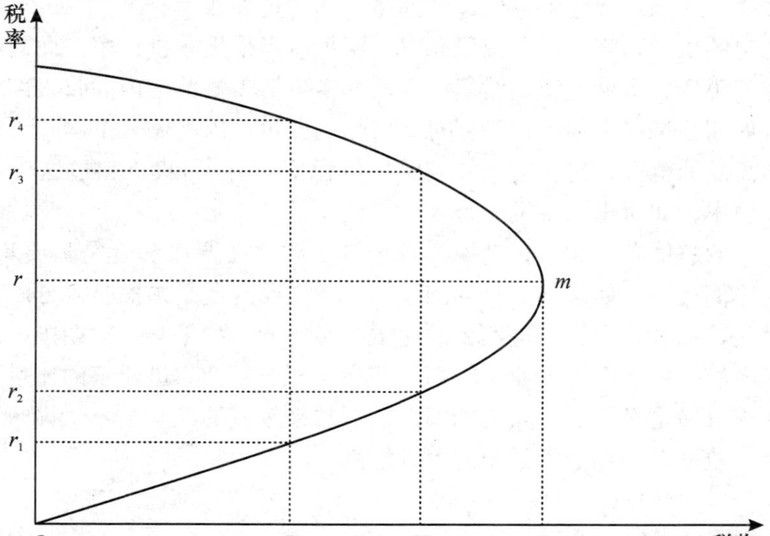

图 10—3　拉弗曲线

图 10—3 是用比较规范化的表述方式绘制而成的“拉弗曲线”。如图 10—3 所示，税率由 r_1 提高到 r_2，税收收入即由 OP 增加到 ON。但税率提高超过一定

限度，就会影响人们工作、储蓄和投资的积极性，从而导致税基减少的幅度大于税率提高的幅度，税收收入反而减少。如图 10—3 所示，税率由 r_3 提高至 r_4，税收收入即由 ON 减少至 OP。从图上看，rm 线就是税率的临界点。在这个税率水平上，税收收入最大，为 OR。超过了这个界线，就是税收的禁区。由此得出的结论是，税率的水平应当以 r 为限，并以 r 为最佳税率点。这种理论对 20 世纪 80 年代以美国为代表的西方经济发达国家的税制改革有很大的影响，成为其推行大规模减税政策，确定恰当税率水平的理论依据。

对税率形式的确定问题，面临的选择主要是两种，即比例税率和累进税率。前已述及，就税收公平而言，累进税率是较优的选择。在累进税率下，纳税人适用的税率水平随其收入的增加而提高，因此所缴税款的增加多于按比例的缴纳，但会对纳税人的工作、储蓄和投资的积极性产生阻碍。就税收效率而言，比例税率又是较优的选择。在比例税率下，纳税人适用的税率水平是同一的，不论收入水平多高，都按其收入的一个相同的比率缴纳税款，一般不会对纳税人的工作、储蓄和投资的积极性产生阻碍。既然公平和效率不可能同时兼得，税率的选择总要在是多要公平少要效率，还是多要效率少要公平之间进行权衡。经济学界认为，在税率形式确定问题上的最佳选择是，两种税率兼而有之。

就特定的税种而言，所得课税和财产课税应当采用累进税率，而商品课税应当采用比例税率。也就是说，对属于人们基本生活需要范围内的收入部分采用比例税率，如商品课税中的消费税（对奢侈品的课税可以视做一个例外，它不属于基本生活需要的范围，但多适用较高的比例税率），而当收入超过这个限度时则采用累进税率，如所得课税类的个人所得税。

就税率的总体布局而言，应视客观经济形势的需要而确定是多要累进税率，还是多要比例税率。如果某一时期国家面临的主要问题是国民收入分配不公，社会矛盾激化，那么，增加累进税率的比重是必要的。如果某一时期国家面临的主要问题是经济发展停滞，失业率较高，那么，相对降低累进税率的比重，增加比例税率的成分又是必要的。当前的倾向是，越来越多的经济学家认为，为了提高社会的经济效率，必须降低税制的累进性。

本章小结

1. 世界各国的税收制度历来都是采用复税制的形式。如何按一定的标准把具有相同或类似性质和特点的税种加以归类，始终为经济学界所关注，并为此提出了许多不同的主张。古典经济学派多主张以课税主体的收入来源给税种分类；德国新历史学派主张按课税对象给税种分类；现代经济学界则倾向于按经济影响的不同给税种分类，并把课税对象的性质与其在货币资金运动中所处的不同地位联系起来归类税种，这是税种分类理论的重大发展。

2. 税种分类的方法是多种多样的：以税收收入的归属为标准，可以分为中央税和地方税；以课税权行使的方式为标准，可以分为经常税和临时税；以税收收入的形态为标准，可以分为实物税和货币税；以课税的主客体为标准，可以分为对人税和对物税；以计税依据为标准，可以分为从量税和从价税；以税负能否转嫁为标准，可以分为直接税和间接税。但最基本的是依课税对象的性质分类，将税收划分为所得课税、财产课税和商品课税。除此之外，经合组织和国际货币基金组织的税种分类比较适用于国家间的税制比较。

3. 经济学界一般用税收原则理论解释税制结构的设计。经济学家们主张，在税种的配置上，应研究各个税种之间的相互配合问题，选择好主体税种和辅助税种，形成一个由各个税种构成的相互协调、相互补充的税收体系；在税源的选择上，应区分税本和税源，研究如何保护税本，尽可能不使税收侵及税本；在税率的安排上，应使税率控制在适度的水平上，并根据客观经济形势的需要选择好税率的形式。

关键术语

单税制	复税制	税种分类理论（税系理论）
税系	中央税	地方税
经常税	临时税	实物税
货币税	对人税	对物税
计税依据	从量税	从量计征
从价税	从价计征	直接税
间接税	课税对象	所得课税
财产课税	商品课税	税制结构
税种	主体税种	辅助税种
内在稳定器	相机抉择的政策措施	税本
税源	无限课税说	有限课税说
拉弗曲线	比例税率	累进税率

复习思考题

1. 简述经济学界税种分类理论的沿革。

2. 税种可以按照什么样的标准进行怎样的分类？最基本的分类方法是什么？可以将税收分为哪几类？

3. 税制结构设计包括哪些内容？具体应该怎样进行安排？

本章阅读书目

1. 侯梦蟾. 税收经济学导论. 北京：中国财政经济出版社，1990

2. 高培勇. 西方税收——理论与实践. 北京：中国财政经济出版社，1993

3. [美] 哈维·S·罗森. 财政学. 北京：中国财政经济出版社，1992

4. [英] 西蒙·詹姆斯，克里斯托弗·诺布斯. 税收经济学. 北京：中国财政经济出版社，1988

第 11 章

税收制度

税收是一种具有强制性、无偿性、固定性的征收，显然必须以政府的政治权力为依托。为了使这种政治权力的行使有章可循，也为了保证纳税人的合法权益不受侵犯，国家总要通过立法程序确定税法，将征纳双方的权利和义务法律化、制度化。这种由税法所制约的、由一系列具体规定所构成的整套课税办法，就是税收制度。对具体税收制度的考察，是税收理论分析的基础。

重点问题

- 所得课税包括的具体税种及其征收制度
- 财产课税包括的具体税种及其征收制度
- 商品课税包括的具体税种及其征收制度

11.1　所得课税

对所得课税的考察，可以从其含义、性质和类型入手，然后再转入具体税种的讨论。

11.1.1 所得课税的基本概念

所谓所得课税，就是以所得为课税对象，向取得所得的纳税人课征的税。这一课税体系，主要包括个人所得税、公司所得税和社会保险税（工薪税）。

1. 所得课税的特点。一般地说，所得课税具有以下三个显著的特点：

（1）所得课税的对象是一定的所得额，而且是扣除了各项成本和费用开支之后的净所得额。在现代市场经济条件下，一定时期内的国民收入经过初次分配和再分配过程，大体形成工资收入、股息收入、利息收入、未分配利润、农民和其他小生产者的收入以及土地所有者和房产主的租金收入等等份额。所得课税就是以这些收入份额为课征的对象。

明确了所得课税是以国民收入分配的各个份额为课税对象之后，所得额的计算或测度，就成为一个十分重要的问题。所得课税的课征对象在理论上被定义为净所得，而不是总所得（毛收入）。这是因为，总所得相同的纳税人，如各个厂商，其纳税能力往往具有很大的差异。各个厂商的能源消耗不同，成本开支水平不同，即使产品出售后所获得的毛收入相同，在扣除了产品成本之后，厂商真正能够支配的收入，即利润可能会相当悬殊。若根据总所得的数额对厂商课税，显然会与各个厂商的负担能力不相适应。或是一部分厂商缴不起税或所缴税款占其可支配收入的很大比重，或是一部分厂商所缴税款只占其可支配收入的很小比例，这无疑是不符合按纳税能力征税原则的。所以，所得课税的课征对象不仅是所得额，而且是扣除了各项成本和费用开支之后的净所得额。

（2）应税所得额的计算，通常要经过一系列复杂的程序。所得课税以净所得为课征对象，但净所得并非应税所得。从纳税人的总所得到净所得，从净所得到应税所得，通常要经过一系列复杂的计算程序。

例如，美国联邦个人所得税应税所得额的计算，要经过四个步骤。这就是：从纳税人个人的“总所得”中剔除不予计列的项目（税法允许的某些可以从个人所得中剔除的所得项目），得到“毛所得”；从“毛所得”中减去必要的“费用开支”，得出“调整毛所得”；从“调整毛所得”中减去税法允许的“扣除项目”，得出“净所得”；再从“净所得”中减去“个人宽免额”，然后才得出“应税所得”。

在美国，应税所得额的计算之所以如此复杂，是因为美国政府将所得课税作为调节国民收入分配，执行经济政策和社会政策的重要工具来使用。因此，为了对纳税人的不同所得项目实行区别对待，便须通过“不予计列项目”将某些所得项目排除在应税所得之外；为了根据纳税人的净所得而不是总所得课税，便须通过“费用开支”项目的具体规定，将纳税人为获取所得而必需的业务费用开支从应税所得中扣除；为了照顾到纳税人的某些特殊生活开支，如医药费开支、利息开支等的需要，便须通过“扣除项目”将这些开支排除出应税所得；为了考虑纳税人赡养或抚养亲属的情况，以适应具有相同收入的不同类型家庭的负担能力，便须通过“个人宽免”项目，从应税所得中按家庭人口数字固定扣除一定数额等等。

美国的情况是这样的，其他国家的情况也大体如此。虽然各国所得税法规定的具体内容不尽相同，但在应税所得额的计算中规定有名目繁多的扣除项目和减免项目这一点上，则存在着高度的一致性。

（3）所得课税通常按累进税率课征。累进税率的适用范围虽然并不只限于所得课税，而且所得课税也并非都采用累进税率，但实行累进税率却不能不说是所得课税的一大特点。

在应税所得额已经确定之后，目前世界各国一般都以累进税率来计算税额并进行课征，并且又都以超额累进税率为主。前已述及，累进税率有全额累进税率和超额累进税率两种形式。两种形式虽然都是由低到高规定一系列税率，每一税率都与一定的应税所得额相联系，但税率与应税所得额的联系却是不同的。在全额累进制下，达到一定数额的全部应税所得额都要以其相对应的同一个税率来课税；但在超额累进制下，全部应税所得额被分成几部分，各个部分分别以不同税率来计算税额，把各个部分的税额相加，才得出全部应纳税额。

由于是实行超额累进税率，在分析所得税的负担水平时，必须区分名义税率和实际税率，边际税率和平均税率。假定下面的税率表为超额累进税率（见表11—1），那么，对于15 000元的应税所得额，从税率表上看其“名义税率”是50%；但是，“实际税率”却不止一个，它包括了50%以前的全部税率，即50%、40%、30%、20%和10%。50%只是其中的一个税率，而且未必是最主要的。这样，表面上看，高收入者看起来负担很重，但实际负担却并非那么重。“边际税率”就是随着应税所得额的增大而最后适用的税率。如上例，若是15 000元的应税所得额，则边际税率是50%。若为10 000元的应税所得额，边际税率则是40%。在实际计算税额时，按应税所得额的大小，只对超过某一应税所得额级距的部分，按较高一级税率计算，直至最后的应税所得额的增量，才按边际税率计算。而“平均税率”是全部税额同全部应纳税额的比率，它同边际税率有很大的差异。如前例，15 000元应税所得额的边际税率是50%，但平均税率是33.3%；10 000元应税所得额的边际税率是40%，但平均税率是25%。

表 11—1　　超额累进税率举例

应税所得额级距（元）	税率（%）
0～2 000	10
2 000～5 000	20
5 000～8 000	30
8 000～10 000	40
10 000～15 000	50
⋮	⋮

2. 所得课税的类型。在理论上，所得课税通常被划分为以下三种类型：

（1）分类所得税。分类所得税，也称为分类税制，是将所得按来源划分为若干类别，对各种不同来源的所得，分别计算征收所得税。

例如，可以将所得按工资薪金所得、股息利息所得、营业利润所得、租金所得等分成若干类，对工资薪金或其他服务报酬课以薪金报酬所得税，对股息利息所得课以股息利息所得税，对营业利润所得课以营利所得税，对土地和房屋的租金所得课以不动产所得税等等。

分类所得税的立论依据在于，对不同性质的所得项目应适用不同的税率，分别承担轻重不同的税负。勤劳所得（earned income），如工资薪金，要付出辛勤的劳动才能获得，应课以较轻的所得税。投资所得（capital income），如营业利润、股息、利息、租金等，是凭借其拥有的资产而获得的，所含的辛苦较少，应课以较重的所得税。因此，分类所得税的优点之一，就是它可以按不同性质的所得，分别采用不同的税率，实行差别待遇。

分类所得税的另一个优点，是可以广泛采用源泉课征法，从而既可以控制税源，又可以减少汇算清缴的麻烦，节省稽征费用。

分类所得税最早创始于英国，但今天纯粹采用分类所得税的国家已很少。即使采用，也是将其与综合所得税配合使用。如目前英国的“所得分类表制度”，就是将所得分为六大类（简称“六类表”），每个分类表分别规定了必要费用的扣除标准，各类所得扣除必要费用后，就可以得出各分类表的法定所得。然后在此基础上，将各类法定所得加以汇总计算，得到总所得。从总所得中再减除各种减免、扣除项目后，就是英国个人所得税的应税所得额。从这里可以看出，英国目前的所得税虽然具有分类所得税的特征，但也同时带有某些综合所得税的成分。

（2）综合所得税。综合所得税，也称为综合税制，是对纳税人全年各种不同来源的所得，综合计算，征收所得税。

以美国联邦个人所得税为例，总收入在税法上被定义为“产生于各种渠道的全部收入，法律排除的在外”。它包括以现金、财产或服务等各种形式所得的收入。由此可以看出，综合所得税的突出特征，就是不问收入来源于什么渠道，也不问收入采取何种形式，而将各种来源和各种形式的收入，加总求和，统一计税。

综合所得税的指导思想在于，既然所得税是一种对人税，课税依据就应是人的总体负担能力，其应税所得当然应该综合纳税人全年各种所得的总额，减除各项法定的宽免额和扣除额后，按统一的累进税率课征。所以，综合所得税的突出优点，就是它最能体现纳税人的实际负担水平，最符合支付能力原则或量能课税的原则。

综合所得税最早形成于19世纪中叶德国的普鲁士邦。此后便迅速发展，逐渐为越来越多的国家所接受，成为当代所得税课征制度的一个重要发展趋向。

（3）分类综合所得税。分类综合所得税，也称为混合税制，是将分类和综合两种所得税的优点兼收并蓄，实行分项课征和综合计税相结合。

以日本实行的个人所得税为例，日本在税法上将个人收入项目共分为10类：1）利息；2）股息；3）不动产所得；4）经营利润；5）工薪收入；6）退休金；7）林业收入；8）资本利得；9）临时所得；10）其他收入。对以上10类收入项目，日本按三种方法计征个人所得税：其一是综合计征法，适用于第3）类、4）类、5）类、9）类、10）类收入；其二是分类计征法，适用于第6）类、7）类收入；其三是综合或分类选择计征法，适用于第1）类、2）类、8）类收入。不难看出，日本个人所得税就是实行了兼具综合所得税和分类所得税两种特征的所谓混合税制。

分类综合所得税是当今世界上广泛实行的一种所得课税类型，它反映了综合所得税与分类所得税的趋同态势。其主要的优点在于，它既坚持了按支付能力课税的原则，对纳税人不同来源的收入实行综合计算征收（综合所得税的优点所在），又坚持了对不同性质的收入实行区别对待的原则，对所列举的特定收入项目按特定办法和税率课征（分类所得税的优点所在）。除此之外，它还具有稽征方便，有利于减少偷漏税等方面的优点。也正因为如此，它被经济学家们视为一种比较好的所得课税类型。

11.1.2 个人所得税

在所得课税中，个人所得税的地位举足轻重。个人所得税是以纳税人个人的所得为课税对象的一种税收。

世界各国的个人所得税制度相当烦琐，具体到每一个国家又各具特色。这里仅讨论其共同点或相似之处。

1. 个人所得税的课征范围。就一般意义来说，税收的课征范围指的是一个主权国家的税收管辖权涉及课税主体（纳税人）和课税客体（课税对象）的范围。要说明个人所得税的课征范围，须先从税收管辖权说起。税收管辖权是国家主权的有机组成部分。在现代国际社会中，所有主权国家对其管辖领域内的一切人和物，均有行使国家主权的权力，税收管辖权就是国家在处理税收事务方面的管理权。

在各国长期实践的基础上，已经为国际公认的税收管辖权原则大体有两种：一是属地主义原则，它根据地域概念确定，以一国主权所及的领土疆域为其行使税收管辖权的范围，而不论纳税人是否为本国公民或居民。按照属地主义原则所确立的税收管辖权，叫做“收入来源地税收管辖权”。这种税收管辖权确认收入来源国有权对任何国家的居民或公民取得的来源于其境内的所得课税。二是属人主义原则，它依据人员概念确定，以一国所管辖的公民或居民为其行使税收管辖权的范围，而不论这些公民或居民所从事的经济活动是否发生在本国领土疆域之内。按照属人主义原则所确立的税收管辖权，叫做“居民（公民）税收管辖权”。这种税收管辖权确认，居住国或国籍国有权对居住在其境内的所有居民和具有本国国籍的公民取得的来源于全世界范围的所得课税。

由此也就决定了各国在个人所得税上可能的课征范围，即本国居民或公民取得的来源于全世界范围的所得以及外国居民或公民取得的来源于该国疆域范围的所得。换句话说，居民或公民要承担全部所得的纳税义务，非居民或非公民则承担有限纳税义务。

既然各国有权对本国居民或公民取得的来源于全世界范围的所得课征个人所得税，纳税人居民或公民身份的认定也就成了一个关键的问题。也就是说，只有在自然人是本国居民或公民的条件下，才可以对其来源于全世界范围的所得课税。

公民身份的认定比较容易。由于公民身份的取得必须以拥有国籍为前提条件，各国便多以国籍作为区分公民和非公民的标准。

居民身份的认定相对复杂，各国通行的自然人居民认定标准可以分为三种：(1) 住所标准，即纳税人若在本国境内拥有永久性住所或习惯性住所，就是本国居民；(2) 时间标准，即纳税人若在本国境内居住或停留超过一定时间（一般为90天），就是本国居民；(3) 意愿标准，即纳税人若有在本国境内居住的主观意愿，就是本国居民。

类似的问题也存在于收入来源地税收管辖权的行使上。既然各国有权对外国居民或公民取得的来源于本国境内的所得课征个人所得税，那么，也只有在认定外国纳税人与本国具有收入来源地的联结因素的前提下，才可以对其来源于本国境内的所得课税。

各国通行的收入来源地认定标准一般多视所得项目的不同而有所区别：（1）服务报酬所得，依据服务活动的受雇地点或就业地点而定。若受雇地点或就业地点在本国境内，本国即为收入来源地；（2）利息所得，依据是否由本国境内债务人支付而定，若是由本国境内债务人所支付，本国即为收入来源地；（3）股息所得，依据支付股息公司的设立地点而定，若是由设在本国境内的公司所支付，本国即为收入来源地；（4）财产租赁所得，依据财产的坐落地点而定，若财产坐落在本国境内，本国即为收入来源地；（5）特许权使用费所得，依据版权、商誉、专有技术、专利等特许权的使用和费用支付地点而定，若在本国境内使用并支付费用，本国即为收入来源地；（6）不动产所得，和财产租赁所得一样，依据不动产的坐落地点而定，若不动产坐落在本国境内，本国即为收入来源地。

需要指出的是，上述的居民、公民以及收入来源地的认定标准，只是国际通行的一般规则。具体到各国，则有许多细微的差别，而且最终要决定于各国的国内税法。

2. 个人所得税的课税对象。个人所得税的课税对象，一般地说是个人的所得额。但对所得的概念，经济学界却有着许多不同的解释。一种是狭义的解释，它将所得定义为在一定期间内运用资本或劳力所获得的货币收益或报酬；另一种是广义的解释，它将所得定义为在一定期间内所获得的一切经济利益，而不管其来源怎样，方式如何，是货币收益还是实物收益。

较为流行的解释是，所得是指财富的增加额，它应等于一年内的消费支出额加上财富净值的变动额。按照这种解释，凡是能够增加一个人享用物品和服务能力的东西，都应该视为所得。所以，无论经常所得或偶然所得，可预期所得或不可预期所得，已实现所得或未实现所得，都应包括在所得的范畴之内。

但是，对所得概念理论上的解释并不等于其在实践中的应用。实践中，个人所得的范围要狭窄得多，且不说实际课征所得税时，总要依据其性质将所得进行相应的分类，如将所得区分为毛所得和净所得，财产所得和劳动所得，实际所得和名义所得，经常所得和偶然所得，交易所得和转移所得，应收所得和现金所得等，而且就其形式来说，它一般也主要由工资、薪金、股息、利息、租金、特许权使用费以及资本利得等构成。

各国个人所得税法对课税所得范围的处理，大体有两种情况：一种可以以美国联邦个人所得税法规定的“总所得”概念为典型，即课税所得应包括“全部收入”，但在实际计算上，从“全部收入”到“应税收入”，还要经过一系列复杂的调整；另一种可以以英国的“所得分类表制度”为典型，即在税法中对各项收入分类列举，把全部收入分为六类，但对各类收入也要做一系列调整，计算出各类收入的法定所得，然后再综合全部法定所得，得到“总所得”，并对总所得进行进一步调整，最后得出“应税所得”。

如前所述，个人所得税的课税对象，虽然定义为个人的所得额，但所得额并不就是个人所得税的计税基数或应税所得，还必须从中扣除必要的费用之后才是应税所得。就个人所得税而言，所谓必要的费用主要由两个部分构成：一部分是为取得收入而必须支付的有关费用，即所谓“事业经费”，如差旅费、午餐费、工作服费、维修费、搬迁费等等。因为只有允许扣除这部分费用开支，才能体现对净所得课税的原则。另一部分是为养家餬口而必需的“生计费”。因为如果只顾征税，不管生计，社会成员的生活就没有保障。

对前一部分费用，通常是按项目规定扣除标准。但各国在具体把握上，宽严程度有较大差别。对后一部分费用，则通常是按照家庭成员的构成规定扣除标准，而这又依各国经济的发展水平和人民生活水平的高低而有所不同。

3. 个人所得税的适用税率。求得应税所得之后，就可以依照税率表上规定的适用税率，计算纳税人的应纳税额。其计算公式为：

$$\text{应税所得} \times \text{适用税率} = \text{应纳税额} \tag{11.1}$$

世界各国的个人所得税税率目前大都以累进税率为基本形式，也就是税收负担随着纳税人收入等级的上升相应递增。

如前所述，累进税率有全额累进税率和超额累进税率之分。在其他条件相同时，后者的累进程度比前者和缓；前者在临界收入上可能发生纳税人税后利益倒挂的现象，而后者一般不会如此。① 现今各国一般都在个人所得税上实行超额累

---

① 一般说来，可以用来衡量税收累进程度的方法有三种：

（1）以实际税率的变化程度对所得的变化程度之间的比率来衡量。设 t_1 为对高收入者征收的税额，t_0 为对低收入者征收的税额，Y_1 为高收入者的个人应税所得，Y_0 为低收入者的个人应税所得，即：

$$\frac{t_1/Y_1 - t_0/Y_0}{Y_1 - Y_0}$$

（2）以税额变动的百分比对个人应税所得变动的百分比之间的比率来衡量，即：

$$\frac{t_1 - t_0}{t_0} \bigg/ \frac{Y_1 - Y_0}{Y_0}$$

（3）以税后所得变化的百分比对税前所得变化的百分比之间的比率来衡量，即：

$$\frac{(Y_1 - t_1) - (Y_0 - t_0)}{Y_0 - t_0} \bigg/ \frac{Y_1 - Y_0}{Y_0}$$

进税率。

除了规定基本税率之外，对于某些特殊性质的收入项目，往往还要规定特殊税率。尤为普遍的是，许多国家，如英国、美国等，都把资本利得从综合收入中划出来，规定较低的税率。这些较低的税率通常只相当于个人所得税正常税率的50%左右。其原因有很多，但主要是为了照顾在资产持有期间可能发生的通货膨胀对资产价值的侵蚀影响，并对私人投资发挥刺激作用。

4. 个人所得税的课征方法。个人所得税的课征方法有从源征收和申报清缴两种方法，各国往往根据不同收入项目，同时采用这两种课征方法。

(1) 从源征收法。所谓从源征收法，是指在支付收入时代扣代缴个人所得税。通常的情况是，在支付工资、薪金、利息或股息时，支付单位依据税法负责对所支付的收入项目扣缴税款，然后汇总缴纳。从这点来看，纳税人实际上没有真正占有过他们的全部收入，而只知道税前收入，并从其支付单位那里领得纳税后的剩余收入。

这种方法的优点，一是可以节约税务机关的人力、物力消耗，简化征收管理手续；二是可以避免或减少偷漏税，及时组织税款入库；三是由于纳税人从未真正全部占有其收入，便可以大大减轻纳税人的心理税收负担。而且，其私人预算开支的安排是以税后收入为基础，也不易产生减少开支或储蓄的压力。

英国是在个人所得税上广泛运用从源课征法的典型国家。包括公债利息、各种借款利息、股息、工资和特许权使用费在内的许多收入项目，均采用从源课征法。美国联邦个人所得税的课征方法也带有从源课征的因素，对于工资薪金收入，都是由雇主在支付时预扣代缴，但在年终要由纳税人本人进行申报清算，多退少补，所以实际上是从源课征和申报清缴两种方法结合使用。

(2) 申报清缴法。所谓申报清缴法，就是分期预缴和年终汇算相结合，由纳税人在纳税年度申报全年估算的总收入额，并按估算额分期预缴税款。到年度终了时，再按实际收入额提交申报表，依据全年实际应纳所得税额，对税款多退少补。这种方法的优点主要是在税务管理上，对税务机关和纳税人都方便易行。

目前各国除对某些收入项目采用从源征收法外，一般都是采用申报清缴法。在美国，除了对工资、薪金收入实行从源课征和申报清缴相结合的课征方法之外，对纳税人工资、薪金以外的其他收入，都是采用按季申报缴纳，年终汇算清缴的办法，来课征个人所得税。日本个人所得税的课征方法也大体相似，以纳税人自行申报所得额与税款的课征方法为主，但对薪金、利息、股息、退休金、自由职业者及演员的报酬等所得项目，则采用从源征收法。

11.1.3 公司所得税

公司所得税是以公司（厂商）等组织为纳税义务人，对其在一定期间内的所得额（利润额）课征的一种税收。我们仍依课征范围、课税对象、适用税率、课征方法的次序，对其加以介绍。

1. 公司所得税的课征范围。同个人所得税的原理一样，公司所得税的课征范围也是由各国所行使的税收管辖权决定的，将公司区分为居民公司和非居民公司，居民公司负无限纳税义务，就其来源于全世界范围的所得在本国缴纳公司所得税。非居民公司负有限纳税义务，就其来源于收入来源国境内的所得缴纳公司所得税。

换句话说，各国在公司所得税上的课征范围是，居民公司取得的来源于全世界范围的所得以及非居民公司取得的来源于该国疆域范围内的所得。

至于居民公司的认定标准，也是从“住所”、“居所”的基本概念延伸出来的。通行的看法是，每一个人，不论是自然人还是法人，由于法律的规范，一出生或一出现，就取得了一个固定的住所。法人的固定住所就是它诞生成立的地方，即法人登记成立的国家。如果要辨别法人的住所和居所，则住所就是指公司的登记成立地，居所则是指公司的控制和管理机构所在地。因此，各国通行的居民公司的认定标准大体有登记注册、总机构和管理中心三种标准。登记注册标准，就是依据公司的注册登记地点而定，若公司根据本国的法律，在本国登记注册，就是本国的居民公司；总机构标准，就是依据公司的总机构设立地点而定，若公司的总机构设在本国境内，就是本国的居民公司；管理中心标准，就是依据公司实际控制或实际管理中心的所在地而定，若公司的实际控制或实际管理中心所在地在本国境内，就是本国的居民公司。凡不在上述标准之内的公司，均属非居民公司。

2. 公司所得税的课税对象。公司所得税同个人所得税的情况一样，课税基础都是净所得，而不是毛所得。因此，公司所得税课税对象的计算也有一个从“总所得”到“应税所得”的过程。在这方面，各国税法都有一系列具体的规定。这些规定主要涉及两个方面的内容。

（1）应当计税的所得项目。通常包括的主要项目有：经营收入，就是销售价款减除销售成本之后的销售利润；资本所得，就是指出售或交换投资的财产，如房地产、股票、特许的权利等所实现的收入；股息收入，就是公司作为其他公司的股东而取得的红利收入；利息收入；财产租赁收入；前期已支付费用的补偿收入，如保险收入等；其他收入，如营业外收入等等。

（2）可以作为费用扣除的项目。同个人所得税计算过程中的扣除项目相比，公司所得税的扣除比较简单，它不存在个人宽免与生计费用扣除的概念，唯一可以从总所得中扣除的是“费用开支”，且只能扣除与取得的收入有关的那一部分必要的费用开支。通常包括的项目是：经营管理费用，如工资、租金、原材料费用、维修费用、差旅费、利息费用、保险费、广告费；折旧和折耗，如固定资产折旧、资源折耗等；各项税金，即所缴纳的各项税款；其他费用，如坏账、意外损失、法律和会计事务费、研究和开发费用。

将上述各类应计税的所得项目加总求和，得出公司的总所得，再从中减去可以作为费用扣除的项目，就可以求得公司所得税的应税所得。计算公式为：

$$\text{总所得}-\text{可扣除费用}=\text{应税所得} \tag{11.2}$$

3. 公司所得税的适用税率。求得应税所得之后，就可以依照税率表上所规定的适用税率，计算公司所得税的应纳税额，计算公式为：

$$\text{应税所得}\times\text{适用税率}=\text{应纳税额} \tag{11.3}$$

世界各国在公司所得税上大多采用单一的比例税率，即使实行累进税率的国家，其累进程度也较为缓和。更有相当一部分国家，表面上公司所得税税率不止一个，但那是按照公司纳税人的不同性质分类而定的。单就一个特定公司来说，并没有因为所得额的大小而区别适用不同的税率，因而实际上也属于单一税率结构。这一点同以“多级累进税率”为特征的个人所得税有明显的区别。

这是因为，公司所得税实质不是“对人税”，课税的依据也非个人的综合负担能力，所以按照所得额的大小规定高低不同的税率，在理论上没有多大意义。①

但是，出于以下两个方面的考虑，有些国家在公司所得税上仍然保留着多级累进制的税率结构：

（1）财政方面的考虑。因为公司所得税的大头是由大公司厂商缴纳的，如果不分厂商大小统统实行统一税率，税率定高了，中小厂商可能承受不了；税率定低了，国家财政又要少收一部分收入。

（2）政策方面的考虑。在公司所得税上实行累进税率，多多少少总会对个人收入起到一定的调节作用。道理非常简单，高利大户公司厂商的大股东一般都是富商巨贾，若对高利大户实行高税率，其结果是税后留利减少，自然要因此而少

① 对这个问题的另一种解释是：公司的所得税归根到底要由股票持有者来负担，而公司大小或公司净所得多少与股东的收入多少之间并无确定的关系，许多小公司可能为高收入者所有，而大公司支付的股息的一部分属于中等收入者。如果对大公司实行高额累进税率，则会打击中等收入者，有利于高收入者。

分股息或红利。

4. 公司所得税的课征方法。各国对公司所得税的课征方法，一般都采用申报纳税方法。通常的情况是，纳税年度由厂商根据其营业年度确定，但一经确定便不能随意改变，一般在年初填送预计申报表，年终填送实际申报表。税款实行分季预缴，年终清算，多退少补。

11.1.4 社会保险税

社会保险税是作为实施社会保障制度的财政来源，以纳税人的工资和薪金所得作为课税对象的一种税收。它最早由美国在 1935 年开征，是当代税制中最新的税种之一。

1. 社会保险税的课征范围。社会保险税的课征范围大都很广，只要是在本国有工资、薪金收入的人，都是社会保险税的纳税人。除此之外，对于不存在雇佣关系的自营人员，虽没有确定的工资、薪金所得，也必须依照规定缴纳社会保险税。换句话说，社会保险税的课征范围是全体工薪者和自营人员。

不过，社会保险税同其他税种相比，有一个显著的不同点，这就是其税负一般要由雇主和雇员共同承担（失业保险税除外，只由雇主负担），如美国的社会保险捐助税，按雇员全年领取的工资薪金或雇主全年对每个雇员支付的工资、薪金总额计征，目前税率为 15.02%，但由雇主和雇员各负担一半，即各负担 7.51%。

2. 社会保险税的课税对象。社会保险税的课税对象是在职职工的工资、薪金收入额以及自营人员的事业纯收益额。这里所说的工薪收入额，包括三层含义：(1) 通常附有最高应税限额规定，即它不是全部的工薪收入额，而只是对一定限额以下的工薪收入额课征；(2) 不允许有宽免或费用扣除，即它不像个人所得税的课征对象那样，可以从总所得中扣除为取得收入而发生的费用开支，或可以扣除一些个人宽免项目，而是把毛工薪收入额直接作为课税对象，因而无须经过一系列的计算过程；(3) 不包括纳税人除工薪收入外的其他收入，如资本利得、股息所得、利息收入等均不计入社会保险税的课税基数。所以，社会保险税的税基小于对综合收入课征的个人所得税的税基。

3. 社会保险税的适用税率。社会保险税税率的高低是由各国社会保障制度的覆盖面和受益大小决定的，至于其采用比例税率，还是采用累进税率，则视各国的国情而有所不同，但大多数国家是采用比例税率。

4. 社会保险税的课征与管理。社会保险税多采用从源课征法。具体来说，它是通过雇主这个渠道课征的。雇员所应负担的税款，由雇主在支付工资、薪金时扣缴，最后连同雇主所应负担的税款一起向税务机关申报纳税。无须雇员填具纳税申报表，方法较为简便。至于自营人员应纳税款，则必须由其自行填报，一般是同个人所得税一起缴纳的。

社会保险税也是一种“专税专用”的税种，所以它虽由税务机关统一征收，但税款入库后则是集中到负责社会保障的专门机构统一管理，专门用于各项社会保障的支付。

11.2 财产课税

对财产课税的考察，可以从其含义、性质和类型入手，然后再转入具体税种的讨论。

11.2.1 财产课税的基本概念

所谓财产课税，就是以一定的财产额为课税对象，向拥有财产或转让财产的纳税人课征的税。这一课税体系主要包括对财产所有者所拥有的全部财产课征的一般财产税，特别选定某类或某几类财产分别课征的特种财产税和对发生转让的财产课征的财产转让税（如遗产税和赠与税）。

1. 财产课税的性质。财产课税的课税对象是财产，而财产是指一定时点的财富存量，它可以分为不动产和动产。不动产指的是土地以及附属于土地上的长期固定的设施。动产则指的是人们占有的除不动产之外的全部财产，包括有形动产和无形动产两大类。前者如家具、用品、首饰、货物等，后者如股票、债券、货币等。

在经济学家们看来，财产课税与所得课税的对象虽然不同，但它们都具有明显的“对人课税”的性质。所得总是一定人的所得，所得课税总是以人为法定纳税人。财产总是有其主人，对财产课税虽不一定就是以所有者为纳税人，但它总同这个所有者有着密切联系。正因为如此，这两种课税的负担归宿和影响，有相似之处。两者的区别在于，作为所得课税对象的所得额是一个时期劳动或经营的净成果，而作为财产课税对象的财产额则是在某一时点上对财富的占有量。前者不容易计算，而后者却容易确定。这也正是财产课税的实行早于所得课税的原因所在。

2. 财产课税的类型。对于财产课税，经济学家通常从两个方面进行分类。

（1）一般财产税与特种财产税。以课征范围为标准，可以将财产课税分为一般财产税和特种财产税。前者是就某一时点纳税人所有的一切财产综合课征，课征时须考虑对一定价值以下的财产和生活必需品实行免税，并允许将负债扣除。后者则是就纳税人所有的某一类或几类财产，如土地、房屋、资本等单独或分别课征。

（2）静态财产税与动态财产税。以课税对象为标准，可以将财产课税分为静态财产税和动态财产税。前者是就一定时点的财产占有额，依其数量或价值进行课征，如一般财产税和特种财产税。后者是就财产所有权的转移或变动进行课征，如遗产税和赠与税。

11.2.2 一般财产税

一般财产税是财产课税体系中的一种重要形式，它以纳税人的全部财产价值为课征对象，实行综合课征。我们以美国的一般财产税制为例，对其加以说明。

1. 一般财产税的课征范围。美国的一般财产税是由地方政府对财产所有者课征的。由于美国同时实行公民、居民和收入来源地三种税收管辖权，这也就决定了美国一般财产税的课征范围：美国公民和美国居民拥有的存在于世界范围内的一般财产价值，以及外国公民和外国居民拥有的存在于美国境内的一般财产价值。

2. 一般财产税的课税对象。一般财产税的课税对象并非纳税人所拥有的全部财产，而主要是房地产、企业设备、存货、牲畜、机动车等有选择的几类财产。其中征自房地产的税款占较大比重。

既然主要财产税收入来自住宅、房地产等，其财产项目的估价也就成为确定财产税课税基数的一个关键性问题。在美国，财产估价的方法基本有三种。

（1）市场价格法。市场价格法就是以应税财产的市场交易价格为准作出估价。一项财产的现值是多少，取决于该项财产在市场上的交换价值。从这一角度出发，在市场机制健全，财产类别大致相同的条件下，运用市场价格法对应税财产进行估价，不仅较为合理，而且简便易行。

（2）资本还原法。资本还原法就是根据财产租金和市场利率，通过折算取得资本化的财产现值。这种方法可以作为市场价格法的补充。按资本还原法得到的结果还要同近期同类财产的市场交易价格进行对比，若相差不多，就可以把它作为计税依据。如差别很大，则须做进一步调查研究，以期作出更准确的估价。

（3）原值法。原值法也叫做簿册法，是以应税财产的原始价值或购入价格为准作出估价。由于财产的购入价格总是可以在企业或个人的账册中找到，故这种方法对估价人员来说十分方便。在整个经济较为稳定的条件下，“原值”和“现值”不会发生较大差异，这一方法也就不会产生大的失误。但若处于通货膨胀或经济萧条时期，这一方法则完全行不通，而必须采用其他方法对财产进行重新估价。

3. 一般财产税的税率。以美国的一般财产税为例。美国的一般财产税在各个地方之间并无一个统一的税率，而是因地而异，名义税率高的达到应税财产价值的10%，低的则不足3%。具体到某一特定地方，也无固定的税率，而要因年而异。这是因为美国一般财产税税率的高低，通常要根据各地方的财政需要逐年确定。其步骤是：首先，各地方政府依据地方公共支出和其他收入（指除财产税以外的收入）之间的差额，确定应收财产税收入总额。然后，再依据应收财产税收入总额和财产的估定价值之比确定当年的财产税税率。

4. 一般财产税的课征方法。一般财产税的课征方法同个人所得税的情况完全不同。在个人所得税的申报中，个人纳税人有责任精确地申报自己的应税所得，隐瞒或申报有误都会造成严重后果，轻则罚款，重则坐牢。在一般财产税上，纳税人则无权决定自己所拥有的财产价值，而必须由地方税务部门的专职估价人员对财产进行估价，估价员作出估价后，纳税人才能据此缴纳税款。

所以，美国一般财产税的课征过程甚为烦琐，通常要分估价、检查、征收三个阶段。估价，大都由各地方税务部门的专职估价人员执行，目的是发现财产予以登记，并对应税财产作出相应估价以确定应税财产价值；检查，由政府的司法部门人员执行，目的是检查前一阶段的财产估价是否符合公平原则，税务人员有无舞弊现象；征收，由税务部门负责执行，规定纳税人在什么季节缴纳，既可以规定一次性缴纳，也可以规定分期缴纳，并对不按期缴纳者处以罚款以至拍卖其财产作为抵偿。

11.2.3 特种财产税

特种财产税是财产课税最早的一种形式，它以政府选择的某类或某几类财产为课税对象，实行分别课征。在历史上，特种财产税经历了不断发展、分化和组合的过程。现今世界各国的特种财产税税种已大大减少，有的只对土地课征土地税，有的只对房屋课征房屋税，也有的对土地和房屋合并课征房地产税，还有的将土地、房屋和有关的建筑物、机械、机动车辆以及其他固定资产综合在一起，统一课征不动产税。下面，对其逐一加以介绍。

1. 土地税。土地税是以土地为课税对象征收的一种税收。它既是最古老的税种，也是现今实施最广泛的特种财产税。据经济学界的初步统计，目前把土地单独拿出课征土地税的国家有 29 个。但所用的税名各种各样，有的称土地税、农地税、未开发土地税、已开发土地税、荒地税，也有的称城市土地税、土地登记税、土地转让税、土地增值税、土地租金税、地价税等等。尽管名称各异，但按其“税基”性质的不同概括起来无非两大类，一类是财产税性质的土地税，另一类是所得税性质的土地税。

（1）财产税性质的土地税。财产税性质的土地税以土地的数量或价值为课税基数。它又可以分为：从量课征的土地税，如地亩税；从价课征的土地税，如地价税。

1）地亩税。地亩税（也称为“面积税”），以土地的单位面积为课税标准，即规定每单位面积土地的税额，按土地面积大小确定总税额。这种从量征收的方法盛行于古代。当时的状况是地广人稀，农业粗放经营，人民可以选择肥沃的土地进行耕种。所以，尽管是按地亩面积实行比例课征，税负也基本合理。但随着经济的发展，土地逐渐分出“三六九等”，由于土地等级不同和收益不等，按土地面积课征统一标准的土地税越来越失之公平和不尽合理。因此，这种课征方法尽管较为简便，但现今各国很少采用，取而代之的是地价税。

2）地价税。地价税以土地的单位价值为课税标准，它是作为地亩税的替代方法而产生的。从量计征的地亩税虽然可以用划分土地等级并按不同等级规定不同单位面积土地税额的方法来克服税负不公平的弊端，但总不如按土地的价值课税合理，于是地价税应运而生。地价税课征的关键是土地的计价。土地计价的方法很多，既可以按原价，也可以按市价，还可以实行估价。由于市场价格涨落不定，原价或市价都难以确切地反映土地的价值，现代各国大都采用估价计税方法。

（2）所得税性质的土地税。所得税性质的土地税以土地的收益额或所得额为课税基数。它又可以分为土地收益税和土地增值税。

1）土地收益税。土地收益税是以土地收益额为课税依据而征收的税。可以作为课税依据的收益一般有四种，即土地总收益、土地纯收益、土地租赁收益和土地平均收益。土地的总收益依据土地每年产生的全部收入计算，将一年中多次取得的收入加以汇总；土地的纯收益依据土地的总收益减去种子费、耕作费、收获费、土地维持费等生产和管理费用后求得；土地的租赁收益根据土地使用权转让可以获得的租金收益计算；土地的平均收益则以一定期间，如 5 年或 3 年的土地纯收益的平均数计算确定。这几种收益标准各有利弊：按土地纯收益课税虽较为公平，但计算麻烦，管理困难；按土地总收益课税虽较为简便，但又不甚公平；按土地租赁收益课税可以达到便利目的，但又只限于对地主课征，且易产生隐瞒漏税之弊等等。尽管如此，现实的情况是，这四种收益标准均在世界各国得到不同程度的采用。例如，新加坡土地税的课税标准是一年的租金收入，印度土地税的课税标准则是从总收益中扣除各项费用后的纯收入。另外，法国土地税（不动产中的未建筑土地税）是以根据土地台账推算的租赁价格进行估计后扣除20％的余额为课税标准。①

2）土地增值税。土地增值税是以土地增值额为课税标准而征收的税。它又可以进一步分为土地转移增值税和土地定期增值税。其中，前者在土地所有权发生转移时，就土地出售价格高于原土地购入价格的差额部分课征。后者在一定时期内土地价格发生上涨时，就其价格增加的部分课征。土地增值税同其他土地税有不同之处，其他土地税是定期的经常税制，土地增值税则是非定期的，只是在土地所有权发生转移或土地价格发生上涨时，才就其增加部分课征；其他土地税是对土地或其通过劳动而产生的收益课税，土地增值税则是对不劳而获的土地增值课税。世界各国之所以要对土地增值课税，其理论依据主要有三个：一是土地的自然增值应通过课税而归社会全体所有，不能为土地所有者独占；二是就土地增值部分课税，可以达到限制地价居奇抬高和投机的目的；三是随着现代社会地价的日益增长，课征土地增值税可以为财政提供一个稳定可靠的收入来源。但土地增值税的实际实施却并非易事。各国在与土地增值税的课征有关的土地估价登记资料、人员配备以及制定切实可行的原则及方法方面，遇到很多困难。英国、德国曾分别在1910年和1911年开征土地增值税，但征收面不广，实行期也不长。除德国稍有成绩外，英国则以失败告终。美国至今也未能开征土地增值税。故现今课征土地增值税的国家在世界上并不多见。

比较两种性质的土地税，就税收负担的公平性而言，所得税性质的土地税显然优于财产税性质的土地税。但就税务行政管理的难易程度而言，财产税性质的土地税又优于所得税性质的土地税。

值得我们特别注意的是，土地税在任何一国都不是主要税源，但各国的土地税制设计却又相当复杂。以相当复杂的税制设计去取得数额不大的土地税收入的根本原因，在于各国政府都企图借助土地税的特殊调节作用，达到合理而有效地利用土地这一最为宝贵的有限资源的目的。

2. 房屋税。房屋税是以附着于土地上的房屋及有关建筑物为课税对象课征的一种税收。由于房屋与土地密切相关，难以单独估价，所以各国多将房屋连同

---

① 《资本主义国家财政》编写组编著：《资本主义国家财政》，344页，北京，中国财政经济出版社，1985。

土地并在一起征收房地产税，单独对房屋课税的国家为数不多。

房屋税按照课税标准的不同，可以分为财产税性质的房屋税、所得税性质的房屋税和消费税性质的房屋税三个类别。

（1）财产税性质的房屋税。财产税性质的房屋税，以房屋的数量或价值为课税标准，包括从量课征和从价课征两种方法。

1）从量课征的房屋税。最早的房屋税多是从量课征，如灶税按炉灶数课征，窗户税按窗户数课征，房间税按房间数或其面积数课征，屋基税按屋基及其附属面积课征等。这些税种都以房屋的外部标志为课税标准，其优点是不易漏征，且方法便利，但缺点是不能确切反映纳税人的纳税能力。

2）从价课征的房屋税。按房屋价值计税的从价税采用较晚，但很快便成为现今各国房屋税普遍采用的课税方法。如前述的美国一般财产税中的房地产税就是从价计征，墨西哥的房地产税也是按房地产价值计税。从价计征的优点是税负较为公平合理，但征收管理的困难较大，特别是房屋的估价须考虑房屋间数、层数、面积、装饰、建筑材料、价格、租金、房屋所处地理位置以及用途等多种因素。

（2）所得税性质的房屋税。所得税性质的房屋税，以房屋的租金收益或出租所得为课税标准。同所得税的原理一样，就房屋的租金收益或出租所得课税，并不是以其总收益或总所得为计税标准，而须从租金或出租所得中扣除房屋的折旧和修理等费用，只就房屋的纯收益课税。如墨西哥的城市房地产税即规定按租赁价格的87%计税（等于扣除13%的费用）。由于租金收益和出租所得代表着房产的生息能力，而房产的生息能力又是反映纳税人纳税能力的较好尺度，加之租金收入不易隐瞒，所以经济学界认为这种课税方法较为公平合理，且计征便利。此外，所得税性质的房屋税还有一个更为突出的优点，这就是它可以同所得税的缴纳结合在一起，将房屋出租所得列入个人综合所得，随所得税一同课征缴纳。

（3）消费税性质的房屋税。消费税性质的房屋税，以房屋的消费使用行为作为课税对象，对房屋居住人课征。如荷兰的房屋税，纳税义务人是租房人即房屋使用者，课税对象则为房屋租金和家具价值。租金在扣除一定数额的免税项目以后，按3.4%的税率计税；家具价值也是在扣除一定数额的免税项目以后，按1.5%的税率计税的。

从目前的情况看，各国现行的房屋税大多属于财产税性质的房屋税，且多实行从价计征的方法，并同时采用两种课税标准。既按房屋价值课征，又按租赁收益课征的国家比较少见。

课征房屋税的关键在于房地产的估价，它牵扯到许多技术性问题。各国估算房地产价值，往往使用三种方法。

1）按房地产市场上彼此无关联的买方和卖方经过讨价还价所确定的市场价格估算房地产价值。

2）对新建房屋，可以用其地价加上成本费用，得出房地产的市价。对非新建房屋，则以重建同样房屋的成本费用作为房地产价值。

3）按房地产的租金进行折算，即按照房屋租金和年利率进行折算，得出资本还原的房地产价值。

3. 不动产税。不动产税是将以土地和房屋为主要内容的不动产作为课税对象课征的一种税收。这就是说，它的课征范围比仅以土地或房屋为课税对象的土地税或房屋税宽泛，包括了土地和房屋在内的所有不动产项目。但又比对纳税人所拥有的全部财产课征的一般财产税狭窄，而只对属于不动产项目的财产课征。它实质是一种范围较宽广的特种财产税。

不动产税按其适用税率和课征方法的不同，可以分为两种形式。

（1）以不动产为单一的课税对象，不区分不动产项目而适用统一的税率课征。香港地区的不动产税就采用这种形式。香港的不动产税对土地和建筑物课征，纳税义务人为不动产的持有者或使用者，税率原则上均为17%。采取这种不动产税形式的国家为数不多。

（2）区分不动产项目，分别规定税率和课征方法。德国的不动产税采用的是这种形式。德国的不动产税以不动产所有人为纳税义务人，课税对象分为农林业财产、土地财产等种类，分别对农林业财产课征不动产税 A，对土地财产课征不动产税 B。征收率各地有所不同，具体到某一地方，不动产税 A 和不动产税 B 更有差别。

再以巴西的不动产税为例，它对土地和房产的持有者课征，但对不动产中的土地，规定按投资价值课征，税率一般不高，如萨婆罗市仅为2%～3.5%。对不动产中的房产，则大多实行较高的税率，如萨婆罗市对住宅课征的税率为10%，其他房产为11%。

采用这一不动产税形式的国家较多，除上述德国、巴西外，新加坡、荷兰等许多国家都实行类似的不动产税。

11.2.4 财产转让税

财产的课税，除了包括前述的一般财产税和特种财产税之外，还有一个重要的类别，就是对发生转让的财产课征财产转让税。

财产转让税是一种总称，它包括遗产税、继承税和赠与税三个税种。

遗产税是以财产所有人死亡时所遗留的财产为课税对象课征的税。继承税是以财产继承人在财产所有人死亡后所继承的财产为课税对象课征的税。

就性质来说，遗产税和继承税是一回事。财产所有人死亡时所遗留的财产，也就是财产继承人在财产所有人死亡后所继承的财产。所以，对继承财产的课税也就等于对遗留财产的课税。在许多国家，遗产税和继承税是互称的，甚至将两者通称为“死亡税”。当然，遗产税和继承税并不是没有差别。遗产税是对财产所有人死亡时所遗留的遗产总额课征，纳税主体就是一个。继承税则是对各个财产继承人所分得的遗产课征，纳税主体可能不止一个，甚至多个，正因为如此，也有人将遗产税称为“总遗产税”，将继承税称为“分遗产税”。

至于赠与税，是以赠送的财产价值为课税对象而向赠与人或受赠人征收的一种税。它实质上是遗产税或继承税的辅助税种，因为如果只对财产所有人死亡后的遗产课税，而不对其生前对外馈赠的财产课税，就极容易使纳税人通过在生前将财产事先赠与他人的途径来逃避缴纳遗产税或继承税的义务。因此，凡课征遗产税或继承税的国家，大多同时课征赠与税，实行遗产税或继承税和赠与税并用的税制。

所以，世界各国实行的财产转让税，尽管名称各异，制度繁杂，都可以归并为遗产税和赠与税两大类，其中前者为主税，后者为辅税。

1. 遗产税。遗产税的课征制度可以按纳税义务人不同分为三种。

（1）总遗产税制。总遗产税制是指遗产税以被继承人死亡时所遗留的遗产总额课征，以遗嘱执行人或遗产管理人为纳税义务人，一般设有起征点，并采用累进税率，其税负水平不考虑继承人与被继承人之间的亲疏关系。其课征方法是：

1）按遗产转让次序的先后，课以不同水平的累进税，一般是转让次序越靠前，税率越高；反之，转让次序越靠后，税率越低。

2）按遗产总额减去负债后的净额课征，即它的课税基数不是遗产总额，而是从遗产总额中扣除负债后的净额。

3）规定免税额，对小额的遗产可以予以免征。

4）准予分期纳税或以实物缴纳。

总遗产税制往往要和赠与税相结合，控制生前赠与，如美国、英国等实行总遗产税制的国家，都是既征遗产税，又征赠与税，或者将两税合并，统一课征。

（2）分遗产税制。分遗产税制，也称为继承税制，它就继承人在被继承人死亡后所继承或分得的遗产额课征，以财产继承人为纳税义务人，一般采用累进税率，税负水平的高低与继承人同被继承人之间的亲疏关系有关。其课征的方法是：

1）凡继承人为直系亲属的，税率较轻，凡继承人为非直系亲属的，税率较重。

2）根据继承人所继承或分得财产数额的大小，采用不同的税率课征，继承财产数额越多，税率越高；反之，则越低，也就是采用累进税率课征。

3）按被继承人子女的多少课以不同的税率，一般来说，子女越少，税率越高；子女越多，税率越低。

继承税往往也是同赠与税结合实行。日本、德国、法国等就是实行这种继承税同赠与税相结合的财产转让税制。

（3）总分遗产税制。总分遗产税制，也可以称为混合遗产税制，它把对遗产的课税分为两次课征，先对被继承人所遗留的遗产总额课征一次遗产税，税后遗产分配给各继承人时，再就各继承人所继承或分得的遗产额课征一次继承税。其纳税义务人既可能是遗嘱执行人或遗产管理人，也可能是遗产继承人。

这种遗产税制是把总遗产税制和分遗产税制结合在一起演变而来的，吸收了两者的优点，可以说是取长补短。这就是，先用简单的方法，课征一次遗产税，使国家的遗产税收入有一个基本保证，堵塞了课征继承税的漏洞。再根据不同的亲疏关系，对继承人有区别地课征一次继承税，使税收的公平原则得到落实。当然，这种遗产税制也有其缺点，同样一种性质的税收分为两次课征，既有重复课税之嫌，又使税制趋于复杂化。加拿大、意大利、菲律宾、爱尔兰等国实行的就是这种遗产税制。

2. 赠与税。赠与税是就财产所有人或被继承人所赠与他人的财产额课征，也有总赠与税制和分赠与税制之别。总赠与税制是就赠与人在课税年度内所赠与他人的财产总额课征，以赠与人为纳税义务人；分赠与税制则是就受赠人在课税年度内的受赠财产额课征，以受赠人为纳税义务人。

赠与税实质上不是一个独立的税种，而是遗产税的辅助税种。如前所述，若只课征遗产税，而不同时课征赠与税，极易使财产所有人或被继承人采用生前将财产赠与他人的方式来逃避缴纳遗产税的义务，因而遗产税的课征必须同时配合以赠与税，以防止纳税人逃避税收，确保财产转让税的税源不致流失。

赠与税的课征往往和遗产税的课征相结合进行。凡实行总遗产税制的国家，多同时实行总赠与税制，以赠与人在课税年度内所赠与他人的财产总额为课税对象，向赠与人课征；凡实行分遗产税制或总分遗产税制的国家，也多适当实行分赠与税制，以受赠人在课税年度内的受赠财产总额为课税对象，向受赠人课征。

11.3　商品课税

对商品课税的考察，也是从其含义、性质和类型入手，然后再转入具体税种的讨论。

11.3.1　商品课税的基本概念

所谓商品课税，是指以商品和服务的流转额为课税对象的课税体系，在国际上统称为“商品和服务税”，它主要包括消费税、销售税、增值税和关税。

1. 商品课税的特点。商品课税与其他课税体系比较，具有以下几个显著的特点：

（1）商品课税的课征对象是复杂多样的商品或服务的流转额。商品课税的课征对象是商品或服务的流转额，也就是商品或服务的销售收入。它是与交易行为密切联系在一起的。一种商品从投入流通到最后消费之前，往往要经过无数次的转手交易行为。每经过一次交易行为，买者变成卖者，商品随之流转一次，于是也就发生了一次对卖者的商品流转额课征商品税的问题。如果根本没有交易行为发生，那就表明商品是处于静止不流转的状态。没有卖者，也没有商品流转额，当然也就没有纳税人和课税对象，从而也就谈不到课征商品税的问题。

进一步来看，流通中的商品种类和商品流通渠道又是复杂多样的。即使同一种商品，也可能要经过不同的阶段，有的流通环节多些，有的流通环节少些。在流通过程中，不同商品之间也可能发生分合的变化。本来在同一厂商中产制的商品，进入流通后可能就分开了。有的可以作为资本品，有的可以作为消费品。相反地，不同厂商中产制的商品也可能在某一流通环节上结合起来。面对着如此复杂的商品或服务流转状况，选择一定的商品或服务流转额作为课税对象，进而制定对商品课税的制度，也就成了商品课税的一个十分重要的问题。

一般说来，在这方面有几种选择的可能。可以将课税商品或服务的范围选得窄些，只包括几种消费品或几种服务；也可以选得广些，包括全部消费品或服务，甚至包括资本品，即对全部商品或服务都课税。可以将课税环节选得少些，只选择在某一流通环节上课税，可以是零售环节，也可以是批发环节，还可以是产制环节；也可以选得多些，对各个流通环节都课税。可以将课税基数确定为商品或服务的全部销售收入，即营业总额或周转额；也可以把扣除了某些项目的营业额或周转额作为课税基数等等。由此形成了商品课税制度的不同类型。

（2）商品课税在负担上具有累退性。这可以从两个方面来分析：

1）商品课税一般采用比例税率，其税负是按消费商品的数量比例负担。从表面上看，对一般消费品课税，消费数量大者多负税，消费数量少者少负税；对进口商品和奢侈品课征的高额消费税，常多由富者负担。因此，似乎有理由认为，商品课税部分地符合税收公平的原则。但是，进一步来分析，个人消费商品数量的多寡与个人收入并不是成比例的。很难想象，一个收入数倍、数十倍、数百倍于他人的个人，其消费的课税商品的数量也比他人多数倍、数十倍、数百倍。因为个人消费无论如何总是有一定的限度的。总的看来，越是有钱的人，消费性开支占其收入的比例越小；越是贫困的人，消费性开支占其收入的比例越大。在这种情况下，商品课税肯定要呈现一定的累退性，收入越少，税负相对越重；收入越多，税负相对越轻。

2）商品课税的课征范围一般较多地偏重于生活资料。国内消费税课征的品目一般都是大宗消费品，如烟、酒、石油等。这类商品虽然不是广大居民的生活必需品，也属于日常消费品。在销售税和增值税上，许多国家又都对生产资料，即资本品实行免税。从更深一个层次看，即使在对全部消费品都课税的情况下，由于需求弹性大小不同的作用，课税所引起的涨价速度，往往是生活必需品最快，日用品次之，奢侈品最慢。所有这些都表明，商品课税的税负更多的是落在低收入者的身上。

（3）商品课税的负担普遍，课税隐蔽。商品课税是间接税，相对于直接税来讲，在税收负担上是较为普遍的。直接税中的所得课税和财产课税，只是对有所得和有财产者才课征，无所得和无财产者不课税，而且课税还往往附有免税数额规定，对在规定标准之下的所得或财产免于课税，因而税收负担面相对较为狭窄。而商品课税在形式上虽由商品的生产者或销售者缴纳，实际上所缴纳的税额常常附加于商品的卖价之中，最终转嫁给消费者负担。由于人们要生存，就得消费，所以商品课税的最终结果是人人负担了税收。

同时，较之所得课税和财产课税来说，商品课税也是一种较为隐蔽的课征。商品课税之后，税款要加在价格之中。在消费者看来，税款隐蔽于价格之中，不像所得课税和财产课税那样要从其收入或财产额中直接进行扣除。商品的购买者即消费者虽然负担了税款，但在课征已经正常化之后，并不直接感受到税收负担的压力。因此，政府对商品课税而产生的阻力较小。

正是由于上述原因，商品课税在保证政府公共收入的均衡、及时、充裕及可靠方面，具有其他税种不可替代的作用。这也正是近几年各国趋向于将商品课税作为改革和调整税制方向的原因所在。

（4）商品课税具有征收管理的简便性和执行社会经济政策的针对性。一方面，商品课税采用从价定率或从量定额计征，比所得课税和财产课税在计算手续上简单，并容易征收；另一方面，商品课税是对为数较少的企业厂商课征，而不是像所得课税和财产课税那样，向为数众多的个人课征，也就是说它的纳税人较少，便于管理，便于节约征收费用。

商品课税可以选择特定商品或服务课征。即便对全部商品或服务或大部分商品或服务课征，也往往要采取差别税率。对某些有害于人体健康和社会利益的消费品，如烟、酒、夜总会及易污染的产品或设施，政府通常要课以较重的税；对于某些奢侈品，更要课以重税。重税的目的往往不是着眼于取得公共收入，而是为了执行政府的社会经济政策，如限制某些产品的生产或进口，抑制社会的奢侈浪费之风等等。

2. 商品课税的类型。由于商品的种类千千万万，商品的流通渠道错综复杂，决定了商品课税的形式是多种多样的。

（1）从课税范围的角度看，可以有三种选择：

1）就全部商品及某些服务课税。除全部消费品外，也将资本性商品以及交通运输等一些服务纳入商品课税的范围。如某些欧洲经济共同体成员国曾实行过的周转税，就属于这种类型。

2）就全部消费品课税。课税范围只包括消费品，资本性商品或其他服务则要排除在课税范围之外。如美国各个州实行的一般零售消费税就基本上属于这种类型。

3）选择部分消费品课税。只对烟、酒、矿物油以及一些特定的消费品课税，如美国联邦政府实行的消费税以及欧洲经济共同体国家实行的国内消费税就属于这种类型。

（2）从课税环节的角度看，可以有单环节课税和多环节课税两种类型：

1）单环节课税，是指在商品产制（进口）、批发、零售三个环节任意选择一个环节课税。可以选择在产制环节征税，如加拿大的酒税和烟税；可以选择在批发环节征税，如英国曾经实行过的购买税；也可以选择在零售环节征税，如美国的汽油税、燃料税、柴油税。

2）多环节课税，是指在商品流通的两个或两个以上环节课税，如在产制（进口）、批发、零售三个环节都征税，如欧盟成员国实行的增值税。

（3）从课税基数的角度看，可以有三种类型：

1）按照商品或服务的销售收入总额课征。这种类型着眼于营业行为，而不是具体商品。各国实行的营业税，基本上都属于这种类型。

2）按照商品流转所增加的价值额课征。这种类型是按照商品的销价与进价之间的差额课征，这就是人们所熟知的增值税。

3）按照部分商品或服务的销售额课征。国内消费税、货物税和关税就属于这种类型。

（4）从计税方式的角度看，可以实行从价税或从量税两种类型：

1）从价税。这种类型是以商品或服务的价格为课征标准，基本上是按照商品的不同类别，采取差别比例税率，如奢侈品高税率，日用品低税率，生活必需品可以免税或零税率。

2）从量税。这种类型是以商品或服务的数量、重量、容量或面积等为课征标准，按一定单位计征，也可以称为“单位税”。与从价税相比，从量税比较简单易行，如对于酒类按每瓶计税，对于汽油按每加仑计税，对于火柴按每件计税等等。但由于税款与商品价格脱钩，物价上涨而税收不能相应增加，财政税收缺乏保证，所以不能广泛推行。当今世界各国所实行的一般都是从价税。

（5）从课征方法的角度看，由于商品在进入消费前要经过生产和流通两个环节，与此相适应，商品课税的方法大致有两种：

1）生产课税法，即根据商品生产过程中的生产量从价或从量课税。商品生产量的确定，则可以采用外部标准课税法（以供生产课税商品使用的资本设备为标准，核定商品生产量，据以课税）、原料课税法（以生产课税商品耗用的原料为标准，核定商品生产量，据以课税）、成品课税法（以生产课税商品的实际产量为标准，核定产品生产量，据以课税）等几种方法。

2）流通课税法，即根据课税商品流通的实际数量从量课税或从价课税。确定课税商品流通数量的方法，则主要有通过课税法（按课税商品起运时通过的实际数量课税）和销售课税法（按课税商品的实际销售量课税）两种。

11.3.2　消费税

所谓消费税，是以消费品（或消费行为）的流转额作为课税对象的各种税收的统称。它是商品课税的一种主要类型。

1. 消费税的意义。世界各国课征消费税的目的，一般并不在于取得多少公共收入，而旨在借助于消费税所具有的独特的调节功能，通过课征范围的选择、差别税率的安排以及课税环节等方面的规定，来达到政府调节消费，进而调节收入的政策目的。这里可以借用美国著名经济学家萨缪尔森的一段话，来说明课征消费税的特殊意义，“除了联邦的消费税之外，各州通常也对酒类和烟草加上自己的消费税（某些城市也是如此）。很多人——包括许多抽烟和喝酒的人——模糊地感觉到抽烟和喝酒是有点不正当的事。他们或多或少地认为，对这些东西征税是一箭双雕：国家得到收入，做坏事得多花钱。”①

2. 消费税的课征范围。消费税在名义上虽然是对消费品或消费行为课征的，但现今各国消费税的课征范围，一般并不涉及所有消费品或所有消费行为。多数国家只选择一部分消费品（消费行为）课以重税。部分国家虽然在形式上对全部消费品（消费行为）课税，但同时又对若干消费品（消费行为）规定免税，实质与选择一部分消费品（消费行为）课税并无两样。

具体来说，各国所实行的消费税的课征范围，大体上可以分为有限型、中间型和延伸型三种类型。

（1）有限型。有限型的课征范围，主要限于一些传统的应税品目，且一般不会超过 10 个～15 个应税品目，如烟草制品（未加工烟叶、雪茄烟、香烟、烟丝、鼻烟等）；酒精饮料（啤酒、果酒、烈酒、甜酒等）；石油制品（原油、煤油、润滑油、燃料油、酒精制剂等）；机动车辆（机动车牌照、登记、转让以及车辆、轮舶、通行费等）；各种形式的娱乐活动（娱乐场入场费、夜总会、酒吧间、剧场、体育比赛、俱乐部收费、养狗许可证以及赌博、跑马赛、彩票等）。此外，还可能包括一些食物制品，如糖类（甜菜糖、蔗糖、糖浆、糖精等），饮料（矿泉水、柠檬水、橘子水、其他果汁）；其他食品饮料（咖啡、茶叶、可可、盐、调味品、食用油、水果、肉类、鱼类等）。

（2）中间型。中间型课征范围的应税品目较为广泛一些，一般在 15 个～30 个应税品目之间。它除了有限型课征范围涉及的品目之外，还包括更多项目的食物制品（如粮食制品、乳制品等）；广泛消费的品目（如纺织品、鞋类、火柴、肥皂、清洁剂、刀叉餐具、玻璃制品、家具、药品等）；奢侈品（如化妆品、香水、珠宝、皮毛等）；以及某些服务（如保险、金融、运输、公共设施等）。

（3）延伸型。延伸型课征范围的应税品目最广，除了中间型课征范围包括的应税品目以外，还包括更多的奢侈品（如收音机、空调器、电视机、冰箱、音响、摄影器材、电器设备等）以及一些生产性消费资料（如钢材、铝制品、塑料、树脂、橡胶制品、木料、电缆、电池等）。

3. 消费税的税率和计税方法。消费税一般采用比例税率和定额税率，且区别不同应税品目分别规定差别税率。与此相适应，其计税方法也有从价课税和从量课税两种。

（1）从价课税。从价课税以每单位应税商品的价格为计税依据，并按应税商

① ［美］保罗·萨缪尔森：《经济学》，上册，245 页，北京，商务印书馆，1979。

品的单位价格规定一定百分比的税率。

如果应税商品的价格是含税价格，则消费税税款的计税公式为：

$$应纳税额=应税商品售价\times税率 \tag{11.4}$$

如果应税商品的价格是不含税价格，其计税公式则要视税率是按不含税价格设计的还是按含税价格设计的而有所不同。

若税率是按不含税价格设计的，那么，消费税税款的计税公式与上式基本相同，即为：

$$应纳税额=应税商品不含税售价\times税率 \tag{11.5}$$

若税率是按含税价格设计的，那么，将不含税售价首先换算成含税售价，然后再予计税，其公式为：

$$应纳税额=\frac{不含税售价}{1-税率}\times税率 \tag{11.6}$$

（2）从量课税。从量课税通常以每单位应税商品的重量、数量、长度或容积等为计税依据，并按每单位应税商品规定固定数额的税金，这种固定税额即为定额税率。

这是消费税计税方法的一个独特之处。某些应税品目如烟、酒等，商品的等级规格有一定的标准，因而有可能针对商品的数量、重量等课征固定的税额。例如，可以按每公升啤酒、每盒卷烟、每吨食盐、每加仑汽油，规定课征多少消费税额。

从价课税和从量课税在物价基本稳定的情况下，二者仅有征管手续繁简之别，但在物价波动的情况下，则对政府公共收入和消费者的负担有很大的不同。按前者计征，税收随物价涨落而增减，在政府会表现为公共收入的或增或减，在消费者则会表现为税收负担的或轻或重。按后者计征，税收固定，不随物价涨落而变化，在政府表现为公共收入的相对稳定，在消费者则表现为税收负担的相对稳定。除此之外，二者在适用范围上也有明显区别，从量课税的适用范围狭窄，从价课税的适用范围较广。

无论是实行从价课税，还是实行从量课税，其税率往往都体现明显的政策意图。例如，社会公德要求节制消费的商品，税率高；相反的，则税率低。需求大于供给的应税商品，税率高；供给大于需求的应税商品，税率低。政府财政依赖性大的重点应税商品，税率高；反之，政府财政依赖性小的非重点应税商品，税率低等等。这是因为，消费税从理论上来讲，不仅课税品目应当是有限的，税率也应当是有差别的。只有这样，才能体现消费税调节消费、调节收入的功能。否则，如果消费税的应税品目包罗万象，税率差别也不大，那就和一般销售税无异了。

11.3.3 销售税

销售税，也称营业税，顾名思义，是以厂商商品或服务的销售收入额（营业收入额）为课税对象的税收。它是商品课税的传统形式。

销售税和消费税同属于对商品或服务流转额的课税，其主要区别在于，销售税的课税对象是广泛的，除了少数免税品目外，一般的商品或服务流转额都要课税；消费税的课税对象则是有选择的，它只对消费品（消费行为）课税，且一般不涉及全部消费品（消费行为），而只选择一部分消费品（消费行为）课税。销售税的课税环节通常放在交易流通阶段，有的是单环节课税，有的是多环节课税；消费税的课税环节通常放在消费品的销售阶段，也就是多在制造商向批发商销货时课征，一般无多环节课税的情况。销售税的平均税率较低，通过高低不同的差别税率调节消费的作用不明显；消费税的平均税率较高，不同应税品目的税率差别大，调节消费，进而调节收入的作用相当突出。

1\. 销售税的课征范围。从理论上讲，销售税的课税对象就是厂商商品或服务的销售收入额（营业收入额），因此，除了法定免税的某些商品之外，厂商所发生的一切销售收入额（营业收入额），都是销售税的课征范围。在商品流通的整个环节中，从产制完成到零售，只要有商品的买卖，就有一定的销售行为（营业行为），国家就可以课征销售税。

但是，由于下述几方面的原因，目前世界各国所实行的销售税的课征范围一般并非如此广泛。

（1）现代经济条件下工商业的特点，是有无数的投机商和中间人插足于生产者和消费者之间，这些成千上万的中间商都要从营业行为中获取利润。如果按上述广泛的课征范围来课征销售税，一种商品从产制到零售的整个流通过程中，只要有买卖，就要课税，一次次买卖，一次次课税。每次课税都要提高课税后的商品价格，都要增加以后购进这个商品的中间商的进货成本和他的资本垫支额。多次课税的影响累积到商品的最后价格（卖给消费者时的零售价格）上，必然要有很大程度的提高，才会使这无数的中间商都获取一定的利润。其结果，一方面增加了消费者的负担；另一方面，由于供求规律的作用，价格提高，市场也会相应萎缩，厂商的经营活动，乃至整个经济都要因此受到影响。

（2）商品的流通情况是复杂的，同一种商品，有的经过较多的流转环节，有的就少一些。如果按上述广泛的课征范围来课征销售税，商品的税负便会与其流转次数呈同向变化。由于同种商品基本上只有一个市场价格，流转次数多的商品，因其税负多，获利就少；而流转次数少的商品，因其税负少，获利就多。这显然会给那些规模较大，有很多分厂和车间、各自生产不同的产品并在内部彼此使用这些产品，且不发生交易行为的厂商带来优势。而给那些小规模的、经常要从外购入中间性产品，其间必然多次发生交易行为的专业化厂商带来劣势。于是，后者为了避免承受较重税负，往往不愿意按社会化大生产分工协作的要求开展经济联合，而愿与供应厂商实行垂直联合。这对市场经济的自然发展无疑是不利的。

（3）商品课税的一个突出优点，是其纳税人数很有限，而负担却可以波及广大消费者。也就是我们在前面所说的，它是一种比较隐蔽的、阻力较小的课税。如果按前述的广泛课征范围来课征销售税，那么，无论大小厂商，只要有销售收入，都有缴纳这种税的义务，它就将失去为各国政府所重视的商品课税的这一优点。

正因为如此，许多国家改变了销售税的一般课征性质，即在商品流通过程中，不是当商品每转手一次，就课征一次销售税，而是选定一个或几个特殊的环节来进行课征。比如，可以选定在产制后出售这个环节上课征，称为产制销售税；可以选定在批发环节上课征，称为批发销售税；还可以选定在零售环节上课征，称为零售销售税。也就是说，现在普遍课征的已不是一般课征性质的一般销售税，而是特种销售税。无论是实行哪一种形式的特种销售税，其课征范围都较一般课征性质的销售税大打折扣，而相对狭窄得多，它只包括发生在选定的某一个或某几个流转环节上的销售收入，而不是在所有流转环节上发生的全部销售收入。

2. 销售税的课征环节。实行特种销售税，还有一个确定课征环节的问题。通常，工业品从工厂产制完成后，要经过工厂出售、批发、零售等环节。农产品也要经过农场主或农民在市场上出售、批发、零售等环节，才能到达消费者手中，进入消费领域。与这种流转过程相适应，销售税的课征也就可以有产制、批发、零售三个环节，可以在这三个环节分别同时课征产制销售税、批发销售税和零售销售税，也可以只选定一个环节课税，如只课征零售销售税，只课征批发销售税，或者只课征产制销售税。

现在看来，同时在三个环节分别课征三种销售税的情况并不多见。较为常见的是只选定一个环节课征一种销售税。那么，究竟是实行产制环节或批发环节的销售税，还是实行零售环节的销售税，各国的情况多有不同。就当今国际商品课税的走势来看，在产制环节课征商品销售税的国家较多，而在批发环节和零售环节课征商品销售税的国家为数较少。

实际上，无论是产制销售税，批发销售税，还是零售销售税，都是各有利弊的。关键在于着眼点不同。一般说来，政府多倾向于选择产制销售税（在很大程度上也包括批发销售税）。这是因为，产制环节较之其他环节纳税人数最少，容易健全会计记录，便于税收的稽查管理。若选择在产制环节课征产制销售税，一方面政府的课征手续较为简便，征收费用较低；另一方面也能保证政府及时组织税收入库。

私人厂商则多愿意选择零售销售税。其原因在于，同一种商品课税，税率相同，课税环节越在前，对价格的刺激作用越大，所需的资本垫支额就越大，从而对厂商经营管理的影响也就越大。若选择在零售环节课税，纳税环节在后，在价格和资本垫支额两方面，都对私人厂商的影响最小。

3. 销售税的税率和计税方法。销售税实行比例税率，并从价计税，也就是实行从价定率的计税方法。

销售税除了按税法特别规定对某些商品免税或对某些商品实行较高税率外，一般不实行差别税率，而是对所有商品按相同的税率课税。列入免税商品范围的通常是基本生活必需品、一般食品、书籍、报纸等，实行较高税率的商品多为奢侈品。

销售税税款的计算较为简单，其计税依据是销售商品或提供服务的毛收入。只要用厂商销售收入乘以相应税率，就可以得出应纳税额。计算公式为：

$$\text{应纳税额}=\text{商品销售收入}\times\text{税率} \tag{11.7}$$

11.3.4 增值税

所谓增值税，是以厂商生产经营中的增值额为课税对象所课征的税收。它是商品课税的一种形式。

一般地讲，作为增值税课税对象的增值额是指厂商利用购进的商品和取得的服务进行加工生产或商品经营而增加的价值额。具体地讲，增值额的含义，还可以从以下两个方面去理解：

就某一厂商而言，增值额就是这个厂商的商品销售额或经营收入额扣除规定的非增值项目（这部分相当于物化劳动的价值）后的余额。所以，增值额大体相当于这个厂商在本期中劳动投入所创造的价值，包括该厂商在期内所支付的工资、利息、租金及厂商利润等。

就商品生产流转的全过程而言，一种商品从生产到流通的各个流转环节的增值之和，相当于该种商品进入消费时的最后销售总值即零售价格。

增值税是从一般销售税演化而来的，它同一般销售税在多环节课税这一点上是相同的。二者的区别在于，一般销售税的计税依据是在各个流转环节上销售商品或提供服务的毛收入，即流转额；增值税的计税依据却不是流转额，而是每个流转环节上新增（或称之为附加上去的）价值额，即增值额。一般销售税因实行在多环节对流转额课税，“道道课税，税上加税”，故会造成严重的税负累积效应；因为增值税只对各个环节上的增值额课税，同一售价的商品，不受流转环节多少的影响，始终保持同等的税收含量，所以，虽仍是“道道课税”，但“税不重征”，可以从根本上消除“税上加税”的税负累积效应。正因如此，增值税已逐步成为商品课税制度的改革方向。

1. 增值税的课征范围。增值税的课征范围，可以从横向和纵向两方面加以考察。

从横向来看，也就是从国民经济的各个生产部门看，各个国家增值税的课征范围大多包括采矿业、制造业、建筑业、能源交通业、商业、劳动服务业等各个行业，有的还包括农林牧业。也有少数国家如巴西、哥斯达黎加、巴拿马等，对劳动服务业不征增值税。

从纵向来看，也就是从商品的原材料采购、产制、批发、零售的流转连续环节看，增值税和一般销售税一样，均实行多环节课税，也就是在商品和服务的流转过程中，每经过一个流转环节就课征一次税。所以增值税的课征范围一般包括从原材料采购、产制、批发，到零售以至进出口的几乎所有环节。甚至有的国家还将课征范围从产制环节向后延伸到农产品销售环节。相应地，制造商、批发商、零售商、进出口商以及农场主等，就是增值税的法定纳税人。如欧洲经济共同体成员国实行的增值税，其课征范围就包括农产品销售、工业制造、批发、零售和服务等多个环节。仅选择单一环节课征增值税的国家，极为少见。

2. 增值税的计税基数。各国的增值税，在具体的税制规定上有着较大的差别，表现在计税基数上，即存在着生产型增值税、收入型增值税和消费型增值税之分。

(1) 生产型增值税。生产型增值税的计税基数是按照国民生产总值的口径计算的，即每一个流转环节，每一个厂商，都以其商品与服务的销售收入额减去其用于生产的、购入中间性产品及服务支出的数额（厂房、机器、设备等资本品的折旧额不予减除）作为增值额，并据以课税。也就是说，生产型增值税的计税基数等于工资薪金、租金、利息、利润和折旧数之和。

从国民经济的总体来看，这种计税基数就是国民生产总值，故称之为生产型增值税。

(2) 收入型增值税。收入型增值税的计税基数是按照国民生产净值（相当于国民收入）的口径计算的，即每一流转环节、每一厂商，都以其商品与服务的销售收入额减去其用于生产的、购入中间性产品和服务支出以及资本品的折旧数额，作为增值额，并据以课税。也就是说，收入型增值税的计税基数等于工资薪金、租金、利息和利润之和。

从国民经济的整体来看，这种计税基数就是国民生产净值，故称之为收入型增值税。

(3) 消费型增值税。消费型增值税的计税基数要在生产型增值税课税基数的基础上，再扣除同期购入的资本品价值，即每一流转环节、每一厂商，都以其商品与服务的销售收入额减去其用于生产的、购入中间性产品和服务支出以及同期购入的资本品价格的数额，作为增值额并据以课税。也就是说，消费型增值税的计税基数，除了要从厂商销售收入中扣除外购中间性产品和服务支出之外，还要扣减同期固定资产购进总额。

从国民经济的整体来看，这种计税基数只包括全部消费品的价值，不包括资本品的价值，故称之为消费型增值税。

综上所述，这三种类型增值税的区别有以下两点：

1) 三者的税基大小不同，其计税基数大小的顺序是：生产型增值税最大，收入型增值税次之，消费型增值税最小。所以，从公共收入着眼，在税率相同的条件下，生产型增值税收入最多，收入型增值税次之，消费型增值税最少。而从鼓励投资着眼，则消费型增值税效果最优，收入型增值税次之，生产型增值税最差。

2) 三者对于购入资本性固定资产在计算增值额时是否扣除以及如何扣除的处理原则不同。生产型增值税不予扣除，收入型增值税按使用年限分期扣减，消费型增值税则实行当期一次扣除。

在世界范围内，对于生产型增值税采用的很少，普遍采用的是收入型增值税和消费型增值税，其中又以后者为多。

3. 增值税的税率。各国在增值税上所实行的税率多少不一，最多的如比利时有五种税率，最少的如英国只有一种税率，但大致可以分为如下三类。

(1) 基本税率。也称为标准税率，它体现增值税的基本课征水平，适用于一般商品和服务。国与国之间的基本税率也参差不齐，从欧洲共同体 12 国的情况看，最高的为 23%（爱尔兰），最低的只有 12%（西班牙和卢森堡），相差近一倍。基本税率的高低是与各国的经济状况、税收政策、收入水平以及历史形成的税负水平相关联的。

(2) 轻税率。轻税率体现着增值税的优惠照顾政策，一般适用于税法中单独列举的属于生活必需品范围的商品和服务。如法国的增值税，除了规定基本税率为18.6%之外，还区别不同商品和服务，分别规定了7%和5.5%的轻税率。实行7%轻税率的商品和服务是：符合规定的职工食堂提供的饮食服务；与水资源供应及排污有关的服务；戏院、跑马场、音乐厅等文艺单位的表演（不包括演出期间提供的饮料）、经批准的沙龙、展览会的服务；客运服务；药品；书籍等。实行5.5%轻税率的商品和服务是：公用公司供水；某些不适于18.6%基本税率或33.3%重税率的粮食制品（不包括饮料）；牛奶和某些奶制品；蔬菜、食用油油子，葡萄酒、苹果汁及有关饮料；食用和烤用的巧克力；咖啡和茶；新鲜点心；儿童食品、方便早餐和甜食；糖；果酱、果子冻；未加工的海味、鱼、农畜产品。

(3) 重税率。重税率体现了增值税限制消费的政策，主要适用于列举的奢侈品和有害于社会公益的商品和服务。仍以法国的增值税为例，它对下述商品和服务实行高达33.3%的重税率：完全或部分由天然珍珠或人造珍珠制作的珠宝、贵重石头、天然宝石、黄金、白银等；透明箔板、立体镜头；电影胶卷、摄像设备、投影及放映设备以及有关配件；录音机、口授机、广播接收机、单放机、录音仪器及声像复制设备（一般的电视机、磁带、唱片、有声电影、声像放大器除外）；客车或客货两用车（改装后供残疾人用的汽车及配件除外），以及有关零配件；名贵兽皮和兽毛及价值中有40%由上述皮毛组成的料子等；烟草制品；某些摩托车和雪橇；鱼子酱等奢侈性食品。

除了上述三类税率外，增值税还有所谓零税率的规定。零税率是增值税的一大特色，它一般是对出口的商品或服务实行的，其目的是为了鼓励出口，扩大对外贸易。零税率不等于免税。免税只是规定该纳税环节的应纳税额等于零。实行零税率不但不必缴税，而且还可以退还以前纳税环节所纳的税。按照增值税的计税公式，销项税额－进项税额＝应纳（应缴）税额，销项如采用零税率（如在出口环节），那么，销项税额减去进项税额，其差额必是负数，即溢缴税额，这时就要有退税。

4. 增值税的计税方法。增值税有三种不同的计税方法：

(1) 税基列举法。也称为“加法”，即把厂商构成增值额的各个项目，如工资薪金、租金、利息、利润等直接相加，作为增值额。然后将增值额乘以税率，计算出应纳税额，其计算公式为：

$$增值额=\frac{本期发生的}{工资薪金}+利息+租金+\frac{其他增}{值项目}+利润 \quad (11.8)$$

$$增值税实际应纳税额=增值额\times适用税率 \quad (11.9)$$

(2) 税基相减法。也称为"减法",即从厂商一定期间内的商品和服务销售收入中减去同期应扣除的项目作为增值额。然后将增值额乘以税率,计算出应纳税额,其计算公式是:

$$增值额=本期应税销售收入额-规定扣除的非增值额 \quad (11.10)$$

$$增值税实际应纳税额=增值额\times适用税率 \quad (11.11)$$

(3) 税额相减法。也称为"扣税法",即先以厂商一定期间内的商品和服务销售收入额乘以税率,计算出至本环节为止的累计税额。然后再从中减去同期各项外购项目的已纳税额,从而得出应纳税额,其计算公式为:

$$\frac{增值税实际}{应纳税额}=\frac{申报期内的}{应税销售收入额}\times\frac{适用}{税率}-\frac{申报期内的外购}{项目已纳增值税税额} \quad (11.12)$$

以上三种方法在税率相同的条件下,计算结果完全一致。在世界各国中较多采用的是第三种方法,即税额相减法,这是因为,它一方面可以在理论上充分体现增值税最根本的特点,即"道道课税,税不重征";另一方面,它在实践中也具有最大的可行性,即其计算方法简便易行(不必直接计算增值额,只要扣除过去已缴纳的累计税额,就可以计算出应纳税额),计算结果准确可靠(主要依据购销发票,每笔交易的销售额和税款分别列出,一清二楚,有案可查)。

5. 增值税的课征方法。增值税的课征方法,一般是根据厂商规模大小和财务管理水平加以确定的。

对于规模较大、账目健全的厂商,采取厂商自行填送纳税申报表并由税务机关加以审核的课征方法。厂商必须按照每个月的销售收入额分别列出各月及全年的应纳税额,然后将纳税申报表送交税务机关,经税务机关审核后,再由厂商按时缴纳。若出现拖欠税款的情况,则视拖欠时间的长短而规定不同比例的罚款或予以经济和法律方面的制裁。

对于规模较小、账目不健全的厂商,则实行定额课征的方法,由税务机关和厂商双方协商计算纳税定额。这种定额通常是以前一年的销售收入额作为当年的计税基数来计算的。若厂商的经营状况发生变化,可以经税务机关核实后,对定额进行相应调整。

11.3.5 关税

关税是对进出国境的商品货物流转额课征的一种税收，它是商品课税的一种形式。

关税在性质上属于消费税。只不过它是过境消费税，而不是前面所讨论的国内消费税。也就是说，关税与国内消费税有相似之处，它的课征范围限于有选择的特定商品；它的计税方法既可以从量计征，也可以从价计征；它的计税依据也是课税商品的销售额。关税同国内消费税的区别仅在于课税环节，国内消费税可以选择在产制、批发、零售等环节课征，关税则只能在商品货物进出口环节课征。

1. 关税的类别。依据不同的标准，可以对关税进行多种分类。

（1）进口税与出口税。按课税商品在国境上的不同流向，可以分为进口税和出口税。

进口税是进口国家的海关在外国商品输入时，对本国进口商所课征的关税，它通常在外国商品进入国境时课征，或在外国商品从海关保税仓库提出运往国内市场时课征。进口税是现今世界各国最主要的一种关税。

出口税是出口国家的海关在本国商品输往国外时，对本国出口商所课征的关税。但随着商品输出和海外市场上的竞争日益激烈，许多国家已不征或少征出口税。

（2）财政关税与保护关税。按课征目的，还可以将关税分为财政关税和保护关税。

财政关税是保护关税的对称，也称为收入关税，它是以增加政府公共收入为主要目的而课征的关税。财政关税的特点是税率较之保护关税为低，因为税高则进口必然减少，税收也必相应减少，从而达不到增加公共收入的目的。

保护关税是财政关税的对称，它是以保护本国民族经济发展为主要目的而课征的关税。保护关税的特点主要是进口税采用较高的税率，有的甚至高达百分之几百。通过课征高额的进口税，使进口商品成本增高，从而削弱其在本国市场上的竞争能力，以保护国内生产，促进本国经济的发展。

2. 关税制度与政策。世界各国的关税，主要是作为对外贸易的一个重要政策手段而课征的。这就是说，当今世界各国的关税，大都以保护关税为主。进口税制、出口税制以及税则的规定，大都体现着较为明显的贸易保护主义意图。

保护关税的重要特征，在于关税对不同课税对象的区别对待。

在进口税制方面，世界各国不仅对不同的进口商品实行区别对待，而且对不同的输出国也实行区别对待。

对不同进口商品之间的区别对待，主要是在税率、计税价格和计征手续等方面给予不同待遇。就税率而言，工业制成品的税率高于农产品和工业原料的税率；本国能生产的商品税率高于本国不能生产的商品税率；奢侈品的税率高于一般消费品和生活必需品的税率。就计税价格而言，一般是以进口商品的到岸价格作为计税价格。但实际上，海关可以区别不同商品而用各种借口提高或降低计税价格。在进口商品报关手续方面，海关也常常要区别情况从松或从严。所有这一切都是根据本国的经济利益而决定的。

对不同输出国之间的区别对待，主要是根据对等原则对不同输出国规定差别税率和差别优惠待遇。凡商品输出国对本国输入该国的商品课以重税的，本国也对其商品课以重税，凡商品输出国对本国输入该国的商品课以轻税或给予免税的，本国也对其商品课以轻税或给予免税。这同样要从本国的经济利益出发而作出决定。

在出口税制方面，则主要是对不同的出口商品在税率、计税价格和课征手续等方面实行区别对待。通常，工业原材料的税率高于工业制成品的税率；国内稀缺产品的税率高于国内富裕产品的税率；生活必需品的税率高于一般消费品和奢侈品的税率；为了达到鼓励工业制成品出口的目的，甚至对工业制成品给予免税以至补贴（如美国的税法明文规定，对工业制成品不征出口关税）。对计税价格和出口报关手续，海关也都采取区别对待的措施。

保护关税的政策也反映在世界各国的关税税则上。关税的税则是有关关税课征范围及其税率的统称。各国实行的关税税则大致有三种：

（1）单一税则与复式税则。所谓单一税则，就是一个税目只设一个税率，适用于来自任何国家的商品，不实行区别对待。

所谓复式税则，就是一个税目设有两个或两个以上的税率，对不同国家适用不同的税率，其目的是为了争夺国外市场，保护国内市场。通常设有三种税率：一是最低税率，即特惠税率，适用于相互提供这种关税优惠待遇的国家；二是最高税率，即普通税率，适用于没有签订贸易协定或没有给予优惠待遇的国家；三是中间税率，介于最低税率与最高税率之间，适用于相互提供关税最惠国待遇的国家以及享受“普惠制”待遇的发展中国家。

当今世界各国，除了瑞士等少数国家之外，实行的都是复式税则。

（2）固定税则与协定税则。固定税则，又称为自主税则，是一国基于其主权，完全独立自主地依法制定的关税税则，一般适用于没有签订贸易协定的国家。

协定税则是指两个或两个以上国家通过缔结关税贸易协定而制定的关税税

则。具体而言，它是指一国根据与他国缔结的条约或贸易协定，对进出口商品（主要是进口商品）所规定的有所减让的关税税率。所以，协定税则税率低于固定税则税率。

在当今世界各国中，往往是固定税则与协定税则同时并用，即对没有签订协定的国家适用固定税则，而对签有协定的国家适用协定税则。

（3）最高税则与最低税则。有些国家的固定税则又有最高税则和最低税则之分，也就是规定一个关税税率的变动或调整幅度，适用于无协定国进口商品的税率不得高于最高税则规定的税率，同其他国家所缔结的协定税则所规定的税率不得低于最低税则规定的税率。

本章小结

1. 所得课税是以一定的所得额为课税对象的课税体系，主要包括个人所得税、公司所得税和社会保险税。其特点可以归纳为：课征对象是一定的所得额，而且是扣除了各项成本、费用开支之后的净所得额；应税所得额的计算要经过一系列复杂的程序；通常按累进税制课征。其类型可以区分为：将所得按来源划分为若干类别，对各种不同来源的所得分别计征所得税的分类所得税；将各种不同来源的所得加总求和，统一计征所得税的综合所得税；实行分别课征和综合计税相结合的分类综合所得税。但须注意社会保险税具有不同于一般所得课税的特点。

2. 财产课税是以一定的财产额为课税对象的课税体系，主要包括对财产所有者所拥有的全部财产课征的一般财产税，特别选定某类或某几类财产分别课征的特种财产税和对发生转让的财产课征的财产转让税。它同所得课税一样，都具有明显的“对人课税”性质，只不过作为所得课税对象的所得额是一个时期劳动和经营的净成果，而作为财产课税对象的财产额是在某一时点上的财富占有量。前者不容易计算，后者则容易确定。

3. 商品课税是指以商品和服务的流转额为课税对象的课税体系，它主要包括消费税、销售税、增值税和关税。其中，消费税体现了商品课税独特的调节功能；销售税是商品课税的传统形式；增值税反映了商品课税的改革方向；关税则属于国际贸易中商品课税的特殊类型。商品课税的特点可以归纳为：课征对象是商品或服务的流转额；在负担上具有累退性，负担普遍，课税隐蔽；具有征收管理的简便性和执行社会经济政策的针对性。

关键术语

所得课税	名义税率	实际税率
分类所得税（分类税制）	综合所得税（综合税制）	分类综合所得税（混合税制）
个人所得税	税收管辖权	属地主义原则
收入来源地税收管辖权	属人主义原则	居民（公民）税收管辖权
应税所得	从源征收	申报清缴
代扣代缴	公司所得税	社会保险税
专税专用	财产课税	一般财产税
特种财产税	静态财产税	动态财产税
市场价格法	资本还原法	原值法（簿册法）
土地税	财产税性质的土地税	所得税性质的土地税
地亩税（面积税）	地价税	土地收益税
土地增值税	房屋税	财产税性质的房屋税
所得税性质的房屋税	消费税性质的房屋税	不动产税
财产转让税	遗产税	总遗产税制
分遗产税制（继承税制）	总分遗产税制（混合遗产税制）	赠与税
总赠与税制	分赠与税制	商品课税
单环节课税	多环节课税	生产课税法
流通课税法	消费税	有限型的课征范围
中间型课征范围	延伸型课征范围	销售税（营业税）
产制销售税	批发销售税	零售销售税
增值税	增值额	流转额
生产型增值税	收入型增值税	消费型增值税
基本税率（标准税率）	轻税率	重税率
增值税的零税率	税基列举法（加法）	税基相减法（减法）
税额相减法（扣税法）	关税	进口税
出口税	财政关税（收入关税）	保护关税
贸易保护主义	单一税则	复式税则
最低税率（特惠税率）	最高税率（普通税率）	中间税率

固定税则（自主税则）　　协定税则　　　　　　　　最高税则
最低税则

复习思考题

1. 什么是所得课税？所得课税包括哪些税种？各自的征收制度如何？
2. 什么是财产课税？财产课税包括哪些税种？各自的征收制度如何？
3. 什么是商品课税？商品课税包括哪些税种？各自的征收制度如何？

本章阅读书目

1. 陈共．财政学．北京：中国人民大学出版社，2009
2. 李建昌，高培勇．当代美国财税教程．北京：世界知识出版社，1988

第 12 章

税收效应分析

长期以来，在经济学界一直有这样一种说法，即税收应保持中性，不对纳税人的经济选择或经济行为产生任何影响，不改变纳税人在消费、生产、储蓄和投资等方面的抉择，这种说法在理论上被称作“税收中性原则”。但是，事实上，税收中性只是一种理想的状况，在现实经济生活中是根本不可能存在的。税收作为一种强制和无偿的国家占有，总会对纳税人的经济选择或经济行为产生这样或那样的影响。换句话说，税收实际上是“非中性”的。

税收在现实经济生活中的“非中性”问题，很早就引起了经济学家的关注。对这种“非中性”的情况和原因的分析，正是税收效应理论的内容。

重点问题

- 税收对生产者行为的影响
- 税收对消费者行为的影响
- 税收对劳动投入的影响
- 税收对私人储蓄的影响
- 税收对私人投资的影响

12.1　税收与生产者行为

经济学家用实现利润最大化来解释生产者[①]行为。在他们看来，所谓生产者行为，指的是生产者在如何运用自己可以支配的各种生产要素以实现利润最大化目的方面所作的各种抉择或决策。

税收对纳税人作为一个生产者的行为的影响，主要是通过税收对市场价格机制的干扰来完成的。

12.1.1　税收对市场价格的影响

税收对市场价格的影响，表现在政府课税之后会使课税商品出现两种价格——消费者支付的价格和生产者实际得到的价格。两者之间的差额，即为税收的数额。

从计税依据上看，对商品的课税，如消费税，可以采取从量计征和从价计征两种形式。在从量计征的情况下，消费税按事先确定的单位数额计征。如美国的联邦汽油税，单位税额为每加仑汽油 0.12 美元。如果消费者支付的每加仑汽油价格（以 P_d 代表）为：P_d＝1.50 美元，生产者实际得到的每加仑汽油价格（以 P_s 代表）则为：P_s＝1.50 美元－0.12 美元＝1.38 美元。若以 t 代表单位税额，则从量计征情况下税收对消费品价格的影响可以用公式表示为：

$$P_d = P_s + t \tag{12.1}$$

在从价计征的情况下，消费税按单位商品价格的一定比例计征。如美国州一级的销售税，税率为 5%。那么，如果消费者支付的单位商品价格为 P_d＝1.05 美元，生产者实际得到的单位商品价格就为 P_s＝1.05 美元－0.05 美元＝1 美元。若以 T 代表税率，则从价计征情况下税收对消费品价格的影响可以用公式表示为：

$$P_d = (1+T)P_s \tag{12.2}$$

既然因政府课税而使课税商品出现了两种价格，很显然，对课税商品的需求量和供给量也要由消费者和生产者分别根据各自面临的价格来决定。若以 D（P_d）

---

① 这里所说的生产者，与前面所说的厂商同义。在微观经济学中，生产者是一个十分重要的单个经济决策单位，这个单位通常叫做厂商（实际上也包含了“企业”在内）。无论厂商采取什么组织形式，都被看做是追求最大利润的生产者。

代表需求量，$S(P_s)$ 代表供给量，并假定生产者负有纳税义务（表明生产者实际得到的价格等于消费者支付的价格减去税款），可以列出两个关系等式：

$$D(P_d)=S(P_s) \tag{12.3}$$

$$P_s=P_d-t \text{ 或 } P_s=\frac{P_d}{1+T} \tag{12.4}$$

将公式（12.4）代入公式（12.3），可以得到课税商品的市场均衡条件：

$$D(P_d)=S(P_d-t) \text{ 或 } D(P_d)=S\left(\frac{P_d}{1+T}\right) \tag{12.5}$$

如果税款不是由生产者，而是由消费者负责缴纳，课税商品的价格关系式只须稍加变形（表明消费者支付的价格减去税款等于生产者实际得到的价格），即将公式（12.1）公式（12.2）代入公式（12.3），可以得到：

$$D(P_s+t)=S(P_s) \text{ 或 } D[(1+T)P_s]=S(P_s) \tag{12.6}$$

可以看出，这个关系式与由生产者缴纳税款的情形完全一样。

图 12—1 更直观地揭示了这种市场均衡的情况。在图中，D 和 S 分别代表消费者的需求曲线和生产者的供给曲线。政府课税之前，D 和 S 在 E 点相交，由此决定的均衡价格水平为 P^*，消费者和生产者都按同一价格 P^* 进行交易。政府课税之后，消费者面临的价格水平由 P^* 上升至 P_d，生产者面临的价格水平由 P^* 下降至 P_s。P_d 和 P_s 之间的差额即为税款 t。由于课税商品的需求量和供给量分别由消费者和生产者根据各自面临的价格来决定，P^* 上升至 P_d 意味着需求量的减少，P^* 下降至 P_s 也导致供给量减少，原来的均衡条件被打破了。

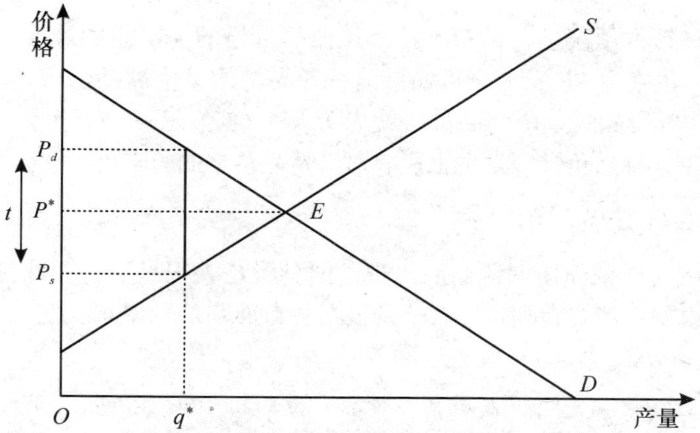

图 12—1　税收对市场价格的影响

为了找到新的均衡点，可以按照税款的额度用一垂直线代表税款 t，并将它插入 D 和 S 的夹角，直到它同 D 和 S 分别相交，由此决定了课税商品的均衡产量为 q^*。即为公式（12.5）所示的市场均衡条件。

12.1.2 税收对生产者选择的替代效应

根据上面的分析，可以得到这样一个结论，不论税款由生产者缴纳还是由消费者缴纳，也不论是从量计税还是从价计税，税收都会在课税商品价格中打进一个楔子，其结果是同一课税商品出现两种价格——消费者支付的含税价格和生产者实际得到的不含税价格。

在经济学家们看来，消费者支付的价格上升和生产者实际得到的价格下降固然代表了消费者和生产者因政府课税而承受的损失，但真正的经济损失还不在于此。从整个社会的角度看，因政府课税而造成的课税商品产量的减少，才是真正意义上的经济损失。

可以借用消费者剩余和生产者剩余的概念来说明这个问题。如图 12—2 所示，D 和 S 仍分别代表需求曲线和供给曲线。政府的课税造成消费者面临价格上升，生产者面临价格下降，这又进一步导致需求量和供给量的减少，从而使均衡产量由原来的 q 缩减至 q^*。若由此而造成的消费者剩余的损失以 $A+B$ 的面积代表，生产者剩余的损失以 $C+D$ 的面积代表，则因政府课税而造成的总的损失就是 $(A+B)+(C+D)$。

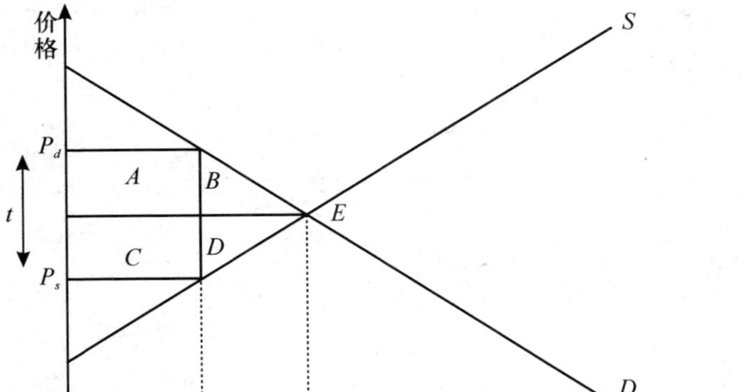

图 12—2 税收的额外负担：均衡产量的减少

假定政府征得的税款全部用于提供公共物品，生产者和消费者都可以由此受益，那么政府课税而获得的总收益就是 $A+C$ 的面积——政府征得的税款数额。鉴于生产者剩余和消费者剩余的损失就是税收的总成本，政府征得的税款是税收的总收益，那么税收的净效应就是 $-(B+D)$。其计算过程为：$-(A+B)-(C+D)+(A+C)=-(B+D)$。这也就是 9.3.2 节中所说的“税收的额外负担”。

进一步的问题是，什么是这种额外负担即 $-(B+D)$ 的来源？很显然，它来源于均衡产量的减少。经济学界对此作的解释是：生产者的生产决策不是根据消费者支付的含税价格作出的，而是以其实际得到的不含税价格为准的。伴随着政府课税所导致的同一课税商品的两种不同价格的出现，生产者势必要按下降了的价格 P_s 决定课税商品的生产量，其结果是课税商品的生产量由 q 减少至 q^*。

还可以用税收的替代效应来解释，由于生产者所面临的课税商品的价格相对下降，造成生产者减少课税商品或重税商品的生产量，而增加无税商品或轻税商品的生产量，即以无税商品或轻税商品替代课税商品或重税商品。

图 12—3 揭示了税收对生产者选择的替代效应。假定某生产者拥有的生产要素是固定的，并全部用来生产两种商品 X_1 和 X_2。其生产可能性曲线 TT 代表着可能生产出来的商品 X_1 和 X_2 的组合情况。TT 线上的任何一点切线的斜率都代表生产一种商品相对于另一种商品的边际替代率或社会机会成本。

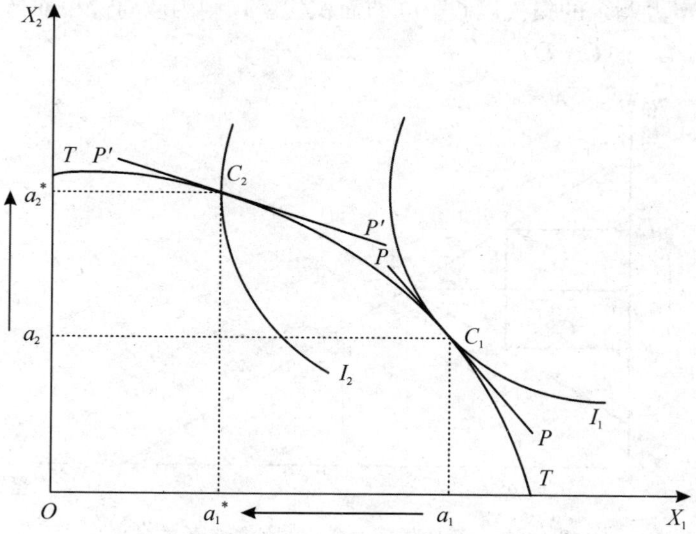

图 12—3　税收对生产者选择的替代效应

政府课税之前，TT 线与无差异曲线 I_1 在 C_1 点相切，形成税前的厂商均衡点。意味着在 C_1 点上，X_1 和 X_2 的组合最优，生产者生产 a_1 数量的 X_1，生产 a_2 数量的 X_2，获得的利润最大。TT 线在 C_1 点的斜率（即 PP 线的斜率）代表 X_1 和 X_2 之间税前边际成本的比率。

现假定政府决定对商品 X_1 征收消费税，但对商品 X_2 不征税。消费者为 X_1 支付的价格随之上升，生产者实际得到的价格下降，边际成本比率（即 $P'P'$ 线的斜率）也急剧提高。TT 线与 $P'P'$ 线在 C_2 点相切，在新的边际成本比率下，生产者所能达到的最高无差异曲线为 I_2，在 C_2 点形成税后的厂商均衡点。生产者面临着 X_1 和 X_2 的新的最优组合。这意味着在新的相对价格比率条件下，生产者将减少 X_1 的生产量，而将由此腾出的一部分生产要素用于增加 X_2 的生产量（如图中箭头所示）。也就是生产者现在按照 a_1^* 坐标生产商品 X_1，按 a_2^* 坐标生产商品 X_2，其可能获得的利润将最大。

可以看出，由于政府对商品 X_1 征税而对商品 X_2 不征税，改变了生产者的生产抉择。其厂商均衡点由 C_1 移至 C_2 意味着，生产者在政府对 X_1 征税之后，减少了 X_1 的生产量，而相对增加了 X_2 的生产量，即以 X_2 的生产相应替代了一部分 X_1 的生产。

12.1.3 税收对生产者选择的收入效应

税收对生产者选择的收入效应，表现为政府课税之后，会使生产者可支配的生产要素减少，从而降低了商品的生产能力，而居于较低的生产水平。

如图 12—4 所示，假定某生产者在政府课税前的厂商均衡点仍为 C_1。在 C_1 点，其生产可能性曲线与所能达到的最高无差异曲线 I_1 相切，生产者按照 a_1 和 a_2 的坐标所决定的最佳组合生产商品 X_1 和商品 X_2。

现假定政府决定向生产者征收某种税，将生产者购买力的一部分腾出转归政府使用。这种税不对商品的相对价格发生直接影响，除减少纳税人购买力外基本没有其他影响（公司所得税和一般销售税，大致上就是这样）。政府征税的结果，是生产者的生产可能性曲线向内移动，在图中由原来的 TT 线移至 T^*T^* 线。新的生产可能性曲线 T^*T^* 与其所能达到的最高无差异曲线 I_2 在 C_2 点相切，形成税后的厂商均衡点。这表明生产者所能支配的生产要素较政府征税前减少了，生产能力因此而相应下降。现在生产者只能按照 a_1^* 和 a_2^* 坐标所决定的最佳组合生产商品 X_1 和 X_2，而这一税后组合的产量较税前减少（如图中箭头所示），其可能获得的最大利润量也较税前降低了。

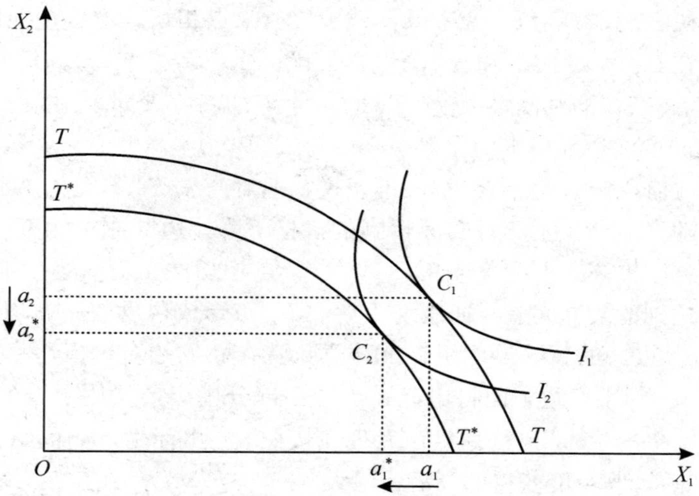

图 12—4　税收对生产者选择的收入效应

不难看出，由于政府征税，改变了生产者的生产抉择。其厂商均衡点由 C_1 移至 C_2 意味着，生产者在政府征税之后，因可支配生产要素减少，不得不相应减少商品的生产量。

12.2　税收与消费者行为

消费者行为也是有特定含义的，它指的是消费者在如何使用自己既定的收入来达到最大的满足程度方面所作的各种抉择或决策。

税收对纳税人作为一个消费者的行为的影响，也表现为替代效应和收入效应两个方面。

12.2.1　税收对消费者选择的替代效应

经济学家将税收对商品相对价格的影响分析应用于消费者购买商品的选择，认为税收在对生产者的选择产生替代效应的同时，对消费者的选择也有替代效应。

税收对消费者选择的替代效应表现为政府对商品课税之后，会使课税商品价格相对上涨，造成消费者减少对课税商品或重税商品的购买量，而增加对无税商品或轻税商品的购买量，即以无税商品或轻税商品替代课税商品或重税商品。

如图 12—5 所示，假定某消费者的收入是既定的，其收入全部用来购买衣物和食品。衣物和食品的价格也是既定的。则以消费者购买两种商品的数量组合连成一条直线，即图中 AB 线。消费者从衣物和食品的消费上都可以获得满足，即衣物和食品对他都有效用。一定数量的食品与一定数量的衣物在效用上无差异，则二者数量上的组合可以形成一系列的曲线，即无差异曲线。由于边际效用随消费数量的增加而递减，无差异曲线呈下凹状。AB 线与无数的无差异曲线相遇，但只与其中一条相切，即图 12—5 中的 I_1。AB 与 I_1 在 W 点相切。在这一点上，纳税人以自己的收入购买消费品所获得的满足程度最大，即其用于衣物的支出为 W 与横轴的垂直距离乘以衣物的价格，用于食品的支出为 W 与纵轴的水平距离乘以食品的价格。

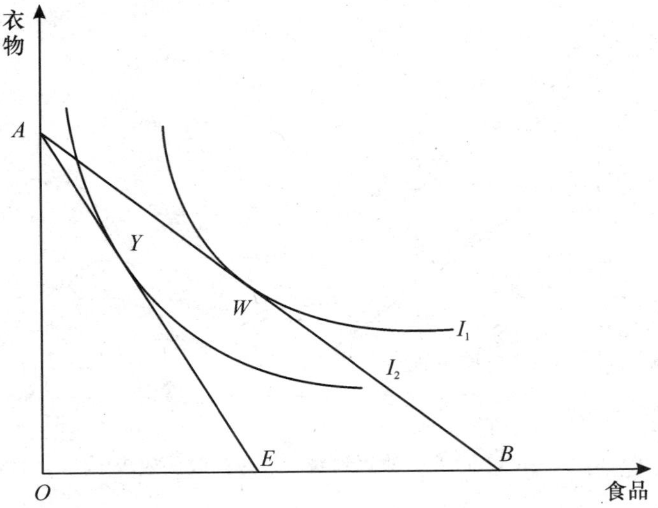

图 12—5　税收对消费者选择的替代效应

现假定政府决定对食品征税，但对衣物不征税。那么，该消费者购买两种商品的组合线便因此而由 AB 移至 AE，与其相切的无差异曲线也不再是 I_1，而是左侧的另一条线 I_2。AE 与 I_2 在 Y 点相切，在此切点上，该消费者以自己收入购买消费品获得的效用最大。即其用于衣物的支出为 Y 与横轴的垂直距离乘以衣物的价格，用于食品的支出为 Y 与纵轴的水平距离乘以食品的价格。

可以看出，由于政府对食品征税而对衣物不征税，改变了消费者购买消费品的抉择。其最佳抉择点由 W 移至 Y 意味着，消费者在政府对食品征税之后，减少了对食品的购买量（EB 乘以食品价格即为减少的金额），而相对增加了衣物的购买量，即以衣物方面的消费相应替代了一部分食品的消费。

12.2.2 税收对消费者选择的收入效应

税收对消费者选择的收入效应表现为政府课税之后，会使消费者可支配收入下降，从而降低商品的购买量，而居于较低的消费水平。

以图形表示，在图 12—6 中，假定某消费者在政府不对消费品征税条件下的最佳抉择点仍为 W。

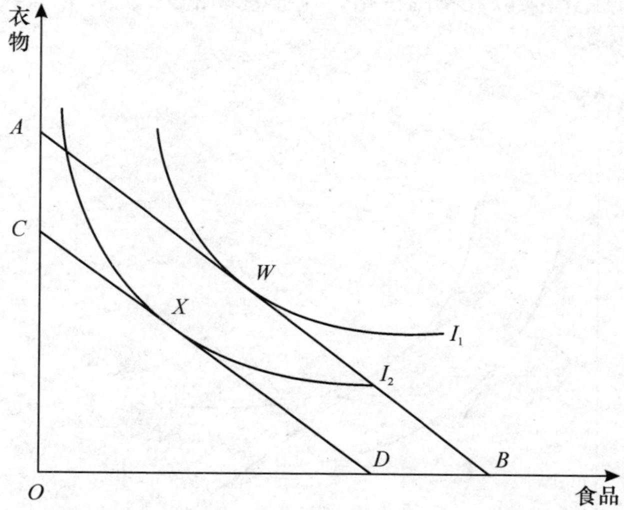

图 12—6 税收对消费者选择的收入效应

现假定政府决定对该消费者征税，其金额相当于 AC 乘以衣物的价格或 BD 乘以食品的价格。其结果是该消费者购买两种商品的组合线由 AB 移至 CD。CD 与另一条无差异曲线 I_2（不再是 I_1）在 X 点相切。在此切点上，该消费者以自己的税后收入购买消费品所获得的效用最大，即其用于衣物的支出为 X 与横轴的垂直距离乘以衣物的价格，用于食品的支出为 X 与纵轴的水平距离乘以食品的价格。

不难看出，由于政府征税而使消费者在消费品购买上的最佳抉择点，已由 W 移至 X。这就意味着，消费者在政府征税后，因可支配收入水平的下降，而不得不相应地减少消费品的购买量。

12.3 税收与劳动投入

经济学家很重视税收对劳动投入影响的研究。但在他们看来，现代社会的经济福利已不再仅以人们通过劳动而获得的物质收入来衡量，它也包括人们由闲暇所获得的精神享受。换句话说，国民生产总值并不是人们生活的唯一内容。因此，研究税收对劳动投入影响的目的，并不在于简单地使人们的劳动投入最大化，而是要就税收对纳税人在劳动投入和保持闲暇二者间抉择方面的影响进行预测，为政府部门的税收决策提供依据。

对税收与纳税人劳动投入关系的分析，可以从分析劳动力的供给曲线入手。其分析的假定条件是：个人有劳动投入量的选择权；劳动所得都以货币表示，全部所得都要课税；小时生产率不变，工资率是单一的；劳动力的供给有完全的弹性；所得税实行比例税率；公共支出模式对劳动投入没有影响。在这些假定条件下，先分析劳动力供给曲线向右上方倾斜的情况，然后分析劳动力供给曲线向后弯曲的情况。得出的结论是：税收对纳税人的劳动投入也有替代效应和收入效应两个方面。

12.3.1 税收对劳动投入的替代效应

税收对纳税人在劳动投入方面的替代效应表现为政府课税会降低劳动相对于闲暇的价格，使劳动和闲暇二者间的得失抉择发生变化，从而引起纳税人以闲暇代替劳动。也就是说，政府课税会造成劳动投入下降。替代效应的大小，在课征所得税的情况下，由其边际税率决定。

如图12—7所示，劳动力的供给曲线S是一条向右上方倾斜的线。它和一般商品的供给呈相同趋势，即劳动力的供给与工资率成正比，随着工资水平的提高，劳动力的供给倾向于增加；随着工资水平的下降，劳动力的供给倾向于减少。

现假定政府决定对劳动者的工资收入征收（或增收）所得税W_1W_2。纳税人在征税之前的可支配收入为W_1，劳动时数为L_1。征税之后，纳税人的可支配收入降至W_2。随着劳动边际收益的减少，劳动和闲暇的相对价格发生变动，劳动时数由原来的L_1减少至L_2。

这表明，如果劳动力的供给曲线是向右上方倾斜的，政府征税极可能促使纳税人减少劳动投入量。在这种情况下，税收对劳动投入的影响，表现为替代效应。

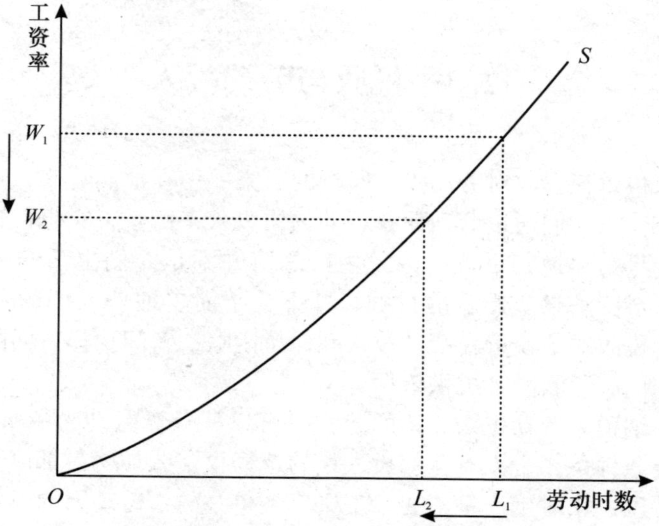

图 12—7　税收对劳动投入的替代效应

还可以从劳动力市场均衡的角度说明税收对劳动投入的替代效应（见图12—8）。假定生产者对劳动力的需求曲线 D 在既定的工资水平 W^* 上是一条与横轴平行的线。这意味着，如果工资超过 W^* 的水平，生产者对劳动力的需求就为 0，如果工资恰好维持在 W^* 的水平，生产者对劳动力的需求可以趋向无穷。政府征税之前，劳动力的供给曲线 S 向右上方倾斜，它与需求曲线 D 在 E 点相交，由此决定的劳动时数为 L_1。

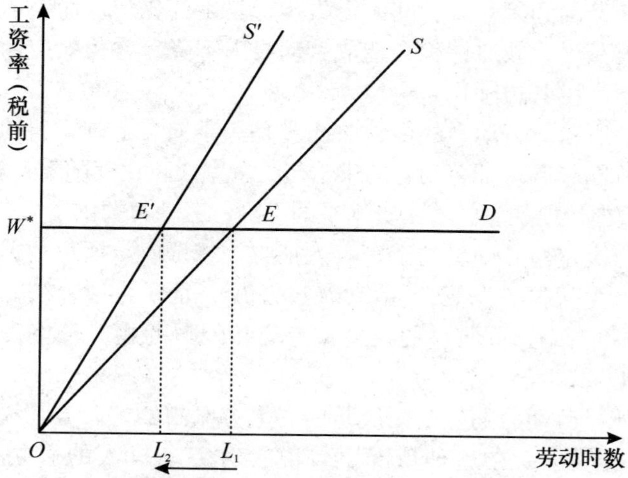

图 12—8　税收对劳动投入的替代效应

现假定政府对劳动者的工资收入征收所得税，税率为 t。那么，如果生产者支付的工资仍维持在 W^* 的水平，劳动者实际得到的税后工资为：$W=(1-t)W^*$。由于劳动者对劳动力的供给是根据其实际得到的工资水平决定的，随着实际工资水平的降低，劳动力的供给倾向于减少，图 12—8 中的劳动力供给曲线向左旋转至 S'，S' 与 D 在 E' 点相交，由此决定的劳动时数为 L_2。劳动时数由原来的 L_1 减少至 L_2 表明，政府征税对纳税人的劳动投入产生了替代效应。

12.3.2 税收对劳动投入的收入效应

税收对纳税人在劳动投入方面的收入效应表现为政府征税会直接压低纳税人的可支配收入，从而促使其减少闲暇等方面的享受，为维持以往的收入水平或消费水平而倾向于更勤奋地工作。也就是说，政府征税反而会促使劳动投入量增加。收入效应的大小则由纳税人的总收入与其缴纳税款的比例即平均课税率决定。

在图 12—9 中，S 表示劳动力的供给曲线。在开始阶段，工资水平提高之后，劳动力倾向于增加。但工资水平上升到一定限度之后，劳动者对工资收入的需要被认为不那么迫切了。工资水平再上升，劳动力的供给便不再倾向于增加，而趋向于减少。因此，劳动力的供给曲线先是递增，然后是一条向后弯曲的线。

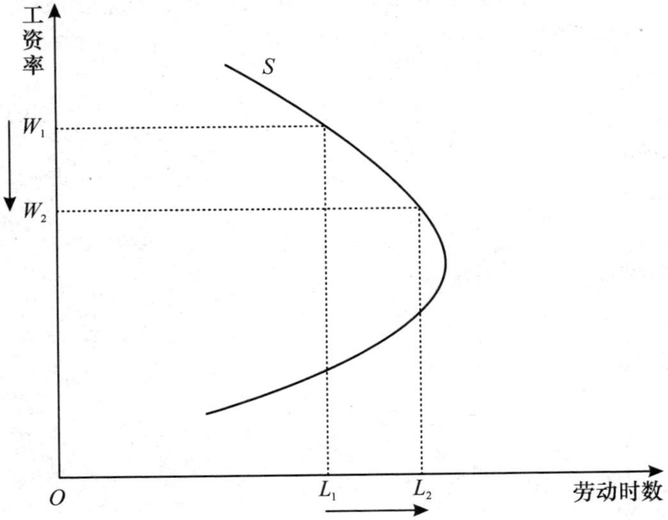

图 12—9　税收对劳动投入的收入效应

现在假定政府决定对劳动者的工资收入征收（或增收）所得税 W_1W_2。那么，纳税人的可支配收入便由原来的 W_1 下降为 W_2。随着纳税人税后可支配收入的下降，劳动力的供给倾向于增加，劳动时数会从原来的 L_1 增加至 L_2。

这就表明，如果劳动力的供给曲线是向后弯曲的，政府征税极可能会促使纳税人增加劳动投入量。在这种情况下，税收对劳动投入的影响表现为收入效应。

12.3.3 税收对劳动投入效应的无差异曲线分析

由上面的分析看出，税收对纳税人在劳动投入方面的两种效应是反方向的。在收入效应下，税收对纳税人的劳动投入是一种激励；而在替代效应下，税收对纳税人的劳动投入便是一种反激励。因此，经济学家认为，要分析税收对劳动投入的总效应或净效应究竟是什么，还应当将收入效应和替代效应综合在一起，进行无差异曲线分析。

如图 12—10 所示，纵轴代表纳税人对劳动投入的选择（以收入表示），横轴代表闲暇。再假定纳税人对消费和闲暇两方面的需求都将随着收入的增加而趋向于增加。那么，在个人有劳动投入量选择权的条件下，其对劳动和闲暇的选择组合可以连成一条直线，即图中的 AB 线。纳税人从劳动和闲暇中都可以获得满足。一定数量的劳动和一定数量的闲暇在效用上无差异，二者的数量组合可以形成一系列的曲线即无差异曲线。AB 线与其中一条相切，即图中的 I_1。AB 与 I_1 在 P_1 点相切，在一定的个人偏好下，这一切点所决定的组合使纳税人获得的满足程度最大，即他选择 L_1 闲暇时间，其余时间去劳动以赚取收入 E。

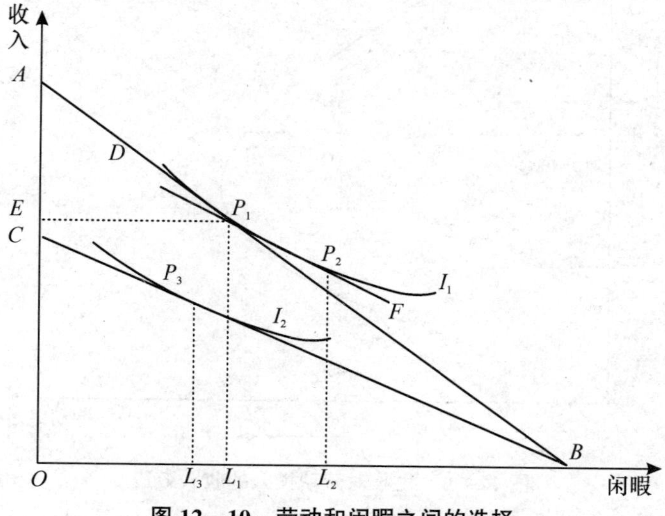

图 12—10 劳动和闲暇之间的选择

如果政府对劳动者的工资收入征收（或增收）所得税，该纳税人对劳动和闲暇的选择组合线就会从 AB 向内旋转至 CB。CB 线较之 AB 线的斜率小，说明收入和闲暇之间的相对价格发生了变化，即在政府征税条件下，纳税人要维持以往的收入水平，必须以放弃更多的闲暇为代价。

先看税收对劳动投入的替代效应。

为了分析替代效应，可以先假定政府在征税的同时，又给纳税人以相应的补助，使其维持税前的境况 I_1，即税收的收入效应被补助抵消为 0。这时纳税人对劳动和闲暇的选择组合线 CB 向上移至与 I_1 相切处。其切线以 DF 表示。DF 与 CB 平行，表示税后收入和闲暇之间的相对价格维持原状，因而也保持原有的替代效应。从图中可以看出，现在的替代效应反映为纳税人的最佳抉择点从 P_1 沿着 I_1 移至 P_2。在 P_2 点，DF 与 I_1 相切，由此决定的劳动和闲暇的最佳组合较前发生了变动，纳税人现在选择的闲暇时间是 L_2（而不是 L_1），即纳税人现在选择以更多的闲暇来替代劳动。

再看税收对劳动投入的收入效应。收入效应可以看做是税收的剩余效应。

现在将政府补助的因素剔除，假定政府在征税的同时，不给纳税人以任何形式的补助，纳税人不能维持税前的境况，其税后对劳动和闲暇的选择组合线只能是 CB。从图 12—10 中可以看出，CB 与较低的无差异曲线 I_2 在 P_3 点相切。由此决定的劳动和闲暇的最佳组合为：闲暇时间为 L_3，其余时间选择劳动，即纳税人现在倾向于更勤奋地工作，增加劳动投入以维持以往的消费水平。

由于收入效应与替代效应反方向运动，两者效应互相抵消，现在纳税人显然处在 P_3 的最佳抉择点上，即他选择的闲暇时间是 L_3，而不是 L_2，可以称此为税收对劳动投入的综合效应。

经济学家同时强调，上述的分析是在一系列假定条件下进行的，其结果表明收入效应大于替代效应，所以，总效应是促使人们更勤奋地工作，但这并不是唯一的结论。替代效应大于收入效应的情况也是经常存在的。所以，分析税收对劳动投入的总效应，还必须结合不同税种的特点和客观的经济形势，将上述假定条件加以修正。在此基础上，进行更贴近于现实的分析。

12.3.4 不同税种对劳动投入的效应比较

将税收对劳动投入效应的无差异曲线分析应用于具体税种，可以就不同税种对劳动投入的效应进行比较分析。

例如，图 12—11 揭示了人头税和比例所得税对纳税人在劳动投入方面的效应区别。

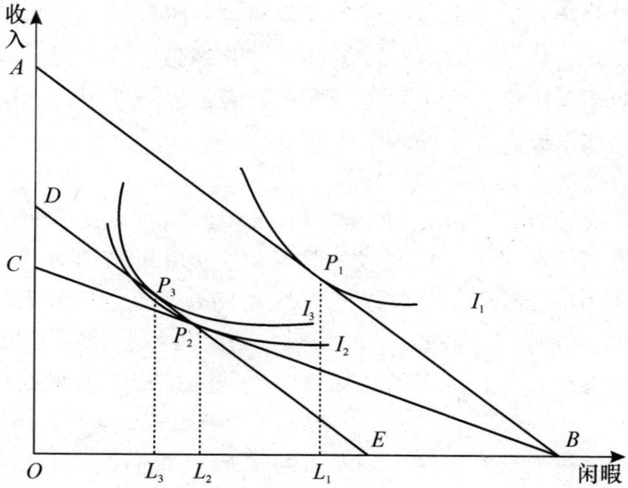

图 12—11　人头税和比例所得税对劳动投入的效应比较

在图 12—11 中，AB 为税前纳税人对劳动和闲暇的选择组合线，CB 为课征比例所得税条件下纳税人对劳动和闲暇的选择组合线，DE 则代表课征人头税条件下纳税人对劳动和闲暇的选择组合线。P_1、P_2 和 P_3 点分别为纳税人在税前、课征比例所得税和课征人头税三种不同情况下的最佳抉择点。

由图中可以看出，课征人头税条件下纳税人对劳动和闲暇的选择组合线 LE 与 AB 平行。这是因为，人头税按固定数额征收，不随收入额的增减而变化，所以不会改变收入和闲暇之间的相对价格（即不会改变选择组合线的斜率）。这一点是课征人头税与课征比例所得税的重要区别。

再假定政府课征两种税的税额相同。那么，DE 线必然要经过 P_2。由此可见，在课征人头税的条件下，纳税人可以达到的最高无差异曲线为 I_3，此时纳税人选择 L_3 的闲暇时间（较税前减少 L_1L_3）；在课征比例所得税条件下，纳税人可以达到的最高无差异曲线为 I_2，此时纳税人选择 L_2 闲暇时间（较税前减少 L_1L_2）。L_3 小于 L_2，说明人头税较之比例所得税有更多的激励纳税人增加劳动投入的效应。其原因在于，两种税虽因课征数额相等而具有相同的收入效应，但所得税的征收会改变收入和闲暇之间的相对价格，所以具有妨碍劳动投入的替代效应。而人头税的征收则不会改变收入和闲暇之间的相对价格，所以不具有妨碍劳动投入的替代效应。两种税的收入效应和替代效应分别相抵，其总效应便出现了上述结果。

将这种分析扩展到比例所得税和累进所得税的比较，可以说明比例所得税较之同额（收入效应相同）的累进所得税能更多地激励（或更少地妨碍）人们增加劳动投入。因为比例所得税的边际税率和平均税率相等，而累进所得税的边际税率大于平均税率，所以累进所得税的替代效应大于比例所得税，或者说比例所得税的替代效应小于累进所得税。

同样的分析，还可以说明具有累退性质（随着收入的增加，纳税人所缴税款占收入的比重反而降低）的商品税较之同额（收入效应相同）的累进所得税或比例所得税对劳动投入有更大的激励作用。因为累退税的边际税率低于平均税率，比例税的边际税率等于平均税率，所以累退税的替代效应小于累进税或比例税。

12.4 税收与私人储蓄

12.4.1 私人储蓄及其决定因素

经济学家很重视私人储蓄在经济生活中的作用。把它视做制约私人投资以及经济发展的一个重要因素。在他们看来，整个社会的国民生产总值，从收入的角度看，是由私人消费＋私人储蓄＋政府税收＋进口所形成的；从支出的角度看，则是由私人消费＋私人投资＋公共支出＋出口所构成的。于是，国民生产总值供求总额相等的均衡条件可以用公式表示为：

$$\text{私人消费}+\text{私人投资}+\text{公共支出}+\text{出口}=\text{私人消费}+\text{私人储蓄}+\text{政府税收}+\text{进口}$$

若以 C 代表私人消费，I 代表私人投资，G 代表公共支出，X 代表出口，M 代表进口，S 代表私人储蓄，T 代表政府税收，则上述关系式可以写成：

$$C+I+G+X=C+S+T+M \tag{12.7}$$

可以将等式稍加整理：两边同时消去 C，并将 G 和 X 移项至等式右边，就得出：

$$I=S+(T-G)+(M-X) \tag{12.8}$$

至此，可以看出，私人投资的数量要受到三个因素的制约，即私人储蓄 S，政府储蓄（$T-G$）和进出口差额（$M-X$）。其中又以私人储蓄的影响最大。

那么，私人储蓄又是由哪些因素决定的呢？税收对其又有什么影响呢？

可以通过储蓄函数的分析推导出影响私人储蓄的诸多因素。储蓄函数是指储蓄与决定储蓄的各种因素之间的依存关系，它通常可以写成：

$$S=f\ (Y,\ R,\ W,\ X) \tag{12.9}$$

式中，S 为储蓄；Y 为收入，包括现期和预期的收入；R 为储蓄利率（或税后收益率）；W 为净财富；X 为其他因素。

从这一公式可以看出，决定储蓄的因素是很多的。但最重要的也就是三种：收入、利息率和净财富。

应当强调的是，这里所说的收入是指税后的可支配收入，而不是税前的总收入；这里所说的利息率也是指税后的利息率或实际收益率，而不是税前的名义利息率。

税收对私人储蓄的效应是通过税收对个人可支配收入和税后利息率的影响来实现的，并分别表现为收入效应和替代效应。

12.4.2 税收对私人储蓄的收入效应

税收对纳税人在私人储蓄方面的收入效应，表现为政府课税会压低纳税人的可支配收入，从而促使纳税人减少现期消费，为维持既定的储蓄水平而增加储蓄。也就是说，政府课税反而会使纳税人相对增加储蓄。收入效应的大小，取决于平均税率的水平。

如图 12—12 所示，纵轴代表纳税人对储蓄的选择，横轴代表消费。在一定的个人可支配收入条件下，其对储蓄和消费的选择组合可以连成一条直线，即图中的 AB 线。纳税人从储蓄和消费中都可以获得满足，一定数量的储蓄和一定数量的消费给他带来的效用无差异，两者的数量组合形成一系列的无差异曲线。AB 线所能达到的最高无差异曲线为 I_1，B 与 I_1 在 P_1 点相切。这一切点所决定的最佳组合使纳税人获得的效用最大，即他选择 C_1 为消费数额，其余作为储蓄，以达到既定的储蓄水平 S^*。

如果政府对利息所得征收（或增收）所得税（既可以对利息所得单独征收利息所得税，也可以将利息所得与其他所得合并征收综合所得税），该纳税人的税后可支配收入会因此而减少。由于可支配收入减少，纳税人对储蓄和消费的选择组合线无疑会发生变动。假定纳税人的储蓄目标是既定的：要么为将来购置一定的商品而储蓄，要么为老年的生活开支做准备而储蓄，由此他的储蓄必须维持在 S^* 的水平上。为了表示其既定的储蓄水平维持不变，该纳税人对储蓄和消费的选择组合线 AB 应以 A 点为轴向内旋转至 AE。AE 线与新的无差异曲线 I_2 在 P_2

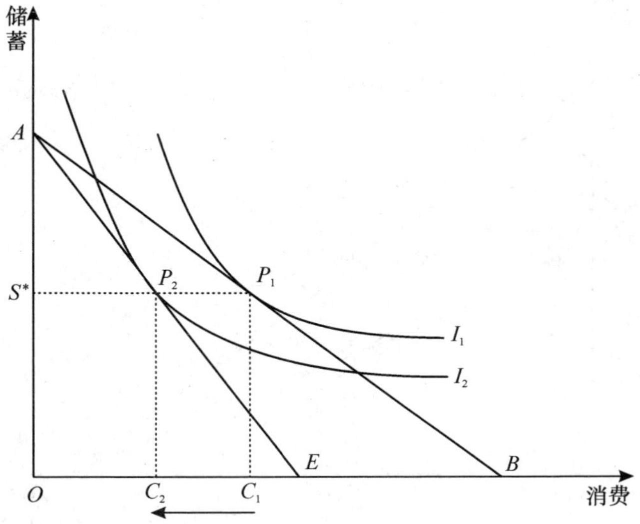

图 12—12　税收对私人储蓄的收入效应

点相切，P_2 即为纳税人税后对储蓄和消费选择的最佳组合点，即他选择 C_2 为消费数额，S^* 为储蓄数额，C_2 小于税前的 C_1，而 S^* 与税前相等。

这表明，在政府征税导致纳税人可支配收入减少的条件下，纳税人以压低现期的消费为代价，而相对提高了储蓄水平。在这种情况下，税收对私人储蓄的影响表现为收入效应。

12.4.3　税收对私人储蓄的替代效应

税收对纳税人在私人储蓄方面的替代效应表现为政府课税会减少纳税人的实际利息收入，降低储蓄对纳税人的吸引力，从而引起纳税人以消费替代储蓄。也就是说，政府课税会造成私人储蓄的下降。替代效应的大小，在课征所得税情况下，由其边际税率决定。

图 12—13 揭示了税收对私人储蓄的替代效应。在图中，纵轴和横轴仍分别代表纳税人对储蓄和消费的选择。在一定的个人可支配收入限制下，纳税人对储蓄和消费选择组合的最佳抉择点仍为 P_1，即他选择的消费数额为 C_1，储蓄数额为 S_1。

现假定政府对利息所得征收（或增收）所得税。由于政府征税，纳税人储蓄的收益下降（即实际得到的税后利息所得较之税前减少），储蓄和消费之间的相对价格发生变化。纳税人对储蓄和消费的选择组合线因而从 AB 向内旋转至 CB。

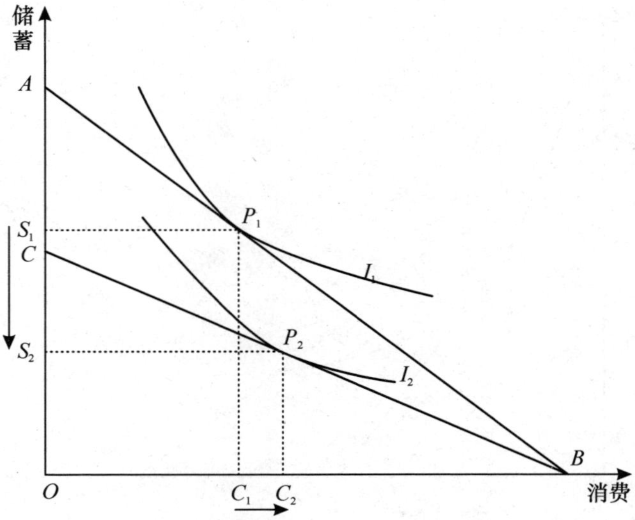

图 12—13　税收对私人储蓄的替代效应

CB 线与新的无差异曲线 I_2 在 P_2 点相切，此切点决定了纳税人可以获得的最大满足程度的储蓄和消费组合分别为：储蓄数额 S_2，消费数额 C_2，S_2 小于税前的 S_1，C_2 大于税前的 C_1。

这表明，在政府对纳税人的储蓄收益征税的条件下，纳税人减少了储蓄数额，而相应增加了消费数额，或者说是纳税人以现期消费替代了将来消费。在这种情况下，税收对私人储蓄的影响，表现为替代效应。

由此可以看出，政府征税对私人储蓄会带来两种效应：一种是收入效应，另一种是替代效应，两种效应对私人储蓄的作用方向相反。这同税收与纳税人的劳动投入之间的关系是类似的。因此，经济学家提出，要搞清税收对私人储蓄的总效应究竟是怎样的，还应当比照税收对劳动投入的总效应分析，将税收对私人储蓄的收入效应和替代效应综合起来，进行无差异曲线分析。至于分析的方法和过程，可以参见 12.3.3 部分。

根据无差异曲线分析以及对若干国家税收制度与私人储蓄水平之间关系所作的实证研究，经济学家们就税收对私人储蓄的效应问题作出了如下结论：

由于高收入者的边际储蓄倾向相对较高，征自高收入者的税比征自低收入者的税对私人储蓄有更大的妨碍作用；由于替代效应与边际税率的变动方向相同，累进程度较高的所得税较之累进程度较低的所得税，对私人储蓄有更大的妨碍作用。累进所得税较之比例所得税，对私人储蓄有更大的妨碍作用。

12.5　税收与私人投资

12.5.1　私人投资及其决定因素

经济学家们强调储蓄和投资的非一致性。他们认为在现代经济条件下，进行储蓄的人和进行投资的人从总体上看是不一样的。储蓄主要取决于家庭，而投资（净资本形成）的大部分都是由厂商完成的。而他们之所以进行储蓄和投资又是出于不同的动机，所以，二者之间并不能必然相等。储蓄虽然为投资提供了可以利用的资金来源，但并不能保证储蓄一定会转化为投资。正因为如此，不能以税收对私人储蓄的效应分析代替税收对私人投资的效应分析。换言之，在分析了税收对纳税人在私人储蓄方面的效应之后，还必须对税收与纳税人的私人投资之间的关系进行专门分析。

经济学家根据所有作为厂商的纳税人都要追求最大利润的假设来分析纳税人的投资行为。这就是说，为了实现利润最大化，纳税人会一直投资到其资本成本等于其产出价格时为止。只要投资收益大于投资成本，纳税人会一直投资下去。

所以，在他们看来，纳税人的投资行为实际上主要是由两个方面的因素决定的：一个是投资收益，另一个是投资成本。

进一步分析，在政府征税的条件下，最终决定纳税人投资行为的投资收益，是税后的投资收益，而不是税前的投资收益；最终决定纳税人投资行为的投资成本包括折旧因素，而折旧的多少是受税收制度影响的。

可以据此认为，税收对私人投资的效应是通过税收对纳税人的投资收益率和折旧因素的影响来实现的。

12.5.2　税收对私人投资收益率的影响

税收对私人投资收益率的影响主要表现在公司所得税的课征上。这就是，政府课征公司所得税，会压低纳税人的投资收益率，并使投资收益和投资成本的对比发生变动，从而对纳税人的投资行为产生方向相反的两种效应：一种是替代效应，即投资收益率的下降，降低了投资对纳税人的吸引力，造成纳税人以其他行为如消费来替代投资；另一种是收入效应，即投资收益率的下降，减少了纳税人的可支配收益，促使纳税人为维持以往的收益水平而增加投资。

税收对私人投资的两种效应如图 12—14 所示。

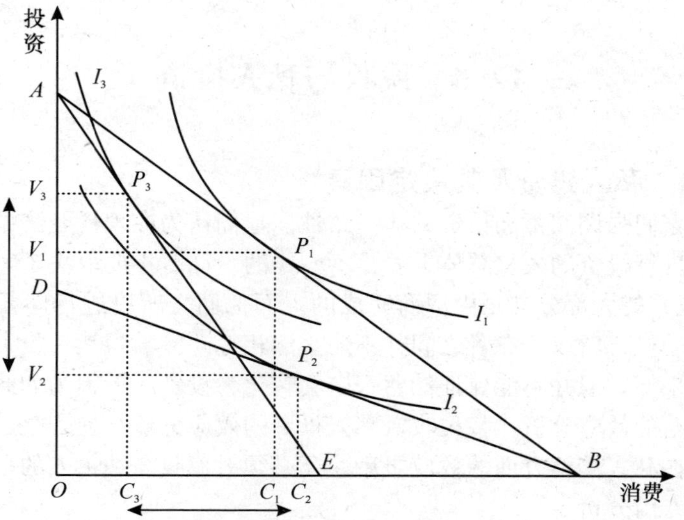

图 12—14　税收对私人投资的收入效应和替代效应

在图 12—14 中，纵轴代表纳税人对投资的选择，横轴代表消费的选择。政府征税之前，纳税人对投资和消费的选择组合用 AB 线表示，AB 线与无差异曲线 I_1 在 P_1 点相切，表明 P_1 点所决定的投资和消费组合可以给纳税人带来最大的效用。在这一切点上，他选择 V_1 为投资额度，C_1 为消费额度。

现假定政府对厂商征收（或增收）公司所得税。随着政府征税，纳税人的投资收益率趋于下降，投资收益和投资成本的对比产生了不利于投资收益方的变动。

若纳税人因此而倾向于减少投资，其对投资和消费的选择组合线会从 AB 向内旋转至 DB，DB 与新的无差异曲线在 P_2 点相切，此切点决定了纳税人税后可以获得最大效用的最佳组合，即投资额度为 V_2，消费额度为 C_2。V_2 小于税前的 V_1，C_2 大于税前的 C_1，说明税收对私人投资的替代效应，即纳税人因政府征税而减少了私人投资。

若纳税人因必须取得较大的投资收益而倾向于增加投资，在图 12—14 中，表现为其对投资和消费的选择组合线会从 AB 向内旋转至 AE。AE 与新的无差异曲线 I_3 在 P_3 点相切，这一切点决定了纳税人税后对投资和消费选择的最佳组合点，即他选择 V_3 为投资额度，C_3 为消费额度。V_3 大于税前的 V_1，C_3 小于税前的 C_1，说明税收对私人投资的收入效应，即纳税人因政府征税而增加了私人投资。

税收对私人投资两种效应的作用方向相反，所以也应该比照税收对劳动投入的总效应分析，将税收对私人投资的收入效应和替代效应综合起来，进行无差异曲线分析，以搞清税收对私人投资总效应（净效应）的影响（参见12.3.3部分）。

12.5.3 税收对私人资本折旧率的影响

私人资本的折旧，可以区分为实际折旧和税收折旧两个概念。所谓实际折旧是根据固定资本的实际损耗情况而计提的折旧。所谓税收折旧则是由税收制度根据经济政策的需要而规定的可以计提的折旧。实际折旧额和税收折旧额并不一致，通常的情况是，税收折旧大于实际折旧。

折旧之所以重要，是因为它既可以作为一项投资成本，直接从应税所得中扣除，从而减少纳税人的纳税义务（这被称作"税收挡避"，其计算公式为：税收挡避额＝折旧额×税率），又可以作为一项基金，由纳税人积蓄起来，用于再投资或将来的固定资产重置。所以，折旧提取的数额、时间和方法，也就是折旧率的高低对纳税人的投资行为有很大的影响。通过税收制度，规定纳税人可以从应税所得中扣除的折旧额度，实际上是政府对私人投资施加影响的一个途径。如果税收制度规定的税收折旧率等于实际折旧率，对私人投资的影响就是中性的；如果税收制度规定的税收折旧率高于实际折旧率，对私人投资的影响就是刺激性的，其结果会促使纳税人增加私人投资；如果税收制度规定的税收折旧率低于实际折旧率，对私人投资的影响就是抑制性的，其结果会促使纳税人减少私人投资。

可以举例说明税收通过折旧率的规定对私人投资的影响。

假设某纳税人投放在固定资产上的资本为1 000元，固定资产的使用年限为10年，那么，这笔固定资产的实际折旧额应为每年100元，即实际折旧率为10％。再假定该纳税人在固定资产服役的第一年取得的利润也为1 000元，其所处的税率等级为50％。对这个纳税人来说，如果公司所得税制规定的税收折旧率为10％（即采用直线折旧法），则其当年的应纳税额为：（1 000元－100元）×50％＝450元。税收挡避额为：100元×50％＝50元；如果公司所得税制规定的税收折旧率为20％（即采取加速折旧法），则其当年的应纳税额为：（1 000元－200元）×50％＝400元。税收挡避额为：200元×50％＝100元；如果公司所得税制规定的税收折旧率为5％，则其当年的应纳税额为：（1 000元－50元）×50％＝475元。税收挡避额为：50元×50％＝25元。

很明显，在第一种情况下，税收对该纳税人的投资决策不会产生多少影响，他会依原定模式安排投资；在第二种情况下，税收对该纳税人的投资决策会发生刺激作用，他会倾向于增加投资；在第三种情况下，税收对该纳税人的投资决策会产生抑制作用，他会倾向于减少投资。

由于许多国家实行加速折旧政策，税收制度规定的税收折旧率通常大于实际折旧率，所以，现实生活中税收对私人投资的效应，总体来说是刺激性的。

美国1986年税制改革法案中的所谓“加速成本回收制度”，便是一个突出的例子。根据这个制度所规定的固定资产税收折旧率如表12—2所示。

表12—2　　1986年美国加速成本回收制度所规定的税收折旧率　　(%)

年　限	3年	5年	7年	10年	15年	20年
1	33.33	20.00	14.29	10.00	5.00	3.75
2	44.45	32.00	24.49	18.00	9.50	7.22
3	14.81	19.20	17.49	14.40	8.55	6.68
4	7.41	11.52	12.49	11.52	7.70	6.18
5		11.52	8.93	9.22	6.93	5.71
6		5.76	8.93	7.37	6.23	5.28
7			8.93	6.55	5.90	4.89
8			4.45	6.55	5.90	4.52
9				6.55	5.90	4.46
10				3.29	5.90	4.46
11					5.90	4.46
12					5.90	4.46
13					5.90	4.46
14					5.90	4.46
15					5.90	4.46
16					2.99	4.46
17～20						4.46
21						2.25

注：税收折旧率在第一年较低是因为固定资产投入仅6个月；按不动产实际损耗情况，住宅的实际服役期限为27.5年以上，非住宅的实际服役期限为31.5年以上。

资料来源：Richard, A. Brealey and Stewart C. Mgers: *Principle of Corporate Finance*, McGraw Hill Inc. 1991, p. 105。

表12—2按固定资产的补偿年期（计提折旧的年限）将固定资产划分为六类，即3年、5年、7年、10年、15年和20年，并据此分别规定了相应的折旧率。如补偿期限为3年的固定资产，允许它计提的折旧率第1年为33.33%，第2年为44.45%，第3年为14.81%，第4年为7.41%。

可以看出，这个税收折旧率表所体现的就是加速折旧政策。它允许厂商缩短折旧期限，提前计提折旧，得到更多的税收挡避，从而提前收回投资。为了说明这个问题，可以将厂商根据直线折旧率计算的折旧额和税收挡避额同根据表12—2规定的加速折旧率计算的折旧额和税收挡避额加以对比（见表12—3）。

表12—3　　加速折旧率与直线折旧率的比较　　单位：美元

年　份	加速折旧率		直线折旧率	
	折旧额	税收挡避额	折旧额	税收挡避额
1986	2 000 000	680 000	1 000 000	340 000
1987	3 200 000	1 088 000	2 000 000	680 000
1988	1 920 000	653 000	2 000 000	680 000
1989	1 152 000	392 000	2 000 000	680 000
1990	1 152 000	392 000	2 000 000	680 000
1991	576 000	196 000	1 000 000	340 000

注：折旧额＝可折旧投资×加速折旧率或直线折旧率；税收挡避额＝折旧额×税率（此例假定税率为34%）。

假定某厂商1986年投放在固定资产上的资本为1 000万美元，固定资产的使用年限为5年。再假定这笔固定资产从1986年7月份正式投入使用，该厂商从1986年下半年开始计提折旧，至1991年收回全部投资。各年可计提的折旧额和由此获得的税收挡避额，分别依表12—2所列的加速折旧率和依固定资产实际损耗情况制定的直线折旧率计算，其结果如表12—3所列。再将表12—3各栏数字分别按20%的折算率统一折算成现值，则有下述结果：

1. 按加速折旧率计算的税收挡避额大于按直线折旧率计算的税收挡避额。按加速折旧率计算的税收挡避额的现值为：

$$\frac{680\ 000}{1.2}+\frac{108\ 000}{(1.2)^2}+\frac{653\ 000}{(1.2)^3}+\frac{392\ 000}{(1.2)^4}+\frac{392\ 000}{(1.2)^5}+\frac{196\ 000}{(1.2)^6}$$
$$=2\ 112\ 336\text{（美元）}$$

按直线折旧率计算的税收挡避额的现值为：

$$\frac{340\ 000}{1.2}+\frac{680\ 000}{(1.2)^2}+\frac{680\ 000}{(1.2)^3}+\frac{680\ 000}{(1.2)^4}+\frac{680\ 000}{(1.2)^5}+\frac{340\ 000}{(1.2)^6}$$
$$=1\ 864\ 148\text{（美元）}$$

两者之间的差额为：

$$2\ 112\ 336-1\ 864\ 148=248\ 188\text{（美元）}$$

这就是说，在加速成本回收制度所规定的税收折旧率下，企业可以多得248 188美元的税收挡避额。

2. 按加速折旧率计算折旧额大于按直线折旧率计算的折旧额。按加速折旧率计算的折旧额现值为：

$$\frac{2\,000\,000}{1.2}+\frac{3\,200\,000}{(1.2)^2}+\frac{192\,000}{(1.2)^3}+\frac{1\,152\,000}{(1.2)^4}+\frac{1\,152\,000}{(1.2)^5}+\frac{576\,000}{(1.2)^6}$$

$=6\,211\,421$（美元）

按直线折旧率计算的折旧额现值为：

$$\frac{1\,000\,000}{1.2}+\frac{2\,000\,000}{(1.2)^2}+\frac{2\,000\,000}{(1.2)^3}+\frac{2\,000\,000}{(1.2)^4}+\frac{2\,000\,000}{(1.2)^5}+\frac{1\,000\,000}{(1.2)^6}$$

$=5\,482\,788$（美元）

两者之间的差额为：

$6\,211\,421-5\,482\,788=728\,633$（美元）

这就是说，在加速成本回收制度所规定的税收折旧率下，厂商可以多得728 633美元的固定资产折旧额。

无论从哪一方面的比较结果看，加速折旧政策对纳税人的私人投资行为都是一个巨大的刺激。

本章小结

1. 税收效应是指纳税人因政府课税而在其经济选择或经济行为方面作出的反应。税收效应分析旨在考察税收对纳税人在经济选择或经济行为方面产生的影响。通常可以归纳为收入效应和替代效应两个方面。

2. 税收通过对市场价格机制的干扰，影响纳税人的生产者行为。由于政府课税，造成生产者减少课税商品或重税商品的生产量，而增加无税商品或轻税商品的生产量，是税收对生产者选择的替代效应；由于政府课税，造成生产者可支配生产要素的减少，从而使生产者降低商品生产量是税收对生产者选择的收入效应。

3. 税收对纳税人消费行为的影响，也表现为替代效应和收入效应。若政府的课税造成消费者减少课税商品或重税商品的购买量，而增加无税商品或轻税商品的购买量，即产生了税收对消费者选择的替代效应；若政府的课税，造成消费者可支配收入的减少，从而使消费者降低了商品购买量，即产生税收对消费者选择的收入效应。

4. 税收对纳税人劳动投入的影响反映在劳动力供给曲线的形状上。若劳动力的供给曲线呈向右上方倾斜状，意味着政府的课税降低了闲暇相对于劳动的价格，造成纳税人以闲暇替代劳动。这时，税收对劳动投入的影响表现为替代效应；若劳动力的供给曲线呈向后弯曲状，则意味着政府的课税压低纳税人的可支配收入，促使纳税人为维持以往的收入或消费水平而增加劳动投入。这时，税收对劳动投入的影响表现为收入效应。

5. 税收对纳税人私人储蓄的影响可以通过储蓄函数来分析。由于决定储蓄的因素主要是个人可支配收入和税后利息率，若政府征税压低了纳税人的可支配收入，进而促使其减少消费，为维持既定的储蓄水平而增加储蓄，税收对私人储蓄就产生了收入效应；若因政府课税降低了纳税人的实际利息收入，造成纳税人以消费替代储蓄，税收对私人储蓄就产生了替代效应。

6. 税收对纳税人私人投资的效应通过对其投资收益率和折旧因素的影响来实现。政府的课税会压低私人投资收益率，并使投资收益和投资成本的对比发生变动，从而对纳税人的投资行为产生方向相反的两种效应：如果其影响是降低了投资对纳税人的吸引力，造成纳税人以消费替代投资，即发生了替代效应；如果其影响是减少了纳税人的可支配收益，促使纳税人为维持以往的收益水平而增加投资，即发生收入效应。通过税收制度规定的税收折旧率与实际折旧率通常并不一致。若两者相等，税收对私人投资的影响表现为中性；若前者高于后者，税收对私人投资的影响表现为刺激性；若前者低于后者，税收对私人投资的影响表现为抑制性。

7. 税收对纳税人在劳动投入、私人储蓄和私人投资方面所产生的收入效应和替代效应的作用方向相反，要分析税收对纳税人在经济行为方面的总效应或净效应，可以将两种效应综合起来，进行无差异曲线分析。

关键术语

税收效应	税收中性
税收对生产者选择的替代效应	税收的额外负担
消费者剩余	生产者剩余
税收对消费者选择的替代效应	税收对消费者选择的收入效应
税收对劳动投入的替代效应	税收对劳动投入的收入效应

无差异曲线分析	税收对私人储蓄的收入效应
税收对私人储蓄的替代效应	投资收益率
税收对私人投资收益率的替代效应	税收对私人投资收益率的收入效应
私人资本的折旧	折旧率
实际折旧	税收折旧
实际折旧率	税收折旧率
税收挡避	再投资
资产重置	加速成本回收制度
加速折旧率	直线折旧率
现值	

复习思考题

1. 简要分析税收对生产者行为的影响。
2. 简要分析税收对消费者行为的影响。
3. 简要分析税收对劳动投入的影响。
4. 简要分析税收对私人储蓄的影响。
5. 税收对私人投资的影响包括哪些方面？具体各有什么影响？

本章阅读书目

1. 侯梦蟾．税收经济学导论．北京：中国财政经济出版社，1990

2. 高培勇．西方税收——理论与实践．北京：中国财政经济出版社，1993

3. [英] 西蒙·詹姆斯，克里斯托弗·诺布斯．税收经济学．北京：中国财政经济出版社，1988

4. [美] 鲍迪威，威迪逊．公共部门经济学．北京：中国人民大学出版社，2000

5. [英] C. V. 布朗，P. M. 杰克逊．公共部门经济学．北京：中国人民大学出版社，2000

6. [美] 斯蒂格利茨．公共部门经济学．北京：中国人民大学出版社，2000

第 13 章

税收的转嫁与归宿

税收的转嫁与归宿（the shifting and incidence of taxation）研究的是税收负担转移的过程和结果问题。对这个问题的讨论最早出现于 17 世纪的英国。但是，将它提升到理论高度，作为一个重要的税收理论问题进行系统研究，则始于 18 世纪法国的重农学派。而后逐步成为公共部门经济学中公共收入理论的重要组成部分，并形成了许多不同的观点和学派，大致可以分为绝对转嫁论和相对转嫁论。绝对转嫁论对税收转嫁与归宿的问题作出了绝对的结论，或认为一切税收都可以转嫁，或认为只有某些税种可以转嫁，其他税种无论什么场合都不能转嫁；相对转嫁论对税收转嫁与归宿的问题不作绝对的结论，而认为税收是否转嫁及转嫁程度怎样，要因税种、课税商品性质、供求关系以及其他经济条件的不同而异，有时可以转嫁，甚至可以完全转嫁出去，有时则不能转嫁，或只能部分转嫁，也就是认为税收的转嫁是相对的，而不是绝对的。目前在经济学界广为流行并占统治地位的是相对转嫁论。

重点问题

- 税收转嫁与归宿的概念和形式

- 税收转嫁与归宿的局部均衡分析
- 税收转嫁与归宿的一般均衡分析
- 税收转嫁与归宿的一般规律

13.1 税收转嫁与归宿的基本概念

13.1.1 税收转嫁与归宿的含义

经济学家们用纳税人与负税人的非一致性，来解释税收的转嫁与归宿问题。

可以用一个简单的例子来说明。假定政府决定对酒的销售行为征税。酒的销售商每出售一瓶酒，须纳税 1 元。而在不征税条件下，每瓶酒的售价为 10 元。由于政府征税，在纳税人和负税人的关系上可能出现下述几种情况：

（1）每瓶酒的售价仍是 10 元。这时，不论购买者是谁，1 元的税款均由销售商负担。销售商既是纳税人，也是负税人。在这种情况下，不存在税收的转嫁问题，税法上规定的纳税人即是税收的归宿。

（2）每瓶酒的售价提至 11 元。这时，1 元的税款由购买者负担。销售商虽是纳税人，但购买者是负税人。在这种情况下，税收负担发生了完全转嫁，税法上规定的纳税人并不是税收的归宿。

（3）每瓶酒的售价提至 10.33 元。这时，1 元的税款由购买者和销售商共同负担，购买者负担 0.33 元，销售商负担 0.67 元。销售商是纳税人，但购买者与销售商均是负税人。在这种情况下，税收负担发生了部分转嫁，税法上规定的纳税人仅是税收的部分归宿。

由此可以得出有关税收转嫁与归宿的下列含义：

所谓税收的转嫁，就是指纳税人在缴纳税款之后，通过种种途径而将税收负担转移给他人的过程。也就是说，最初缴纳税款的法定纳税人，不一定是该项税收的最后负担者，他可以把所纳税款部分或全部地转移给其他人。只要某种税收的纳税人和负税人非为同一人，便发生了税收转嫁。

所谓税收的归宿，就是指税收负担的最终归着点或税收转嫁的最后结果。税收经过转嫁，总要把负担落在负税人身上。只要税收的转嫁过程结束，税收负担归着于最后的负担者，便找到了税收归宿。

税收的转嫁运动，从纳税人到负税人，可以只经一次税负转移完成，也可能要经过数次税负转移。如果一笔税款从纳税人到负税人，其转嫁运动发生一次，可以称作一次转嫁；如果同一税额从纳税人到最后负税人，其转嫁运动发生两次或两次以上，可以称作辗转转嫁。

税收经过转嫁，可以把税负全部转移出去，也可能只把部分税负转移出去。如果纳税人通过转嫁把全部税负转移给负税人负担，可以称作完全转嫁。如果纳税人通过转嫁仅把部分税负转移给负税人负担，可以称作部分转嫁。

还可以据此将税收负担分为两类，即直接负担和间接负担。纳税人在纳税后不能将税负转嫁给他人，而由自己负担的，是税收的直接负担。在这种情况下，纳税人就是负税人，两者是一致的；纳税人在纳税后可以将税负转嫁给他人，而由别人负担的，是税收的间接负担。在这种情况下，纳税人不是负税人或不是全部的负税人，两者发生了分离。

研究税收负担的转嫁过程，目的在于确定税收的最后归宿点，从而分析各种税收对于国民收入分配和社会经济的影响。

13.1.2 税收转嫁的形式

按照经济交易过程中税收转嫁的不同途径，经济学家们把转嫁归纳为如下四种形式：

1. 前转。前转（forward shifting），也称为顺转或向前转嫁，即纳税人将其所纳税款通过提高其所提供的商品或生产要素价格的方法，向前转移给商品或生产要素的购买者或最终消费者负担的一种形式。

一般认为，前转是税收转嫁最典型和最普遍的形式，多发生在商品和劳务课税上。例如，在产制环节对消费品课征的税款，产制厂商就可以通过提高商品出厂价格，把税负转嫁给批发商，批发商再把税负转嫁给零售商，最后零售商又把税负转嫁给消费者。也就是说，消费者必须付出包括部分税收或全部税收在内的价格购得商品或劳务。所以名义上的纳税人是商品或劳务的出售者，实际的税收负担者是商品或劳务的消费者。

2. 后转。后转（backward shifting），也称为逆转或向后转嫁，即纳税人将其所纳税款，以压低生产要素进价或降低工资、延长工时等方法，向后转移给生产要素的提供者负担的一种形式。

税收的转嫁表现为后转，一般是由于市场供求条件不允许纳税人以提高商品销售价格的办法，向前转移税收负担。例如，在零售环节对某种商品课税，但该商品零售价格因市场供求关系难于提高。这时零售商便不能通过提高商品售价把税负转移给消费者负担，而只能设法通过压低进货价格把税负逆转给批发商，批发商再逆转给产制厂商，产制厂商又通过压低原料价格、劳动力价格（工资）或延长工时等办法，把税负转嫁给原料供应者和雇用工人。所以，名义上的纳税人是零售商或产制厂商，但实际税收的负担者是原料供应者和雇用工人。

在现实经济活动中，税收无论是向前转嫁还是向后转嫁，转嫁的程度要取决于许多经济因素和经济条件。有时可以把税款全部转嫁出去，有时则只能把一部分税款转嫁出去。有时税收的转嫁表现为纯粹的前转或后转，但更多的则是同一笔税款，一部分通过前转转嫁出去，另一部分则通过后转转嫁出去（这种情况被称作混转或散转）。所以，对税收在形式上的前转或后转，必须根据具体的情况作具体的分析，而不能作出武断的解释。

3. 消转。消转（diffused shifting），也称为税收转化，即纳税人对其所纳税款，既不向前转嫁，也不向后转嫁，而是通过改善经营管理，改进生产技术等方法，补偿其纳税损失，使支付税款之后的利润水平不比纳税前低，从而使税负在生产发展和收入增长中自行消失。

消转与一般意义上的税收转嫁不同，后者是指纳税人把税负转移给负税人，而前者则是指纳税人并未把税负转移给他人，也没有特定的负税人。因而严格地说，它是一种特殊的税收转嫁形式。

4. 税收资本化。税收资本化（capitalization of taxation），也称为资本还原，即生产要素购买者将所购生产要素未来的应纳税款，通过从购入价格中预先扣除（即压低生产要素购买价格）的方法，向后转嫁给生产要素的出售者。

税收资本化主要发生在某些资本品的交易中。例如，政府征收土地税，土地购买者便会将预期应纳的土地税折入资本，将税负转嫁给土地出售者，从而表现为地价下降。此后，名义上虽由土地购买者按期纳税，但实际上税款是由土地出售者负担的。因此，土地税和土地价格的关系经常表现为，土地税增加，地价必将下降；土地税减少，地价必将上升。

税收资本化同一般意义上的税收转嫁的不同之处在于，后者是将每次经济交易所课征的税款，通过各种途径随时予以转移，前者则是将未来累计应纳的税款作一次性的转移。但是，税收资本化可以视为税收后转的一种特殊形式。

13.2 税收转嫁与归宿的局部均衡分析

税收转嫁在形式上的可能性，并不一定等于转嫁的实现。在现实经济生活中，它总是要受到客观经济条件的制约，也就是说，对税收的转嫁与归宿问题的分析，必须同经济的运行状况联系起来，把税收放到特定的经济环境中去考察。

为此，经济学家认为，应当对税收的转嫁与归宿问题分别进行局部均衡分析和一般均衡分析，即先从局部均衡的角度来考察某种课税商品和生产要素的市场，然后再转向包括其他商品和生产要素市场的更为复杂的一般均衡体系。本节和下一节就将从这两个方面分别进行分析。

13.2.1 局部均衡分析的概念

所谓局部均衡分析（partial equilibrium approach）是相对于一般均衡分析（general equilibrium approach）而言的。它是在其他条件不变的假定下，分析一种商品或一种生产要素的供给和需求达到均衡时的价格决定。换句话说，局部均衡分析是假定某种商品或某种生产要素的价格只取决于它本身的供求状况，即由其本身的供给和需求两种相反力量的作用而取得均衡，而不受其他商品或其他生产要素的价格和供求状况的影响。

之所以要对税收的转嫁和归宿问题作这样的分析，是因为社会经济现象非常复杂，与税收有关的变量非常多。若要在一次分析中把所有复杂的现象和所有有关的变量全部加以研究，则不仅是很困难的，事实上也是不可能的。这就需要使用“假定其他条件不变”的方法，将其他因素暂时存而不论，而只对其中的某一因素进行专门分析。依此类推，用这样的方法逐一分析与此有关的其他因素。最后，再将所有局部均衡分析的结果综合起来，从而得出有关税收转嫁与归宿问题的整体结论。

13.2.2 供求弹性和税收转嫁与归宿

经济学家将供求弹性理论引入税收转嫁与归宿问题的局部均衡分析，并由此得出了一个颇有意义的结论：课税商品或生产要素的供求弹性是决定税收能否转嫁及转嫁多少的关键。

1. 需求弹性和税收转嫁与归宿。所谓需求弹性即需求的价格弹性，指的是商品或生产要素的需求量（购买量）对于市场价格升降所作出的反应程度。需求价格弹性的大小用需求量变动的比率与价格变动的比率之间的比值，即需求价格弹性的弹性系数值来衡量。可以用公式表示为：

$$\text{需求价格弹性的弹性系数}=\frac{\text{需求量变动的百分比}}{\text{价格变动的百分比}}\text{①} \tag{13.1}$$

① 当价格变动时，需求量随之变动，但方向相反。为说明方便，该弹性系数只取绝对值，忽略了变动方向相反这一点。

如果用 E_d 代表该弹性系数，P 代表价格，ΔP 代表价格的变动量，Q 代表需求量，ΔQ 代表需求的变动量，则需求弹性的公式可以写成：

$$E_d = \frac{\Delta Q}{Q} / \frac{\Delta P}{P} = \frac{\Delta Q}{\Delta P} \times \frac{P}{Q} \tag{13.2}$$

那么，需求弹性同税收的转嫁与归宿有怎样的关系呢？这可以分作四种情况来考察。

(1) 需求完全无弹性。需求完全无弹性，即 $E_d = 0$，说明当某种商品或生产要素因政府征税而提高价格时，购买者对价格的提高没有任何反应，其购买量不会因价格的提高而减少。在这种情况下，所征税收会全部向前转嫁，而落在商品或生产要素的购买者身上。如图 13—1 所示，需求曲线 D 是一条与横轴垂直的线，表示需求完全没有弹性。D 与供给曲线 S 在 E 点相交，由此决定的均衡价格和均衡数量分别是 P 和 Q。政府征税后，商品或生产要素的价格提高，其数额与所征税额 T 相同。于是，供给曲线向上移动为 $S+T$。$S+T$ 与 D 在新的均衡点 E' 相交，由此决定了税后的均衡价格 P'，但税后的均衡数量仍为 Q。税前税后的价格差额为 T，而购买量没有变化。这表明，在需求完全无弹性的条件下，税收完全通过提价而转嫁给购买者。

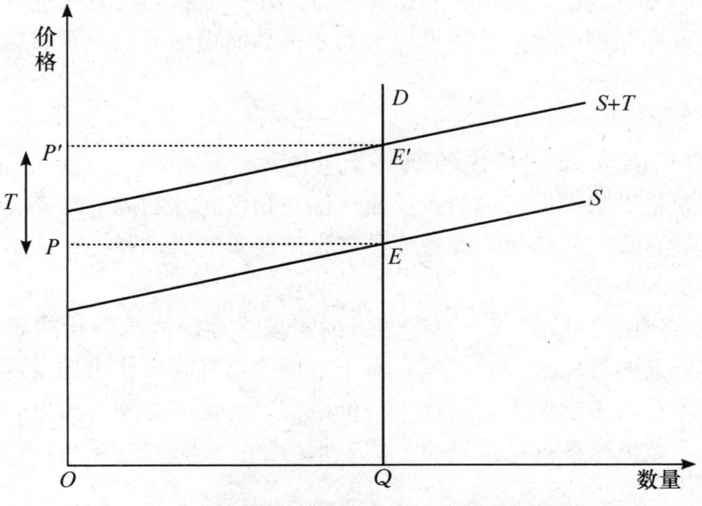

图 13—1　需求完全无弹性下的税收转嫁与归宿

(2) 需求完全有弹性。需求完全有弹性，即 $E_d \to \infty$，说明当某种商品或生产要素因政府征税而提高价格时，购买者对价格的提高反应极其强烈，其购买量会因价格的任何提高而减少至零。在这种情况下，所征税收要么会全部向后转嫁，要么会不能转嫁，而落在生产要素的提供者或生产者自己身上。如图 13—2 所示，需求曲线 D 是一条与横轴平行的线，表示需求完全有弹性，D 与供给曲线 S 相交于 E 点，由此决定了均衡价格 P 和均衡数量 Q。政府征税后，商品或生产要素的供给曲线向上移动为 $S+T$，$S+T$ 与 D 在新的均衡点 E' 相交，由此决定的税后均衡价格仍为 P，但税后均衡数量却减少至 Q'。这说明，在需求完全有弹性的条件下，纳税人不能通过提高商品或生产要素价格的途径把税负向前转嫁给购买者，而只能向后转嫁或通过减少生产量的办法自行消化。

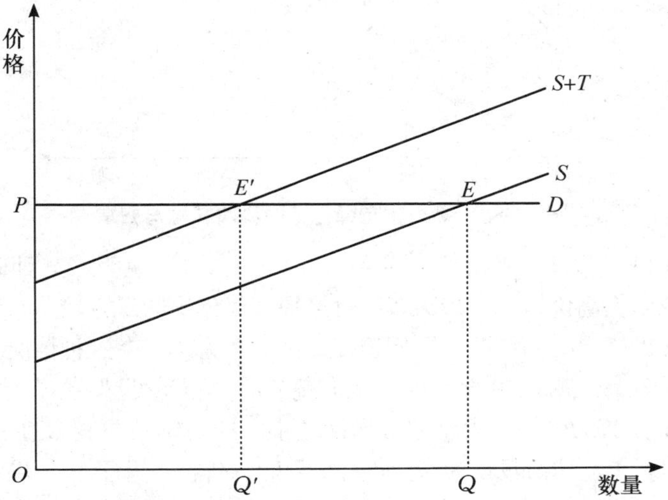

图 13—2　需求完全有弹性下的税收转嫁与归宿

(3) 需求富有弹性。需求富有弹性，即 $\infty > E_d > 1$，说明当某种商品或生产要素因政府征税而提高价格时，购买者因价格提高而作出的反应较为强烈，其购买量下降的幅度会大于价格提高的幅度，从而迫使价格不得不回降或阻止价格的提高。在这种情况下，所征税收向前转嫁就困难，只能更多地向后转嫁而落在生产要素提供者或生产者的身上。如图 13—3 所示，D 为商品或生产要素的需求曲线，其较为平坦表示弹性较大。D 与供给曲线 S 相交于 E 点，由此决定了均衡价格 P 和均衡数量 Q。政府征税后，商品或生产要素的价格上升至 P'，供给曲线也向上移动而变为 $S+T$。$S+T$ 与 D 在新的均衡点 E' 相交，由此决定了税后的均衡数量 Q'。税前税后的价格差额为 PP'，税前税后的销售量差额为 QQ'，但 $QQ'/Q > PP'/P$。这表明，在需求富有弹性的条件下，销售量减少的幅度大于价格提高的幅度，所以税收难以向前转嫁，而是更多地向后转嫁，生产者的总收入因而趋于下降（$P' \times Q' < P \times Q$）。

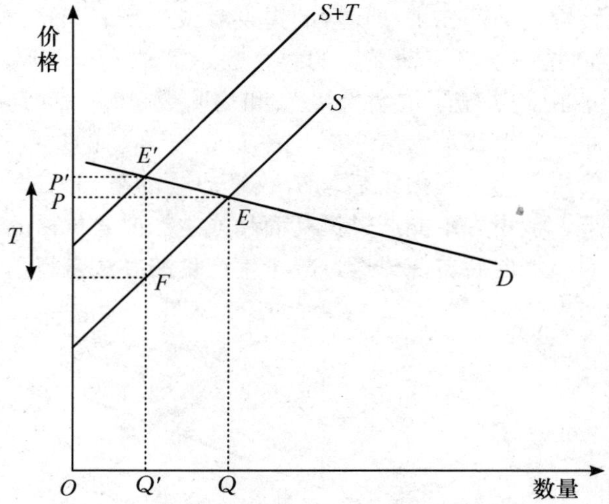

图 13—3　需求富有弹性下的税收转嫁与归宿

（4）需求缺乏弹性。需求缺乏弹性，即 $1>E_d>0$，说明当某种商品或生产要素因政府征税而提高价格时，购买者因价格提高而作出的反应较弱，其购买量下降的幅度会小于价格提高的幅度，因而价格提高的阻力小。在这种情况下，纳税人转嫁税负就相对容易，所征税收会更多地向前转嫁而落在购买者身上。在图 13—4 中，需求曲线 D 较为陡峭，表示需求弹性较小。D 与供给曲线 S 在 E 点相交，决定了均衡价格为 P，均衡数量为 Q。政府征税后，价格上升至 P'，供给曲线也向上

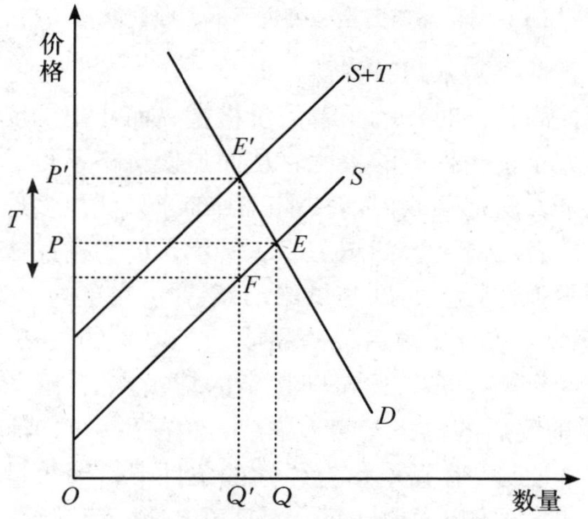

图 13—4　需求缺乏弹性下的税收转嫁与归宿

移动至 $S+T$，$S+T$ 与 D 相交于新的均衡点 E'，决定了新的均衡数量 Q'。税前税后的价格差额为 PP'，销售量差额为 QQ'，但 $QQ'/Q<PP'/P$。这表明，在需求缺乏弹性的条件下，销售量的减少幅度小于价格的提高幅度，所以税收向前转嫁容易，生产者的总收入因税收更多地向前转嫁而趋于增加（$P'\times Q'>P\times Q$）。

2. 供给弹性和税收转嫁与归宿。所谓供给弹性即供给的价格弹性，指的是商品或生产要素的供给量（生产量）对于市场价格升降所作出的反应程度。供给价格弹性的大小用供给量变动的比率与价格变动的比率之间的比值，即该弹性系数值来衡量，可以用公式表示为：

$$\text{供给价格弹性的弹性系数}=\frac{\text{供给量变动的百分比}}{\text{价格变动的百分比}} \tag{13.3}$$

如果用 E_S 代表供给弹性的弹性系数，P 代表价格，ΔP 代表价格的变动量，Q 代表供给量，ΔQ 代表供给的变动量，则供给弹性的公式可以写成：

$$E_S=\frac{\Delta Q}{Q}/\frac{\Delta P}{P}=\frac{\Delta Q}{\Delta P}\times\frac{P}{Q} \tag{13.4}$$

供给弹性同税收转嫁与归宿的关系，也可以分为四种情况考察：

（1）供给完全无弹性。供给完全无弹性，即 $E_S=0$，说明当某种商品或生产要素因政府征税而价格不能相应提高时，生产者对其所获得的实际价格（税后）的下降没有任何反应，其生产量不会因价格的下降而减少。在这种情况下，政府所征税收会全部向后转嫁或不能转嫁，而落在生产要素的提供者或生产者身上。如图 13—5 所

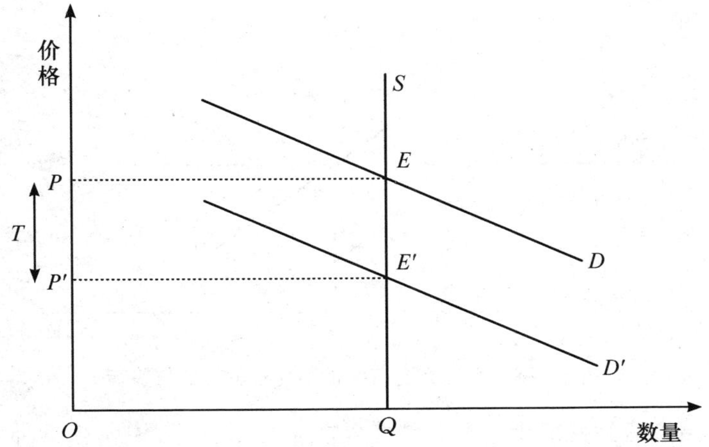

图 13—5　供给完全无弹性下的税收转嫁与归宿

示，供给曲线 S 与横轴垂直，表示供给完全没有弹性。S 与需求曲线 D 相交于 E 点，均衡价格和均衡数量分别为 P 和 Q。政府征税后，生产者所获得的实际价格下降，下降的数额与所征税额相同。于是，需求曲线向下移动而为 D'。D' 在 E' 点与 S 相交，形成税后的均衡价格 P'，但税后的均衡数量仍为 Q。税前税后的价格差额为 T，而生产量没有变化。这说明，在供给完全无弹性的情况下，税收会完全向后转嫁或不能转嫁，而由生产要素的提供者或生产者承担。

（2）供给完全有弹性。供给完全有弹性，即 $E_S \to \infty$，说明当某种商品或生产要素因政府征税生产者对其所获得的价格的相对下降而作出的反应极为强烈，其生产量会因价格的下降而减少至零。由于生产量剧减，反而驱使价格上涨，直至税前水平。在这种情况下，所征税收会全部向前转嫁，而落在购买者身上。如图 13—6 所示，供给曲线 S 是一条与横轴平行的线，表示供给完全有弹性。S 与需求曲线的相交点 E 决定了均衡价格为 P，均衡数量为 Q。政府征税后，D 移至 D′，D′与 S 在新的均衡点 E' 相交，决定了税后的均衡数量从 Q 减少至 Q'。这说明，在供给完全有弹性的情况下，税收会完全通过涨价形式向前转嫁给购买者。

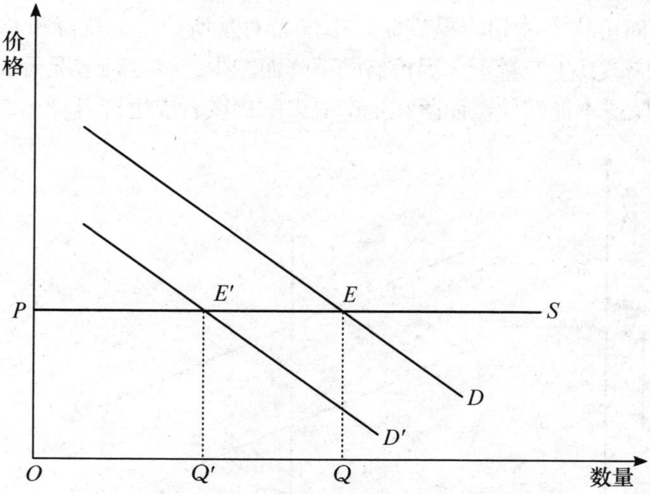

图 13—6　供给完全有弹性下的税收转嫁与归宿

（3）供给富有弹性。供给富有弹性，即 $\infty > E_S > 1$，说明当某种商品或生产要素因政府征税而价格不能相应提高时，生产者因价格下降而作出的反应强烈，其生产量下降的幅度大于价格相对下降的幅度。由于生产量减少，就要驱使价格上涨。在这种情况下，所征税收的大部分会通过价格提高向前转嫁出去，而更多地落在购买者身上。在图 13—7 中，S 为某种商品或生产要素的供给曲线，其较为平坦表明供给弹性较大。税前 S 与需求曲线 D 在 E 点相交，由此决定了均衡价格和均衡数量水平分别为 P 和 Q。政府征税后，因价格不能相应提高而造成相对价格下降（生产者因纳税而造成利润相对减少）至 P'，从而和新的需求曲线 D' 相交于 E'。由此决定了税后的均衡数量为 Q'。征税前后的价格差额为 PP'，产量差额为 QQ'，但 $PP'/P<QQ'/Q$。这表明，在供给富有弹性的情况下，生产量减少的幅度大于价格相对下降的幅度，所以税收易于更多地向前转嫁。

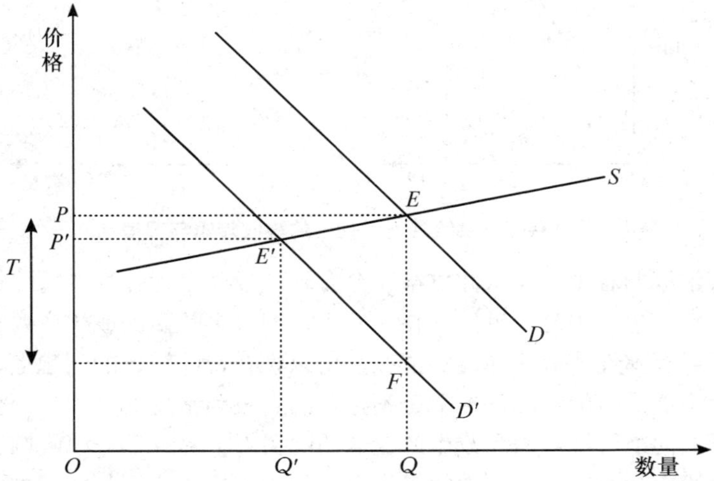

图 13—7　供给富有弹性下的税收转嫁与归宿

（4）供给缺乏弹性。供给弹性小，即 $1>E_s>0$，说明当某种商品或生产要素因政府征税而价格不能相应提高时，生产者因生产条件限制，转产困难而对价格相对下降作出的反应较弱，其生产量下降的幅度会小于价格相对下降的幅度。由于产量保持在原来的水平，价格就难于提高。在这种情况下，生产者转嫁税收困难，所征税收会更多地向后转嫁或不能转嫁，而落在生产要素的提供者或生产者自己身上。在图 13—8 中，供给曲线 S 较为陡峭，表示供给弹性较小。税前价格为 P，税后相对价格为 P'，两者之间的差额为 PP'。税前产量为 Q，税后产量减少至 Q'，两者之间的差额为 QQ'。但 $QQ'/Q<PP'/P$。这表明，在供给缺乏弹性的情况下，生产量的减少幅度小于价格相对下降的幅度，所以税收不易向

前转嫁，而会更多地向后转嫁或不能转嫁。

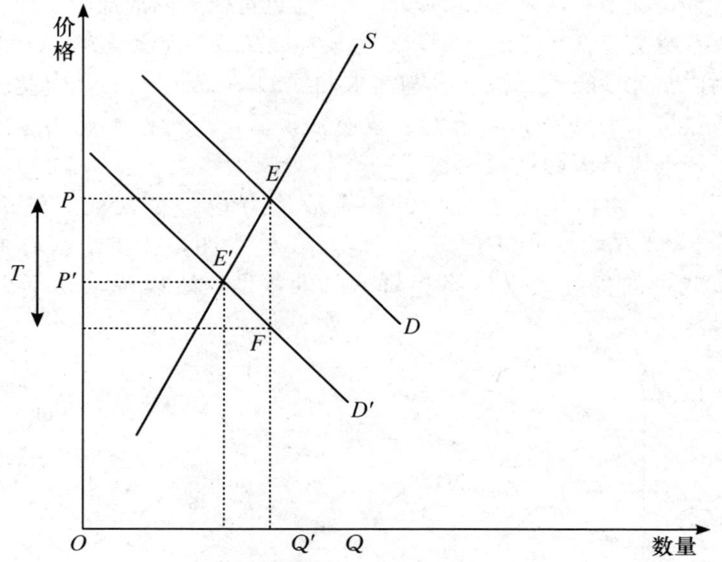

图 13—8　供给缺乏弹性下的税收转嫁与归宿

在经济学家们看来，需求和供给完全有弹性或完全无弹性的情况都是理论上的假定，在实际生活中是罕见的。在现实中，绝大多数商品或生产要素的需求和供给是属于富有弹性或缺乏弹性的情况，所以，在税收转嫁的问题上，完全可以转嫁或完全不能转嫁的情况基本上是不存在的。较为常见的是，一部分税收通过提高价格形式向前转嫁给商品或生产要素的购买者，另一部分税收则通过成本增加向后转嫁给生产者或生产要素的提供者。至于转嫁的比例怎样，则要视供求弹性的力量对比（即供给弹性和需求弹性之间的对比）而定。如果需求弹性大于供给弹性，则向后转嫁或不能转嫁的部分较大，即税收会更多地落在生产者或生产要素提供者的身上；如果需求弹性小于供给弹性，则向前转嫁的部分较大，即税收会更多地落在购买者的身上。

13.2.3　商品课税转嫁与归宿的局部均衡分析

将上述税收转嫁与归宿同供求弹性的关系原理应用于商品课税的局部均衡分析，不难得出有关商品课税转嫁与归宿的基本结论。

既然对商品的课税可以采取从量计征和从价计征两种形式，商品课税的局部均衡分析也可以从这两个方面着手。

1. 从量计征下的商品课税转嫁与归宿。以消费税为例，假定政府征收的消费税是从量计征的。

（1）对消费者征收从量消费税的税收转嫁与归宿。先考察以消费者（即购买者）为纳税人。因政府征收从量消费税而对课税消费品市场均衡的影响如图13—9所示，D 和 S 分别为课税消费品的税前需求曲线和供给曲线，D 和 S 的交点 E 决定了税前的均衡价格和均衡数量分别为 P^* 和 Q^*。政府对每单位消费品征收数额为 t 的税款，这时消费者面临的价格水平由 P^* 上升至 P_D。由于价格上升，需求曲线从原来的 D 向左下移动而为 D'，D' 和 D 之间的垂直距离为 t。D' 和 S 在新的均衡点 E' 相交，由此决定了生产者税后面临的价格水平从 P^* 下降至 P_S，均衡产量由 Q^* 减少至 Q。而 t 成为消费者支付的价格 P_D 和生产者实际得到的价格 P_S 之间的差额。

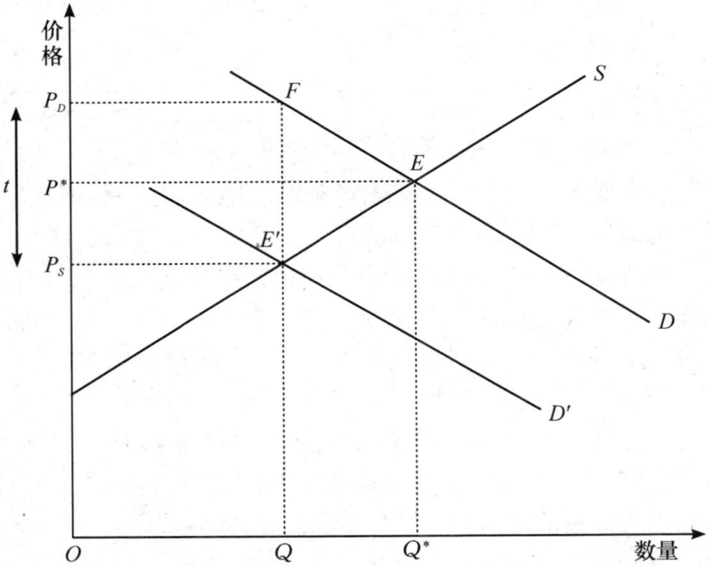

图13—9　对消费者征收从量消费税的税收转嫁与归宿

（2）对生产者征收从量消费税的税收转嫁与归宿。再来看以生产者为消费税纳税人的情形。如图13—10所示，政府对每单位消费品征收的税额仍为 t。这时，t 就成为生产者标出的市场价格与其所保留的净价格之间的一个楔子。生产者为了保住他们的净价格 P_S，必然要提高市场售价以弥补成本，供给曲线因而从 S 上升至 S'，两条曲线之间的垂直距离为 t。购买者的需求量因价格上升至 P_D 而减少至 D 和 S' 的交点 E' 所决定的 Q 点。同样出于产出和成本之间关系的原因，生产者所得到的净价格也从原来的 P^* 下跌至 P_S。这样 t 同样成为购买者支付的价格 P_D 和生产者实际得到的价格 P_S 之间的差额。

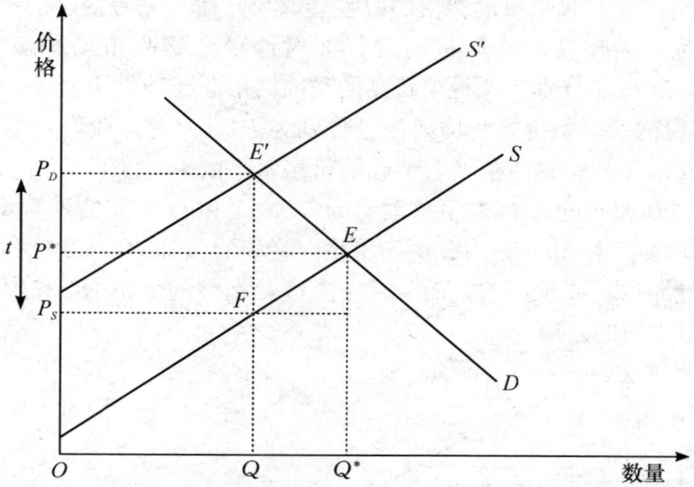

图 13—10　对生产者征收从量消费税的税收转嫁与归宿

比较图 13—9 和图 13—10，在政府征税额度均为 t 的条件下，价格上升的幅度和需求减少的幅度是一样的。政府若对购买者征税，需求曲线会从 D 向左下按垂直距离 t 移动至 D'。政府若对生产者征税，供给曲线会从 S 向左上按垂直距离 t 移动至 S'，两者的实际影响完全一样。为了证明这一点，可以在图 13—10 上加一条新的需求曲线 D'（即将图 13—9 中的 D' 移至图 13—10 中，得到图 13—11）。可以发现，其结果和图 13—9 完全一样。

由图 13—11 可以直观地看出，政府征得的税收为 P_SP_DFE'（FEE' 为额外税收负担），这部分税收是由生产者和购买者共同负担的，大约各负担一半。之所以如此，是因为课税消费品的供给和需求弹性大体一致。

2. 从价计征下的商品课税转嫁与归宿。如果政府征收的消费税，不是从量计征，而是采取从价计征的形式（见图 13—12），其情形又如何呢？

在从价计征的情况下，所征税额 t 同样成为购买者所支付的价格或市场价格与生产者实际得到的净价格之间的楔子。与从量计征有所不同的是，在从价计征下，消费品的价格成为决定征收税额大小的一个因素，价格越高，纳税越多，因而征税后需求曲线的斜率会较税前发生变化，而由 D 转向 D'。D' 与供给曲线 S 在新的均衡点 E' 相交。由此决定了购买者支付的价格为 P_D，生产者实际得到的价格为 P_S，P_D 和 P_S 之间的差额，即为政府的税收 t（税率为 FE'/FQ）。

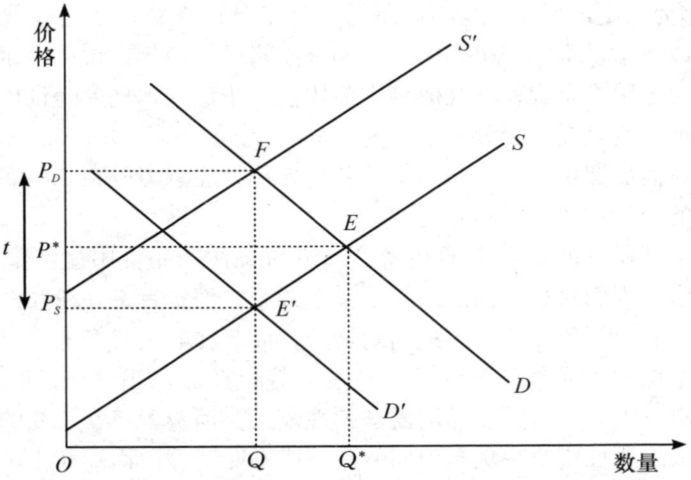

图 13—11　对生产者或消费者征收从量消费税的税收转嫁与归宿

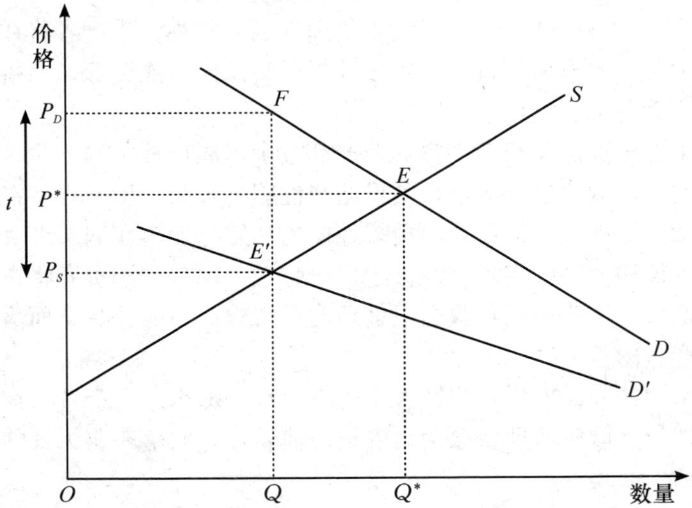

图 13—12　从价征收消费税的税收转嫁与归宿

从图 13—12 中也可以直观地看出，政府征得的税收为 P_SP_DFE'，这部分税收同样是由生产者和购买者共同负担的。只不过因为从价计征会改变需求曲线的斜率，税负在生产者和购买者之间的分配比例会较从量计征有所变化。

3. 关于商品课税转嫁与归宿的基本结论。通过上述分析可以得到的一个基本结论是，政府对商品的课税，不论是以生产者作为法定纳税人，还是以购买者

(消费者) 作为法定纳税人，也不论是采取从量计征形式，还是采取从价计征形式，都不会改变依供求弹性决定的税负的分配格局。换句话说，决定商品课税转嫁与归宿的关键因素是课税商品的供求弹性。至于法定纳税人是谁以及采取何种形式向他计征，则是无关紧要的。

所以，对商品课税的转嫁与归宿的分析，应将注意力放在课税商品的性质及其供求弹性的力量对比上。这就是：

(1) 如果课税商品属于生活必需品、不易替代产品、用途狭窄产品或耐用品，那么，由于人们对这类商品的需求弹性较小，消费者将在税收的转嫁中处于不利地位。政府所征税收会更多地向前转嫁，而落在购买者身上。

(2) 如果课税商品属于奢侈品、易于被替代产品、用途广泛产品或非耐用品，那么，由于人们对这类商品的需求弹性较大，消费者将在税收的转嫁中处于有利地位。政府所征税收会更多地向后转嫁或不能转嫁，而落在生产要素提供者或生产者的身上。

(3) 如果课税商品属于资本密集型产品或生产周期较长的产品，那么，由于对这类产品的生产规模变动较难，其供给弹性因之较小，生产者将在税收的转嫁中处于不利地位。政府所征税收会更多地向后转嫁或不能转嫁，而落在生产要素提供者或生产者身上。

(4) 如果课税商品属于劳动密集型产品或生产周期较短的产品，那么，由于对这类产品的生产规模变动容易，其供给弹性因之较大，生产者将在税收的转嫁中处于有利地位。政府所征税收会更多地向前转嫁，而落在购买者身上。

(5) 如果课税商品的需求弹性大于供给弹性，那么，消费者将在税收的转嫁中处于有利地位。政府所征税收会更多地向后转嫁或不能转嫁，而落在生产要素提供者和生产者的身上。

(6) 如果课税商品的供给弹性大于需求弹性，那么，生产者将在税收的转嫁中处于有利地位。政府所征税收会更多地向前转嫁，而落在购买者的身上。

13.2.4 生产要素收入课税转嫁与归宿的局部均衡分析

税收转嫁与归宿同供求弹性的关系原理，同样可以应用于对生产要素的课税，也就是对生产要素收入的课税。

经济学家把生产要素收入区分为工资收入、利润（利息）收入和地租收入三种形式，并依此对生产要素收入课税的转嫁与归宿进行局部均衡分析。

1. 工资收入课税的转嫁与归宿。以劳动者的工资收入为课税对象的所得税，其税负的转嫁和归宿情形取决于劳动力这一生产要素供给弹性和需求弹性的力量对比。如果劳动力的供给弹性大于劳动力的需求弹性，那么，劳动者在税收的转嫁中将处于较有利的地位，生产者则处于较不利的地位，政府所征税收将大部分向前转嫁给生产者，而落在生产者的身上；如果劳动力的供给弹性小于劳动力的需求弹性，那么劳动者在税收的转嫁中将处于较不利的地位，生产者则处于较有利地位，政府所征税收将大部分不能转嫁，而落在劳动者的身上。下面，对这两种情况进行具体分析：

(1) 劳动力的供给弹性大于需求弹性。图 13—13 揭示了工资收入课税在劳动力的供给弹性大于需求弹性时的转嫁与归宿情况。在图中，劳动力的供给曲线 S 较为平坦，表示其弹性较大。劳动力的需求曲线 D 较为陡峭，表示其弹性较小。政府征税之前，S 和 D 在 E 点相交，由此决定了税前工资率为 W，劳动时数为 L。政府对工资收入征税后，劳动者因净工资率的下降而反应强烈，其劳动时数减少的幅度大于净工资率相对下降的幅度。劳动力的供给曲线由 S 向左侧旋转至 S'，S' 与劳动力的需求曲线 D 在 E' 点相交，由此决定税后生产者支付的工资率由 W 增加至 W_D，劳动者实际得到的净工资率由 W 减少至 W_S，劳动时数因此由 L 减少至 L'。W_D 和 W_S 之间的差额即为政府的税收 t（$t=FE'$），但 $WW_D>WW_S$。这说明，在劳动力供给弹性大于劳动力需求弹性的情况下，政府对劳动者工资收入的课税将绝大部分向前转嫁给生产者负担。

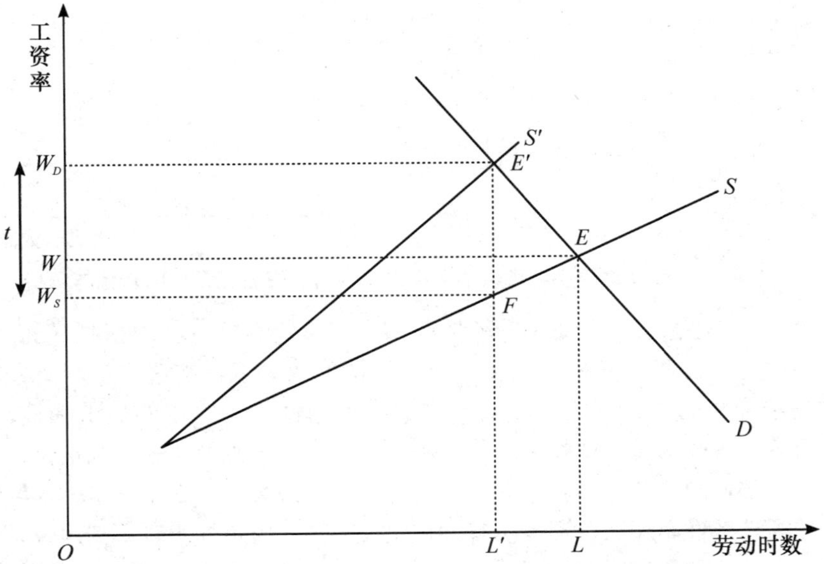

图 13—13　劳动力的供给弹性大于需求弹性时工资收入课税的转嫁与归宿

（2）劳动力的供给弹性小于需求弹性。图 13—14 揭示了当劳动力的供给弹性小于需求弹性时，工资收入课税的转嫁与归宿情况。在图中，劳动力的供给曲线 S 较为陡峭，表示其弹性较小。劳动力的需求曲线 D 则较为平坦，表示其弹性较大。政府征税之前，E 点为 D 和 S 的相交点，由此决定的税前工资率为 W，劳动时数为 L，政府对工资收入征税后，劳动者对净工资率的下降反应较弱，其劳动时数减少的幅度小于净工资率相对下降的幅度。但生产者对劳动者通过减少劳动时数而施加的增加工资的压力反应强烈，劳动力的需求曲线因之从 D 向内旋转至 D'。D' 与劳动力的供给曲线 S 相交于新的均衡点 E'，由此决定了税后生产者支付的工资率由 W 增加至 W_D，劳动者实际得到的净工资率由 W 减少至 W_S，劳动时数因之由 L 减少至 L'。W_D 和 W_S 之间的差额即为政府的税收 $t(t=FE')$，但 $WW_D < WW_S$。这说明，在劳动力的供给弹性小于劳动力的需求弹性的情况下，政府对劳动者工资收入的课税将大部分不能转嫁，而由劳动者自己负担。

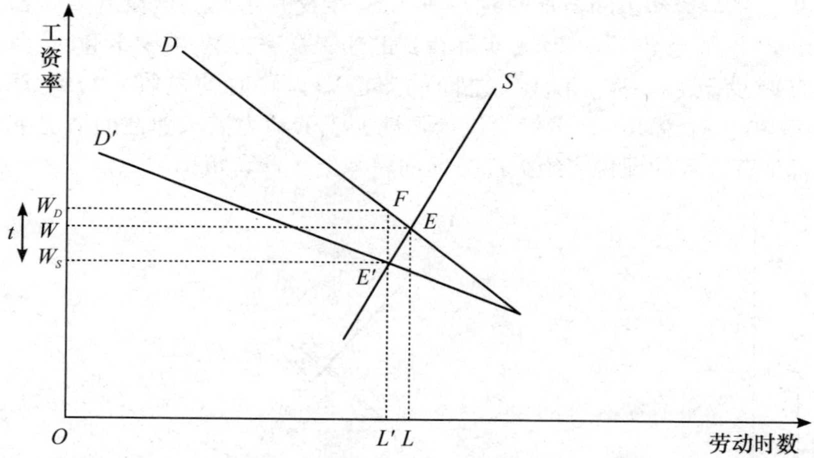

图 13—14　劳动力的供给弹性小于需求弹性时工资收入课税的转嫁与归宿

2. 利润（利息收入）课税的转嫁与归宿。以资本所有者的利润（利息收入）为课税对象的所得税，其税负的转嫁与归宿情形取决于资本这一生产要素的供给弹性和需求弹性的力量对比。如果资本的供给弹性大于资本的需求弹性，那么，资本所有者在税收的转嫁中将处于较有利地位，生产者则处于较不利地位，政府所征税收将大部分向前转嫁给生产者，而落在生产者的身上；如果资本的供给弹性小于资本的需求弹性，那么，资本所有者在税收的转嫁中将处于较不利地位，生产者则处于较有利地位，政府所征税收将大部分不能转嫁，而落在资本所有者的身上。

可以将图 13—13 和图 13—14 略加变换，以揭示利润（利息收入）课税的转嫁与归宿情况。

（1）资本的供给弹性大于需求弹性。在图 13—15 中，资本的供给曲线 S 较为平坦，表示其弹性较大，资本的需求曲线 D 较为陡峭，表示其弹性较小。税前 S 和 D 在 E 点相交，税前的资本收益率和资本投入量分别为 I 和 K。政府对利润（利息收入）课税（税率$=FE'/K'E'$）后，资本所有者对净资本收益率的下降反应强烈，其资本投入量减少的幅度大于净资本收益率的相对下降幅度（$KK'/K>II_S/I$），资本的供给曲线因之由 S 向左侧旋转至 S'。S' 与资本的需求曲线 D 相交于新的均衡点 E'。由此决定税后生产者支付的资本收益率由 I 提高至 I_D，资本所有者实际得到的净资本收益率由 I 减少至 I_S，资本投入量因此从 K 降至 K'，I_D 和 I_S 之间的差额即为政府的税收 t（$t=FE'$），但 $II_D>II_S$。这说明，在资本的供给弹性大于资本的需求弹性的情况下，政府对资本所有者利润（利息收入）的课税，将大部分向前转嫁给生产者负担。

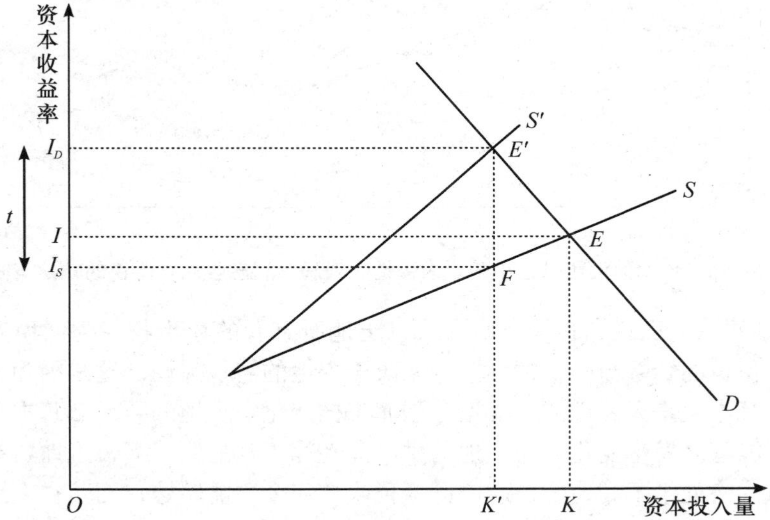

图 13—15　资本的供给弹性大于需求弹性时利润（利息收入）课税的转嫁与归宿

（2）资本的供给弹性小于需求弹性。在图 13—16 中，资本的供给曲线 S 较为陡峭，表示其弹性较小，资本的需求曲线 D 则较为平坦，表示其弹性较大。税前 S 和 D 在 E 点相交，税前的资本收益率和资本投入量分别为 I 和 K。政府对利润（利息收入）课税（税率$=FE'/FK'$）后，资本所有者对净资本收益率的下降反应较弱，其资本投入量减少的幅度小于净资本收益率下降的幅度（$KK'/K<II_S/I$）。但生产者对资本所有者通过减少资本投入量而施加的提高资

本收益率的压力反应强烈，资本的需求曲线因之从 D 向内旋转至 D'。D' 与资本的供给曲线 S 相交于新的均衡点 E'，由此决定税后生产者支付的资本收益率由 I 增加至 I_D。资本所有者实际得到的净资本收益率由 I 减少至 I_S，资本投入量因此由 K 减少至 K'，I_D 和 I_S 之间的差额即为政府的税收 t（$t=FE'$），但 $II_D<II_S$。这说明，在资本的供给弹性小于资本的需求弹性的情况下，政府对利润（利息收入）的课税将大部分不能转嫁，而由资本所有者自己负担。

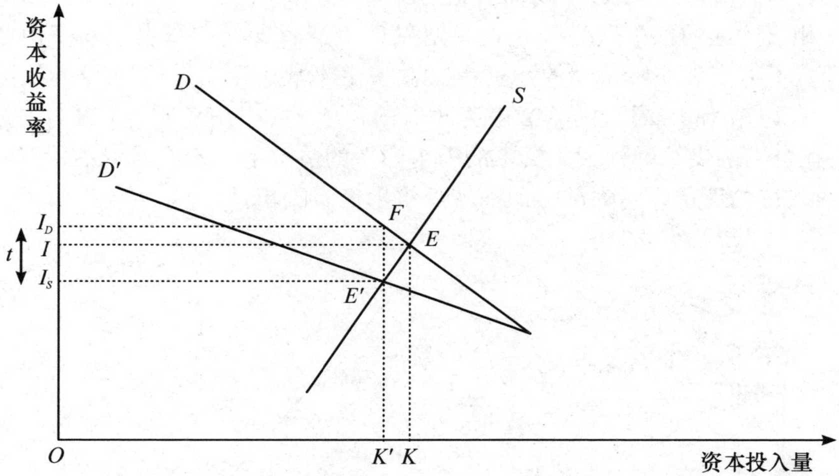

图 13—16　资本的供给弹性小于需求弹性时利润（利息收入）课税的转嫁与归宿

3. 地租收入课税的转嫁与归宿。以土地所有者的地租收入为课税对象的所得税，其税负的转嫁与归宿情形完全取决于土地的需求弹性。这是因为，土地的供给曲线基本上是无弹性的，无论地租率怎样变化，土地的数量都基本上是固定的，不可能随之发生变化。在土地的供给弹性等于 0 的假定下，土地所有者在税收的转嫁中将处于不利地位，政府所征税收将完全不能转嫁，而落在土地所有者的身上。

图 13—17 揭示了地租收入课税的转嫁与归宿情况。在图中，土地的供给曲线 S 与横轴垂直，表示土地的供给完全没有弹性。S 与土地的需求曲线 D 相交于 E 点，由此决定了税前的地租率为 R_D，土地供给量为 N。政府对地租收入课税（税率$=EF/EN$）后，土地所有者获得的净地租率相对下降，其数额与所征税额相同。由此决定了税后土地所有者获得的净地租率为 R_S，土地使用者（生产者）支付的地租率仍为 R_D，土地的供给量固定在 N 的水平。R_D 和 R_S 之间的差额即为政府的税收 $t(t=EF)$，但土地使用者支付的 R_D 没有发生变动，而土地

所有者获得的净地租率则由 R_D 减少至 R_S。这说明，在土地供给完全无弹性的条件下，政府对土地所有者地租收入的课税将完全不能转嫁，而由土地所有者自己负担。

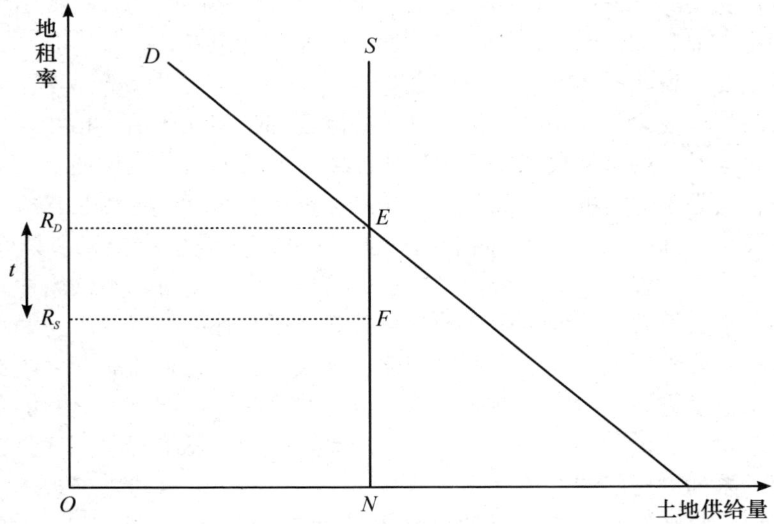

图 13—17　地租收入课税的转嫁与归宿

4. 关于生产要素收入课税转嫁与归宿的基本结论。由上述分析也可以得到这样一个基本结论：政府对生产要素收入课税的转嫁与归宿决定于课税生产要素供求弹性的力量对比。

(1) 如果课税生产要素的供给弹性大于需求弹性，那么，劳动者、资本所有者将在税收的转嫁中处于有利地位。政府所征税收会更多地向前转嫁，而落在生产要素购买者，即生产者的身上。

(2) 如果课税生产要素的供给弹性小于需求弹性，那么，生产要素的购买者，即生产者将在税收的转嫁中处于有利地位。政府所征税收会更多地向后转嫁，而落在劳动者、资本所有者和土地所有者的身上。

13.3　税收转嫁与归宿的一般均衡分析

13.3.1　一般均衡分析的概念

所谓一般均衡分析，是在各种商品和生产要素的供给、需求、价格相互影响的假定下，分析所有商品和生产要素的供给和需求同时达到均衡时的价格决定。换句话说，一般均衡分析是假定各种商品和生产要素的供给、需求、价格都是相互作用、相互影响的。一种商品和生产要素的价格不仅取决于其本身的供求状况，而且也要受其他商品和生产要素的供求状况和价格的影响，也就是说，在所有商品和生产要素的供给、需求都达到均衡时才能决定。

之所以要对税收的转嫁与归宿问题作这样的分析，是因为现实经济生活中，各种商品和生产要素的价格、供给、需求等因素都是相互作用、相互影响的。若将税收转嫁与归宿的考察仅局限于课税商品或生产要素的特定市场上，由此而得出的结论肯定是不完全的。比如，许多商品和生产要素存在着相互竞争（替代商品或生产要素，如肉和鸡蛋）和相互补充（互补商品或生产要素，如汽油和汽车）的关系，当一种课税商品或生产要素的价格发生变动时，不仅该种商品或生产要素的供求关系要因此而发生变动，它的替代或互补商品（生产要素）的供求关系及价格也要随之发生变动。不仅如此，这些替代或互补商品（生产要素）价格的变动，还会进一步对它们各自的替代或互补商品（生产要素）的供求关系和价格产生影响。这样，只要一种商品或生产要素的价格发生变动，就会在整个经济中引起一系列一层层的连锁反应。

为了使税收转嫁与归宿问题的分析更贴近现实，就需要将考察对象拓宽开来，从因政府征税而引起的一系列一层层的连锁反应中，探求整个税负的分配情况，即对税收的转嫁和归宿问题进行一般均衡分析。

13.3.2 局部均衡分析的局限性

经济学家认为，对税收的转嫁和归宿所作的局部均衡分析的不足之处主要表现在两个方面。

1. 局部均衡分析未能顾及政府征税对非征税商品市场的影响，这主要是指商品课税转嫁与归宿的局部均衡分析。

如图 13—18 所示，假定整个经济体系中只生产两类商品，食品和服装。在图 13—18（A）中，D 为食品的需求曲线，S 为税前食品的供给曲线。D 和 S 在税前的均衡点为 E，其均衡价格和均衡数量分别为 P 和 Q。假定政府只对食品征税，而不对服装征税。征税之后，食品的供给曲线从 S 向左上方移动至 S'，S' 与 D 在 E' 点相交。这时，生产者实际得到的净价格从 P 下跌至 P_S，消费者所支付的价格从 P 上升至 P_D，食品产量从 Q 减少至 Q'。P_D 和 P_S 之间的差额为政府的税收。这是我们在局部均衡分析中得出的结论。

然而，由于生产要素在现代市场经济条件下通常是可以自由流动的，在食品业的利润率因政府征税而相对下降的情况下，食品业的生产要素会向服装业流动。再假定食品业流出的生产要素被服装业全部吸收，图 13—18（B）中服装的供给曲线就会从 S 向右下方移动至 S'，S' 与需求曲线 D 在新的均衡点 E' 相交。于是，服装的价格从原来的 P 下降至 P'，产量从原来的 Q 增加至 Q'。

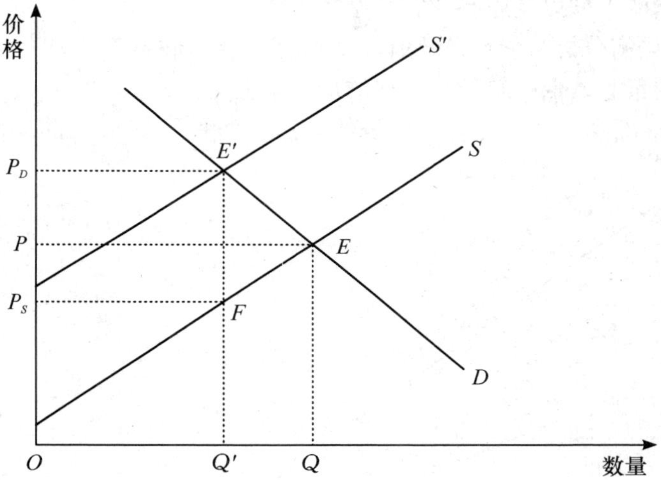

(A) 食品业

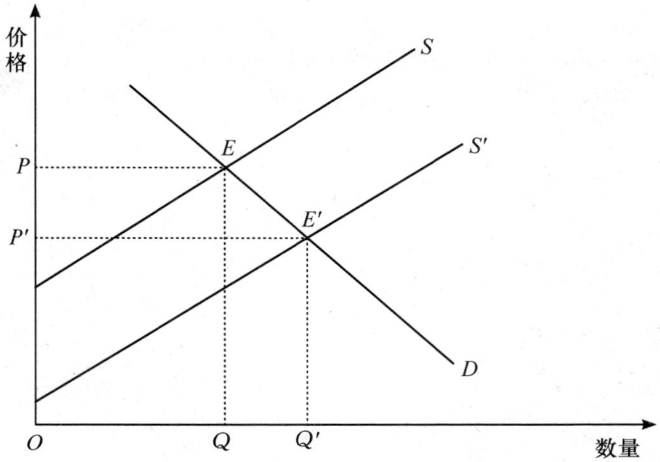

(B) 服装业

图 13—18　对食品课税的局部均衡分析未能包括服装业因此受到的影响

由此可见，在分析对食品课税的转嫁与归宿时，既要考察食品市场，也要考察服装市场。从局部均衡的角度看，食品课税的最终归宿是，食品的消费者从支出方面负担了部分税收，食品的生产者从生产要素的收入方面负担了另一部分税收。但从一般均衡的角度看，食品课税的转嫁与归宿还要包括服装市场，对食品的课税不仅造成了食品价格的上升，而且随着食品业生产要素流入服装业，也造成了服装价格的下跌以及服装业收益率的下降。

2. 局部均衡分析未能顾及政府征税对生产要素收益率平均化的影响，这主要是指生产要素收入课税转嫁与归宿的局部均衡分析。

如图 13—19 所示，假定整个经济体系只有两种组织形式的厂商，即公司部

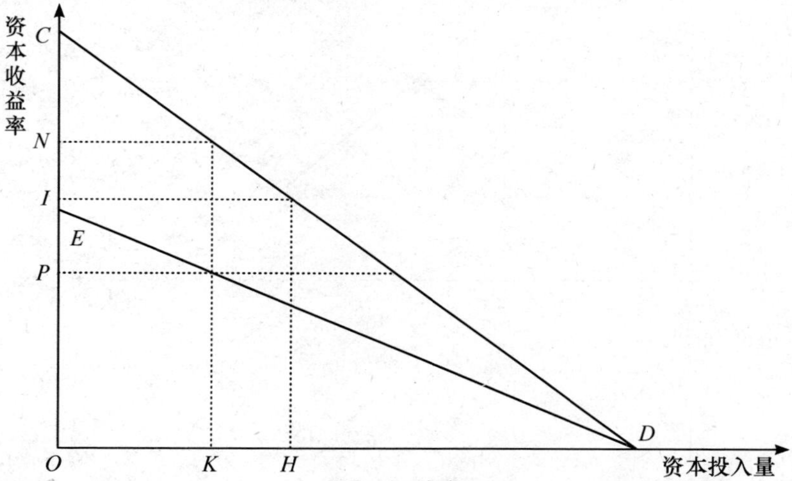

(A) 公司部门

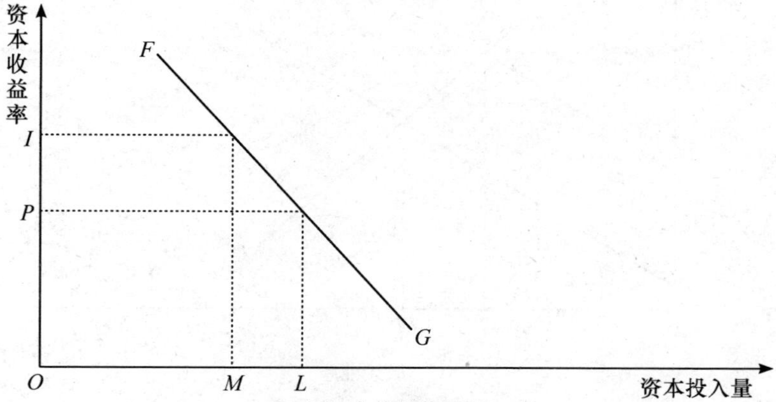

(B) 合伙经营部门

图 13—19　对公司部门资本收入课税的局部均衡分析未能包括合伙经营部门因此而受到的影响

门和合伙经营部门。在图 13—19（A）中，CD 线为公司部门的资本需求曲线（资本的边际收益曲线），它代表了公司部门在不同的投资规模下所能获得的各种水平的资本收益率。在图 13—19（B）中，FG 线为合伙经营部门的资本需求曲线。政府征税前，两个部门的均衡状况是，公司部门的资本收益率为 I，资本投入量为 H。合伙经营部门的资本收益率也为 I，资本投入量为 M。现假定政府只对公司部门的资本收入征税，而对合伙经营部门的资本收入不征税。那么，投资于公司部门的每单位资本所能获得的纯利润将因此减少为：

$$(1-\text{税率})\times\text{毛利润}=\text{税后纯利润} \tag{13.5}$$

公司部门的资本需求曲线（资本边际收益曲线）因此而向左下方旋转至 ED。这时，两个部门的资本收益率出现了差距，资本将从资本收益率相对较低的应税部门（公司）向资本收益率相对较高的免税部门（合伙经营）流动。资本的这种流动会一直持续到两个部门的资本收益率相等时为止，即公司部门的资本投入量减少至 K，资本毛收益率上升至 N，税后资本纯收益率为 P，而合伙经营部门的资本投入量增加至 L，资本收益率下降至 P。

由此可见，在分析对公司部门资本收入课税的转嫁与归宿时，注意力不仅要放在公司部门，也应包括合伙经营部门，局部均衡分析没有考虑因征税而引起的资本流动的影响，由此而得出的有关税收负担将落在公司部门资本所有者身上的结论显然是不完全的。从一般均衡的角度看，对公司部门资本收入课征的税负，最终要随着资本从公司部门向合伙经营部门的流动而为两个部门的资本所有者所分担。

13.3.3 税收转嫁与归宿的一般均衡分析模型

为了使税收转嫁与归宿问题的分析从局部均衡扩展到一般均衡，经济学界设计了一个分析模型，称之为税收转嫁与归宿的一般均衡分析模型①。

由于一般均衡分析涉及的范围很大，这个模型首先确定了其理论前提，即整个经济体系仅有两个市场：食品市场和服装市场；生产要素仅有两种：资本和劳动力；家庭部门没有任何储蓄：收入＝消费。

这个模型共涉及四种税：只对某一部门的某种生产要素收入课征的税；对两个部门的某种生产要素收入课征的税；对某种商品的消费课征的税；综合所得税。

---

① 这个模型由美国著名经济学家哈伯格（A. C. Harberger）首先提出。

具体模型如下：

t_{KF}	$+$	t_{LF}	$=$	t_F
$+$		$+$		$+$
t_{KM}	$+$	t_{LM}	$=$	t_M
$\|$		$\|$		$\|$
t_K	$+$	t_L	$=$	t_T

其中，F 为食品业；M 为服装业；K 为资本；L 为劳动力；t_{KF} 为以食品业的资本收入为课征对象的税；t_{LF} 为以食品业的劳动者工资收入为课征对象的税；t_F 为以食品的流转额为课征对象的税；t_{KM} 为以服装业的资本收入为课征对象的税；t_{LM} 为以服装业的劳动者工资收入为课征对象的税；t_M 为以服装制品的流转额为课征对象的税；t_K 为以食品和服装两个部门的资本收入为课征对象的税；t_L 为以食品和服装两个部门的劳动者工资收入为课征对象的税；t_T 为综合所得税。

这个模型的最大特点，是它可以揭示各个税种之间相互作用、相互影响的结果。其方法是将其中两种税相结合，使其产生的效应与另一种税（或称第三种税）的效应相等或相同。也就是说，通过某些税种的结合，并使其具有的转嫁与归宿等同于其他税种的转嫁与归宿，可以揭示整个经济体系中所有税收的转嫁与归宿，同时也能区分不同税种之间在质和量上的差别。

1. 在模型的右边一列，如果政府既征收 t_F，也征收 t_M，且使用的税率相同，那么，这两种税的共同效应将等同于政府征收 t_T 的效应。其原因在于，如果对消费者的各方面支出额分别按相同的税率征税，其效果等于对消费者的全部收入按与前相同的税率课征综合所得税。

2. 在模型的最后一行，如果政府对所有的资本收入和劳动者工资收入按相同的税率分别征收所得税 t_K 和 t_L，那么，这两种税的共同效应将等同于政府征收 t_T 的效应。其原因在于，对各种来源的收入分别按相同的税率征收分类所得税，其效果等于将所有来源的收入相加，并按与前相同的税率统一征收综合所得税。

3. 在模型的左边一列，如果政府同时征收 t_{KF} 和 t_{KM}，且使用的税率相同，那么，这两种税的共同效应将等同于政府征收 t_K 的效应。其原因在于，如果对两个部门的资本收入分别按相同的税率征收所得税，其效果等于将所有经济部门的资本收入汇总相加，并按与前相同的税率统一对资本收入征收所得税。

4. 在模型的中间一列，如果政府同时征收 t_{LF} 和 t_{LM}，且使用的税率相同，那么，这两种税的共同效应将等同于政府征收 t_L 的效应。其原因在于，如果两个部门的劳动者工资收入分别按相同的税率征收所得税，其效果等于对社会全部劳动者工资收入按与前相同的税率统一征收所得税。

5. 依此类推，在模型的最上一行，如果政府同时征收 t_{KF} 和 t_{LF}，且使用的税率相同，那么，这两种税的共同效应将等于政府征收 t_F 的效应。在模型的中间一行，政府若按相同的税率同时征收 t_{KM} 和 t_{LM}，那么，其效应将等于政府征收 t_M。

经济学家认为，只要能够按照这种方法找出一系列税种的相互关系，便可以通过对少数几种税的转嫁与归宿的分析，来把握整个经济体系中所有税的转嫁与归宿。

根据上述模型，可以对商品课税和生产要素收入课税的转嫁与归宿问题进行一般的均衡分析。

13.3.4 商品课税转嫁与归宿的一般均衡分析

可以以模型中所涉及的 t_F 即食品税为例来进行商品课税转嫁与归宿的一般均衡分析。

在应用这个模型时，要有以下几个假设条件：每个生产部门都使用资本和劳动力这两种生产要素，但部门间所使用的资本和劳动力的比例不一定相同，资本和劳动力的替代率可以不一样；资本和劳动力可以在各个生产部门间自由流动，而造成这一流动的原因在于部门间收益率的差异；总的生产要素供给量固定不变，即劳动力和资本的供给总量是一个常量，政府征税不会造成劳动力和资本供给总量的变动，所有消费者的行为偏好相同；税种之间可以相互替代；市场处于完全竞争状态。

从局部均衡分析中已经得到这样的结论：对食品征税之后，食品价格上涨，食品生产量下降，其结果是税收分别由消费者和生产者从支出和收入两个方面所分担。在此基础上，可以将考察的视野从食品市场扩展到服装市场。

从消费者的角度看，政府对食品征税之后，消费者会减少食品的购买量，而将部分购买力转向服装，因此，对服装的需求量会增加，服装的价格也会上涨。随着服装价格的上涨，食品价格又会相对有所下降。于是，税收负担的承担者从食品的消费者扩展到所有其他商品的消费者。也就是说，食品税的负担不仅会落在食品消费者身上，也同样会落在所有其他商品的消费者身上。

从生产者的角度看，政府对食品征税之后，随着食品业收益率的下降，食品业的生产要素会向服装业流动。假定两个行业资本和劳动力之间的替代率不同，食品业属劳动力密集型行业，服装业则是次劳动力密集型行业。这就意味着，随着社会商品结构的变化，各种生产要素的需求结构也会发生变化。食品业流出的劳动力相对较多，资本相对较少。而服装业扩大生产规模所需要吸收的劳动力相对较少，资本相对较多。这就造成服装业劳动力供给相对宽松，资本供给则相对紧张。食品业流出的劳动力若要为服装业所吸收，劳动力的相对价格必须下降。而劳动力的相对价格一旦下降，税收负担就会有一部分落在劳动者的身上。而且，不仅食品业的劳动者要承担税负，服装业的劳动者也要承担税负。如果情况相反，食品业属次劳动力密集型行业，服装业是劳动力密集型行业。那么，由于食品业流出的劳动力相对较少，资本相对较多，而服装业扩大生产规模所需要吸收的劳动力相对较多，资本相对较少。服装业的劳动力供给相对紧张，资本供给相对宽松，也会造成资本相对价格的下降。随着资本相对价格的下降，税收负担就会有一部分落在资本所有者的身上。而且，不仅食品业的资本所有者要负担税收，服装业的资本所有者也要负担税收。

由上述分析可见，对某一生产部门产品的课税，其影响会波及整个经济。不仅该生产部门产品的消费者要承担税负，其他生产部门产品的消费者也要承担税负。不但该生产部门的生产者和生产要素提供者有可能承担税负，其他生产部门的生产者和生产要素提供者也可能承担税负。据此得出的结论是：整个社会的所有商品和所有生产要素的价格，几乎都可能因政府对某一生产部门的某一产品的课税而发生变动，包括消费者、生产者和生产要素提供者在内的所有人，几乎都有可能成为某一生产部门的某一产品税收的直接或间接的归宿。

13.3.5 生产要素收入课税转嫁与归宿的一般均衡分析

我们以模型中所涉及的 t_{KM}，即对服装业资本收入的课税为例，来进行生产要素收入课税转嫁与归宿的一般均衡分析。

政府对服装业资本收入征税之后，会产生两个方面的影响，即收入效应和替代效应。

从收入效应来看，政府对服装业资本收入征税，而对食品业资本收入不征税，会造成服装业资本收益率相对下降，从而应税的服装业资本向免税的食品业流动。伴随这一流动过程，服装业的产品数量减少，资本毛收益率上升，食品业的产品数量增加，资本毛收益率下降。只有当两个行业的资本纯收益率被拉平时，资本的这种流动才会停止，其结果，不仅服装业的资本所有者承担了税负，而且通过资本从服装业向食品业的流动以及由此而带来的资本收益率的平均化，食品业的资本所有者也承担了税负。也就是说，政府对服装业资本收入的课税负担，最终要被应税的服装业和免税的食品业的资本所有者所分担。

从替代效应来看，政府对服装业资本收入征税，而对劳动力收入不征税，会促使服装业生产者倾向于减少资本的使用量，而增加劳动力的使用量，即以劳动力替代资本，从而造成服装业资本相对价格的下降。进一步看，随着服装业生产要素向食品业的流动，这种替代效应也会在食品业发生。不仅服装业资本所有者的税负会变本加厉，食品业资本所有者的税负也会出现同样情形。也就是说，政府对服装业资本收入的课税，会通过生产要素配置比例的变化（多使用劳动力，少使用资本），导致两个行业的资本所有者承受较政府所征税额更重的负担。这是因为，以劳动力替代资本的过程，就是对劳动力的需求相对增加，对资本的需求相对减少的过程，同时也就是劳动者的工资率相对上升，资本的收益率相对下降的过程。

通过上述分析，可以得出这样一个结论：政府对某一生产部门的某一种生产要素收入的课税，其影响也会波及整个经济。不仅该生产部门的资本所有者要承担税负，其他生产部门的资本所有者也要承担税负。整个社会资本的所有者不但要承担相当于政府所征税收的负担，还有可能承担较政府所征税收更多的额外负担。

13.4 税收转嫁与归宿的一般规律

根据对税收转嫁与归宿问题所作的局部均衡分析和一般均衡分析，并结合现代市场经济的运行特点，可以把税收转嫁与归宿的一般规律归纳为如下六个方面。

13.4.1 税收转嫁与归宿和供求弹性的关系

商品或生产要素的供求弹性是决定税收转嫁与归宿状况的关键因素。

1. 商品或生产要素的需求弹性越大，税收前转的可能性越小；反之，商品或生产要素的需求弹性越小，税收前转的可能性越大。

2. 商品或生产要素的供给弹性越大，税收前转的可能性越大；反之，商品或生产要素的供给弹性越小，税收前转的可能性越小。

3. 如果商品或生产要素的需求弹性大于供给弹性，税收向后转嫁或不能转嫁的部分将会较大；反之，如果商品或生产要素的供给弹性大于需求弹性，税收向前转嫁的部分将会较大。

4. 如果商品或生产要素的需求完全没有弹性，税收将会全部向前转嫁；反之，如果商品或生产要素的供给完全没有弹性，税收将会全部向后转嫁。

5. 如果商品或生产要素的需求完全有弹性，税收将会全部向后转嫁；反之，如果商品或生产要素的供给完全有弹性，税收将会全部向前转嫁。

13.4.2 税收转嫁与归宿和课税范围的关系

一般说来，课税范围越宽广，越易于税收转嫁；课税范围越狭窄，越不易于税收转嫁。这是因为：课税范围越是狭窄，对商品或生产要素的购买者越有替代效应，从而需求也就越具有弹性。也就是说，只要课税范围只包括部分商品或生产要素，就极可能驱使购买者改变购买抉择，减少课税或增税商品（生产要素）的购买量，而增加无税或低税商品（生产要素）的购买量。在这种情况下，课税商品或生产要素价格的提高就要受到限制，税收自然难以转嫁。

与此相反，课税范围越是宽广，越不易对商品或生产要素的购买者产生替代效应，从而需求也就越缺乏弹性。也就是说，如果课税范围涉及了大部分，甚至全部商品或生产要素，购买者购买商品或生产要素的抉择一般就不会因课税而改变。在这种情况下，课税商品或生产要素价格的提高就较为容易，税收自然容易转嫁。

13.4.3 税收转嫁与归宿和计税方法的关系

前已提及，按照计税依据的不同，可以将税收划分为从量税和从价税。

从量计税，税额不受价格变动影响。课税加价，负税者容易感觉，购买者会倾向于少买或不买课税或重税商品（生产要素），而多买或全买无税或轻税商品（生产要素）。在这种情况下，税收转嫁困难，趋势较弱。

从价计税，税额随价格的升降而增减，商品或生产要素越是昂贵，税负越重。反之，商品或生产要素越是廉价，税负越轻。所以，课税加价，负税者不易感觉，购买者购买商品和生产要素的抉择不易受到影响。在这种情况下，税收转嫁较易，趋势较强。

13.4.4 税收转嫁与归宿和经济交易的关系

税收转嫁的基本途径是在经济交易发生之时，将税款加于商品或生产要素的价格之中转给他人。经济交易是税收转嫁的必要条件。这就是说：与经济交易无关而直接对纳税人课征的税，如对生产要素收入的课税，一般是不易或较难转嫁的。

通过经济交易过程而间接对纳税人课征的税，如对商品的课税，一般是比较容易转嫁的。

13.4.5 税收转嫁与归宿和课税商品性质的关系

就不同种类的商品而言，对生产用品的课税，税负辗转次数多，转嫁速度快；对生活用品的课税，税负辗转次数少，转嫁速度慢。

就消费品而言，对生活必需品的课税，由于其消费必不可少，需求弹性小，所以消费基础广，税收容易转嫁；对奢侈品的课税，由于其消费可有可无，需求弹性大，所以消费基础窄，税收不易转嫁。

13.4.6 税收转嫁与归宿和市场结构的关系

现代市场条件下的市场结构通常可以分为四种类型：完全竞争、垄断竞争、寡头垄断和完全垄断。市场结构不同，税收转嫁与归宿的状况也是不同的。

1. 完全竞争市场。完全竞争市场指的是一种竞争完全不受任何阻碍和干扰的市场结构，其条件有四个：(1) 市场上有许多生产者和消费者，任何个人的销售量或购买量都仅占市场上很小的比例，所以任何个人都无法影响价格，每个人都是既定价格的遵从者或接受者。(2) 不存在产品差别，即生产某种产品的所有生产者所供给的产品都是同质的，所以生产者无法通过自己的产品差别来控制价格。(3) 各种生产要素都可以完全自由流动而不受任何限制。(4) 市场信息畅通，生产者和消费者都可以获得完备的信息，双方不存在相互的欺骗。

在这种市场结构下，市场价格由整个行业的供求关系所决定。一旦决定之后，对于每一个生产者而言，这一价格便是既定的。因此，政府征税之后，任何生产者都无法在短期内单独把商品价格相应提高，而向前转嫁给消费者。但从长期来看，在产品生产成本不变的条件下，各个生产者会形成一股整个行业的提价力量，从而使税收最终加在价格之中，完全向前转嫁给消费者。也就是说，在完全竞争条件下，对单个生产者来说，只有在发挥整个行业的力量下，税收才可能前转。

2. 垄断竞争市场。垄断竞争市场指的是一种既有垄断又有竞争，既不是完全竞争又不是完全垄断的市场结构。其条件有两个：(1) 产品之间存在差别，即同种产品之间在质量、包装、牌号或销售条件等方面有差别。各种产品具有的特点，使这些有差别产品的生产者成为自己产品的垄断者。但同时由于各种产品在一定程度上又有替代性，各种有差别的产品之间又形成了竞争。(2) 生产者的数量是比较多的，各生产者对市场的控制力都不大。

这种市场结构下的税收转嫁与归宿同完全竞争下的税收转嫁与归宿略有不同。在完全竞争市场条件下，单个生产者无力控制价格，短期内无法单独提价转嫁税负。在垄断竞争条件下，单个生产者可以利用自己产品的差异性对价格进行适当调整，从而有可能把政府所征收的税收部分地加到价格中，向前转嫁给消费者。但由于没有形成垄断市场，仍有竞争，税收又不能完全转嫁出去而保留垄断利润，因而是部分前转，部分后转。

3. 寡头垄断市场。寡头垄断市场指的是一种少数几个生产者供给某种产品的大部分，这几个生产者的产量在该行业的总产量中各占有较大的份额，从而可以对市场的价格和产量产生举足轻重影响的市场结构。

在这种市场结构下，各生产者在价格或产量方面的变化都会影响整个市场和其他竞争对手的行动。每个生产者在作出价格和产量的决策时，不仅需要考虑本身的成本和收益情况，还需要考虑对市场的影响以及竞争对手可能作出的反应。因此，政府征税之后，各寡头生产者肯定知道其余寡头竞争对手也会面临同样的情况，因而各寡头都会将政府所征的税加入价格转嫁给消费者。通常的情况是，寡头生产者早已达成协议，一旦各家成本同时增加（如加税），就在原价基础上，自动根据某一公式，各自提高价格。

4. 完全垄断市场。完全垄断指的是整个行业的市场完全被一家厂商所控制的市场结构。

在这种市场结构下，实际上是生产者独家定价。政府若对某产品征税，垄断生产者必然会千方百计地将税款加入价格转嫁给消费者。但转嫁多少则要视其产品的需求弹性而定。若其产品属生活必需品，需求弹性较小，垄断生产者便可以按所征税款额度提高价格，把税负全部或大部分转嫁给消费者。若其产品属一般商品，需求弹性较大，垄断生产者提高价格会导致需求减少，价格的提高便会受到限制，税负就不会全部或大部分向前转嫁，而会更多地向后转嫁。

本章小结

1. 税收的转嫁与归宿研究的是税收负担的转移过程和结果问题。经济学界在此问题上的观点大致可以分为绝对转嫁论和相对转嫁论。前者对税收转嫁与归宿问题作出绝对的结论，后者则作出相对的结论。目前广为流行且占统治地位的是相对转嫁论。

2. 经济学家用纳税人和负税人的非一致性，来解释税收的转嫁与归宿问题。税收的转嫁就是指纳税人在缴纳税款之后，通过种种途径而将税收负担转移给他人的过程。税收负担的最终归着点或税收转嫁的最后结果，就是税收的归宿。税收的转嫁可以一次完成，也可以数次完成。税收经过转嫁，可能把税负全部转移出去，也可能只把部分税负转移出去。

3. 税收的转嫁形式可以归纳为四种：纳税人将其所纳税款，通过提高商品或生产要素价格的方法，向前转嫁给购买者或最终消费者负担，称为前转；纳税人将其所纳税款，以压低生产要素进价或降低工资、延长工时等方法，向后转嫁给生产要素提供者负担，称为后转；纳税人将其所纳税款，通过改善经营管理、改进生产技术等方法，在生产发展和收入增长中自行消化，称为消转；生产要素购买者将所购生产要素未来应纳税款，通过从购入价格中预先扣除而向后转移给生产要素出售者负担，称为税收资本化。

4. 对商品课税和生产要素收入课税所作的局部均衡分析表明，决定税收转嫁与归宿状况的关键因素是课税商品和生产要素的供求力量对比。若商品和生产要素的供给弹性大于需求弹性，税负前转的可能性较大，购买者将会承担大部分税负；若商品和生产要素的供给弹性小于需求弹性，税负后转或不能转嫁的可能性较大，生产者或生产要素的提供者将会承担大部分税负。

5. 现实经济生活的复杂性决定了局部均衡分析的局限性。为了使税收转嫁与归宿问题的分析更贴近现实，需要在局部均衡分析的基础上，将考察对象拓宽开来，进入一般均衡分析。根据“税收转嫁与归宿的一般均衡分析模型”对商品课税和生产要素收入课税所作的一般均衡分析表明，对某一生产部门的某种产品或某种生产要素的课税，其影响会波及整个经济，包括消费者、生产者和生产要素提供者在内的几乎所有人，都有可能成为对某一生产部门的某种产品或某种生产要素所征税收的直接或间接归宿。

6. 税收转嫁与归宿的一般规律通常可以归纳为：对商品或生产要素课征的税款，往往向没有弹性或弹性较小的方向转嫁。课税范围越宽广，越易于税收转嫁；相反，则越不易转嫁。从量计税的税收，转嫁困难；从价计税的税收，则转嫁容易。与经济交易无关而直接向纳税人课征的税不易转嫁；通过经济交易过程而间接向纳税人课征的税，则易于转嫁。对生产用品的课税转嫁速度快，对生活用品的课税转嫁速度慢，对生活必需品的课税容易转嫁，对奢侈品的课税较难转嫁。完全竞争下的税收，短期内无法转嫁，但从长期看则完全可以转嫁；垄断竞争下的税收，既部分前转，又部分后转；寡头垄断下的税收，由各寡头生产者通过协议提价而转嫁；完全垄断下的税收，由垄断生产者视产品需求弹性的大小而决定向前转嫁或向后转嫁。

关键术语

税收转嫁	税收归宿	绝对转嫁论
相对转嫁论	一次转嫁	辗转转嫁

完全转嫁	部分转嫁	税收负担
直接负担	间接负担	前转（顺转或向前转嫁）
后转（逆转或向后转嫁）	混转（散转）	消转（税收的转化）
税收资本化（资本还原）	局部均衡分析	需求弹性（需求的价格弹性）
需求完全无弹性	需求完全有弹性	需求富有弹性
需求缺乏弹性	供给弹性（供给的价格弹性）	供给完全无弹性
供给完全有弹性	供给富有弹性	供给缺乏弹性
从量计征	从价计征	一般均衡分析
替代商品	互补商品	税收转嫁与归宿的一般均衡分析模型
市场结构	完全竞争	垄断竞争
寡头竞争	完全垄断	

复习思考题

1. 何谓税收转嫁？何谓税收归宿？税收转嫁有哪些形式？
2. 如何对税收转嫁与归宿进行局部均衡分析？
3. 如何对税收转嫁与归宿进行一般均衡分析？
4. 简要论述税收转嫁与归宿的一般规律。

本章阅读书目

1. 邓子基. 财政学原理（修订本）. 北京：经济科学出版社，1997
2. ［美］阿图·埃克斯坦. 公共财政学. 北京：中国财政经济出版社，1983
3. ［英］马歇尔. 经济学原理. 北京：商务印书馆，1997
4. Pechman，J. A.，*Who Paid the Taxes*，1966—1985，Washington，D. C.：Brookings Institution，1985

第 4 篇

公共部门宏观经济理论

第14章

公债管理与宏观经济调控

在现代经济条件下，公债的运用规模和程度都达到了前所未有的状态，对经济产生着十分重大的影响。这里既有深刻的理论背景，更有公共部门实践上的考虑。本章主要对公债理论的演变进程和公债管理、运用的发展状况进行考察分析，把公债管理置于经济稳定发展的大背景下，就公债管理同宏观经济调控的关系问题进行专门讨论。

重点问题

- 负债有害论、公债新哲学论、李嘉图等价定理及其引申发展的理论观点
- 公债的种类、发行及还本付息
- 公债管理的流动性效应和利息率效应
- 公债管理同财政政策、货币政策的协调配合

14.1 公债的一般理论观点

关于公债的一般理论观点，19 世纪的主流经济学和 20 世纪的主流经济学是截然相反的，其间经历了一个漫长的演进过程，可以说基本上是一个由否定公债到肯定公债、由负债有害论到有债必要论的进步与发展过程。

14.1.1 负债有害论

在 20 世纪 30 年代经济大危机以前的资本主义自由竞争时期，经济学家们一般是反对国家干预，主张自由市场经济的。所以，反映在公债理论上，那一时期的古典学派经济学家大多对公债持否定态度，强烈地反对公债的发行。负债有害论，是经济大危机以前的正统公债理论。

重农学派经济学家弗朗索瓦·魁奈曾经声称："国家应当避免借债"，国家公债及与它相联系的体现于公债上的"不结果实的货币财产"，是"把财富从农业抽出来，而且使农村丧失为改善土地以及为利用或耕耘土地所必要的财富"。

亚当·斯密更坚决地指出公债对国民经济的发展是有害的，公债完全不是追加的资本，恰恰相反，乃是国内现有资本的扣除，并且会造成社会劳动和物质财富的非生产性的耗费。

古典经济学的完成者大卫·李嘉图，也把公债看做国民资本被浪费的因素。他以政府支出取之于公债等于抽移人民的生产资本，有碍工商业发展为由，而坚决反对公债的发行。李嘉图还认为，若政府收入不足，应采取税收方式筹资，不应该通过举债补充。

以亚当·斯密理论的解释者和通俗化作家自居的法国经济学家让·巴蒂斯特·萨伊，根据法国公债发行的经验，与亚当·斯密持有同样的看法。萨伊认为，私人借债同政府借债有很大的区别。私人借债一般是为生产用途，有益于经济发展。政府借债则是为满足非生产性的消费或开支，实质是现有资本的浪费。

19 世纪中叶的英国经济学家约翰·斯图亚特·穆勒，完全同意亚当·斯密和大卫·李嘉图的关于节约公共支出、限制国家职能的观点，也反对公债的发行。他认为，资本从私人企业转移到政府消费总是一种损失，对经济发展总是不利的。但他同时也对亚当·斯密等人的公债理论作了某些修正。在他看来，如果政府以公债形式举借的资金是非国内的外国资本，或虽是国内资本，但该资本所有人原本无意于储蓄，或虽储蓄但不用于生产事业，或虽用于生产但是投资于国外，在所有这些情况下，政府所借的债务，对本国资本以及生产绝无损害。穆勒还提议以市场利率的升降与否作为衡量公债危害程度的方法。这就是，如果公债的发行刺激了市场利率上涨，即证明民间的生产资金被政府所吸收，则该公债有害；反之，若市场利率不被刺激，则该公债危害甚微。由此可见，穆勒对于传统的公债理论是既有继承，又有发展的。

至 19 世纪末，巴斯特布尔（C. F. Bastable）对公债虽基本上仍持传统的看法，但在穆勒的基础上对公债理论进行了更带有进步性的若干修正。他认为，公债应分为两种，一种是为纯粹的非经济的目的而发行的，另一种是为再生产的运用而发行的。前者实无须也不应靠举债来应付，因为它会阻碍生产的发展，后者则可以也应当靠举债而筹资，因为它可以促进生产的发展。

概括起来，古典学派经济学家反对公债的发行，其论点不外乎下列几个方面：

1. 政府举债必使民间生产资金移充财政用途，妨碍工商业的发展；

2. 用公债来弥补政府公共收支的赤字，会使政府形成一种不负责任的开支风气；

3. 政府在公债上须作两度的支付，一次付息，一次还本，颇为浪费人力、物力和财力；

4. 公债的发行会引起市场利率上涨，阻碍生产规模的扩大；

5. 公债的大量增长会造成国力的衰弱。

14.1.2 公债新哲学论

20 世纪 30 年代的经济大危机，是公债理论发展史上的重大转折点。经济大危机的爆发动摇了经济学家们对市场经济内在稳定机制的信念，把政府干预经济提上了议事日程。反映在公债理论上，就是这一时期的大多数经济学家对公债的态度开始由否定转向肯定，由认为公债有害于经济转向认为公债有益于经济，即产生了所谓“公债新哲学论”或“公债新理论”，成为经济大危机以后的现代公债理论。

公债新哲学论的创立者应属英国的约翰·梅纳德·凯恩斯。1936 年在他的《就业、利息和货币通论》一书中，他把资本主义经济发生经济衰退和严重失业的原因，归之于有效需求的不足，即消费需求不足和投资需求不足。在他看来，要使经济经常保持在“充分就业”和“繁荣”的水平上，必须由政府通过有补充作用的财政活动来扩大有效需求。也就是政府要增加支出，削减税收，实行赤字财政，而赤字财政必然导致大量增发公债。但凯恩斯认为：“举债支出虽然浪费，结果倒可以使社会致富”，“公债支出的作用表现为两种形式，一是增加投资，二是增加消费”，使经济免受衰退之灾。这就肯定了公债发行对经济发展的作用，打开了通向公债新理论的道路。

美国哈佛大学的教授阿尔文·汉森，更坚决地支持发行公债。他认为，在当今的经济条件下，维持预算平衡并无必要，而公债的持续增长，实为经济繁荣和充分就业所必需的条件。因为在经济不景气的时期，人们对经济预期不佳，很难指望私人投资和消费会增加。唯有由政府出面，以举债支撑政府支出来消除生产过剩的现象。据此，汉森指出，公债可能是一种“经济的福利”，是一个增加国民收入和保证充分就业的因素；公债应否偿还，要以整个经济情况为前提。健全的公债政策，应是繁荣时期削减部分公债，危机时期增加公债，增加支出。

美国经济学家塞穆尔·哈里斯对公债发行也作出了同样的论断。他在其《国债与新经济》一书中，把公债说成是治疗失业的灵丹妙药。不仅如此，哈里斯还把公债视为赢得第二次世界大战胜利的重要因素。

著名经济学家劳伦斯·R·克莱因还根据20世纪30年代以来公债收入的使用情况，指出公债并不是非生产性的。恰恰相反，它倒可以成为增加国民财富的重要因素。

“功能财政论”的创立者A.P.勒纳（A.P.Lerner），根据其所谓“财政政策的制定应着眼于整个经济体系的影响，而不必拘泥于预算平衡与否”的论点，指出：“如果公债利率确定适当，公债的发行不但无损于已就业的资本，反而可以引导资金的有效运用与资源的正确就业。”① 他将公债提升到直接调节经济发展的政策手段的高度。

对于公债的负担问题，美国经济学家理查德·A·穆斯格雷夫和皮吉·B·穆斯格雷夫认为，把公债的负担转移到下一代是“公平合理的”，因为下一代所获得的物质财富是现在这一代的遗产，他们应该因公债偿还而产生的高税收在财政上作出贡献。保罗·萨缪尔森认为：“一代人把负担加给下一代人的主要方式是耗费掉国家现有的资本品的总量，而不对资本品增添通常的投资，但公债由于具有生产性的特征，确是直接增加国家的物质财富。这种公债实际上代表着一种负数的负担。因为，它能够在目前导致出更大数量的资本形成和消费。”②

公债新哲学论或公债新理论的主要观点可以概括如下：

---

① 转引自周玉津：《财政学概要》，156页，台北，五南图书出版公司，2000。

② ［美］保罗·萨缪尔森：《经济学》，519～520页。

1. 以公债支持赤字财政的实行可以直接或间接地扩大社会需求，从而消除经济危机和失业。

2. 公债是经济危机时期刺激经济增长的必需条件，公债的利与弊应当从刺激经济增长的角度去考察、评价。

3. 公债具有生产性，它可以促使物质财富的增加。因而，所发行的巨额公债，不但不是政府的债务，反而应视同国家的资产。

4. 公债的还本付息非但不会增加下一代的负担，而且还可以通过促使更大数量资本形成和消费的增加，为下一代增加可以继承的遗产。

5. 公债可以作为政府调节、干预经济的重要杠杆，其作用不仅在于吸收通货膨胀时期的剩余购买力，增加经济衰退时期的需求，以稳定经济，还在于通过公债利率的恰当确定，引导社会资源的合理配置。

14.1.3 李嘉图等价定理及其引申发展

在公债理论中，似乎没有哪一个命题比“李嘉图等价定理”（Ricardian Equivalence Theorem）的影响更为深远，引起的争执更为持久的。要认识李嘉图等价定理，就必须从其由来谈起。

大卫·李嘉图在其《政治经济学及赋税原理》一书的第 17 章“农产品以外的其他商品税”中，曾就征税和举债的效应问题这样论述：“如果为了一年的战费支出而以发行公债的方式征集 2 000 万镑，这就是从国家的生产资本中取去了 2 000 万镑。每年为偿付这种公债利息而课征的 100 万镑，只不过由付这 100 万镑的人手中转移到收这 100 万镑的人手中，也就是由纳税人手中转移到公债债权人手中。实际的开支是那 2 000 万镑，而不是为那 2 000 万镑必须支付的利息。付不付利息都不会使国家增富或变穷。政府可以通过赋税的方式一次征收 2 000 万镑；在这种情形下，就不必每年征课 100 万镑。但这样做并不会改变这一问题的性质。”

上述这段话的含义是：人们手中的政府债券只能通过包括其本身在内的所有纳税人将来缴纳的税收来偿还，这样，政府债券就不应该被视做总财富的一部分。同时，举债和课税对人们经济行为的影响相同，特别是对人们消费行为的影响相同。这一观点，在 20 世纪 70 年代被经济学家们命名为“李嘉图等价定理”，并将其作为研究公债理论和实践问题的一个重要线索。

但是，有些情况是李嘉图等价定理本身所不能解释的。例如，如果有一部分消费者在现期以公债替代税收时减轻了税负，又在公债到期之前去世，从而无须承担未来的税负，他们肯定会增加现期的消费支出。对于这个问题的回答，是由美国经济学家罗伯特·巴罗（Robert J. Barro）等人完成的。

巴罗在1974年所发表的《政府债券是净财富吗?》的著名论文中，提出了一个独创性的观点。这一论点引申了李嘉图等价定理的含义，使得其可以在消费者死于偿债期之前的情况下继续成立。[①] 巴罗的论点是建立在遗产行为与利他动机相混同的基础之上的。其思路是：一个具有利他动机的消费者不仅会从自身的消费中获得效用，而且可以从其子孙后代的消费中获得效用。所以，他不但关心自身的消费，也关心其后代的消费。依此推理，如果所有的消费者都具有利他的动机，这一论点就可以进一步延伸：利他的消费者肯定关心，至少是间接地关心其本人及其所有子孙后代的包括现期和未来消费在内的整个消费过程。

在巴罗看来，既然代与代之间的利他消费者都关心包括自身及其所有子孙在内的整个消费过程，以死亡来逃避未来的税负并在减税的现期增加消费支出的情况就不会存在了。理由很简单，对于利他的消费者来说，是由其本人还是由其子孙来缴纳为偿付新发行的公债本息所需的高额税收，是没有什么区别的。这样一来，李嘉图等价定理便可以在具有利他动机的消费者死于公债到期之前的情况下继续成立了。

但是，一个明显的事实是，遗留财产给其后代的消费者并不必然具有前述意义上的利他动机。遗产行为可能因最终导致财产所有人死亡的突发事件而发生，或者基于并非巴罗所论证的纯粹的利他目的而发生。而一旦发生这样的情况，将不能认定消费者是出于对其后代或对其后代的后代所征税收增加的关心而遗留财产给后代了。这时，李嘉图等价定理就不能成立了。可见，遗留财产与关心后代的税负是两回事，理论和实践上，都难以将二者结合在一起。由此而引发的另一个问题是，事实上，在现代经济条件下，以发新债的办法来抵付旧债，已成为各国政府偿还到期债务的基本手段。这就是说，以举债替代征税而实现的现期的税收减少，并不意味着未来的某一时期一定要因此增税。所以，也就不存在消费者基于利他动机，为给后代遗留财产而不增加现期的自身消费问题了。这样，就从总体上否定了李嘉图等价定理的真实性。

在对李嘉图等价定理进行了较为详尽的描述之后，接下来的任务就应当是分析其不符合真实情况的原因了。

对于李嘉图等价定理为什么在揭示举债与征税的比较效应方面失效的原因分

① 最先使用“李嘉图等价定理”这一术语的，既不是李嘉图本人，也不是巴罗，而是布坎南。布坎南是在1976年评论巴罗1974年发表的那篇论文时使用“李嘉图等价定理”这一提法的，但布坎南并不同意李嘉图和巴罗把税收和公债视为相等的论点，而将其称之为“等价假说”（equivalence hypothesis）。

析，是由詹姆斯·托宾（James Tobin）提出的。托宾在其1980年出版的一部名为《财产积累与经济活动》的著作中，明确指出消费者在缴纳税收和认购公债两种情况下的经济行为，肯定是不一样的。李嘉图等价定理在实际生活中的失效，当然也是必然的。其原因在于，这个定理是在一系列现实生活中并不存在的严格的假定条件下得出的：

1. 李嘉图等价定理不但要求各代的消费者都是利他的，而且要求在利他动机支配下的各代消费者不能给其子孙留下债务。然而，常识告诉我们，一个给其子孙遗留下负值财产的消费者，并不一定就不具有关心其后代的利他动机。当他面临政府实行以举债来替代征税的政策时，由于偿还公债本息所需增课的税收要在他死后才能开征，他所需缴纳的税收的现值就会下降，其现值的消费支出就会增加。

2. 李嘉图等价定理的暗含前提是政府以举债替代征税的政策不具有再分配效应，并且各个消费者的边际消费倾向是无差别的，这在现实生活中是不存在的。很显然，在收入再分配过程中获利的消费者将会增加消费支出，而受损的消费者将会减少消费支出。消费支出在消费者之间的重新配置，肯定是对李嘉图等价定理暗含前提的一种破坏。进一步分析，整个社会的消费支出总量是否会因这种重新配置而增加或减少，则取决于境况不同的两类消费者边际消费倾向的比较情况。如果所有消费者的边际消费倾向是无差别的，总消费量或资本累积量就不会因此而受到影响。然而，如果在收入再分配过程中获利的那一半消费者的边际消费倾向大于另一半受损的消费者的边际消费倾向，总消费量肯定要因此而增加，反之，肯定要因此而减少。这又会对李嘉图等价定理的暗含前提构成破坏。

3. 李嘉图等价定理是基于政府所课征的税收都是一次性总付人头税的假定而得出的。因此，举债对征税的替代只会造成一种税收的总额变化，而税收总额的变化又恰好被公债数量上的变化完全抵消。但是，现实生活中，政府所课征的税收并非一次性总付人头税，实际上大多数的税收都是针对特定的经济行为而征收。这就意味着，以举债替代征税而实现的税收上的变化肯定会引起人们经济行为的相应变化。毋庸赘言，人们经济行为的变化就意味着李嘉图等价定理的失效。

14.2　公债的种类、发行及还本付息

14.2.1　公债的种类

对于公债而言，依据不同的标准，可以采取不同的方法进行分类。

1. 国内公债与国外公债。按照发行区域，可以将公债划分为国内公债和国外公债。凡属在国内发行的公债都为国内公债，简称内债；凡属在国外发行的公债都为国外公债，简称外债。

2. 短期公债、中期公债与长期公债。按照偿还期限，可以将公债划分为短期公债、中期公债和长期公债。偿还期限较短的叫短期公债；偿还期限较长的叫长期公债；介于两者之间的叫中期公债。

3. 国家公债与地方公债。按照举债主体，可以将公债划分为国家公债和地方公债。凡属由中央政府发行的公债，称为国家公债，也称为国债；凡属由地方政府发行的公债，称为地方公债，也称为地方债。

4. 可转让公债与不可转让公债。按照流通与否，可以将公债划分为可转让公债和不可转让公债。可以在金融市场上自由流通买卖的公债，称为可转让公债；不能在金融市场上自由流通买卖的公债，称为不可转让公债。这是公债最基本的分类方式。

5. 强制公债、爱国公债与自由公债。按照举债方法，可以将公债划分为强制公债、爱国公债和自由公债。政府不管认购者愿意与否，而利用政治权力强行发行的公债，称为强制公债；政府利用认购者的爱国热情，不是利用其对经济利益的追求所发行的公债，称为爱国公债；政府所发行的由认购者自主决定购买与否的公债，称为自由公债。

14.2.2 公债的发行

公债的发行规模一旦确定，不管其种类如何，都必须有一个发行过程。而公债发行面临的主要问题，就是发行方式、发行价格和利率的选择和确定。

1. 公债的发行方式。公债的发行方式可以说是多种多样的，可以从主要方面进行归类说明。

(1) 固定收益出售方式。固定收益出售方式（sale on fixed-yield basis），是一种在金融市场上按预先确定的发行条件发行公债的方式。这种发行方式往往辅之以“销售担保”措施，这就是：

1) 辛迪加财团包销。即财政部门与银行、信贷机构和证券商等组成的辛迪加金融财团通过谈判签订合同，后者对政府债券实行包销。

2) 中央银行包销。即由中央银行负责包销政府债券。

(2) 公募拍卖方式。公募拍卖方式（auction technique），也称为公募投标方式。这是一种在金融市场上通过公开招标发行公债的方式。具体的拍卖方法包括：

1）价格拍卖。即公债的利率与票面价格相联系固定不变，认购者根据固定的利率及对未来金融市场利率变化的预期进行投标。

2）收益拍卖。即固定债券出售价，认购者对固定价格的利息率，也就是对投资收益率进行投标。

3）竞争性出价。即财政部门事先公布债券发行量，认购者据此自报愿意接受的利率和价格。发行机构按认购者自报的价格和利率，或从高价开始，或从低利率开始，依次决定中标者，一直到完成预定的发行数量为止。

4）非竞争性出价。即一般小额认购者或不懂此项业务的认购者，可以只报拟购债券数量，发行机构对其按当天成交的竞争性出价的最高价与最低价的平均价格出售。

（3）连续经销方式。连续经销方式（sale by tap technique），也称为出卖发行法。这是一种发行机构（包括经纪人）受托在金融市场上设专门柜台经销公债的发行方式。

（4）直接推销方式。直接推销方式（private placement technique），也称为承受发行法。它是一种由财政部门直接与认购者谈判出售公债的发行方式。

（5）组合方式。组合方式（combination of selling technique），是一种综合上述各种方式的特点而加以结合使用的公债发行方式。

2．公债的发行价格。公债的发行价格，就是政府债券的出售价格或购买价格。按照公债发行价格与其票面值的关系，可以分为平价发行、折价发行和溢价发行三种发行价格。

（1）平价发行。所谓平价发行（at par），就是指政府债券按票面值出售，到期也按票面值还本。

（2）折价发行。所谓折价发行（at a discount），就是指政府公债以低于票面值的价格出售，到期仍按票面值还本。

（3）溢价发行。所谓溢价发行（at a premium），就是指政府债券以超过票面值的价格出售，到期则按票面价值还本。

3．公债的利率。公债的利率，也称为公债的利息率，是指政府因举债所应支付的利息额与借入本金额之间的比率。公债利息率的高低，主要是参照以下三种因素来确定的。

（1）金融市场利率水平。公债利率应参照金融市场的利率而决定。具体地说，金融市场利率高，公债利率必须相应提高；金融市场利率低，公债利率可以相应降低。

（2）政府信用状况。公债利率也应按照政府信用的状况而决定。具体地说，政府信用良好，公债利率可以相应较低；政府信用不佳，公债利息只能较高。

(3) 社会资金供给量。公债利率还应根据社会资金供给量的大小而定。具体地说，社会资金供给量充足，公债利率可以相应下调；社会资金供给匮乏，公债利率便须相应上调。

14.2.3 公债的还本付息

1. 公债的还本方式。公债到期之后，就要依发行时的规定，按期如数还本。政府可以选择使用的公债还本方式主要有以下几种：

(1) 分期逐步偿还法。是对一种债券规定几个还本期，每期还本一定比例，直至债券到期时，本金全部偿清。

(2) 抽签轮次偿还法。是在公债偿还期内，通过定期按公债号码抽签对号以确定偿还一定比例的债券，直至偿还期结束，全部公债皆中签偿清为止。

(3) 到期一次偿还法。是对发行的公债实行在债券到期日按票面额一次全部偿清。

(4) 市场购销偿还法。是在债券期限内通过定期或不定期地从证券市场上赎回（或称买回）一定比例的债券，赎回后不再卖出，直到期满，政府持有全部或绝大部分债券。

(5) 以新替旧偿还法。是政府通过发行新债券来兑换到期的旧债券，以达到偿还公债的目的。

2. 公债的付息方式。公债发行之后，在其存在的期间内必须付息。公债的付息方式大体可以分为两类：一是按期分次支付法，即将债券应付利息，在债券存在期限内分作几次（如每一年或半年）支付，一般附有息票，债券持有者可以按期剪下息票，兑付息款；二是到期一次支付法，即将债券应付利息同偿还本金结合起来，在债券到期时一次支付，而不是分作几次支付。

14.3 公债管理的经济效应

公债管理的意义，不能仅从纯财政的角度去理解，更为重要的是，还应将其置于经济稳定发展的大背景下来考察。公债管理对宏观经济调控的作用，主要是通过其对经济活动的流动性效应和利息率效应来实现的。这就是说，公债管理作为一种宏观经济调控手段，从公债管理活动的实施，到对经济的稳定增长发生效力，其间有一个传导作用力的过程。如果说经济的稳定增长是公债管理的目标所在，那么，流动性效应和利息率效应就是考核、监测公债管理对宏观经济目标作用情况的中介目标。

14.3.1 公债管理的流动性效应

公债管理的流动性效应，是指在公债管理中通过调整公债的流动性程度，来影响整个社会的流动性状况，从而对经济产生扩张性或紧缩性的影响，其传导作用力的过程可表述为：公债的流动性程度变动→社会的流动性状况变动→经济活动水平变动。为此，可以选择相机决定公债发行期限种类的策略和相机进行长短期公债调换的策略。

1. 相机决定公债发行期限种类的策略。

前已指出，公债按偿还期限可以分为短、中、长期三大类。公债的期限不同，其流动性程度则有很大的区别：短期公债的变现能力强，有“近似货币”之称，在三类公债中流动性最高；长期公债的变现能力相对较弱，在三类公债中流动性最低；中期公债的变现能力居中，其流动性亦居中。显而易见，公债发行中期限种类的不同设计肯定是会对经济产生扩张性或紧缩性的影响的。当政府需要启动经济，对经济施加刺激的时候，就可以扩大短期公债的发行量，提高其在全部公债中的比重，以此增强社会中的流动性，从而提高经济活动的水平；反之，当政府需要紧缩经济，对经济实施抑制的时候，就可以采取相反的方法，即扩大长期公债的发行量，提高其在全部公债中的比重，以此减弱社会中的流动性，从而降低经济活动的水平。

2. 相机进行长短期公债调换的策略。

公债期限上的流动性差异，不仅表现在公债发行中期限种类的设计上，公债的调换①也会有类似的反映。用长期公债调换短期公债，无异于减弱公债的流动性；用短期公债调换长期公债，则无异于增强公债的流动性。将前文所述的道理应用于此，长短期公债的相机调换，同样可以作为政府实施扩张性或紧缩性政策的一种手段，同样可以改变经济活动的水平。

14.3.2 公债管理的利息率效应

公债管理的利息率效应，是指在公债管理中通过调整公债的发行利率或实际利率水平，来影响金融市场利率的升降，从而对经济施加扩张性或紧缩性的影

① 这是指政府为变更原发行公债的举债条件，而发行新的债券以调换尚未偿还的原有债券的公债管理活动。进行这种活动通常与政府的经济政策有关。

响，其传导作用力的过程可以表述为：公债的利息率水平变动→金融市场利率水平变动→经济活动水平变动。为此，可以选择相机决定公债发行利率的策略和相机调整公债实际利率水平的策略。

1. 相机决定公债发行利率的策略。

在现代市场经济条件下，公债利率是金融市场上一种最能体现政府宏观经济政策意图从而对市场预期有重大影响的代表性利率，它的高低通常会对金融市场的利率升降产生直接影响。因此，公债发行利率的相机决定便成为政府对市场利率水平施加影响，从而贯彻其宏观经济政策意图的一种手段。当经济形势需要实行扩张性经济政策时，可以调低公债的发行利率，以引导整个金融市场利率的下降，这将有利于刺激投资，从而提高经济活动的水平；当经济形势需要实行紧缩性经济政策时，可以调高公债的发行利率，以带动整个金融市场利率的上升，这肯定会起到抑制经济从而使经济活动水平下降的作用。

2. 相机调整公债实际利率水平的策略。

调整公债实际利率水平的策略主要是通过相机买卖公债来操作的。这是鉴于公债价格同其利息率成反方向变动关系的原理，而在公债二级市场上进行的着眼于公债实际利率（非名义利率）的公债管理活动，它通常是由中央银行或财政部门的公债管理机构负责操作的。通过中央银行或财政部门的公债管理机构在公债二级市场上相机买卖公债，可促使公债的价格发生涨跌，进而影响整个金融市场利率水平的升降。具体地说，在经济形势需要实行刺激时，可在公债管理中采取买入公债的措施，这就意味着，公债的价格会因需求增加而上升（公债的实际利率水平下跌），市场利率水平会随之下降，从而对经济产生扩张性影响；在经济形势需要实行紧缩时，可在公债管理上采取抛售公债的措施，不言而喻，此时的公债价格会因供给增加而下跌（公债的实际利率水平上升），市场利率水平会随之上升，从而对经济产生抑制性影响。

上述的道理还可推广到市场利率结构的调控上。比如，在公债二级市场上买入短期公债，同时卖出长期公债，其结果必然是长、短期公债的供求状况发生方向相反的变动。很明显，由于短期公债的需求大于供给，短期公债的价格会趋于上升（短期实际利率下降），长期公债的价格会趋于下降（长期实际利率上升）。再进一步，短期公债利率水平的下降又会拖动市场短期利率水平随之下跌，长期公债利率水平的上升也会拉动市场长期利率水平一起上扬。同样的道理，在公债二级市场上买入长期公债，同时卖出短期公债，会引起长期公债的价格上升（长期实际利率下降），短期公债的价格下跌（短期实际利率上升），进而促使市场长期利率水平下降，市场短期利率水平上升。长短期公债利率变动导致长短期市场利率变动的这一过程，实质是政府对金融市场利率水平的作用范围由宏观领域推进到了微观领域。于是，不仅金融市场的整体利率水平要受公债管理活动的影响，而且金融市场的长短期利率结构也有可能为公债管理活动所左右。

14.4　公债管理同财政政策、货币政策的协调配合

公债管理既然是一种重要的宏观经济调控手段，那么，在其实际操作过程中，就不能不考虑到同其他宏观经济调控手段的协调配合问题，特别是同现代经济条件下政府调控经济的两大杠杆——财政政策和货币政策的协调配合，在经济学家看来，更是至关重要的。

14.4.1　公债管理与财政政策、货币政策的同一性

研究公债管理与财政政策和货币政策的协调配合问题，必须明确公债管理同财政政策和货币政策的相关性，即同一性。

1. 公债管理同财政政策的关系。这个问题在前面实际已经有所涉及。一般地讲，财政政策主要是由税收政策、支出政策以及赤字弥补政策等三个方面的内容所组成的。就财政政策实施的基础条件而论，无论税收政策的调节（减税或是增税），还是支出政策的运用（增支或是减支），都与财政的平衡状况密切相关。而只要财政上发生赤字，就有一个赤字如何弥补的问题。尽管弥补财政赤字的方式不少，诸如向银行借款，增发通货，直接扩大征税范围或提高税率等，但就由此而带来的经济效应和社会效应来说，公债是弥补财政赤字的最佳方式。从实际情况看，目前各国政府的财政赤字也基本上是靠发行公债来弥补的。这就是说，作为弥补财政赤字基本方式的公债，是财政政策得以实施的基础条件。

2. 公债管理同货币政策的关系。货币政策主要是指中央银行运用公开市场业务、调整贴现率和变动法定准备金等“三大政策工具”来影响市场利率的形成和调节货币供给量。其中，公开市场业务的操作对象就是政府债券，它实质上是通过在公开市场（即金融市场）上买卖政府债券以控制金融市场的一种活动。当中央银行要增加货币供给量，放松信用，即执行扩张性的货币政策时，它就要在公开市场上买进政府债券，以此向流通领域注入货币；而当中央银行要压缩货币供给量，收缩信用，即执行紧缩性的货币政策时，它就要采取与前面相反的行

动，卖出政府债券，以此从流通领域回笼货币。由此不难看出，中央银行利用吞吐政府债券而调节货币供给量的公开市场业务，是以较大规模的政府债券的存在为前提的。“大量的公债给‘联邦’（指美国的联邦储备银行）提供大面积的回旋余地来从事大规模的公开市场业务…… 广阔的政府债券市场的存在使得广泛的稳定性的公开市场业务成为可能，从而具有增加货币政策的效果的倾向。”① 从这个意义上讲，公债管理就是中央银行运用货币政策调节经济的“传导器”。

据此，经济学家认为，无论是财政政策，还是货币政策，其实施过程都同公债管理有着不可分割的联系。正是从公债管理把本来分别由财政部门和中央银行执行的相互独立的财政政策和货币政策连接起来这一点出发，经济学家将公债管理视做财政政策和货币政策之间的联结点或桥梁（见图 14—1）。

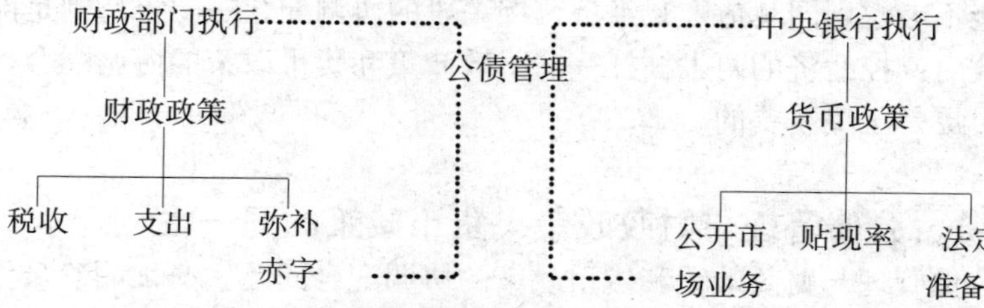

图 14—1　公债管理：财政政策和货币政策之间的联结点

14.4.2　公债管理与财政政策、货币政策的差异性

尽管公债管理同财政政策和货币政策有着不可分割的联系，但严格说来，公债管理并不是财政政策或货币政策的一部分。它毕竟是一种相对独立的经济活动，有其独特的运行规则。

就作用范围而论，公债管理既不能直接使公共支出和税收的规模及相关流量发生变化，也不能直接使货币供给量发生变化。它所面对的仅仅是既定规模的公债，包括已经决定发行但尚未售出的新公债以及已经发行但尚未偿还的旧公债。对既定规模的公债，采取有助于实现宏观经济政策目标的管理活动，乃是公债管理在宏观经济调控方面的作用范围。

就政策目标而论，公债管理固然在总体目标上须服从于财政政策和货币政策的基本要求，但直接目标同财政政策和货币政策却不乏矛盾之处。公债管理的直接目标之一就是尽可能地降低举债成本，为此，在财政政策上应控制公债的发行规模。因为举债规模和举债成本正相关，举债规模大了，债息率及支付给推销机

① ［美］保罗·萨缪尔森：《经济学》，534～535 页。

构的佣金和手续费率肯定要随之增长，但举债规模的控制是以减少或消除财政赤字为前提的。这很可能会与财政政策的直接目标相悖。还有，低利率时期多发行长期公债，高利率时期多发行短期公债，这是在公债管理上降低举债成本的必需途径，通常是要同货币政策的直接目标发生冲突的。因为低利率往往发生在经济发展低落的时期，在经济已经衰退的条件下，大量发行长期公债会驱使长期利率上升，阻碍投资增长和长期资本形成。而高利率往往发生在经济高速增长时期，在经济面临通货膨胀威胁或已经处于通货膨胀之中的条件下，大量发行短期公债犹如在一定程度上增发货币。

就操作手段而言，公债管理的操作主要是通过设计公债种类，决定发行利率，选择应债来源等来完成的。这既同财政政策主要通过调整税收和政府支出以及弥补赤字的方式抉择等去实施有不同之处，也同货币政策主要以公开市场业务、调整贴现率和变动法定准备金比率“三大政策工具”加以贯彻有所区别。

14.4.3 遵循的原则

通过上面的分析，可以得出的结论是：公债管理同财政政策、货币政策既有同一性，又有差异性。同一性决定了它们之间可以协调配合，采取目标一致、手段作用力同向的行动，是其协调配合的基础条件。差异性决定了它们之间只有相互协调配合，才能避免相互掣肘，共同实现总体目标，是其协调配合的必要条件。

一般地说，单一宏观经济调控手段的操作是相对容易的。但是，诸种宏观经济调控手段的协调配合，并将它们联结为一个有机的整体，形成最为恰当的作用合力，以实现经济稳定增长的总体目标，就不那么简单了。其中的原因不难理解，单一宏观经济调控手段（如财政政策）的操作，总是建立在“其他条件不变”或“其他方面情况正常”的基础上，并由对这一调控手段的种种特点比较了解，对需要调控的对象比较清楚，且专司其职的具体部门（如财政部）负责的。诸种宏观经济调控手段的配合运用，则是在不同的调控手段相互制约、互为条件、互相补充、彼此渗透的情况下，由同这些调控手段相关的、职能不同的各个部门共同负责的。

不管怎样，公债管理作为一种宏观经济调控手段，应当在同其他宏观经济调控手段特别是财政政策和货币政策的协调配合中发挥作用，从这一点来说，至少有几个方面的原则是应当遵循的。

1. 在总体目标上，公债管理应当同财政政策、货币政策的基本要求保持一致。公债管理是在财政政策和货币政策所确定的政策框架内及经济环境中进行操作的。其作用的力度不能超过两大政策所允许的范围，其作用力的方向不能与两大政策所追求的目标相悖。换言之，公债管理在宏观经济调控方面的作用，主要是配合各个时期的财政政策、货币政策，补充和加强它们的政策效应。

2. 在直接目标上，公债管理应当区别不同情况而分清主次。当公债管理的直接目标和经济稳定增长的总体目标相一致的时候，公债管理的操作可以尽情地追求自己的目标。当公债管理的直接目标同经济稳定增长的总体目标相矛盾的时候，直接目标就要让位、服从于总体目标。公债管理的操作应当把追求总体目标放在首位，然后再考虑直接目标的实施问题。

3. 在朝着经济稳定增长的总体目标努力的前提下，公债管理可以在自己的作用领域内，以其独特的方式和途径，充分展示其在宏观经济调控中的才能。

本章小结

1. 大体上说，20 世纪 30 年代经济大危机之前的经济学家大都以公债是非生产性，会减少生产资金，浪费人、财、物力等为由，而反对政府举债，称为古典的正统公债理论。经济大危机之后的经济学家则大都以公债具有生产性，会促使物质财富增加，可以成为政府调节经济的杠杆等为由，而主张政府举债，称为现代的公债新理论。李嘉图等价定理的核心思想在于：公债不是净财富，政府无论是以税收形式，还是以公债形式来取得公共收入，对于人们经济选择的影响是一样的。巴罗在将遗产动机和利他动机相混同的基础上，又将李嘉图等价定理加以引申，使得它在人们死于偿债期之前的情况下继续成立。但人们仍认为，李嘉图等价定理并不符合真实情况，因为它是在一系列现实生活中并不存在或不完全存在的假设条件下得出的。

2. 公债依据不同的标准，可以采用不同的方法进行分类，但最基本的分类是按其流通与否，分为可转让公债与不可转让公债两大类；公债的发行方式大体可以归纳为固定收益出售、公募拍卖、连续经销、直接推销和组合方式五种；公债的发行条件主要是发行价格和利息率的确定，公债的发行价格有平价发行，折价发行和溢价发行三种形式；公债的还本方式主要有分期逐步偿还法、抽签轮次偿还法、到期一次偿还法、市场购销偿还法和以新替旧偿还法五种；公债的付息方式大致可以分为两类，一类是按期分次支付法，另一类是到期一次支付法。

3. 公债管理的流动性效应，是指在公债管理中通过调整公债的流动性程度，来影响整个社会的流动性状况，从而对经济施加扩张性或紧缩性影响。为此可以采用的策略有：相机决定公债发行的期限种类和相机进行政府债券的长短期调换。

4. 公债管理的利息率效应，指的是在公债管理中通过调整公债的发行或实际利率水平，来影响金融市场利率升降，从而对经济施加扩张性或紧缩性影响。为此，可以选择调整公债发行利率（相机决定公债的发行利率水平）和调整公债实际利率水平（相机买卖政府债券）的策略。

5. 公债管理是在同财政政策和货币政策为主的其他宏观经济调控手段的协调配合中发挥作用的。它同两大政策既有同一性，又有差异性。同一性决定了它们之间可以协调配合，是其协调配合的基础条件。差异性决定了它们之间只有相互协调配合，才能避免相互掣肘，是其协调配合的必要条件。但不管怎样，公债管理与财政、货币两大政策的协调配合，是应当遵循一定的原则进行的。

关键术语

公债管理	宏观经济调控	公债理论
负债有害论	公债新哲学论（公债新理论）	功能财政论
李嘉图等价定理	内债	外债
短期公债	中期公债	长期公债
国家公债（国债）	地方公债（地方债）	可转让公债
不可转让公债	强制公债	爱国公债
自由公债	固定收益出售方式	销售担保
辛迪加财团包销	中央银行包销	公募拍卖方式（公募投标方式）
价格拍卖	收益拍卖	竞争性出价
非竞争性出价	连续经销方式（出卖发行法）	直接推销方式（承受发行法）
组合方式	平价发行	折价发行
溢价发行	按期分次支付法	到期一次支付法
分期逐步偿还法	抽签轮次偿还法	到期一次偿还法
市场购销偿还法	以新替旧偿还法	公债管理的流动性效应

公债管理的利息率效应	财政政策	货币政策
同一性	差异性	税收政策
支出政策	赤字弥补政策	公开市场业务
调整贴现率	变动法定准备金	三大政策工具
“传导器”		

复习思考题

1. 论述负债有害论、公债新哲学论、李嘉图等价定理及其引申发展各自包括哪些理论观点。

2. 简要说明公债的种类、公债的发行方式、公债的发行价格与利率、公债的付息方式和公债的偿还方式。

3. 什么是公债管理的流动性效应？什么是公债管理的利息率效应？为此应分别采用什么样的策略？

4. 公债管理同财政政策、货币政策的同一性和差异性各自表现在哪些方面？公债管理与财政政策、货币政策两大政策应如何进行协调配合？

本章阅读书目

1. 张馨. 公共财政论纲. 北京：经济科学出版社，1999

2. 高培勇. 国债运行机制研究. 北京：商务印书馆，1995

3. [美] 保罗·克雷·罗伯茨. 供给学派革命：华盛顿决策的内幕. 上海：上海译文出版社，1987

4. [英] 大卫·李嘉图. 政治经济学及赋税原理. 北京：商务印书馆，1962

5. [美] 多恩布什，费希尔. 宏观经济学. 北京：中国人民大学出版社，1997

第 15 章

财政乘数与经济均衡

在政府所拥有的各种宏观经济政策手段中，财政政策的地位举足轻重。它在维系社会总供求的基本平衡方面具有无法替代的作用。公共财政对经济均衡的作用主要是通过财政政策来实施的，而财政政策的一个理论基础就是财政乘数。财政乘数理论是以凯恩斯主义为代表的现代宏观经济学财政理论的核心内容，它旨在说明政府财政在国民收入的决定过程中不是无能为力的，而是可以积极发挥作用的。

重点问题

- 年度预算平衡论、周期预算平衡论和功能财政论的主要理论观点
- 无政府预算条件下国民收入均衡水平的决定
- 有政府预算条件下国民收入均衡水平的决定
- 财政乘数的概念、构成及其对国民收入均衡水平的影响

15.1　政府预算行为准则理论的演变

经济学家们对于政府财政预算行为准则的解释，大体经历了以下几个发展阶段：年度预算平衡论、周期预算平衡论和功能财政论。

15.1.1　年度预算平衡论

在20世纪30年代经济大危机之前的资本主义自由竞争时期，经济学家们一般是反对国家干预，主张自由竞争的。反映在对政府财政预算行为准则的解释上，这一时期的经济学家，特别是古典学派的经济学家，主张实行平衡的预算，而且要实行严格的年度预算平衡，从而使年度预算平衡论成为经济大危机以前的正统预算准则。

古典学派的经济学家为什么主张年度预算平衡呢？其基本观点概括起来有以下四个方面：政府对私人经济部门发行公债会延缓后者的发展，因为这会造成原来可以为私人部门用于生产投资的资本，被挪作政府花费；政府支出是非生产性的，政府的赤字支出更会造成巨大的浪费；政府的赤字支出必然导致通货膨胀；年度预算平衡是控制政府支出增长的有效手段。

然而，随着资本主义经济从自由竞争阶段向垄断阶段的过渡，年度预算平衡在理论和实践上都面临着无法解决的难题。

1. 它大大束缚了政府在反衰退方面采取财政措施的手段。面对经济衰退的频繁出现，政府只能固守年度预算平衡，而在财政上无所作为。

2. 更为严重的是，年度预算平衡实际上起了加剧经济波动的作用。在经济衰退时期，由于国民生产总值的大幅度下降，政府税收一般总是处于减少状态的，而政府支出却往往处于上升或不变的状态。在这种情况下，为了实现年度预算平衡，政府面临的选择只有三种：要么提高税率，要么减少开支，要么增税和减支同时并举。很显然，这些都是紧缩需求的措施。其结果只能是给已经存在的以有效需求不足为特点的经济衰退雪上加霜。而在通货膨胀时期，由于国民生产总值的增加，政府税收也自动增加。这时的政府支出则处于下降或不变状态。在这种情况下，为了避免即将发生的财政剩余，平衡预算，政府面临的选择也只有三种：要么降低税率，要么增加开支，要么减税和增支同时并举。很显然，这三种措施都是在加大需求。其结果只能是给已经出现的通货膨胀火上浇油。

15.1.2 周期预算平衡论

经济大危机的爆发，动摇了经济学家们对自由放任的市场经济内在稳定机制的信念，把政府干预经济提上了议事日程。反映在预算准则上，就是所谓周期预算平衡论的产生。从这个意义上可以说，周期预算平衡论是经济大危机的产物。

周期预算平衡论的出发点，是主张政府财政发挥反经济周期的作用，同时也实现预算平衡。不过，这种平衡绝不是以 12 个月作为一个预算年度的所谓年度的平衡，而是在控制经济周期波动的条件下实现预算平衡，其基本观点可以概括为以下几个方面：

1. 在经济衰退时期，为了消除衰退，政府应该减少税收，增加支出，有意识地使预算产生一个赤字。赤字财政之所以必要，是因为这样既可以直接扩大投资和消费，补充私人投资和消费需求的不足，又可以间接地刺激私人投资和消费需求的扩大，从而提高整个经济的有效需求水平。

2. 在经济繁荣时期，政府应该增加税收，紧缩开支，有意识地使预算产生一个盈余。财政盈余之所以必要，是因为这样既可以直接压缩投资和消费，抵消私人投资和消费需求的过旺，又可以间接抑制私人投资和消费需求，从而降低整个经济的有效需求水平。

3. 在上述情况下，政府财政将发挥其反经济周期乃至“熨平”经济周期的巨大威力。而且，政府仍可以使其预算保持平衡。只不过这时的预算平衡，不是年度平衡，而是周期平衡。即从整个经济周期来看，繁荣时期的盈余可以抵消衰退时期的赤字。所以，即使预算不在每一年或每一个月保持平衡，也会在整个经济周期内保持平衡（见图 15—1）。

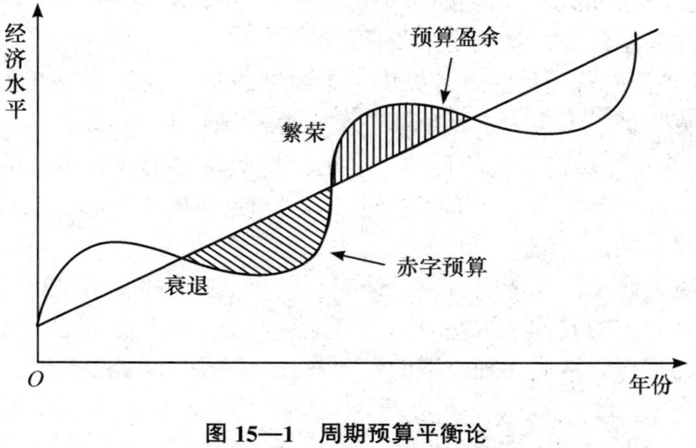

图 15—1 周期预算平衡论

但是，周期预算平衡论也存在着一个重大的缺陷，而这种缺陷又是其本身所无法解释的。这就是，周期预算平衡是以经济周期的发展有规律性，即它始终围绕着某个正常水平上下波动为前提的。然而，经济循环的上升或下降，其深度和持久性绝不是相等的。繁荣时期的盈余是不可能与衰退时期的赤字正好相等，从而相互抵消的。资本主义经济周期的实际情况往往是，在长期严重的衰退之后，紧接着是短期而有限的繁荣。这就意味着，在衰退时期会呈现大量赤字，而在繁荣时期只有少量盈余甚至没有盈余。所以，其结果显然不是周期平衡，而是周期赤字。

15.1.3 功能财政论

周期预算平衡论既然已无法解释政府财政发展的客观实际状况，它就注定要被一种新的预算准则所取代。美国经济学家 A. P. 勒纳在 20 世纪 40 年代发表的《经济舵轮》（The Economic Steering Wheel）和《功能财政与联邦债务》（Functional Finance And The Federal Debt）两篇文章中，明确提出了"功能财政"的预算准则。

关于功能财政，勒纳这样解释道："其核心思想在于，政府的财政政策，政府的开支与税收，政府的债务收入与债务清偿，政府的新货币发行与货币收缩等等政策运用，都应该着眼于这些举动对经济所产生的结果，而不应该着眼于这些举动是否遵循了既定的传统学说，顾虑这些传统学说是否好听。"①

换句话说，在勒纳看来，财政预算应从其对经济的功能上来着眼，而不应仅注重其收支是否平衡。具体而言，勒纳的基本观点可以概括如下。

1. 无论是年度的还是周期的，平衡预算只具有第二位的重要性。政府财政的基本功能是稳定经济，这才是至关重要的。

2. 政府预算的首要目的，是提供一个没有通货膨胀的充分就业，即经济平衡而不是预算平衡，不应为达到预算平衡而置经济平衡于不顾。

3. 如果为达到经济稳定的目的，必须长期坚持盈余或大量举债，那就不应有任何犹豫。政府预算盈余或赤字的问题本身与严重的通货膨胀或持续的经济衰退相比是不重要的。

由此可见，勒纳的功能财政论已经完全抛弃了预算平衡的准则，而把着眼点放在通过预算收支的安排来维持经济的稳定发展上。这就为政府运用财政政策手段调节经济的运行，从而实现经济的稳定增长，铺平了道路。

---

① ［美］A. P. 勒纳：《功能财政与联邦债务》，载《社会研究》，1943（2），38～51 页。

15.2　无政府预算条件下国民收入的决定

凯恩斯主义的财政乘数理论，是根据其所谓收入均衡分析的理论提出来的。他从国民收入均衡的原理出发，认为国民收入的大小取决于社会总需求与总供给的均衡水平。而由于短期内生产技术、资本设备的质量与数量、劳动力的质量与数量都是既定不变的，即总供给是既定的，因此，国民收入的大小就主要取决于社会总需求的水平。

那么，在经济中总需求和总供给各包括什么内容，它们又是如何决定国民收入的呢？这正是本节和下一节所要讨论的中心问题。

为了便于理解，我们的讨论先从最简单的无政府预算条件下的二元经济体系开始。

15.2.1　相关概念

首先明确这样几个概念：

1. 国民收入（national income）。国民收入指的是一个经济社会在一定时期（一般为一年）内生产的、作为最终产品的商品或劳务的市场价值在扣除为生产这些产品的资本耗费后的净值，它等于社会各种生产要素的收入（工资、利息、地租、利润）的总和。

2. 流量（flow）和存量（stock）。流量是指给定时期内货币或实物的运动。与流量相对应的是存量，它指的是任何一个时点上货币或实物的存积总量。

3. 最终产品（final product）和中间产品（intermediate product）。最终产品就是最终供消费者使用的消费品和用于投资的资本品，它与中间产品不同。中间产品是还需要加工才能成为供消费者使用的产品。只计算最终产品的值是为了避免重复计算。

4. 个人可支配收入（personal disposable income）。个人可支配收入指的是一个经济社会在一定时期（一般为一年）内可以由个人支配的全部收入。一般指个人纳税后的收入，它可以分为消费和储蓄两个部分。

5. 边际消费倾向（marginal propensity to consume，MPC）。边际消费倾向是指消费增量在收入增量中所占的比例。如以 ΔC 代表消费增量，以 ΔY 代表收入增量，则边际消费倾向的公式为：$MPC=\Delta C/\Delta Y$。

6. 边际储蓄倾向（marginal propensity to save，MPS）。边际储蓄倾向是指储蓄增量在收入增量中所占的比例。如以 ΔS 代表储蓄增量，以 ΔY 代表收入增量，则边际储蓄倾向的公式为：$MPS=\Delta S/\Delta Y$。由于 $\Delta Y=\Delta C+\Delta S$，所以，$MPC=1-MPS$。

15.2.2　二元经济下的国民收入流量循环模型

先假定一个封闭型的社会（国家），只存在家庭和厂商（企业）两个经济部门，没有政府的经济活动。在这种二元经济体系中，家庭向厂商提供各种生产要素，并得到各种收入，厂商用各种生产要素进行生产，向家庭提供各种最终产品和服务。这时，国民收入的流量循环模型如图 15—2（A）所示。

如果家庭把一部分收入用来向厂商购买产品与服务，把另一部分收入储蓄起来；再假设厂商在家庭的消费支出之外又获得了其他来源的资金，那么，国民收入流量循环的模型就要在图 15—2（A）的基础上稍作修改，家庭把储蓄存入金融机构，而厂商则从金融机构获得投资。如果通过金融机构把全部储蓄都转化为投资，国民收入流量的循环仍可以正常进行下去，如图 15—2（B）所示。

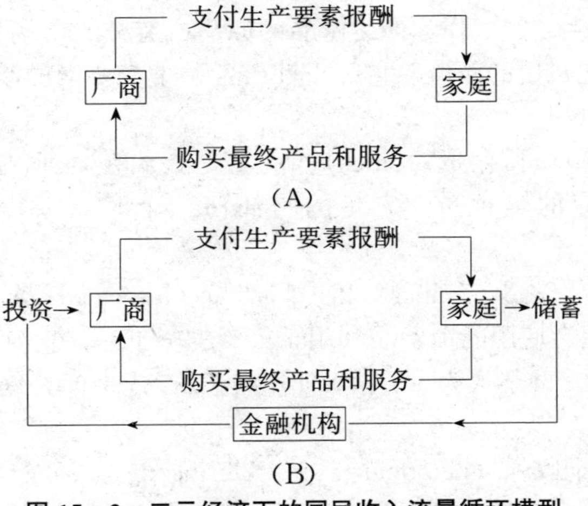

图 15—2　二元经济下的国民收入流量循环模型

15.2.3　二元经济下国民收入的决定

在上述简单的二元经济体系中，可以从总需求和总供给两个角度来考察国民收入的均衡情况。

从总需求的角度来看，一国的国民收入就是私人消费需求和私人投资需求的总和。它是各个家庭的收入产生出来的，可以分别用消费支出和投资支出来代表。消费支出即为消费，投资支出即为投资。所以，国民收入的均衡公式为：

$$\begin{aligned}\text{国民收入}&=\text{消费需求}+\text{投资需求}\\&=\text{消费支出}+\text{投资支出}\\&=\text{消费}+\text{投资}\end{aligned}\tag{15.1}$$

若以 C 代表消费，I 代表投资，Y 代表国民收入，则上述公式可以写成：

$$Y=C+I\tag{15.2}$$

从总供给的角度来看，一国的国民收入就是各种生产要素供给的总和，即劳动、资本、土地、企业家才能供给的总和。这种总和可以用各种生产要素相应得到的收入（报酬）的总和，即工资、利息、地租、利润的总和来表示。这些收入又可以分为私人消费和私人储蓄两个部分。所以，国民收入的均衡公式为：

$$\begin{aligned}\text{国民收入}&=\text{各种生产要素供给的总和}\\&=\text{各种生产要素所得到的收入的总和}\\&=\text{工资}+\text{利息}+\text{地租}+\text{利润}\\&=\text{消费}+\text{储蓄}\end{aligned}\tag{15.3}$$

若以 C 代表消费，S 代表储蓄，Y 代表国民收入，则上述公式可以写成：

$$Y=C+S\tag{15.4}$$

前面说过，国民收入的大小，取决于社会总需求与总供给的均衡水平。如果总需求小于总供给，表明社会上需求不足，产品卖不出去，这就意味着价格必然下降，生产必然收缩，从而总供给减少，国民收入也因此减少。如果总需求大于总供给，表明社会上供给不足，这就意味着价格必然上升，生产必然扩大，从而总供给增加，国民收入也因此增加。如果总需求等于总供给，则生产不会增加也不会减少，从而国民收入处于均衡状态，这时也就决定了在这种总需求和总供给水平上的国民收入的大小。因此，国民收入达到均衡的条件是总需求＝总供给。

由公式（15.2）和公式（15.4）可以得出上述条件的另一种表达式：

$$C+I=C+S\tag{15.5}$$

当 $C+I>Y$ 时，国民收入扩张；$C+I<Y$ 时，国民收入收缩；$C+I=Y$ 时，

国民收入达到均衡。在此基础上，将公式（15.2）变成图形，可以更清楚地说明国民收入均衡状态的决定（见图 15—3）。

在图 15—3 中，横轴代表国民收入 Y，纵轴代表总支出。C 线代表私人消费支出，$C+I$ 线代表私人消费加上投资的总支出，即总需求。$C+I$ 线与 45°线的交点 E 为均衡点（总需求＝总供给）。这个均衡点决定了国民收入水平为 OF。

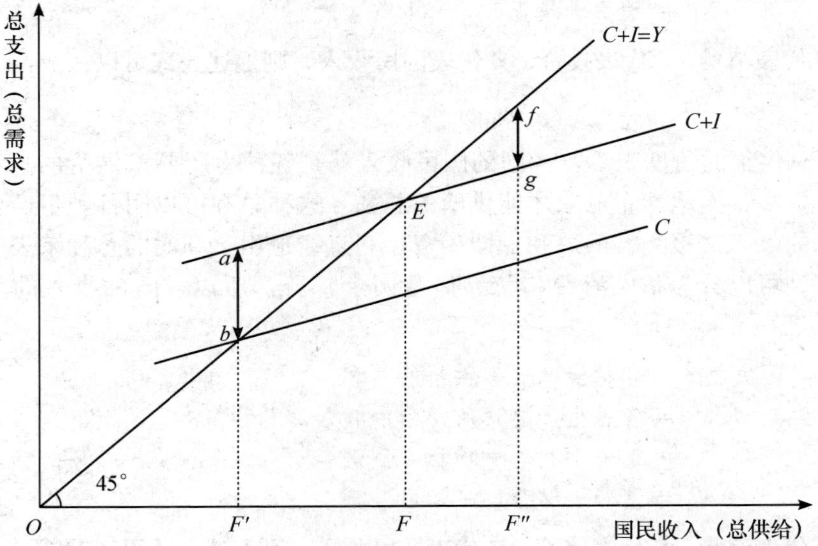

图 15—3　无政府预算条件下国民收入的决定

这是一种均衡情况。如果国民收入的充分就业水平是 OF，那么这种均衡情况就是理想的，既没有经济衰退，也没有通货膨胀，如果国民收入的充分就业水平是 OF''，那么这种均衡情况就低于充分就业水平，即存在着“通货紧缩的缺口” fg，这表明整个社会对产品和劳务的需求水平低于其所能生产的水平，或说是总需求小于总供给。例如，某国国民收入为 30 000 亿美元，全社会的消费和投资支出为 25 000 亿美元，则有 5 000 亿美元的通货紧缩缺口。在经济学家们看来，这 5 000 亿美元的缺口会导致一部分产品卖不出去，生产的规模会被迫缩小，就业减少，失业上升。如果国民收入的充分就业水平是 OF'，那么这种均衡情况就高于充分就业的水平，即存在着“通货膨胀的缺口” ab，表明整个社会对产品和劳务的需求水平高于其所能生产的水平，或者说是总需求大于总供给。仍依上例，假定全社会的消费加投资支出是 35 000 亿美元，则有 5 000 亿美元的通货膨胀缺口。由于在短期内总供给不能相应增加，这 5 000 亿美元的缺口只能通过物价上涨来平衡，即发生通货膨胀。

上述三种情况，即 $C+I=Y$，$C+I<Y$ 和 $C+I>Y$，在纯市场经济条件下，随时都可能发生。也就是说，在没有政府预算条件下的国民收入均衡水平，不一定是理想的。可能低于充分就业的水平而存在失业，也可能高于充分就业的水平而存在通货膨胀。

15.3　有政府预算条件下国民收入的决定

15.3.1　三元经济下的国民收入流量循环模型

现在假定在前述封闭型的社会中，引入政府的经济活动，使二元经济体系成为三元经济体系。政府在经济中的作用，主要通过政府支出和税收，即政府预算来实现。政府支出包括对物品或服务的购买和各种转移性支付（不以换取物品或服务为目的的支出）。政府税收主要包括两类：一类是对财产和所得课征的直接税，其特点是税负由纳税人直接负担，无法转嫁出去；另一类是对商品和服务所课征的间接税，其特点是税负不由纳税人直接负担，可以向前转嫁给消费者，也可以向后转嫁给生产要素的提供者。三元经济下的国民收入流量循环模型如图15—4所示。

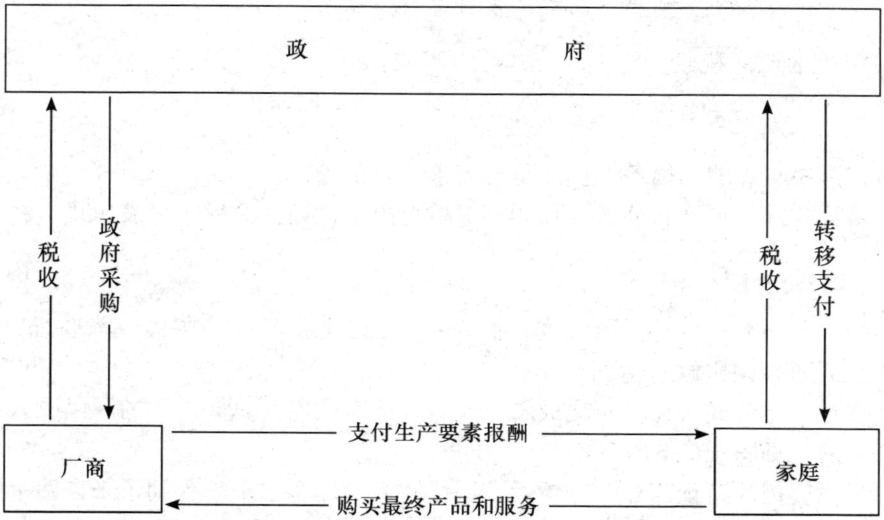

图15—4　三元经济下的国民收入流量循环模型

15.3.2 三元经济下国民收入的决定

在引入政府预算之后的三元经济体系中，总需求和总供给都要在二元经济体系的基础上有所添加。

从总需求的角度看，要在二元经济体系的私人消费需求和私人投资需求的基础上，加上政府的需求。政府的需求可以用政府的支出来代表。这样，国民收入的均衡公式可以写成：

$$\begin{aligned}\text{国民收入}&=\text{消费需求}+\text{投资需求}+\text{政府需求}\\&=\text{消费支出}+\text{投资支出}+\text{政府支出}\\&=\text{消费}+\text{投资}+\text{政府支出}\end{aligned}\tag{15.6}$$

若以 G 代表政府支出，则上述公式可以写成：

$$Y=C+I+G\tag{15.7}$$

从总供给的角度看，要在二元经济体系的各种生产要素供给的基础上，加上政府的供给。政府的供给可以用政府的税收来代表。这样，国民收入的均衡公式可以写成：

$$\begin{aligned}\text{国民收入}&=\text{各种生产要素的供给}+\text{政府的供给}\\&=\text{工资}+\text{利息}+\text{地租}+\text{利润}+\text{政府税收}\\&=\text{消费}+\text{储蓄}+\text{政府税收}\end{aligned}\tag{15.8}$$

若以 T 代表政府税收，则上述公式可以写成：

$$Y=C+S+T\tag{15.9}$$

这时，国民收入的均衡条件仍然是总需求＝总供给。

由公式（15.7）和公式（15.9）可以得出上述条件的另一种表达式：

$$C+I+G=C+S+T\tag{15.10}$$

当 $C+I+G>Y$ 时，国民收入扩张；$C+I+G<Y$ 时，国民收入收缩；$C+I+G=Y$ 时，国民收入达到均衡。

现在，将公式（15.7）变成图形，看一下有政府预算条件下的国民收入是如何决定的（见图 15—5）。

当我们把政府预算加入分析后，国民收入的均衡水平就受到了来自两个方面的影响：政府支出增加总支出（总需求），使得总支出线向上移动，而政府税收则减少总支出（总需求），使得总支出线向下移动。

如图 15—5 所示，与无政府预算介入的情况相比，政府预算能提高或降低国民收入的均衡水平。C 线和 $C+I$ 线分别代表无政府预算介入条件下的私人消费支出和私人消费加上投资的总支出。引入政府预算后，C 线和 $C+I$ 线在政府税收的作用下要相应下移，政府对财产和所得的课税能直接减少个人（或家庭）的可支配收入；政府对商品和劳务的课税可以通过向前转嫁给消费者或向后转嫁给生产要素提供者，减少这些人可支配收入的实际价值。其结果，私人的消费和投资支出都会相应减少。在图 15—5 中，C'线即代表税收削减个人可支配收入以后的消费支出，$C'+I'$线则代表税收削减个人可支配收入后的消费支出加投资支出。无论 C'线还是 $C'+I'$线，均低于无政府预算条件下的 C 线和 $C+I$ 线。与此同时，政府支出的加入又使得 $C'+I'$线向上移动至 $C'+I'+G$ 线。$C'+I'+G$ 线代表在税收削减个人可支配收入后较低的消费支出加投资支出的基础上，加上政府支出 G 所产生的新的总支出（总需求）线。$C'+I'+G$ 线与 45°线相交于 E' 点。这个均衡点决定了国民收入的水平为 OF'。

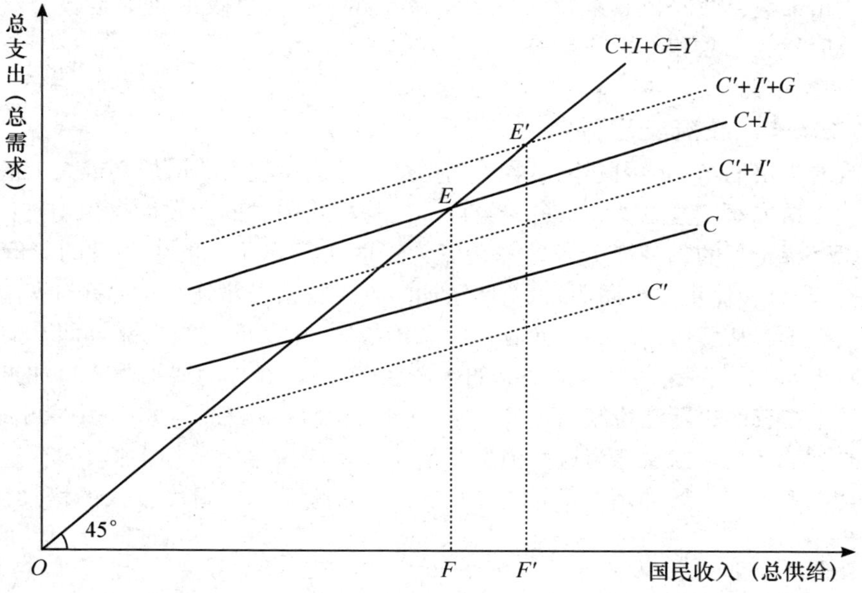

图 15—5　有政府预算条件下国民收入的决定

新的国民收入均衡水平 OF'大于原来无政府预算条件下的国民收入均衡水平 OF，这表明政府预算积极影响着社会总需求。这有两种可能：一是它扩大社会总需求水平，弥补通货紧缩的缺口，从而提高国民收入水平；二是它压缩社会总需求水平，消除通货膨胀的缺口，从而降低国民收入水平。最终结果如何，则取决于政府支出和税收的相对规模，并取决于它们各自的特点。

15.4 财政乘数与国民收入的均衡水平

根据前面的分析，我们已经知道，政府支出和税收是决定国民收入的重要力量。政府支出和税收的变动会引起国民收入均衡水平的相应变动。但是，我们还没有说明，政府支出和税收的变动对国民收入增加或减少的影响到底有多大。这就需要引入“财政乘数”的概念。

在公共部门经济学中，乘数（multiplier）被定义为国民收入的变动量与引起这种变动的最初注入量之间的比率。这里的“注入”，包含的意义很广，它可以指投资、政府支出、政府税收、净出口等等。相应地，也就有所谓投资乘数、政府支出乘数、政府税收乘数、对外贸易乘数等等。财政乘数则是政府支出乘数、政府税收乘数和平衡预算乘数三个方面乘数的统称。

15.4.1 政府支出乘数

政府支出的增加会引起国民收入的增加，但国民收入的增加必定大于最初的政府支出增加额。这是因为，各个经济部门是相互关联的。政府支出增加的每 1 元可以购买 1 元的物品或劳务，并转变为这些物品和劳务的生产者的家庭收入(工资、利息、地租、利润等)；这些增加的收入的相当部分又会被重新支用。假定收入获得者从所增加的每 1 元收入中拿出 80 分用于购买消费品（即其边际消费倾向为 4/5)，那么，这些消费品的生产者便会有 80 分的增加收入，如果这些消费品生产者的边际消费倾向也是 4/5，它们又会从所增加的 80 分中拿出 64 分用于购买消费品，这又会为这些消费品的生产者带来 64 分的增加收入，这些家庭也会在下一轮中增加消费品购买 51.2 分，如此下去，国民收入的增加额 ΔY 总计为：

$$\begin{aligned}\Delta Y &= 1+0.8+0.64+0.512+\cdots \\ &= 1+1\times\frac{4}{5}+1\times\left(\frac{4}{5}\right)^2+1\times\left(\frac{4}{5}\right)^3+\cdots \\ &= 1\times\left[1+\frac{4}{5}+\left(\frac{4}{5}\right)^2+\left(\frac{4}{5}\right)^3+\cdots\right]\end{aligned}$$

$$=1\times\frac{1}{1-\frac{4}{5}}=1\times\frac{1}{\frac{1}{5}}=5(\text{元})$$

因此，对于所增加的每 1 元的政府支出来说，整个国民收入将增加 5 元。反过来也是如此，对于所减少的每 1 元的政府支出来说，整个国民收入将减少 5 元。

这种国民收入的变动量与引起这种变动的政府支出的变动量之间的比率，就是政府支出的“乘数”。而乘数的大小，是由边际消费倾向所决定的，或者说是边际储蓄倾向的倒数（因为 MPS＋MPC＝1）。乘数与边际消费倾向成正向关系，边际消费倾向越大，乘数就越大；边际消费倾向越小，乘数就越小。如在上例中，边际消费倾向为 4/5，乘数为 5。政府支出每增加 1 元，会带来 5 倍于政府支出增加额的国民收入的增加。政府支出每减少 1 元，会带来 5 倍于政府支出减少额的国民收入的减少。若以 ΔG 代表政府支出的变动额，ΔY 代表国民收入的变动额，GK 代表政府支出乘数，MPC 代表边际消费倾向，MPS 代表边际储蓄倾向，则有：

$$GK=\frac{\Delta Y}{\Delta G}=\frac{1}{1-\text{MPC}}=\frac{1}{\text{MPS}} \tag{15.10}$$

图 15—6 反映了这种乘数的形成过程，并以数字表明随着国民收入接近新的均衡水平而相继发生的增量系列。在图 15—6 中，$C+I+G$ 线仍代表社会总支

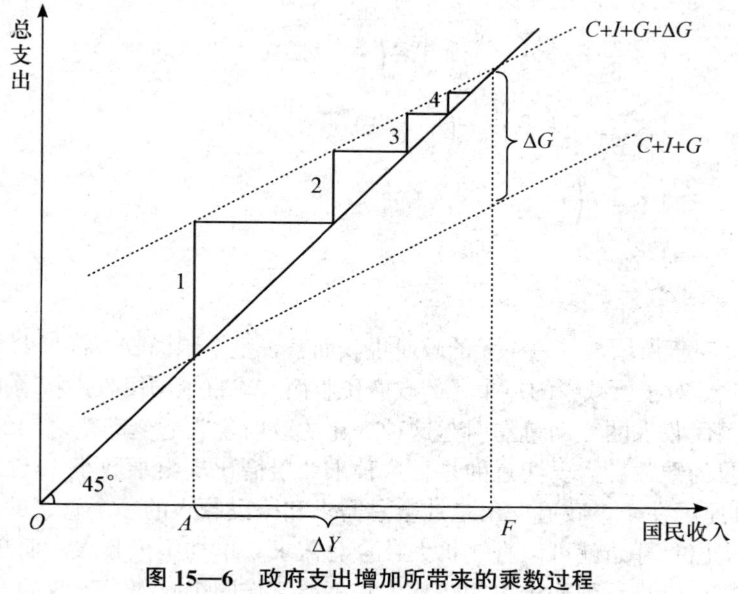

图 15—6　政府支出增加所带来的乘数过程

出，ΔG 代表政府支出的增加额，$C+I+G+\Delta G$ 代表政府支出增加后的社会总支出。可以清楚地看出，由于政府支出增加 ΔG，使国民收入的均衡水平由 OA 增加至 OF。AF 与 ΔG 相比，呈数倍地增加。

由此可以得出的结论是：政府支出对国民收入是一种扩张性的力量。增加政府支出可以扩大总需求，增加国民收入。相反，减少政府支出可以缩减总需求，减少国民收入。国民收入增加或减少的规模取决于乘数的大小。

15.4.2 政府税收乘数

政府税收的增加会引起国民收入的减少，但国民收入的减少必定大于最初的政府税收的增加额。这同政府支出增加的原理是一样的。政府税收增加的每 1 元可以压低 1 元的纳税人可支配收入。由于纳税人可支配收入下降，其购买消费品的支出也会随之下降。假定这些纳税人的边际消费倾向也为 4/5，那么，纳税人的可支配收入每下降 1 元，会导致其购买消费品的支出减少 80 分。这又会使消费品的生产者减少 80 分的可支配收入，如果其边际消费倾向也是 4/5，他们也会因此而减少购买消费品支出 64 分，从而使这些消费品的生产者减少 64 分的可支配收入，这些家庭也会在下一轮中减少消费品支出 51.2 分；如此下去，国民收入的减少额 ΔY 总计为：

$$
\begin{aligned}
\Delta Y &= 0.8+0.64+0.512+\cdots \\
&= 1\times\frac{4}{5}+1\times\left(\frac{4}{5}\right)^2+1\times\left(\frac{4}{5}\right)^3+\cdots \\
&= 1\times\left[\frac{4}{5}+\left(\frac{4}{5}\right)^2+\left(\frac{4}{5}\right)^3+\cdots\right] \\
&= 1\times\frac{4}{5}\Big/\left(1-\frac{4}{5}\right) \\
&= 1\times 4 \\
&= 4(\text{元})
\end{aligned}
$$

这就是说，对于所增加的每 1 元的政府税收而言，整个国民收入将减少 4 元。反过来也是如此，对于所减少的每 1 元的政府税收而言，整个国民收入将增加 4 元。

这种国民收入的变动量与引起这种变化的政府税收的变动量之间的比率，就是政府税收的乘数。需要注意的是，这种乘数恰恰比支出乘数小 1（当然是方向相反）。其原因在于，政府支出是社会总需求和国民收入的一个直接的组成部分，增加政府支出一开始就可以直接扩大社会总需求，增加国民收入。而政府税收支付的初次循环仅是一种购买力的转移，它不能算作国民收入。税收的增加要通过压低纳税人的可支配收入，并在扣除边际储蓄倾向因素后才能发挥减少社会总需求，进而减少国民收入的乘数作用。所以，政府税收的变动虽然可以用乘数方式造成国民收入随之变化，但其带来的变动率比同样数额的政府支出的变动所带来的变动率小。如在上例中，政府税收增加 1 元，国民收入减少 4 元；政府税收减少 1 元，国民收入增加 4 元，乘数均为 4，正好比政府支出增加或减少 1 元所带来的国民收入的变动倍数小 1。若以 ΔT 代表政府税收的变动额，则政府税收乘数 TK 有下述计算公式：

$$TK=\frac{\Delta Y}{\Delta T}=-\frac{\mathrm{MPC}}{\mathrm{MPS}} \tag{15.11}$$

由此可以得出结论：政府税收对国民收入是一种收缩性的力量。增加政府税收可以压缩总需求，减少国民收入。相反，减少政府税收可以扩大总需求，增加国民收入。国民收入减少或增加的规模取决于该乘数的大小。

15.4.3 平衡预算乘数

依据前述原理，政府支出的增加会引起国民收入的增加，政府税收的增加会引起国民收入的减少。很显然，如果政府支出和税收同时等量增加，将对总需求产生两种不同的影响，前者会使总需求水平上升，后者则使总需求水平下降，但二者的作用不会完全抵消。也就是说，其净影响并不会趋于零。原因在于，政府支出的乘数大于税收的乘数，其差额正好是 1。所以，由政府支出和税收同时等量增加所引起的总需求上升和下降的幅度是不一致的。在两者同时等量增加的条件下，总需求水平仍有上升，如前所述，在社会边际消费倾向为 4/5 的假设条件下，政府支出每增加 1 元，可以增加国民收入 5 元；政府税收每增加 1 元，可以减少国民收入 4 元。两者相抵，其差额或净影响就是国民收入增加 1 元。

反过来看，如果政府支出和税收同时等量减少，其净影响也不会为 0。仍依前例，在社会边际消费倾向为 4/5 的条件下。政府支出每减少 1 元，将减少国民收入 5 元；政府税收每减少 1 元，可以增加国民收入 4 元。两者相抵，其差额或净影响就是国民收入减少 1 元。

这种国民收入的变动量与引起这种变动的政府支出和税收的同时等额变动量之间的比率，就是平衡预算的“乘数”，乘数的数值永远是 1。若以 BK 代表平衡预算乘数，其计算公式可以写成：

$$BK=GK+TK=\frac{1}{\mathrm{MPS}}+\left(-\frac{\mathrm{MPC}}{\mathrm{MPS}}\right)=\frac{\mathrm{MPS}}{\mathrm{MPS}}=1 \tag{15.12}$$

由此可以得出结论：政府支出和税收的同时等量增加，对国民收入仍有扩张作用，其扩张的规模就是政府支出或税收的增加量；政府支出和税收的同时等量减少，对国民收入仍有收缩作用，其收缩的规模就是政府支出或税收的减少量。在财政经济理论中，这一结论也被称为“平衡预算乘数定理”。

本章小结

1. 经济学家们对政府预算行为准则的解释，大体经历了三个发展阶段：年度预算平衡论，周期预算平衡论和功能财政论。当今占统治地位的预算准则是功能财政论，其特点是把着眼点放在通过预算收支的安排来维持经济的稳定发展上。这就为政府运用财政政策手段调节经济运行铺平了道路。

2. 无政府预算的条件下，国民收入的大小取决于总需求和总供给的均衡水平。在总供给短期内不能相应变动的情况下，决定国民收入的主要力量是消费加投资。由于消费加投资的需求大于总供给、小于总供给或等于总供给的情况随时都可能发生，无政府预算条件下的国民收入均衡水平不一定是理想的，可能低于充分就业的水平而存在失业，也可能高于充分就业的水平而存在通货膨胀。

3. 有政府预算条件下，国民收入的大小仍取决于总需求和总供给的均衡水平。但政府支出和税收的加入使得国民收入的均衡水平发生相应变动。政府支出增加总支出（总需求），政府税收则减少总支出（总需求）。所以政府预算可以主动地影响社会总需求，它既可以扩大总需求，弥补通货紧缩缺口，提高国民收入水平；也可以压缩总需求，消除通货膨胀的缺口，降低国民收入水平。但其最终结果要取决于政府支出和税收的相对规模及其各自的特点。

4. 财政乘数是政府支出乘数、政府税收乘数和平衡预算乘数的统称。政府支出和税收对于国民收入具有乘数影响。政府支出乘数的大小，是由边际消费倾向所决定的，或者说是边际储蓄倾向的倒数。政府支出乘数与边际消费倾向成正向关系，边际消费倾向越大，乘数就越大；边际消费倾向越小，乘数就越小。乘数作用是双向的，它既能引起国民收入的成倍增加，也能带来国民收入的大量减少。

关键术语

财政乘数　　政府预算行为准则理论　　年度预算平衡论

周期预算平衡论	功能财政论	反经济周期
“熨平”经济周期	收入均衡分析的理论	二元经济
国民收入流量循环模型	国民收入	流量
存量	最终产品	中间产品
个人可支配收入	边际消费倾向	边际储蓄倾向
通货紧缩的缺口	通货膨胀的缺口	三元经济
政府支出乘数	政府税收乘数	平衡预算乘数

复习思考题

1. 简要论述年度预算平衡论、周期预算平衡论和功能财政论的主要理论观点。

2. 在无政府预算条件下，决定国民收入均衡水平的因素有哪些？请简要说明它们是如何影响国民收入的均衡水平的。

3. 在有政府预算条件下，决定国民收入均衡水平的因素有哪些？请简要说明它们是如何影响国民收入的均衡水平的。

4. 何谓财政乘数？财政乘数包括哪些乘数？它们对国民收入均衡水平有什么影响？

本章阅读书目

1. 汪祥春. 当代西方宏观经济学. 大连：东北财经大学出版社，1993
2. 梁小民. 西方经济学导论. 北京：北京大学出版社，1984
3. ［英］马歇尔. 经济学原理. 北京：商务印书馆，1997

第16章

财政政策

关于财政政策，经济学家们作了如下的定义：一国政府为实现一定的宏观经济目标而调整财政收支规模和收支平衡的指导原则及其相应的措施。财政政策是由支出政策、国债政策和税收政策等构成的一个完整的政策体系。

在市场经济条件下，财政功能的正常发挥，主要取决于财政政策的适当运用。财政政策运用得当，就可以保证经济持续、稳定、协调发展；财政政策运用不得当，就会引起经济的失衡和波动。

重点问题

- 财政政策目标包括的内容
- 相机抉择的财政政策概念、包含的内容及其作用机制
- 自动稳定的财政政策概念、包含的内容及其作用机制
- 供给学派的财政政策主张

16.1　财政政策的目标

这里所说的财政政策目标，是指通过财政政策的执行或实施所要达到的目的或产生的效果。

财政政策是作为宏观经济政策的一个重要组成部分而发挥作用的。几十年来，世界各国从各自所面临的最迫切的经济问题出发，一直把促进经济稳定增长，也就是使经济既维持充分就业，又避免通货膨胀，作为宏观经济政策的中心目标。在财政经济理论的著作中，有关财政政策的论述，也始终是围绕着这个中心目标进行的。当代著名经济学家保罗·萨缪尔森在其代表作《经济学》中指出："积极的财政政策就是决定政府税收和开支的办法，以便有助于削弱经济周期的波动和维持一个没有过度通货膨胀和通货紧缩的不断增长和高度就业的经济制度。"① W. 西奇尔等在《基本经济学概念》中也讲道："财政政策就是利用政府预算（包括税率和政府支出水平）来调节国家的需求水平进而促进充分就业和控制通货膨胀。"②

据此，可以将政府财政政策的目标概括为三个方面：充分就业、物价稳定和经济增长。

16.1.1　充分就业的目标

充分就业问题之所以在世界各国受到特别重视，是因为失业对经济社会制度的运行构成了巨大威胁：在失业的情况下，生产能力不能充分发挥，人们应该且能够生产出来的商品（或劳务）却没有生产出来，是其经济方面的重大损失；由于失业，造成收入分配不平等，社会道德败坏，生活懒散，无所事事，进而导致社会动乱，是其政治方面的重大损失。所以，要保证经济社会制度的正常运转。就必须解决失业问题，维持充分就业的生产水平。

所谓充分就业，并非指所有有工作能力而又要求工作的人都能得到有一定工资报酬的工作机会，而是指扣除了季节性、摩擦性和结构性失业的充分就业。也就是说，充分就业并不是100％的就业率，而是要在此基础上打一定的折扣。如许多国家把4％～6％的失业率（失业人口占总劳动力人口的比重）或94％～

---

① ［美］保罗·萨缪尔森：《经济学》，505页。

② ［美］W. 西奇尔等：《基本经济学概念》，239页，北京，中国对外经济贸易出版社，1984。

96％的就业率（就业人口占总劳动力人口的比重），视做充分就业的水平。

失业可以分为几种情况，须分别采用不同的方法和政策去解决失业。

1. 季节性失业。季节性失业是指某些行业的生产中，由于气候和季节的变化等季节性原因而造成的失业。例如，在冬季，农业和建筑业往往要解雇一些工人；圣诞节和复活节期间，也会引起某些国家的某些行业增雇工人和减雇工人。这种失业被认为是临时性的，一旦淡季过去，旺季到来，工人便可以恢复工作。

2. 摩擦性失业。摩擦性失业是指由于劳动力市场的正常活动而造成的失业。例如，工人在由一种工作转换为另一种工作的过程中需要时间；家庭在由一个地方迁移到另一个地方需要重新寻找工作；工人也往往要放弃待遇较低的工作谋求待遇较高的工作。这种摩擦性失业被认为是不可避免的，工人是心甘情愿的。只要改善就业信息传播的方式，就能缩短寻找工作的时间，减少摩擦性失业。

3. 结构性失业。结构性失业是指由于劳动力需求结构的变化，工人不能很快或完全适应新结构的要求而造成的失业。例如，由于消费者偏好的改变，使得一些新厂商应运而生，一些老厂商被淘汰，而老厂商的工人不能适应新厂商的技术要求而造成失业；由于劳动生产率的提高，使得原有的技术和经验变得过时，一时掌握不了新技术也会造成一部分工人失业。结构性失业同摩擦性失业的重要区别在于，后者拥有可以重新找到工作的技术，很容易恢复工作。而前者若没有重新培训或接受再教育的机会以掌握新技术，就很难找到工作。因此，对工人进行培训和再教育，并鼓励工人流动，从而降低跨行业和跨地区的结构性失业，是解决这种失业的办法。

4. 周期性失业。周期性失业是指由于周期性爆发的经济衰退而造成的失业，也就是由于社会总需求下降造成对劳动力需求的不足而引起的。这种失业和经济活动水平密切相关，经济活动总水平下降则失业增加，经济活动总水平上升则失业减少。由于周期性地爆发经济衰退是资本主义经济发展的规律，周期性失业也就成为各国无法避免的现象。只有通过财政政策，提高社会总需求规模，才能避免或缓和经济衰退，从而降低周期性失业。

由此看来，财政政策在实现充分就业方面的主要任务，在于降低或减少周期性失业。至于季节性失业、摩擦性失业和结构性失业，经济学界虽也承认其存在，但认为政府不宜直接干预，也不能通过财政政策来解决。

16.1.2 物价稳定的目标

物价稳定就是要控制通货膨胀。所谓通货膨胀，是指货币供给量（流通中的货币量）超过了商品流通过程的实际需要量，而引起的一般物价水平的持续上涨。也就是说，通货膨胀与物价上涨紧密相连，物价全面的持续上涨是通货膨胀的标志。按照一些经济学家的说法，通货膨胀是货币体系发生故障的征兆。它不仅会减少人民的实际收入，危害货币币值的稳定，而且会造成生产下降，失业增加，以致引起社会动乱。正因为如此，经济学界把货币供给增长率与实际经济增长率保持协调、实现物价的稳定视做财政政策的一个重要目标。

所谓物价稳定，并不是指物价稳定不变，而是要求将价格的上涨幅度控制在一定的水平上。在许多国家，财政政策的物价稳定目标，就是要把物价水平控制在不超过5%的年上涨率以内，有些国家把目标定得较高些或较低些。在目标幅度之内的价格上涨被认为是合理的波动。

16.1.3 经济增长的目标

经济增长就是要求经济的发展保持较高的速度，不要下降或停滞。它通常有两种含义：

1. 国家的产品和服务数量要有实际增加。它以一国的国民生产总值或国民收入经过价格指数调整后的实际年增长率来衡量，着眼的是实际产值，而不是货币形式的产值。国民生产总值就是一国在一年之内所生产的所有最终产品和劳务的市场价格的总和。国民生产总值减去资本消耗即为国民生产净值。再从国民生产净值中减去厂商所缴纳的各种间接税即为国民收入。国民生产总值和国民收入，经过价格指数调整后，都可以得出经济的实际增长速度。

2. 按人口平均的产品和劳务数量要有实际增加。它以一国的实际人均国民生产总值或实际人均国民收入来计算，表示该国人民生活水平的高低，也就是它要考虑人口增长因素。一国国民生产总值或国民收入的高低表示该国国力的强弱，而一国人均国民生产总值或人均国民收入的大小则代表着该国人民生活水平的高低。

无论是一国的国民生产总值或国民收入，还是一国的人均国民生产总值或人均国民收入，都须保持一定的增长率。否则，经济的发展就没有保障，社会也就无法安定。所以，经济学家们也将促进经济增长作为财政政策的一个重要目标。

促进经济增长并不是指经济增长速度越快越好，而是要求经济增长速度不低于某一水平，即谋求最佳的经济增长。经济增长过快或经济停滞甚至下降，都被认为是经济波动的表现而要竭力加以避免。至于经济增长速度究竟多大为合适，各国在各个时期的目标也不同。但近十几年来，各国多倾向于把4%的年经济增长率作为理想的目标。

应当指出，上述三个目标虽然是宏观财政政策所要追求的目标，但不同的政策目标可能相互冲突，目标与目标之间往往发生矛盾。例如，要保持充分就业，物价就可能上涨；要降低物价上涨率，就可能提高失业率。经济学家就曾经以“菲利普斯曲线”① （Phillips curve）来解释充分就业和物价稳定目标的矛盾性，认为政府只能在二者之间作出一定的抉择（见图 16—1）。

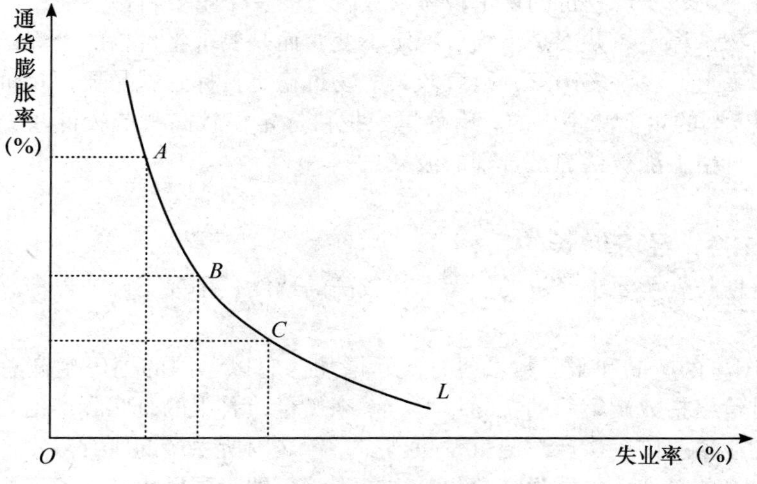

图 16—1　菲利普斯曲线

在图 16—1 中，纵轴表示通货膨胀率或物价上涨率，横轴表示失业率，曲线 L 就是菲利普斯曲线。菲利普斯曲线表示通货膨胀率与失业率存在一种此消彼长的关系，即失业率较低时，通货膨胀率就较高（如图中的 A 点）；反之，失业率较高时，通货膨胀率就较低（如图中的 C 点）。

如此看来，实现财政政策的政策目标是比较困难的，要同时达到充分就业、物价稳定和经济增长三重目标，更是难上加难。

16.2　财政政策的类型

16.2.1　相机抉择的财政政策

第 15 章的分析表明，如果让市场经济进行自发调节，仅仅依靠市场机制发

---

① 这条曲线是由澳大利亚经济学家菲利普斯根据英国 1861—1957 年的失业率和货币工资变动率的经验统计资料所提出的用以表示失业率和货币工资率之间交替关系的曲线，后被经济学家们用来说明失业率和通货膨胀率之间的交替置换关系。

挥作用，那就很可能出现小于充分就业的国民收入均衡而存在失业，或者，出现大于充分就业的国民收入均衡而存在通货膨胀。经济因此而出现周期性的波动，也是必然的。所以，必须由政府介入经济的调节。财政政策就是政府调节经济的一个重要政策手段。

按照经济学家们的说法，财政政策的要旨，是把预算盈余和赤字作为调节器来调节社会总需求，从而求得经济的稳定发展。因此，根据财政措施在调节社会总需求过程中发挥作用方式的不同，可以将财政政策分为两大类：相机抉择的财政政策和自动稳定的财政政策。①

所谓相机抉择的财政政策，就是政府根据不同时期的经济形势，相应采取变动政府支出和税收的措施，以消除经济波动，谋求实现既无失业又无通货膨胀的稳定增长目标。

之所以称它为相机抉择的财政政策，是因为它不是自动地发挥作用，而是一种人为的政策调节。它要依靠政府对客观经济形势的分析判断，经过深思熟虑再决定采取什么样的财政措施。如果认为总需求已经过大，造成了生产能力紧张和通货膨胀，就采取财政行动抑制总需求。如果认为总需求不足，已造成经济水平下降或经济衰退，就采取财政行动扩大总需求。因此，相机抉择的财政政策的任务是，要么扩大总需求以反经济衰退，执行扩张性的财政政策；要么抑制总需求以反通货膨胀，执行紧缩性的财政政策。

1. 扩张性的财政政策。

财政政策用于减轻或消除经济衰退时，通常称为扩张性的财政政策（expansionary fiscal policy）。

在经济衰退时期，国民收入小于充分就业的均衡水平，总需求不足，所以政府应当执行扩张性的财政政策。其内容是：增加政府支出，减少政府税收。

增加政府支出，包括增加公共工程的开支，增加政府对物品或劳务的购买，增加政府对个人的转移性支出。这样，一方面可以使社会总需求中的政府开支部分提高，从而直接增加总需求。另一方面，也可以刺激私人消费和投资，间接增加总需求。不仅如此，在政府支出乘数的作用下，增加政府支出还可以引起国民收入和就业量一轮又一轮的增长。国民收入的增加额可以达到政府支出增加额的数倍。如图 16—2 所示，若社会边际消费倾向为 2/3，则政府支出增加 100 亿元，可以导致国民收入增加 300 亿元。

---

① 相机抉择的财政政策和自动稳定的财政政策也被称作“斟酌使用的财政政策”（discretionary fiscal policy）和经济的“内在稳定器”（the built-in stabilizers）。

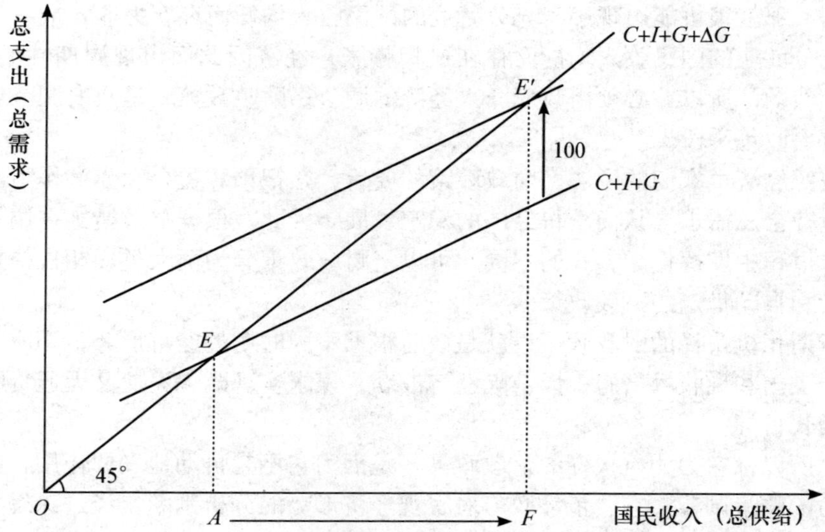

图 16—2　扩张性的政府支出

在图 16—2 中，横轴和纵轴仍分别代表国民收入和总支出。最初，$C+I+G$ 线与 45°线的交点 E 所决定的国民收入水平 OA，低于充分就业的水平 OF，经济正处于衰退之中。在这种情况下，假定政府为此执行扩张性的财政政策，增加政府支出 100 亿元（以 ΔG 表示），使均衡点由 E 移至 E'，从而引起国民收入增加 300 亿元，达到了充分就业的水平 OF。

减少政府税收，包括降低税率、废除旧税以及实行免税和退税，其结果可以扩大总需求。这是因为，减少个人所得税，可以使个人拥有更多的可支配收入，从而增加消费；减少公司所得税，可以使厂商拥有更多的税后利润，从而刺激投资，减少各种对商品和劳务课征的间接税，也可以通过导致商品和服务价格下降、增加可支配收入的实际价值，从而刺激消费和投资。不仅如此，在税收乘数的作用下，减少税收，还可以引起国民收入一轮又一轮的增长，国民收入的增加额可以达到政府税收减少额的数倍。如图 16—3 所示，假定社会边际消费倾向为 2/3，则减少政府税收 100 亿元，可以导致国民收入增加 200 亿元。

在图 16—3 中，$C+I+G$ 线与 45°线原来的交点为 E，这一点所决定的国民收入水平 OA 低于充分就业的水平 OF，经济正处于衰退时期。为此，政府执行扩张性的财政政策，减少政府税收 100 亿元（以 MN 表示），导致私人消费支出增加 67 亿元（以 ΔC 表示），从而使均衡点由 E 移至 E'，引起国民收入增加 200 亿元，达到了充分就业水平 OF。

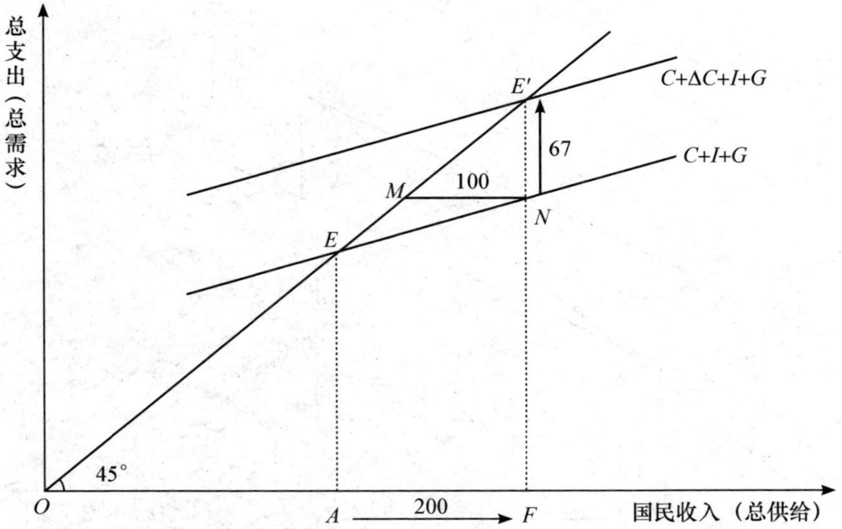

图 16—3　扩张性的政府税收

2. 紧缩性的财政政策。

财政政策用于减轻或消除通货膨胀时，通常称为紧缩性的财政政策（restrictive fiscal policy）。

在经济繁荣时期，国民收入高于充分就业的均衡水平，存在过度需求，所以政府应当执行紧缩性的财政政策，其内容是：减少政府支出，增加政府税收。

减少政府支出，包括减少公共工程的开支，减少政府对物品和服务的购买，减少政府对个人的转移性支出。这样，一方面可以使社会总需求中的政府开支部分降低，从而直接减少总需求。另一方面，也可以抑制私人消费和投资，间接减少总需求。而且，在政府支出乘数的作用下，减少政府支出还可以引起国民收入一轮又一轮的减少。国民收入的减少额可以达到政府支出减少额的数倍。如图16—4 所示，若社会边际消费倾向为 2/3，则政府支出减少 100 亿元，可以导致国民收入减少 300 亿元。

在图 16—4 中，$C+I+G$ 线与 45°线原来的交点为 E，这一点所决定的国民收入水平 OA 高于充分就业的水平 OF，经济正处于通货膨胀之中。为此，政府执行紧缩性的财政政策，减少政府支出 100 亿元（以 ΔG 表示），使均衡点由 E 移至 E'，造成国民收入减少 300 亿元，恢复到充分就业水平 OF，压缩了社会总需求，达到了抑制通货膨胀的目的。

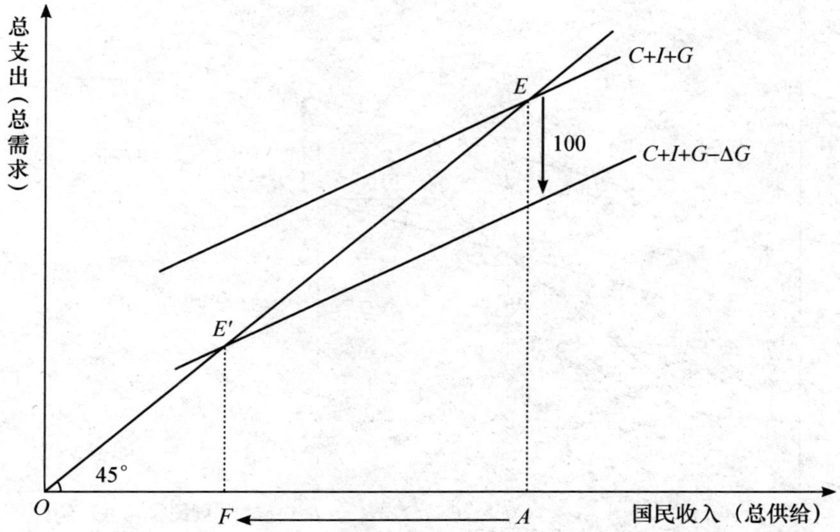

图 16—4　紧缩性的政府支出

增加政府税收，包括提高税率，设置新税，其结果可以缩小总需求。这是因为，增加个人所得税，可以减少个人的可支配收入，从而减少消费；增加公司所得税，可以减少厂商税后利润，从而减少投资；增加各种对商品和服务课征的间接税，也通过商品和劳务价格提高减少可支配收入的实际价值，从而抑制消费和投资。而且，在税收乘数的作用下，增加税收还可以引起国民收入一轮又一轮的减少。国民收入的减少额可以达到政府税收增加额的数倍。如图 16—5 所示，如果边际消费倾向为 2/3，则增加政府税收 100 亿元，可以导致国民收入减少 200 亿元。

在图 16—5 中，$C+I+G$ 线与 45°线原来的交点为 E，这一点所决定的国民收入水平 OA 高于充分就业的水平 OF，经济正处于通货膨胀时期。为此，政府执行紧缩性的财政政策，增加政府税收 100 亿元（以 MN 表示），造成私人消费减少 67 亿元（以 ΔC 表示），使均衡点由 E 移至 E'，从而促使国民收入减少 200 亿元，恢复到充分就业水平 OF，压缩了社会总需求，抑制了通货膨胀的势头。

这种相机抉择的财政政策，通常被称为“逆经济风向行事”。即在经济高涨时期对之进行抑制，使经济不会过度高涨而引起通货膨胀；在经济衰退时期对之进行刺激，使经济不会严重萧条而引起失业，并认为这样就可以使经济实现既无失业又无通货膨胀的稳定增长。

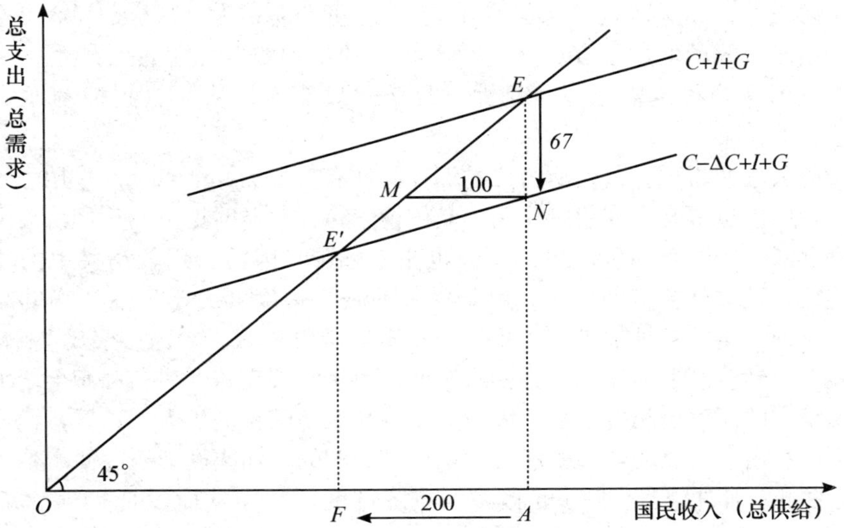

图 16—5 紧缩性的政府税收

16.2.2 自动稳定的财政政策

所谓自动稳定的财政政策，就是随着经济形势的周期性变化，一些政府支出和税收自动发生增减变化，从而对经济的波动发挥自动抵消作用。

之所以将它称之为自动稳定的财政政策，是因为它不是政府斟酌经济形势变化后所决定的，而是一种非人为的自动调节。它不需要政府预先作出判断和采取措施，而是依靠财政税收制度本身所具有的内在机制，自行发挥作用，起到稳定经济的效果。正因为如此，这种自动稳定的财政政策也被称作“内在稳定器”。

1. 自动变化的政府税收。

从经济稳定的角度看，一般说来，当经济处于通货膨胀时，增加税收，缩小社会总需求是合乎需要的；而当经济倾向于衰退时，减少税收，扩大社会总需求则是比较有利的。在经济学家们看来，税收制度可以具有这种自动调节社会总需求的内在稳定机制。这主要表现在累进的所得课税制度上。

（1）个人所得税。个人所得税的课征有一定的起征点，并采用一定的累进税率，所以具有内在稳定作用。具体说来，在萧条时期，由于经济衰退，个人收入会减少，符合纳税规定的人数也相应减少，因而适用较高税率的税基缩小。这样，税收就会自动减少。由于税收的减少幅度会超过个人收入的减少幅度，税收便产生了一种推力，防止消费与投资需求过度紧缩，减缓经济的萎缩程度，从而收到刺激经济复苏之效。在膨胀时期，由于经济高涨，个人收入会增加，符合纳税规定的人数也相应增多，因而适用较高税率的税基扩大，这样，税收就会自动增加。由于税收的增加幅度会超过个人收入的增加幅度，税收便产生了一种拉力，防止消费与投资需求过度膨胀，经济过度繁荣，从而收到抑制通货膨胀之效。

(2) 公司所得税。公司所得税的课征同样有一定的起征点，并采用一定的累进税率，所以也具有内在稳定作用。具体说来，在萧条时期，由于经济衰退，厂商利润会减少，符合纳税规定的厂商也相应减少，因而适用较高税率的税基缩小。这样，税收就会自动减少。由于税收的减少幅度会大于厂商利润的减少幅度，税收便产生了一种推力，防止厂商投资需求过度减少，减缓经济萎缩程度，从而发挥反经济衰退的作用；在膨胀时期，由于经济高涨，厂商利润会增加，符合纳税规定的厂商也相应增多，因而适用较高税率的税基扩大，这样，税收就会自动增加。由于税收的增加幅度会大于厂商利润的增加幅度，税收便产生了一种拉力，防止厂商投资需求过度膨胀，经济过度繁荣，从而发挥反通货膨胀的作用。

如图 16—6 所示，假定政府支出 G 独立于国民收入，固定在一定的水平上，而税收 T 直接随国民收入 Y 的变化而变化。当经济出现衰退，也就是国民收入处于 Y_2 的低水平时，税收自动减少，从而导致政府预算赤字上升，倾向于扩大社会总需求；当经济过度繁荣，国民收入处于 Y_3 的高水平时，税收自动增加，从而预算由赤字趋向盈余，对社会总需求施加抑制作用。

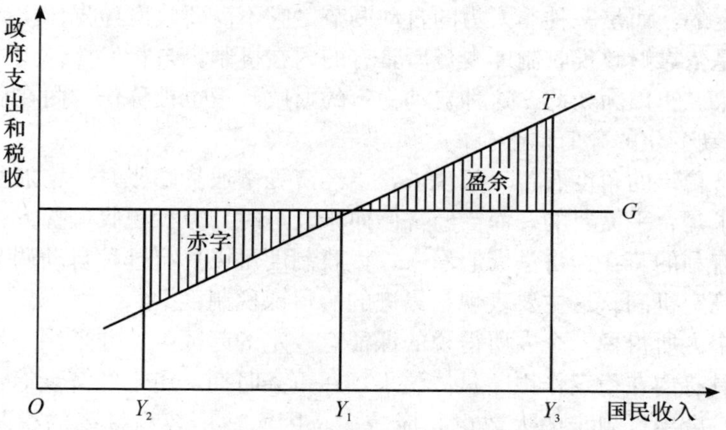

图 16—6　税收制度的内在稳定作用

2. 自动变化的政府支出。

经济学家认为，不仅税收制度具有内在的稳定作用，政府支出的某些项目也是可以发挥同样的功效的。这主要表现在公共支出中的各种转移性支出项目上。

（1）失业救济金。失业救济金的发放有一定的标准，它发放的多少主要取决于失业人数的多少。在经济萧条时期，随着国民收入下降，失业人数增多，失业救济金的发放就倾向于自动增加。失业救济金的增加就是转移性支出的增加，从而有利于抑制消费支出的下降，防止经济衰退的进一步严重化。在经济繁荣时期，随着国民收入上升，失业人数减少，失业救济金的发放就倾向于自动减少。失业救济金的减少同样是转移性支出的减少，从而有利于抑制消费支出的增加，消除可能发生的通货膨胀。

（2）各种福利支出。各种福利支出都有一定的发放标准，发放的多少取决于就业与收入状况。在经济萧条时期，个人收入下降。随着符合接受福利支出条件的人数增加，作为转移性支出之一的福利支出倾向于自动增加。这样就有利于抑制私人消费支出的下降，防止经济衰退的进一步加剧。在经济繁荣时期，就业增加，个人收入上升。随着符合接受福利支出条件的人数减少，作为转移性支出之一的福利支出倾向于自动减少。这样就有利于抑制私人消费支出的增加，防止可能发生的通货膨胀。

（3）农产品维持价格。按照当今各国通行的农产品维持法案，政府要把农产品价格维持在一定水平上。农产品价格高于这一价格水平时，政府抛出农产品，压低农产品价格；农产品价格低于这一价格水平时，政府收购农产品，提高农产品价格。这种农产品价格维持制度对经济活动的波动也是较为敏感的。在经济萧条时期，随着农产品价格下降，政府收购剩余农产品的支出自动上升，这样就会增加农场主的收入，维持他们既定的收入和消费水平。在经济繁荣时期，伴随着通货膨胀，农产品价格上升，政府抛出农产品。这样既可以抑制农场主收入和消费的增加，又可以稳定农产品价格，防止通货膨胀。

从上述分析可以看出，自动稳定财政政策的内在稳定程度或对经济的控制力量取决于三个因素：第一，个人所得税和公司所得税的起征点。起征点越低，稳定的作用就越大。第二，税率的累进程度。边际税率越高，累进程度越大，税收对收入的抑制就越强，稳定的作用也就越大。第三，转移性支出的规定条件。取得转移性支出的规定条件越低，转移性支出水平越高，稳定的作用就越大。

在经济学家们看来，财政税收制度所具有的这种内在稳定作用是十分重要的。特别是在相机抉择的财政政策因受各种主客观因素的限制而显得脆弱时，自动稳定的财政政策将会在消除经济周期的波动方面起很大的作用。据美国一个研究单位的统计，“内在稳定器”可以使国民生产总值减少1/3或更多的波动性。①

但经济学家也特别强调自动稳定财政政策作用的局限性，指出它只能配合相机抉择的财政政策来稳定经济，单靠其本身的作用并不足以稳定经济。在萧条时期，它只能减缓经济衰退，而不能改变经济衰退的总趋势；在膨胀时期，它只能抑制过分的高涨，减缓通货膨胀，而不能改变通货膨胀的总趋势。

因此，要消除经济周期波动，除了依靠自动稳定的财政政策的内在稳定作用之外，还必须采用更加有力的相机抉择的财政政策措施。

16.3 财政政策与货币政策的协调配合

作为政府调控宏观经济的又一重要手段，货币政策同财政政策一样肩负着非同一般的使命，由此二者之间的协调、配合就具有了深远的经济意义和政策意义。

16.3.1 货币政策概述

货币政策是指一国政府为实现特定的宏观经济目标而调节货币供应量，进而影响经济活动水平的指导原则以及所采取的相应措施。货币政策是通过运用自身的政策工具和一定的传导机制来实现其政策目标的。

1. 货币政策目标。

货币政策的目标概括起来主要有三个，即保持本币币值稳定、实现国际收支平衡和推动经济稳定增长。

(1) 保持本币币值稳定。

一国货币币值稳定，也就意味着物价水平能够维持在较小的浮动范围之内，从而构成经济增长的前提和基础，这是各国货币政策需要实现的首要目标。

(2) 实现国际收支平衡。

国际收支平衡是各国货币政策追求的又一目标。简单地说，国际收支平衡就是指一个国家在一定时期内的对外经济交易和往来中，维持一种收支大体均衡的状态。国际收支状况可以影响一国的经济增长，也能影响其物价水平，还会间接

① 参见李建昌、高培勇：《当代美国财税教程》，195页，北京，世界知识出版社，1988。

地影响到就业水平，所以国际收支平衡具有非同寻常的意义，尤其是对那些开放型的国家更是如此。

（3）推动经济稳定增长。

毋庸赘言，同财政政策一样，货币政策自然也将经济的稳定增长作为自己的政策目标，这也是所有宏观经济政策的共同目标。

2. 货币政策工具。

货币政策工具，又称为货币政策手段，是指各国政府为实现货币政策目标所采取的政策措施。一般性的货币政策工具主要有三个，即法定存款准备金率、再贴现率和公开市场业务。

（1）法定存款准备金率。

商业银行在吸收到存款之后不能也不应该将所有资金全都放贷出去，而必须将一定比例的存款交存中央银行作为准备金，这里所说的“一定比例”实际上就是法定存款准备金率。

中央银行通过调整法定存款准备金率，可以控制流通中的货币供应量，从而实现对宏观经济的调节。具体说来，在经济过热的时候，中央银行调高法定存款准备金率，商业银行向中央银行交存的存款自然就会增加，而用于放贷的资金相应减少，实际上就减少了货币供应量，从而对经济产生收缩的作用；在经济萧条的时候，中央银行调低法定存款准备金率，根据上面所说的原理，实际上增加了货币供应量，从而对经济产生扩张的作用。

（2）再贴现率。

当商业银行面临资金不足时，可以用手中的票据向中央银行进行再贴现，实际上就是向中央银行申请再贷款。当然这种再贷款并不是无偿的，商业银行向中央银行所支付的利息比率就称为再贴现率。

中央银行通过调高或调低再贴现率，同样可以控制商业银行能够用于放贷的资金量，由此使流通中的货币供应量产生增减变化，最终实现对宏观经济的调节作用。

（3）公开市场业务。

所谓公开市场业务，就是指中央银行在金融市场上公开买卖有价证券（特别是短期国库券），以此来调节货币供应量的一种政策性行为。

在经济过热的时候，中央银行通过金融市场卖出有价证券，回笼货币，从而减少货币供给量，对经济产生收缩的作用；在经济萧条的时候，中央银行则通过金融市场买进有价证券，把货币投入市场，从而增加货币量，对经济产生扩张的作用。

由于公开市场业务传导过程短，中央银行通过其可以直接控制货币供应量，所以成为世界各国经常使用的最重要的货币政策工具。

除了上述三种一般性货币政策工具外，中央银行还经常采用其他一些辅助性的政策手段，如道义劝告、行政干预和金融检查等。

3. 货币政策传导机制。

从货币政策工具的使用到最后实现政策目标，其间需要一个过程。在此过程中，货币政策通过一定的传导机制传递着政策效应，直至目标得以实现。具体说来，无论是法定存款准备金率、再贴现率，还是公开市场业务，其直接作用目标都是对货币供应量进行调节，对货币供需状况作出调整，从而影响社会产品的供需关系，最终对经济活动水平发挥作用。这种环环相扣的货币政策效应的传递过程，就是货币政策的传导机制。

16.3.2 财政政策与货币政策调控的侧重点

在现实经济运行中，财政政策和货币政策各自有其不同的政策着力点。清楚地了解这些，是实现两大政策在宏观经济调控方面合理分工的基础，也是两大政策得以协调、配合的有力保证。

1. 财政政策侧重于结构调节，货币政策则侧重于总量调节。

财政政策与货币政策都对经济总量和结构进行调节，但在资源配置和经济结构的调整上，二者的作用范围和政策效果却有所偏重，具体表现为：财政政策比货币政策更贴近于政府，可以直接通过政府改变资金的分配，从而达到调节经济结构的目的，但对经济总量的影响则因作用间接而要稍弱一些；货币政策则更贴近于市场，可以直接通过货币供求的变化来影响社会总供求，从而达到调节经济总量的目的，但对经济结构的影响则因时滞较长而要稍弱一些。

2. 财政政策侧重于收入分配的调节，货币政策则侧重于保持币值的稳定。

财政政策和货币政策都是以调节社会总需求为基点来实现社会总供求平衡的政策，但两者的调节侧重点却不尽相同，具体表现为：财政政策主要在分配领域实施调节，以此影响社会总需求；货币政策的调节行为则主要发生在流通领域，通过影响流通中的货币量来保持币值的稳定，从而对社会总需求产生影响。

另外，一般来说，财政政策对于刺激经济增长、推动经济摆脱衰退走向繁荣，作用比较明显；而货币政策则对于收缩通货膨胀、抑制经济过热，效果更显著一些。

由此看来，无论是财政政策，还是货币政策，都有一定的局限性，如果单纯运用其中某一项政策，很难全面实现宏观调控的目标。这就要求两者互相协调、密切配合，充分发挥它们的综合调控能力。

16.3.3 财政政策与货币政策协调配合的主要模式

无论是财政政策还是货币政策，按其政策效应的松、紧程度来划分，无外乎扩张性、紧缩性和中性三种。就其针对不同的宏观经济状况搭配使用而言，在一般情况下，我们予以关注的主要是扩张性财政政策、紧缩性财政政策与扩张性货币政策、紧缩性货币政策之间的不同组合模式。很显然，所有的组合模式共有四种，即扩张性财政政策与扩张性货币政策的配合使用、紧缩性财政政策与紧缩性货币政策的配合使用、扩张性财政政策与紧缩性货币政策的配合使用以及紧缩性财政政策与扩张性货币政策的配合使用。

1. 扩张性财政政策与扩张性货币政策的配合使用。

扩张性财政政策与扩张性货币政策配合使用，在财政政策方面要运用增支减税的政策措施，而在货币政策方面则是采用增加货币供应量的政策措施，或降低法定存款准备金率，或调低再贴现率，或在金融市场上买入有价证券、投放货币。这种“双扩张”政策的搭配模式主要适用于经济严重萧条的情况，可以强有力地作用于社会总需求的扩大，从而促使经济复苏。但是，正是由于这种搭配模式政策效应猛烈，所以不宜长期使用，否则物极必反，会引发通货膨胀，造成经济过热局面的出现。

2. 紧缩性财政政策与紧缩性货币政策的配合使用。

紧缩性财政政策与紧缩性货币政策的配合使用与上述“双扩张”政策搭配模式在政策手段和政策效应方面正好相反，即在财政政策方面要运用减支增税的政策措施，而在货币政策措施方面则是着力于减少货币供应量，或提高法定存款准备金率，或调高再贴现率，或在金融市场上卖出有价证券、回笼货币。其政策效应是严格抑制社会总需求，促使经济回落，主要适用于通货膨胀严重的情况。同“双扩张”政策的搭配模式一样，这种“双紧缩”政策的搭配模式也是由于效应猛烈而不宜长期使用，否则会产生社会总需求不足，经济增长减缓以至停滞的问题。

3. 扩张性财政政策与紧缩性货币政策的配合使用。

扩张性财政政策与紧缩性货币政策的配合使用，则是要求在财政政策措施方面增支减税，而在货币政策措施方面减少货币供应量，或提高法定存款准备金率，或调高再贴现率，或在金融市场上卖出有价证券、回笼货币。一般而言，在经济增长减缓以至于停滞而通货膨胀压力又很大的情况下，或者经济结构失调与严重通货膨胀并存的情况下，这种政策搭配模式能够充分地发挥财政政策和货币政策各自的特点，作用互补，更好地实现宏观经济调节的政策目标。

4. 紧缩性财政政策与扩张性货币政策的配合使用。

紧缩性财政政策与扩张性货币政策配合使用的突出特点是，在采取减支增税的财政政策措施的同时，采用旨在扩大货币供应量的货币政策措施，或降低法定存款准备金率，或调低再贴现率，或在金融市场上买入有价证券、投放货币。这种政策搭配模式比较适用于财政赤字较大与总需求不足并存的情况，同样可以产生财政政策与货币政策优势互补的政策效果。

前文已经提到，在使用“双扩张”政策的搭配模式和“双紧缩”政策的搭配模式时，要注意政策措施的适度性，不可用之无度，否则会从一个极端走向另一个极端；而对于扩张性财政政策与紧缩性货币政策的配合使用、紧缩性财政政策与扩张性货币政策的配合使用，则更应该关注财政政策与货币政策不同的作用空间，使其能够产生调控合力。

16.4 国际宏观经济政策协调

当今世界，在全球经济一体化趋势日益明显的形势下，各国经济呈现出相互依存、彼此交织的复杂局面。一国尤其是主要经济体国家的宏观经济政策，一般都会产生一定程度的“溢出效应”和“回荡效应”。① 因此，一国在制定宏观经济政策并采取相应政策措施时，不得不考虑他国的反应及其可能采取的措施。在这一背景下，国际宏观经济政策协调就显得越发重要和必要了。

16.4.1 国际宏观经济政策协调的含义及其产生与发展

所谓国际宏观经济政策协调，是指各个国家的政府以互利共赢或整体福利最

① 假设世界上只有甲和乙两个国家，则甲国的出口就是乙国的进口，而甲国的进口就是乙国的出口。若甲国实行本币贬值政策来刺激出口、限制进口，从而增加国民收入；那么，乙国就会出现出口减少、进口增加，从而国民收入减少的局面。也就是说，甲国实行本币贬值政策产生了“溢出效应”。在这种情况下，乙国为了避免国民收入的进一步减少，可能采取同样的本币贬值政策，从而使甲国的政策失效。即使乙国不实施本币贬值政策，从长期看，甲国实行本币贬值政策的结果最终也会损害自己的经济，因为乙国受到甲国的影响导致国民收入减少后，必然会减少进口，这样甲国的出口就会减少，从而导致甲国的国民收入减少。这就是甲国实行本币贬值政策所导致的“回荡效应”。参见窦祥胜：《开放经济下宏观经济政策作用机理及国际协调》，载《福建论坛·经济社会版》，2002（7），11～12页。

大化为目标，就金融、财政、外贸等宏观经济政策进行磋商、调整，或联合采取干预行动，以保持和促进经济的稳定增长。

真正意义上的国际宏观经济政策协调出现于二战之后。1944 年 7 月，44 个国家的经济特使聚集在美国新罕布什尔州的布雷顿森林，召开联合国与联盟国家国际货币金融会议。会议通过了《国际货币基金协定》和《国际复兴开发银行协定》（总称为“布雷顿森林协定”），决定成立国际货币基金组织（IMF）和国际复兴开发银行（即世界银行），以及一个全球性的贸易组织（即关税与贸易总协定 GATT，后被 1995 年 1 月 1 日成立的世界贸易组织 WTO 取代）。布雷顿森林协定和关税与贸易总协定的签订以及国际货币基金组织和世界银行的建立标志着国际宏观经济政策协调的产生。

20 世纪 70 年代，西方国家的经济形势一度恶化，“美元危机”、“石油危机”、布雷顿森林体系瓦解和 1973—1975 年严重经济危机接踵而来。为共同解决世界经济和货币危机，协调宏观经济政策，1975 年，法国倡议召开了西方主要工业国最高级会议，参会国包括法国、美国、日本、英国、西德和意大利，加拿大于次年受邀参加了第二次会议，从而形成了七国集团（G7）。1998 年的第 23 届首脑会议上，俄罗斯正式成为全权成员，八国集团（G8）首脑会议宣告定型，但就宏观经济政策合作来讲，起作用的还是七国集团财长与央行行长会议。这是一个主要发达国家之间的宏观经济政策合作框架，即所谓的“富国俱乐部”。

随着世界经济一体化的逐步推进和发展中国家在经济上的迅速崛起，一个排除了发展中国家的宏观经济政策协调机制显然是不全面的、难以真正发挥作用的。于是，在亚洲金融危机之后，八国集团于 1999 年发起成立了 20 国集团（G20），把一些重要发展中国家吸收在内，就各国的货币政策、财政政策进行对话、磋商和协调。20 国集团财长与央行行长会议所实现的国际宏观经济政策协调，要比八国集团更具有全球性，会议有了实质性的提升，毕竟 20 国集团的 GDP 总量约占世界总量的 85%，人口接近世界人口总量的 2/3。

除上述全球范围内的国际宏观经济政策协调机制，还有双边的宏观经济政策协调机制，如中国—美国官方高层经济对话机制，以及地区性的宏观经济政策协调机制，如东盟与中日韩（10＋3）框架下的领导人会议和财长会议。

16.4.2 国际宏观经济政策协调的类型

按照政策协调的深度和广度，可以将国际宏观经济政策协调划分为四种由低到高层次的类型。

1. 宏观经济政策信息的交换。

宏观经济政策信息的交换主要是指各国政府间相互交流本国为实现经济内外均衡而采取的宏观调控政策的目标、范围、侧重点，政策工具的种类，政策搭配的原则等信息，但仍在独立、分散的基础上进行本国的决策。这是一种最低层次的宏观经济政策协调类型，其目的只是增强各国间在宏观经济政策方面的相互沟通和了解，并不能实质性地减少宏观经济政策的“溢出效应”，但它可以为更高层次的政策协调奠定基础。

2. 应对危机的国际宏观经济政策协调。

应对危机的国际宏观经济政策协调是指针对全球经济（或区域经济）中已经或即将出现的突发的、危害一定范围内国家经济利益的危机性事件，相关各国进行共同的政策协调。也就是说，在危机应对的过程中，各国对本国的宏观经济政策进行重大调整或采取一致行动，以共渡难关，消除或缓解经济危机的影响。这种类型的国际宏观经济政策协调往往都是一事一议的、非常态化的。

3. 国际宏观经济政策的部分协调。

国际宏观经济政策的部分协调是指相关各国就共同拥有的中间变量进行政策协调。这些中间变量会在相关各国间形成不可调和的此消彼长关系。以其中的汇率和贸易差额为例，在浮动汇率之下，一国下调本币的汇率（货币贬值），则其他国家货币的汇率就会上升（货币升值）；一国对另一国出现贸易顺差，则另一国就会出现对该国的贸易逆差。实际上，这些中间变量正是引起一国宏观经济政策对另一国产生“溢出效应”的主要传递渠道，因此针对这些中间变量进行的国际宏观经济政策协调具有非常重大的意义。同时，这些中间变量也构成了国际宏观经济政策协调的重要对象和内容。

国际宏观经济政策的部分协调一般是常态化的，而且基本上都是建立在相关各国达成一致协议或者构建一定形式的国际（区域）经济组织，甚至结成不同层次的经济联盟的基础之上。

4. 国际宏观经济政策的全面协调。

国际宏观经济政策的全面协调是指相关各国将本国所有的宏观经济政策以及政策工具都纳入政策协调的范围中，从而最大限度地获取政策协调的收益，实现整体福利最大化。

但是，国际宏观经济政策的全面协调对相关各国而言意味着宏观调控权的丧失和经济主权的较大让渡，而且涉及政策实施后的利益分配，各国在讨价还价的过程中很难达成一致意见，所以目前只是理论上存在的一种政策协调类型，在实践中很难真正得以深入开展。

16.4.3 国际宏观经济政策协调的形式

国际宏观经济政策协调的形式较多，但比较常见的、使用频率较高的是制定国际规则、成立国际组织和构建多双边磋商机制进行协调。

1. 制定国际规则进行协调。

遵守通过协商达成的共同国际规则，降低协调的交易成本，维护稳定的经济秩序，是早期国际宏观经济政策协调的主要形式。如“布雷顿森林协定”，美国凭借其经济实力树立了美元的中心地位，美元与黄金挂钩，其他国家货币与美元挂钩，为二战后 20 多年间世界经济的复苏与稳定发展发挥了重要作用。

2. 成立国际组织进行协调。

国际货币基金组织、世界银行、世界贸易组织是全球范围内国际经济政策协调的三大支柱。国际货币基金组织原则上每年与会员国进行一次磋商，对其经济和金融形势以及经济政策作出评估，并通过提供多种贷款的方式帮助处理国际收支不平衡或应对危机；世界贸易组织争端解决机制的裁决具有自动执行的效力，其多边谈判不仅针对贸易领域，还涉及投资、金融等国内相关经济政策，对一国宏观经济政策的约束力很强。

区域经济合作组织是利用地缘优势而形成的宏观经济政策协调实体，欧盟是区域一体化组织中协调程度最高的一个，成员国通过让渡部分宏观经济决策权已经实现了共同的贸易政策和货币政策，成为当前区域经济合作的最高形式。

3. 构建多双边磋商机制进行协调。

世界上曾先后出现过众多的多双边磋商机制，相关国家定期或不定期地就金融、财政、外贸等宏观经济政策展开磋商、协调。双边磋商机制不胜枚举，多边磋商机制如亚欧会议、八国集团财长与央行行长会议、20 国集团财长与央行行长会议以及其他官方国际论坛，如达沃斯论坛。

16.4.4 国际宏观经济政策协调的内容

所谓国际宏观经济政策协调的内容，也就是国际宏观经济政策协调的对象，即“就什么协调”、“如何协调”的问题。由此说来，国际宏观经济政策协调的内容就是各国的宏观经济政策——金融政策、财政政策和外贸政策。当然正如前文所述，目前所能够实现的政策协调仅涉及其中的一部分，即产生政策“溢出效应”的中间变量。

1. 金融政策。

在资本可自由流动（或较自由流动）的情况下，一国金融政策，尤其是利率调节和汇率调节能够产生非常明显的“溢出效应”，因此金融政策中的利率和汇率政策是国际宏观经济政策协调的首要对象和内容。

以 1997 年下半年东南亚金融危机为例，其起因当然包括内因与外因，而内因则与相关国家的金融调控政策有很大联系：金融监管不力，信贷资金涌向房地产市场，形成“泡沫经济”，银行呆坏账问题严重；长期保持固定汇率制导致外债增加且结构不合理；高利率加上过早放松对资本市场的管制，造成游资的趋利性涌入且来去无阻。实际上，如果东南亚国家能充分发挥东盟（ASEAN）的国际宏观经济政策协调作用，协调好东盟各国的经济调控政策，在危机爆发前采取预防措施或在危机爆发时及时采取紧急援助措施，后果可能不会那么严重。

而 2008 年 10 月 8 日美联储、英国央行、欧洲央行、加拿大央行、瑞典央行和瑞士央行共同减息 50 个基点的一致行动，则在国际金融政策协调积极作用的发挥方面具有一定的代表性，它较好地向市场传递了一种强烈而明确的信号，对民众信心和信贷市场的恢复起到了一定的作用。

因此，一定范围内的各个国家就金融政策予以整体协调，对克服市场的盲目性并减少由此而造成的损害意义重大。

2. 财政政策。

财政政策同样是各国宏观调控的一种重要手段，但是在当前的国际宏观经济政策协调中却较少将其作为协调的主要对象和内容。这其中的根本原因在于财政政策的实施更多地体现了国家经济主权的行使，对其进行国际协调会涉及主权的让渡，有些问题难以绕开和逾越。

当然，对于财政政策的国际协调，虽然在实际操作层面有较大的制约因素存在，但从理论上来说还是非常必要的。因为财政政策的相当一部分政策工具是具有“溢出效应”的，尽管不像金融政策和外贸政策的那么显著。如政府采购政策，一国对外采购政策以及政府采购市场的对外开放程度毫无疑问是会影响到其他相关国家的经济利益的；再如税收政策，一国宏观税率的高低会对其他相关国家的税收政策产生一定的影响，如不加以协调则可能出现恶性的“税收竞争”问题。

欧盟财政政策协调的制度框架应该说具有一定的代表性。为了改善欧洲财政状况，保障欧元区经济的正常运行，欧盟成员国先后于 1991 年 12 月通过了《马斯特里赫特条约》，1997 年 6 月签署了《稳定与增长公约》，为成员国在进入经济与货币联盟时和入盟后制定了比较严格的财政趋同标准和财政约束规定，并为在欧元区内进行财政政策协调奠定了制度基础。

3. 外贸政策。

在一定时期内，一国政府都会根据本国的政治经济利益和发展目标，制定相应的外贸政策，其政策工具包括关税调整、出口补贴、出口退税、出口信贷、汇率调整和商品倾销。从严格意义上来说，外贸政策的政策工具很多并不是其自有的，而是从属于财政政策和金融政策，但这些政策工具确确实实对一国外贸政策的实施形成有力的支撑。如关税税目及税率的调整、出口补贴、出口退税，实际上是"借用"的财政政策工具，而出口信贷和汇率调整则是"借用"的金融政策工具，它们的使用会对一国进出口贸易额以及进出口贸易差额产生重要影响，从而对其他相关国家产生政策的"溢出效应"，因而成为国际宏观经济政策协调的主要对象和内容。

对外贸政策进行国际协调的最典型例子就是 WTO 的协调机制。在现有框架下，WTO 设立有贸易政策审议机构（TPRB）和争端解决机构（DSB），制定有《贸易政策审议机制》（TPRM）和《关于争端解决规则与程序的谅解》（DSU），其目的就是增强成员国贸易政策的透明度，合理解决贸易纠纷，协调各国贸易政策，实现多边贸易体制的平稳运行。

对于一国宏观经济政策而言，金融政策、财政政策和外贸政策的制定和实施往往是通盘考虑，综合发挥调控作用的，因此在国际宏观经济政策协调的实际操作过程中，并不是在所有情况下都要对其进行严格而明确的区分。

本章小结

1. 财政政策就是政府运用各种财政手段和措施，以实现一定时期预定的宏观经济目标政策。几十年来，世界各国从它们所面临的最迫切的经济问题出发，一直把促进经济稳定增长，也就是使经济既维持充分就业，又避免通货膨胀，实现既无失业又无通货膨胀的经济稳定增长，作为财政政策的中心目标。

2. 根据财政政策在调节社会总需求过程中发挥作用方式的不同，可以将财政政策区分为相机抉择的财政政策和自动稳定的财政政策两大类。相机抉择的财政政策，就是政府根据不同时期的经济形势，相应采取变动政府支出和税收的措施，以消除经济波动。它又包括旨在反经济衰退的扩张性的财政政策和旨在反通货膨胀的紧缩性的财政政策两种。自动稳定的财政政策，就是随着经济形势的周期性变化，一些政府支出和税收自动发生增减变化，从而对经济的波动发挥自动抵消作用。这主要是通过累进的所得税制度和公共支出中的各种转移性支出项目来实现的。

3. 货币政策的目标包括保持本币币值稳定、实现国际收支平衡和推动经济稳定增长。一般性货币政策工具有法定存款准备金率、再贴现率和公开市场业务。

4. 财政政策和货币政策各自有其不同的政策着力点：财政政策侧重于结构调节，货币政策则侧重于总量调节；财政政策侧重于收入分配的调节，货币政策则侧重于保持币值的稳定；财政政策对于刺激经济增长、推动经济摆脱衰退走向繁荣，作用比较明显，而货币政策则对于收缩通货膨胀、抑制经济过热，效果更显著一些。

5. 财政政策与货币政策协调配合的主要模式有：扩张性财政政策与扩张性货币政策的配合使用、紧缩性财政政策与紧缩性货币政策的配合使用、扩张性财政政策与紧缩性货币政策的配合使用以及紧缩性财政政策与扩张性货币政策的配合使用。

6. 国际宏观经济政策协调是指各个国家的政府以互利共赢或整体福利最大化为目标，就金融、财政、外贸等宏观经济政策进行磋商、调整，或联合采取干预行动，以保持和促进经济的稳定增长，包括信息交换、危机应对、部分协调和全面协调四种由低到高层次的类型。

7. 国际宏观经济政策协调的形式有制定国际规则、成立国际组织以及构建多双边磋商机制进行协调，协调的内容主要涉及金融政策、财政政策和外贸政策中的相关政策工具。

关键术语

财政政策	财政政策的目标	充分就业
季节性失业	摩擦性失业	结构性失业
周期性失业	物价稳定	通货膨胀
经济增长	菲利普斯曲线	相机抉择的财政政策（斟酌使用的财政政策）
扩张性的财政政策	紧缩性的财政政策	自动稳定的财政政策（“内在稳定器”）
法定存款准备金率	再贴现率	公开市场业务
货币政策传导机制	扩张性财政政策	紧缩性财政政策
扩张性货币政策	紧缩性货币政策	国际宏观经济政策协调

复习思考题

1. 财政政策有哪三个目标？各自的含义是什么？三者之间是一种什么样的关系？

2. 何谓相机抉择的财政政策？相机抉择的财政政策主要包括哪几种？它们适用于什么样的经济环境？它们又是如何发挥效用的？

3. 何谓自动稳定的财政政策？自动稳定的财政政策主要包括哪些内容？它们是如何发挥效用的？

4. 简述财政政策与货币政策调控的侧重点有何不同。

5. 结合实际，论述财政政策与货币政策协调配合的主要模式及其适用范围。

6. 何谓国际宏观经济政策协调？主要有哪些类型？

7. 国际宏观经济政策协调的形式有哪些？主要涉及哪些内容？

本章阅读书目

1. 宋承先. 现代西方经济学（宏观经济学）. 上海：复旦大学出版社，1994

2. 吴易风，王建. 凯恩斯学派. 武汉：武汉出版社，1996

3. [美] 巴罗. 新古典主义财政政策探讨. 现代经济周期理论. 北京：商务印书馆，1997

4. [美] 托宾. 十年来的新经济学. 北京：商务印书馆，1980

5. [英] 约翰·梅纳德·凯恩斯. 就业、利息和货币通论（重译本）. 北京：商务印书馆，1999

6. Samuelson，P. A. and W. D. Nordhaus，*Economics*. Sixteenth Edition，McGraw-Hill，1998

7. Mankiw，N. G. and D. Romer（eds）. *New Keynesian Economics*. Cambridge：MIT Press，1991

第 5 篇

政府间财政关系理论

第 17 章

财政分权管理体制

在公共部门经济学中，政府间的财政关系问题是一个永恒的话题。这不仅仅是因为它具有较高的理论研究价值和实际操作意义，更是由于它伴随着不同国家、不同时期经济体制变迁而迸发出的勃勃生命力。

本章主要介绍财政分权理论、中央与地方财政职能的合理界定、中央与地方政府间事权和财权的科学划分以及分税制财政管理体制，力求使大家对这些问题有一个比较清晰、透彻的认识和理解。

重点问题

- 财政分权理论
- 中央与地方政府间的财政职能划分
- 中央与地方政府间的事权、财权划分
- 分税制财政管理体制

17.1 财政分权理论

财政分权理论在很大程度上是以资源配置或经济效率理论为基础的，同时基于政治方面的考虑也是不可忽略的影响因素。

17.1.1 公共物品理论

公共物品理论是公共部门经济学的理论基础，许多命题都可以在这里找到理论依据，财政分权问题也不例外。研究财政分权问题，可以将分析公共物品受益范围的层次性作为出发点。

公共物品受益范围问题，是公共物品理论的延伸。研究公共物品的受益范围，实际上就是研究公共物品的层次性问题，进而为分析不同特征的公共物品与各级政府职责和行为目标之间的内在联系，并为科学、合理地界定和划分各级政府间的事权及支出范围提供必要的依据。

绝大多数公共物品都有其特定有限的受益区域，而没有绝对无限的受益区域。这就意味着，社会成员对公共物品的享用程度，要受到来自地理和空间等因素的影响。对此可以用一个简单的例子来加以说明。

比如说，假设一个国家仅由甲、乙、丙三个地区组成，甲和乙相邻，乙和丙相邻，甲和丙互不搭界。如果甲这个地区的社会治安系统十分健全有效，那么，理所当然的是，甲地区的全体单位和居民将从中受益；而乙地区，由于和甲地区相邻，其单位和居民也将从甲地区健全的社会治安系统中获得一定的收益，但这种收益和甲地区本地的单位、居民相比则要小得多；再来看一下丙地区，由于甲、丙两个地区相隔较远，丙地区的单位和居民从甲地区健全的社会治安系统中几乎没有任何直接收益可言。①

现在如果假设这个国家的社会治安系统都十分健全有效的话，情况当然会大大改观，甲、乙、丙三个地区的单位和居民都可以从这一全国性的健全有效的社会治安系统中受益，而且其受益的程度在理论上是相等的。

由此，我们不难得出这样的结论：地区性的公共服务提供系统只有在本地区才能显示出积极的作用，而在其他地区，其作用明显弱化，甚至根本体现不出来。只有全国性的公共服务提供系统才能够使国内（各个地区）的全体居民受益。

---

① 当然，在这个例子中，乙地区和丙地区的居民去甲地区出差或旅游的情况应该另当别论。

通过对上述例子和其他类似的情形进行归纳并做出概括后，我们会发现，公共物品的性质不同，其受益范围就不同，其提供主体也应该是不同的。据此，我们引申出全国性公共物品与地方性公共物品这两个既相互区别又密切联系的范畴。

全国性公共物品是指那些与国家整体有关的、所有社会成员均可享用的物品和服务，其受益范围是全国性的，如国防，这样的公共物品应当由中央政府来负责提供。从理论意义上讲，全国性公共物品应该具有两个方面的突出特征：一是全国性公共物品的受益范围被限定在整个国家的疆域之内，无论国土面积大小，都是如此；二是全国性公共物品的提供者为中央政府，而不应该是某一级地方政府。

所谓地方性公共物品，是相对于全国性公共物品而言的。具体地讲，地方性公共物品是指那些只能满足某一特定区域（而非全国）范围内居民公共需要的物品和服务，如路灯等一系列城市基础设施，其受益范围具有地方局限性。这表明地方公共物品的提供者应该是各级地方政府，而不应该是中央政府，并且，这类公共物品的受益者主要是本辖区的居民。

地方性公共物品之所以应该由地方政府提供，而不应由中央政府提供，是一个看似简单但却需要认真分析的问题。不难理解，不同地区的居民对一定的地方性公共物品的偏好程度是各不相同的，而且各地方辖区内的居民数量也会有一定的差异，由此决定了不同地区的居民对这种地方性公共物品的需求量也各不相同。在这种情况下，若由中央政府出面提供各个地方的地方性公共物品，那么它只能选择一个尽可能综合反映各个地方利益的“量”。虽然这个“量”也许对某一个地区有利，但对其他地区来说却是不适宜的。相比之下，地方政府则能够更好地、更全面地了解本地居民对公共物品的需求偏好，从而更有针对性地、高效地提供地方性公共物品。

鉴于公共物品的受益范围与提供的空间特点，要保证公共物品的有效供给，客观上就要求中央政府和地方政府分工负责，各自承担起提供全国性公共物品、地方性公共物品的职责。体现在财政管理体制上，就要求中央和地方财政实行分级、分权管理。

从公共物品及个人偏好角度出发来构建财政分权理论框架的，以沃伦斯·欧茨（Wallace Oates）和查尔斯·提布特（Charles Tiebout）的理论最具代表性。

欧茨在其1972年出版的经典名著《财政联邦主义》中提出，财政分权理论是以这样一个现实为基础的，即并非所有公共物品都具有相似的空间特征，一些公共物品可以使整个国家受益，而另一些公共物品只能使某一地区受益。此外，不同地区的消费者对公共物品的偏好程度也存在差异。这就要求政府根据公共物品的空间特征和消费偏好的多样性提供相应的产出水平。欧茨得出的基本结论是，地方政府为其辖区提供相应的产出水平通常要比中央政府对所有辖区提供统一的产出水平更加符合帕累托效率。

提布特在其 1956 年对财政分权理论所做的概括中指出，分权的最终结果将有助于对不同人口群体的公共物品偏好做出判断。地方政府提供某些公共物品，这些群体可以按照其从该公共物品中获益多少来支付一定的代价（即税收）。而且，个人还可以通过向最能反映其消费偏好的辖区流动来表示他们对原辖区的不满。这就可能出现一个边际点，即消费公共物品所获得的收益等于以受益税方式支付的成本，也就是接近于帕累托最优解决方案。

在划分公共物品的受益范围以及确定其提供者时，我们需要澄清下面两个问题：

首先，纯粹公共物品并非肯定就是全国性的，混合公共物品也并不一定就是地方性的。以路边的路灯为例，它具有效用的不可分割性、消费的非竞争性和受益的非排他性，是典型的纯粹公共物品。但是路灯的受益范围却很小，甚至仅仅局限在某一个街区之内。由此可见，即使对于纯粹公共物品来说，也有着全国性与地方性之分，也具有一定的层次性。

其次，根据公共物品本身的特征和受益广度的差异以及各级政府职责的内在要求，可以判断出，地方性公共物品须由地方政府负责提供，全国性公共物品则应该由中央政府出面提供。然而，这并不意味着逆命题成立，即不能反过来说，由地方政府提供的就是地方性公共物品，由中央政府提供的就是全国性公共物品。事实上，在某些情况下，由地方政府提供的许多公共物品的受益范围虽然以本地区为主，同时也可以在一定程度上超出本区域的界限，成为对其他地区产生一定影响的公共物品。与此相似，由中央政府提供的许多公共物品，也可能仅仅在某一特定区域内释放出其效应。在这一方面，中央政府财政给予受灾地区的救灾性补助和对落后地区下拨的开发性补助就是比较突出的例子。

17.1.2 集权、分权理论

从经济学的角度考察，如果说公共物品在受益范围方面所具有的层次性，在主观上为财政分权提供了理论依据，那么，从政治学的层面分析，中央与地方政府在职能分工上所具有的层次性，就在客观上为财政分权奠定了前提条件。

我们都知道，人类社会的许多事务是不能通过个人自觉自愿的方式来得以解决的，而需要通过政治权力来解决。政府就是人类社会运用政治权力来解决人类事务的组织手段。但是，由于社会的规模一般都比较大，其权力不可能由单一级次的组织来行使，由此产生的政府也不可能是单一级次组织，而是由多层政府组成的一个政府体系。

一般来说，在任何国家，无论是联邦制国家，还是单一制国家，中央政府（联邦政府）都是国家利益的代表者，而地方政府则是地方利益的代表者。国家利益是一个国家的整体利益，而地方利益则是一个国家内部各个地方的局部利益。由此，就必然会引发政府的集权与分权问题。

自 20 世纪 70 年代末以来，许多发达国家，以及相当数量的发展中国家，都开展了下放权力的变革运动。这一变革既包括基本政治框架的变革，又包括经济框架的变革，而它的核心则在于作为政治框架和经济框架结合部的历史性变革。这一切都意味着，政治上的分权必定会引发经济上的分权，财政分权似乎是不可避免的。

17.1.3 财政联邦主义

政治上关于分权的改革有着充分的经济方面的理由，这也可以用财政联邦主义来加以证明。所谓财政联邦主义，并不一定是指政治上实行联邦主义，它实际上意味着这样两种可能情形：一是得到上级授权的地方当局进行地方决策；二是地方当局具有独立的宪法所保障的权力。显然，前者是法律所规定的在集权体制下的分权，而后者则是地方政府根据宪法拥有独立权力的分权。

财政联邦主义为地方分权提供了强有力的理由：

首先，地方政府存在的理由是它比中央政府更加接近民众，也就是说它比中央政府更加了解其辖区民众的需求和效用。从可能性来看，地方政府可能未必一定比中央政府掌握更多的有关地方性公共物品的信息，但是地方政府的确比中央政府更了解本地居民的需求。中央政府相对于地方政府来说，毕竟山高皇帝远，不可能对所有地方的需求状况了然于胸。而当实施地方自治时，地方政府显然会更加关切地方百姓的需要。

其次，一个国家内部不同地区的人有权对不同种类和数量的公共物品进行各自的选择，而地方政府就是实现不同地区不同选择的机制。① 地方政府在某些公共物品的提供上的确比中央政府优越，但人们对地方政府与地方政府之间是否还

① 1957 年，乔治·斯蒂格勒（George Stigler）发表了《地方政府功能的适当范围》一文，探讨了地方分权的经济理由。

有比较呢？是什么原因使得人们愿意住在这个地方，而不住在那个地方呢？提布特在《地方支出的纯理论》一文中不仅提到了前文关于地方公共物品最优供给的条件，而且还提出了地方政府之间的竞争理论。他认为，人们之所以选择某一个地方作为自己的居住地，是因为他们想在一个国家内部寻找地方政府所提供的公共物品与所征税收之间的最佳关系，这种组合关系能够实现自己的效用最大化。一旦人们能够根据自己的效用最大化原理去寻找适当的地方居住，并倾向于在高成本的地方政府和低成本的地方政府之间进行比较并选择低成本的地方政府①，那么，充分自由选择的结果，就会实现前面所介绍的地方公共物品的最佳供给。地方政府之间要进行竞争，其最为重要的条件就是要有地方自主权，显然地方分权是必要的。

上述理由实际上意味着：(1) 为了实现资源配置的有效性与分配的公平性，某些公共决策应该在最低层次的政府进行，比如政府对所有的儿童提供标准的教育，提供标准的基础性医疗保健服务，对所有的汽车规定安装统一的控污装置，要求所有的驾驶员都系上安全带，这些事情让地方政府来做可能会比让中央政府来做更有效率一些。(2) 地方政府之间也会存在竞争，但这种竞争更有利于资源配置效率的提高。

当然，这些理由并不是要否定中央政府的作用，中央政府是必要的，基层政府也是必要的。当基层政府或者下级政府之间发生矛盾时，当涉及较大范围的公共事务时，上一级政府或者中央政府就应该发挥其职能作用了。

17.1.4 俱乐部理论

所谓俱乐部理论，就是假定地方是一个由自愿聚合在一起的人们所组成的聚合体或者社群，可以形象地称之为“俱乐部”。俱乐部向各位会员提供公共物品，但成本由各位会员分担（即税收份额）。这时公共物品供给的边际成本为 0（这是由公共物品在消费上的非竞争性所决定的）。如果俱乐部接收新的会员，那么俱乐部成员原来所分担的公共物品的成本就可以由更多的会员来分担了，实际上等于是在固定成本的情况下由更多的人来分担。现实的情况是，公共物品供给的边际成本为 0，但是平均成本却因此而下降了。但是，俱乐部的这种“扩张”并不是无限制的，俱乐部物品的一个重要特征就是，新会员的加入，到一定程度会

---

① 这就是经济学中的“用脚投票”（voting with the foot）理论。所谓“用脚投票”是指人们在地域限制并不严格的情况下，可以通过移居来达到避税、实现自身福利最大化等一系列经济上的，甚至是政治上的目的。

产生拥挤效应，也就是说，在超过拥挤点以后，随着新会员的加入，公共物品的边际收益会呈现出递减状态。这就存在一个俱乐部最佳规模的确定问题。一个俱乐部的最佳规模就是在由负的外部效应所产生的边际成本（外部边际成本，即拥挤成本）正好等于由于新会员分担运转成本所带来的边际节约这个点上。俱乐部理论实际上是论证了地方政府的适当规模问题。也就是说，一个地方政府的规模，应该确定在外部边际成本（拥挤成本）正好等于由新成员承担税收份额所带来的外部边际收益这一点上。

因此，至少在理论上，我们能够断定，存在多个适当规模的地方政府，就可以通过人们在不同辖区之间进行移居来提高资源配置的效率。假设地方政府所提供的公共物品存在富余现象，即新增加一个成员的边际成本为0，而每增加一个成员后的平均成本却得到了节约，这时地方政府之间就会出现竞争，如果欲加入者是一个比较富裕的人，地方政府就会更愿意提供比较好的条件来吸引他们。

应该说，根据俱乐部理论，无论是从地方政府适当规模的角度，还是从地方政府相互竞争的角度，我们似乎都可以得出地方政府的存在是不可或缺的、是必然的这样一个结论。

17.2　中央与地方政府间的财政职能划分

研究中央与地方政府间的财政关系，实质上是把财政职能在行政组织系统内（中央与地方之间）具体化。在第1章中，我们曾把财政职能概括为资源配置、收入分配和稳定经济三个方面。因此，在考察中央与地方政府间财政关系的时候，必须对财政职能进行结构分析。

17.2.1　资源配置职能

与中央政府相比较，地方政府在资源配置方面可能更有优势，这主要表现在它对本地区居民公共需要的了解要比中央政府更多一些，从而可以因地制宜地为本地区居民提供质量上乘、数量适当的地方性公共物品。

虽然地方政府主要是在较小的范围内进行资源配置，但这种配置的针对性却明显增强了。地方政府提供的公共物品大致包括四类：

一是基础设施，这主要包括道路、交通、电力、电信、自来水、下水道、路灯、垃圾收集与处理、管道煤气，乃至港口、机场、车站等。从经济学的意义上讲，基础设施是一个包含着很多内容和活动的术语，它在生产技术上贯穿着规模经济（economics of scale）的特点，即基础设施的单位生产成本随着产出的增加而大幅度地下降。由此，也就很容易导致自然垄断现象的出现，使得单一或个别生产者有可能成为所谓“最有效”的经营者。

二是社会服务，主要有基础教育（如九年义务教育）、医疗卫生、社会保障与社会福利、气象预报、消防、公园等。这一类型的公共物品，具有较为明显的社会公益性和半社会公益性的特征。而且，在许多社会服务的提供过程中，也可以通过定价的方式收取一定的费用。当然，与基础设施不同，社会服务中似乎并不包含明显的规模经济和自然垄断问题。

三是文化与传播媒介，主要包括广播、电视、报纸、杂志、出版、图书馆、文化艺术馆、博物馆、表演团体、文物与文化遗产的发掘等。不难看出，上述行业的主体实际上是提供精神产品的部门和单位。当社会步入信息时代之后，人们比以往任何时候都更加关注和依赖各种最新、最可靠的资讯。当物质需求得到一定程度的满足之后，人们会更希望拥有高层次的精神享受。在这样的背景下，与文化及传播媒介有关的部门和单位所提供的各种公共物品，无疑会显示出相当大的社会效应。

四是社会管理，这主要是由地方行政管理机构（不包含行业的经济主管部门）、公共秩序和公共安全机构等组成，如果算上无形的社会管理，那就还应该包括政府的政策及规制（regulation）等。在各类地方公共物品中，与社会管理有关的公共物品更具有效用的不可分割性、受益上的非排他性和消费上的非竞争性的特点，更能够体现政府的职能和作用，因而也就属于应由地方政府提供的较纯粹的地方公共物品的范畴，需要依靠强制性的征税来弥补其“成本”和“耗费”。

17.2.2 收入分配职能

收入分配职能主要是指财政的再分配功能。从理论和实践相结合的意义上讲，凡是调控性的、具有全国性意义的职能，就应该由中央政府行使。从这一大前提出发，可以说，进行收入再分配理所当然应该主要由中央政府来承担。这样的判断，是通过分析由地方政府负责个人收入再分配的低效性甚至无效性而做出的。

一般说来，收入再分配政策要求具有一定的倾斜度，即把对高收入者课征的累进税收转移给低收入者，以减轻贫富差异的程度。我们假设社会成员在全国范围内是可以自由移居的。在这种情况下，如果某一地方政府独自实施收入再分配政策，在课征较高的个人累进所得税的同时给予低收入者以较多的转移支付的话，那么，就会出现本地区高收入者大量移出、外地低收入者大量涌入的状况。显而易见，这种问题的出现是与地方政府决策者的初衷大相径庭的。地方政府的本来意愿是想通过再分配政策来促进公平、减少贫穷，进而提高效率，实现区域内社会经济的协调、有序发展，但本区域以内及以外分配政策的差异却在客观上起到了加剧贫困的作用，从而导致了资源的非正常流动。这样一来，也就难以真正实现公平和提高效率。

由此可见，地方政府实施收入再分配政策所起的正常的或者说是积极的作用是比较小的。若想使收入分配政策真正奏效，就需要承认和发挥中央政府的作用，由中央政府在全国范围内运用这一政策。这样一来，在区域间通过移居来避税或者通过移居来竞相享用政府转移支付的现象就会减少乃至消失，取而代之的很可能是人力资源的较为合理的流动。

17.2.3 稳定经济职能

稳定经济并实现经济的有效增长也是政府的重要职能。与收入分配的职能相似，实现经济的稳定同样也是中央政府义不容辞的职责。这样的判断，同样是通过分析地方政府实施经济稳定政策的低效性甚至无效性而做出的。

通常，经济稳定和经济增长的目标集中地体现为社会总供求之间的大致平衡。如果社会总供求保持了平衡，那么，物价水平就会处于基本稳定的状态，也就有助于实现充分就业和国际收支平衡，经济增长率也会较为适度。调节社会总供求，是由政府通过有目的地协调运用财政和货币政策，产生组合效应，或单独选用财政、货币政策中的一种，来促进供求总量向平衡点移动。正常条件下的全国市场是统一的、整体的，而不是分散的；地方经济也是相对的，它不可能独立于其他地区的经济而存在。地方政府在调节社会总供求方面所采取的任何措施，都会超越本地区的界限，对其他地方产生影响，从而降低该措施在本地区内所产生的效应。

假设在因需求不足而导致供求失衡的情况下，某一地方政府试图独自制定和运用财政政策来刺激本地区的总需求，可供选择的主要方式无外乎有两种：或者增加财政支出，或者减少税收收入。这样一来，由地方政府针对需求不足而采取的增支减收措施就可能产生一些值得注意的问题：

首先，增支减税会导致预算赤字，但地方政府的财政赤字并不容易单纯依靠地方自身来弥补，通过刺激经济而增加的财政收入和储蓄（或部分地用来认购公债）也并不一定能足以抵消赤字。并且，增发的地方政府公债中的大部分可能会被生活在国内其他地区的居民所认购和持有，从而形成了地方政府的“外债”负担。

其次，减税不仅能刺激本地区经济和增加企业及个人收入，而且也会对其他地区产生类似甚至更大的影响。这是因为，居民所购买和消费的不只是本地企业的产品，外地企业的产品实际上也占有相当的比重。

再次，地方政府不能控制货币供给和掌握利率杠杆，也难以有效地控制物价和对外贸易，其宏观调控政策的效应与力度就必然要打折扣。

相比之下，中央政府在运用财政政策和配合运用货币政策方面处于有利的地位，并且也会产生有效的作用。从上述意义上讲，调节宏观经济运行和促进经济增长的职责应该由中央政府出面承担。

17.3　分税制财政管理体制

分税制财政管理体制就是将国家的全部税种在中央和地方之间进行划分，确定中央财政和地方财政的收入范围，以保证中央政府和地方政府各自职能的顺利实现。其实质是根据中央政府和地方政府的事权确定其相应的财权，通过税种的划分形成中央与地方的收入体系。它是财政分权管理体制的典型代表，也是市场经济国家普遍推行的一种财政管理体制模式。

17.3.1　政府间的事权及财政支出范围划分

政府间事权的划分，是政府职能在各级政府间进行分工的具体体现，也是财政分权管理体制的基本内容和制度保障。事权明晰，也就意味着各级财政支出范围的确定。

1. 政府间的事权划分。

(1) 政府间事权划分的原则。

受益范围原则。受益范围原则是指将各项事权项目受益的对象和范围大小作为各级政府履行职责的依据。凡具有以国家整体为服务对象，全体公民都能从中受益的公共性质的项目，如国防、外交等由中央（联邦）政府负责；凡具有以省(州）或地方为服务对象，其受益范围仅限于某一区域的公共性质的项目，如省(州）或地方的基层设施，则由地方政府负责。

事权与财权相对称原则。一级事权必须有一级财权作保证。事权与财权相对称原则就是要求先明确中央与地方的事权，然后依据各自的权责确定相应的财权，不应有大于财权的事权，也不应有小于财权的事权。①

效率原则。效率原则主要是指应该考虑某项事务交由哪级政府办理成本最低、效率最高。对于全国性的公共物品，地方政府往往是心有余而力不足，应该交由中央（联邦）政府去做；而对于地方性的公共物品，往往是中央（联邦）政府对其需求的了解不及地方政府，所以这样的事务应该纳入地方政府的职责范围。

法律规范原则。法律规范原则是指中央（联邦）政府与地方政府的事权划分，应该通过严格的法律程序加以规范，并用法律手段解决各级政府之间的利益冲突，从而使各级政府间的事权划分科学化、规范化。

（2）政府间事权划分的具体做法。在政府间事权的划分上，世界各国所采用的方法不尽相同，对具体项目的处理也不完全一致，但所形成的基本格局如下。

国防事务。对国防事务的立法权为中央专有，对国防事务的行政权则以中央直接管辖为主，地方所享有的国防行政权主要限于组织地方武装力量，协助征集兵员，负责所管辖地域的国防。②

外交事务。绝大部分国家将外交事务划归中央专门管理，只有部分联邦制（或邦联制）国家容许成员国保留部分外交权。但这类外交权不仅以非政治性的外交活动为主，而且在国家外交活动中所占比例不大，同时还附有严格的限制条件。

公安事务。中央对事关国家主权的公安事务，如国籍管理、出入境管理等实行专门管理；而对于维护国家安全与秩序的主要工具——警察，则由中央与地方共同管辖。

内政事务。中央机构的建制由中央决定，中央与地方分别建立；地方机构的建制，由地方决定并建立。

司法事务。当代世界各国的司法体制分为高度集权、集权为主和分权三类。在高度集权的司法体制下，所有司法制度都由中央立法并实施，所有司法机关都由中央建制并管理，地方不得插手。在集权为主、分权为辅的司法体制下，所有关于司法方面的立法权全部集中于中央，所有司法制度、司法机关的建制均由中央立法并主要由中央实施，地方只是在一定范围内享有司法行政管理权。在分权的司法体制下，一个国家之内实行二元的司法制度，或者同时并存两套司法系统，或者同时并存两套法律制度，或者兼而有之。

---

① 这里的事权与财权相比较，已经考虑了政府间转移支付的因素。

② 地方政府拥有国防行政权这种情况多见于联邦制国家，在中央集权制国家则比较少见。

经济事务。全国范围的产业事项由中央政府管理，局部范围的产业事项由地方依照法律规定管理。全国范围内的基层设施项目由中央管辖，局部范围内独立的基层设施项目则由地方管辖。全国范围内事关国际关系和国家主权的产业部门、行业制度由中央专门管辖。在财政金融方面，世界各国都实行以中央集中管理为主、地方协助管理为辅的财政金融管理体制，由国家统一管理信用、货币和银行体系。

文化教育事务。文化教育事务在有的国家是由中央来负责执行的，在有的国家则纳入地方政府的职责范围，还有的国家由中央和地方共同负责。针对具体的项目来说，发展文化事业的方针、政策以及措施一般都是由中央进行决策的；对于文化遗产的保护，既有由中央立法并执行的，也有完全交由地方执行的；图书馆、文化馆、博物馆等馆藏事业既有由中央立法并执行或交由地方执行的体制，也有由中央与地方共同立法并执行的体制；传播媒介以中央立法并实施或交由地方执行为原则；文化娱乐设施由中央与地方共同立法并实施。教育立法方面，有中央与地方共同立法的，有中央立有专法的，也有地方立有专法的。在教育行政方面，有以地方管理为主的，也有以中央管理为主的。

2. 政府间的财政支出划分。

（1）财政支出划分的原则。财政支出的划分是指财政支出在中央财政与地方各级财政之间的划分。国家在划分中央财政与地方财政支出时，应遵循受益原则、行动原则和技术原则。

受益原则。凡政府所提供物品和服务的受益对象是全国民众，则支出应属于中央（联邦）政府；凡其受益对象是地方居民，则支出应属于地方政府。

行动原则。凡政府活动的实施是在行动上必须统一规划的领域，其支出应属于中央政府；凡政府活动在实施过程中必须因地制宜的领域，其支出则应属于地方政府。

技术原则。凡政府活动或公共工程，其规模庞大，需要较高技术才能完成的项目，其支出应归中央政府；否则，则应属于地方政府。

（2）财政支出划分的具体做法。中央与地方财政关系中诸多问题的焦点，一般都集中在支出的划分上。因为支出划分所反映和体现的便是各级政府间的责权划分问题。所以，政府间财政支出的划分应该与其事权划分的口径一致，并且同样应该按照经济效率的要求，由中央和地方政府根据居民的偏好以尽可能低的资源耗费分别提供不同层次的公共物品。当然，由于各个国家之间在历史、立法以及社会发展状况等方面存在着差异，因此，在支出划分上存在着共性的同时，也必然会有一定的不同之处。世界各国对财政支出划分的具体做法详见

表 17—1。

表 17—1　　世界各国财政支出划分的具体做法

支出项目	事权（支出责任方）	资金来源（支出供应方）
国防	F	F
外交	F	F
外贸	F	F
环境	F	S、L
货币、银行	F	F
州际贸易	F	F
移民	F	F
待业保险	F	F
航空、铁路	F、S、L	S、L
工业、农业	F、S、L	S、L
教育、卫生	F、S、L	S、L
社会福利	F、S、L	S、L
警察	S、L	S、L
高速公路	F、S、L	S、L

说明：F 代表联邦或中央政府，S 代表州或省，L 代表地方政府。

资料来源：包丽萍等：《政府预算》，324 页，大连，东北财经大学出版社，2000。

17.3.2　政府间的财权划分

所谓政府间的财权划分，实际上就是指财政收入在各级政府间的划分。由于世界上绝大多数国家的税收收入占财政收入的比重都在 90%以上，所以划分中央财政与地方财政收入就主要体现在税收收入的划分上。

1. 税收收入划分的原则。总的来说，政府间税收收入的划分应当遵循效率原则、适应原则、恰当原则和经济利益原则进行。

(1) 效率原则。该原则以征税效率的高低作为标准来划分中央和地方收入。宜于中央集中征收的归入中央收入，相反，则划为地方收入。例如，所得税的征收对象为各类所得，但所得的所在地点会随着纳税人的流动而难以固定。并且，人在一地，所得可能在另一地，或在几地甚至遍及全国各地。这样，若把所得税归于地方政府，征收起来就比较麻烦且缺乏效率。如果把所得税归于中央政府，征收起来就较为方便和有效率。再比如土地税或财产税，由于地方税务人员比较了解当地情况，由地方政府征收这些税就比较方便且有效率，因此，土地税或财产税一般划为地方税。

（2）适应原则。适应原则是以税基的宽窄为标准来划分中央与地方收入。税基宽的税种归中央政府，税基狭窄的税种归地方政府。例如印花税，税基广泛，就应属于中央税；房产税因为其税基存在于房屋所在区域，较为狭窄，所以应为地方税。

（3）恰当原则。该原则以税收负担的分配是否公平作为标准来划分中央与地方政府收入。税种归哪一级政府，要看哪一级政府更能保证税收负担的公平分配。例如，所得税是为了使全国居民公平负担税收而设立的，这种税如由地方政府来征收，就难以达到上述目标，所以，所得税划归中央政府，才符合恰当原则。

（4）经济利益原则。该原则以增进经济利益为标准来划分中央与地方收入。税收究竟归属哪级政府，应以便利经济发展，不减少经济利益为标准。如增值税、消费税划归中央，可以使货物在全国范围内畅通无阻，有利于组织生产。反之，如果将其归于地方政府，则同一货物每到一地，均要征一次税，致使成本增加，对经济发展极为不利。

2. 税收收入划分的方式。在中央与地方之间进行税收收入划分，也被称为“税收分割”，它有多种方式，具体地说，主要包括分割税额、分割税率、分割税种、分割税制和混合型五种类型。①

（1）分割税额。分割税额是指先统一征税，然后再将税收收入的总额按照一定比例在中央与地方政府之间加以分割，这种方式又可称为收入分享。中国经济体制改革以前曾经实行的“总额分成”，就做法而言实际上就属于这种方式。但需要指出的是，西方财政理论与实践中的所谓收入分享与我们所说的“总额分成”相比，无论在内涵还是在外延上都有着很大的差异。在许多情况下，西方国家财政中的收入分享是指中央与地方政府之间的一种转移支付关系。

（2）分割税率。分割税率是一种按税源实行分率计征的方式，即由各级财政对同一课税对象按照不同的税率征收。此类方式又可进一步划分为两种：一是上级政府对某一税基按照既定比率征税并将税款留归本级财政之后，再由下级政府采用自己的税率，对相同的税基课征税收且自行支配该税收款项（下级政府亦可在上级政府征税的同时或之前按自己的税率对同一税基征税）；二是上级政府在对某一税基采用自己的税率对同一税基课征，而后将这种税款发给下级政府。在

---

① 尽管税收划分的方式有多种类型，但目前国际上比较通用的当属分割税种这种方式。所以，本书在对税收划分的原则及世界各国的具体做法进行介绍的时候，主要是以分割税种为主线展开的。

税收术语中，称后一种方式为“税收寄征”。

(3) 分割税种。分割税种是在税收立法权、税目增减权和税率的调整权等税收权限主要集中于中央的条件下，针对各级政府行使职能的需要，综合考虑主体税和辅助税中各个税种的特征以及收入量等因素，把不同税种的收入分割给各个级次的政府财政，即按税种划分收入范围，确定哪些税种归中央，哪些税种归地方，哪些税种由中央与地方共享。但在这种方式下，地方政府不享有等同于中央的税收立法权。

(4) 分割税制。分割税制是指分别设立中央税和地方税两个相互独立的税收制度和税收管理体系，中央与地方均享有相应的税收立法权、税种的开征和停征权、税目的增减权和调整权，并且有权管理和运用本级财政收入。当然，尽管两级税收体系相对独立，但它们之间又是相互衔接和相互补充的，而不可能截然分开。

(5) 混合型。混合型是指在税收分割中综合运用上述四种方式中两种以上的做法而形成的一种中央与地方税收体系。例如，在以分割税制为主的情况下，辅之以对某一个或某些税种的收入实行共享的方式；或者以分割税制为主，同时中央和地方政府也对某一个或某些税源实行分率计征。在现代经济社会条件下，一个国家分割税收时所采取的方式往往不是纯而又纯的前四种方式，而通常采取混合型的税收分割方式。

需要补充的是，某些看起来与税收并无关联的税收优惠措施，如税收扣除、税收抵免和税收免征等，有时也可以成为事实上的税收分割方式。例如，如果在计算纳税人的中央税应税收入时，允许从已调整的总收入中扣除大部分已对地方政府缴纳的税额，那么这种税收扣除就可以被看做是对税收的一种分割。与此相类似，税收抵免措施允许纳税人用对地方政府的纳税额抵付对中央政府的纳税额，税收免征措施允许对购买地方政府债券所得的利息收入部分免征中央所得税，这些方式无疑都会客观地产生分割税收的功效。

3. 税收收入划分的具体做法。税收收入是政府财政支出的前提和保证。只有税收收入充裕，财政支出项目才有保障，政府才能更好地行使其事权，履行其职能。因此，各国都非常重视政府间税收收入的划分。归纳起来，政府间税收收入划分中比较有代表性的具体做法有：

(1) 将那些与稳定国民经济有关的税种以及与收入再分配有关的税种划归中央政府，如个人所得税和公司所得税。

从所得课税天然具有的稳定经济功能来看，所得课税一般来说是累进税，当国家经济快速增长时，个人和公司的收入增加，平均税率便随之上涨。税率的上升会抑制投资供给的过快增长，从而防止经济过热现象的出现。当国家经济衰退时，个人和公司的收入下降，平均税率也随之下降，这将直接刺激投资供给的增长，从而促进经济复苏。个人所得税和公司所得税的这种功能被称为“宏观稳定器”的功能。由于稳定宏观经济属于中央政府的职责，那么用于稳定经济的税种也应归于中央政府。

从所得课税的调节收入分配的功能来分析，由于所得税一般来说是累进税，收入较高的个人和地区所适用的平均税率较高，收入较低的个人和地区所适用的平均税率较低，因而所得税可以达到对收入进行再分配的效果。由于收入再分配在很大程度上是中央政府的职责，因而具有收入再分配功能的税种也应归于中央政府。

从世界各国的税收实践来考察，在个人所得税占税收主要部分、税收征管手段发达的西方国家，将个人所得税划归中央政府是适宜的。但是在很多发展中国家，个人所得税占税收收入的很小部分，而且虽然名义上是累进税，但由于普遍的逃税，事实上个人所得税起不到稳定经济和调节收入分配的作用。另外，在这样一些国家，地方政府在相当程度上可能会承担收入再分配的职能，因而将个人所得税的一部分划归地方政府可能是更好的选择。同时，在几乎所有的国家，公司所得税均划归中央政府，无论从保证财源角度来说，还是出于稳定经济与调节收入分配的考虑，这种划分都是合理的。但地方政府往往需要一些重要的税种来满足其支出的需求，因而在划归中央的公司所得税的同一税基上征收地方的公司所得税是一种常见的做法。

(2) 将那些税基流动性大的税种划归中央，如个人所得税、公司所得税、增值税、销售税和遗产赠与税等。这些税种如果划归地方政府，各地税率不一，便会引起税基的非正常流动，居民会流向个人所得税、销售税和遗产税较低的地区，公司会迁移到公司所得税较低的地方。这种税基的非正常流动并不能够反映资源配置的优化，而是地区间税率差异的人为结果。另外，如果公司所得税完全划归地方，会形成各地税率不一的格局，一些企业则通过“转让定价”的办法将利润转移到税率低的地区。

(3) 对于那些与自然资源有关的税种（如矿产税），如果在地区间分布不均匀，则应该划归中央，以免导致地区间税源的不平衡。但如果某些自然资源在地区间分布均匀，由于税基不可流动，则更适合于划归地方政府。

(4) 将进出口关税和其他收费全部划归中央政府。

(5) 将那些税基流动性较小的、税源分布较广（不易统一征收）的税种，如房产税、土地税、土地增值税等划归地方政府。

17.3.3 分税制财政管理体制

分税制至今已有上百年的历史，已经成为一整套比较完整、系统的财政管理体制。具体说来，分税制主要包括“分事”、“分税”、“分管”三层含义。

所谓“分事”，就是按照一定社会管理和经济体制的要求，在各级政府间划分社会管理权和经济管理权，并以此为依据确定各级政府的预算支出范围。

所谓“分税”，是在划分事权和支出范围的基础上，按照财权与事权相统一的原则在中央与地方之间划分税种，即将税种划分为中央税、地方税和中央地方共享税，以划定中央和地方的收入来源。

所谓“分管”，是在分事和分税的基础上实行分级财政管理，建立中央与地方两级税收征管体系，设置中央和地方两套税收征管机构，分别负责中央税和地方税的征收管理工作。

同时，实行分税制必须配合以中央对地方、上级政府对下级政府的转移支付制度，以此来调节不同地区间预算财力的差距，实现公平分配原则与财权、事权的统一。

本章小结

1. 财政分权理论在很大程度上是以资源配置或经济效率理论为基础的，同时基于政治方面的考虑也是不可忽略的影响因素。具体说来，财政分权理论包括：公共物品理论，集权、分权理论，财政联邦主义和俱乐部理论。

2. 在考察中央与地方政府间财政关系的时候，必须对财政职能进行结构分析：对于资源配置职能，由于地方政府对本地区居民公共需要的了解要比中央政府更多一些，可以因地制宜地为本地区居民提供质量上乘、数量适当的地方性公共物品，所以，与中央政府相比较，地方政府在资源配置方面可能更有优势。对于收入分配职能和稳定经济职能，由于具有全国性意义，所以应该是中央政府义不容辞的职责。

3. 政府间的事权划分，应该遵循受益范围原则、事权与财权相对称原则、效率原则和法律规范原则。在世界各国的具体做法中，尽管所采用的方法并不相同，对具体项目的处理也不完全一致，但还是存在某些共性，并形成了一定的基本格局。

4. 政府间的财政支出划分，要遵循受益原则、行动原则和技术原则，同时应该与其事权划分的口径一致，并按照经济效率的要求，由中央和地方政府根据居民的偏好以尽可能低的资源耗费分别提供不同层次的公共物品。

5. 政府间的财政收入划分，主要体现在对税收收入的划分上。政府间税收收入的划分（也称为税收分割）应当遵循效率原则、适应原则、恰当原则和经济利益原则；可供选择的划分方式主要包括分割税额、分割税率、分割税种、分割税制及混合型五种类型；在具体操作中，应该将那些与稳定国民经济有关的税种、与收入再分配有关的税种、与自然资源有关的税种、税基流动性大的税种，以及进出口关税和其他收费全部划归中央政府，而将那些税基流动性较小、税源分布较广的税种划归地方政府。

6. 分税制就是将国家的全部税种在中央和地方之间进行划分，确定中央财政和地方财政的收入范围，以保证中央政府和地方政府各自职能的顺利实现。其实质是根据中央政府和地方政府的事权确定其相应的财权，通过税种的划分形成中央与地方的收入体系。分税制主要包括“分事”、“分税”、“分管”三层含义。

关键术语

财政联邦主义	俱乐部理论	分税制	税收分割
分割税额	分割税率	分割税种	分割税制
混合型税收分割方式	共享税		

复习思考题

1. 财政分权理论包括哪些理论？它们的具体内容是什么？

2. 财政职能应该如何在中央与地方政府之间进行划分？

3. 政府间的事权划分应该遵循哪些原则？世界各国的具体做法中有哪些共同特征？

4. 政府间的财政支出划分应该遵循哪些原则？世界各国的具体做法中有哪些共同特征？

5. 政府间的税收收入划分应该遵循哪些原则？税收收入划分（税收分割）的方式有哪些？税收收入划分的具体做法有哪些？

6. 分税制财政管理体制具体包括哪些内容？

本章阅读书目

1. 何盛明. 地方财政学. 大连：东北财经大学出版社，1992
2. 孙开. 政府间财政关系研究. 大连：东北财经大学出版社，1994
3. [美] 费雪. 州和地方财政. 北京：中国人民大学出版社，2000

第 18 章

政府间转移支付制度

转移支付制度是当今世界各国普遍采用的，用来与分税制体制相配套，规范中央政府与地方政府之间财政关系，执行收入分配政策，调控经济运行，促进地区经济协调发展的重要手段。它是保证国家稳定和统一的重要法宝。从国际经验来看，任何国家客观上都需要维护中央政府的权威，这就要求中央政府集中相对较多的财权、财力，在经济上通过政府间转移支付制度，使地方政府的行政财力有赖于中央政府的支持，以保证政令畅通，经济协调稳定发展。从这个意义上说，政府间转移支付是与政府间财政关系问题密不可分的，中央与地方政府实行真正的分级管理是建立转移支付制度的前提，而规范的转移支付制度是实施分税制财政管理体制的保障。

本章主要介绍政府间转移支付的基本概念和特点、政府间转移支付的理论依据以及政府间转移支付的类型。

重点问题

- 政府间转移支付的概念和特点
- 政府间转移支付的理论依据

● 政府间转移支付的种类

18.1　政府间转移支付概述

18.1.1　政府间转移支付的含义

最早提出转移支付概念的是著名经济学家庇古，他在 1928 年出版的《财政学研究》中，第一次使用了这一概念。庇古之后，转移支付的概念逐渐为人们所接受，并逐渐完善。凯恩斯主义出现后，随着国家干预的加强，转移支付在政府财政支出中所占的比例越来越大，其作用也日益为社会所认可。

庇古所定义的转移支付形成了转移支付制度的最基本内涵，但随着转移支付制度的不断完善和发展，转移支付从范围到作用日渐扩大，世界各国对转移支付的理解也产生了一定的差别。中国的财政理论界和实际部门一般把转移支付理解为政府单方面的无偿支出，主要包括补助支出、捐赠支出和债务利息支出，并按支付对象的不同，将其划分为政府向居民、企业的转移支付和政府与政府之间的转移支付，而且讨论的对象多以政府间的转移支付为主。

政府间转移支付是指一个国家的各级政府彼此之间在既定的职责范围、支出责任和税收划分框架下所进行的财政资金的相互转移。它包括上级政府对下级政府的各项补助、下级政府向上级政府的上解收入、共享税的分配以及发达地区对不发达地区的补助等。因此，可以将政府间转移支付归纳为纵向转移支付和横向转移支付两种形式。

18.1.2　政府间转移支付的特点

政府间转移支付有以下三个特点：

1. 政府间转移支付的范围只限于政府之间。政府间转移支付是各级政府间的财政资金转移，活动范围只限于各级政府之间，将政府对企业、个人的支出暂时排除在外。具体来说，它只在财政纵向各级次之间或横向财政的各区域之间进行财政分配活动，其方向是由富向穷转移。无论是横向转移还是纵向转移，都必须按照这个方向进行。

2. 政府间转移支付是无偿的支出。转移支付的一般特征是其支出没有与商品或劳务相交换，政府间财政转移支付是一种不以取得商品或劳务作为补偿的支出。这部分资金的分配原则不是等价交换，而是按均等化原则来分配，是一种无代价的支出。

3. 政府间转移支付并非政府的最终支出。政府间转移支付中的财政资金是在不同政府间的转移，不是一种直接的支出，而是资金使用权从一个实体转向另一个实体。在转移支付的过程中，并不创造新的价值，也不增加资金供给量，不影响市场的供需关系。总之，政府间转移支付并不改变社会财力总量，改变的是资金使用权，只有接受转移支付的主体将资金投入使用，才形成最终支出。

18.2 政府间转移支付的理论依据

各国政府为什么要实行政府间的转移支付制度？这恐怕应该从地方性公共物品的外溢性、纵向和横向的财政失衡以及税收分割的不足等方面来寻找原因。①

18.2.1 地方性公共物品的外溢性与政府间转移支付

政府间转移支付是矫正在地方政府提供公共物品过程中可能出现的行为扭曲现象的一种手段。

地方性公共物品的外溢性，是一个与辖区规模有密切联系的范畴，而辖区规模究竟多大才有效，主要取决于辖区所提供的公共物品的特点，尤其是提供公共物品时所产生的外溢性的程度，同时还取决于辖区规模的效益。举例来说，如果辖区甲内公共物品的效益（或成本）溢出到辖区乙内，而与此同时，辖区乙内的居民却未曾对溢进的这种公共物品进行过任何公共选择，也未曾因这种公共物品的提供而缴纳任何税收（或得到任何补贴），于是，便会出现各个辖区间的所谓公共物品外溢性作用的问题。

严格地讲，地方政府提供地方性公共物品的受益范围几乎不可能恰好被限定在地方政府的辖区之内。实际上，这其中是包括两种情况的：一是地方性公共物品的受益（或者受侵害）范围很可能会超出地方政府辖区的界限，使其他地区在受益或受侵害的同时并不承担任何成本或者没有得到任何补偿；二是地方性公共物品的受益范围也许尚未达到地方政府辖区的界限，从而显现出公共物品数量不足和“质量”不佳的问题。第二种情况应该由地方政府通过调整公共物品的提供方式和提供数量来解决，而第一种情况才是我们在研究政府间转移支付问题时所应该着重考察的。

---

① 参见寇铁军：《财政学》，大连，东北财经大学出版社，2001。

在第一种情形中，地方性公共物品的外溢性问题似乎是不可避免的，而且，具有外部效应的公共物品的成本往往是由该公共物品的提供者承担的。那么，对于地方政府来说，在外部效应存在和成本自担两种因素的共同作用下，其提供公共物品时所采取的策略便容易产生某种程度的扭曲和偏差。具体表现为：当存在着正的外部效应时，从本地利益出发，地方政府有可能高估提供公共物品的成本，而低估其整体效益，并有可能以无法完全负担成本为理由，减少此类外部效应比较理想的公共物品的提供；与此相反，当公共物品附带着负的外部效应时，地方政府则容易高估该公共物品的正效应，低估或者忽视提供该公共物品的成本，从而使这种附带着的负外部效应继续存在乃至有所增加。这种扭曲性政策的实施，不仅影响着地方性公共物品的提供和本地区及相关地区居民的利益，而且也不利于地区间经济关系的协调。这时只有中央政府才能够采取和运用相应的干预措施来矫正地方政府决策中的扭曲现象，由中央政府给予地方政府补助金，对具有外部效应的公共物品的提供进行适当调节。应该说，这是一种较为理想并且有效的方式，它实际上就是政府间的转移支付。

18.2.2 纵向和横向的财政失衡与政府间转移支付

所谓纵向财政失衡，是针对多级财政体制中，上下级政府间财政收支差异的状况而言的。当某一级政府面临着财政赤字，而其他级次政府财政却出现盈余时，这就意味着纵向财政失衡问题的存在。不论是中央财力相对过多、地方财力相对不足，还是地方财力相对过多、中央财力相对不足，也不论是从公平的角度还是效率的角度来看，对整个国家的社会经济发展都是不利的。纵向失衡问题需要切实得以解决，其主要方法就是通过纵向转移支付来进行财力的再分配，从而实现纵向的财政均衡。

从另一个角度来考察财政失衡问题，就会发现，一个国家内部不同地区之间的经济发展程度差异也会在财政上得以体现，即发达地区财政收入充裕，落后地区财源狭小，财政状况拮据。与此同时，落后地区却可能比发达地区更需要大量的基础性设施等方面的投资，这便是横向财政失衡问题。在更多的情况下，富裕地区能够为其居民提供较高水准的公共物品，而贫困地区却难以提供最基本的公共物品，这也应该被看做是横向财政失衡的一种表现。显而易见，横向财政失衡状况的存在和加剧是不利于各地区均衡发展和社会共同进步的。首先，地区间的这些差异会导致人口大规模的流动，即贫困地区的人口向经济发达、社会福利条件好的地区流动，这在一定程度上会导致人口流入地区的人均福利水平下降。其次，地区间的差别还会导致市场的分割和封锁，各地区为了本地的利益，避免本地资源外流，便会设置各种障碍，形成地区间的市场封锁和经济割据，不利于全国统一市场的形成和发展。同时，地区封锁还会导致地区产业结构的趋同化，不利于产业结构的优化和稀缺资源的合理有效配置。这里，更深刻的矛盾在于，在经济落后和税源有限的条件下，增税和发行公债等加重企业和居民负担的方式，并不是地方政府筹资的理想和可行渠道。而与落后地区相比较，发达地区财政资金的边际效应是递减的。因此，应该通过政府间的横向转移支付，由发达地区扶持落后地区的发展，增加财政资金的边际效用。通常，在发达和落后地区之间是很难自动形成这种财政资金转移的，因为各地方财政的收支活动都会以本地利益为出发点和归宿点。这就需要中央政府以国家整体利益代表者的身份，通过立法手段，强制性地要求发达地区向落后地区适当转移财力，实现均衡发展，并使这项制度规范化、制度化、科学化。

18.2.3 税收分割不足与政府间转移支付

税收分割不足也同样决定了政府间转移支付存在的合理性和必要性。首先，税收分割本身只是在中央与地方之间划分税收的归属，仅仅构成了政府间财政关系的一部分，而不是全部，尚有支出划分、收支关系协调等一系列复杂问题有待于在财政体制框架中加以处理。所以，尽管财权划分是分级分税财政管理体制中的重要一环，但简单地依靠税收分割手段并不能实现政府间关系的最佳协调。其次，无论是从理论层面还是从技术手段上讲，单纯的税收分割方式都难以使税收在各级政府之间的划分达到恰当和合理的地步，难以实现效率和公平的完美结合。所以，当今世界各国，不论其税收分割方法和体系多么健全，多么先进，在分税的同时却又几乎无一例外地实行着补助金制度，也就是政府间转移支付制度，以此来弥补分税方式所存在的固有缺陷。

18.3 政府间转移支付的种类

从不同的角度，按照不同的方法，可以将政府间转移支付划分为不同的种类：以上级政府对下级政府的转移支付是否定向为标准，可以将政府间转移支付分为选择性拨款（selective grants）和一般性拨款（general grants）；以是否要求下级政府提供配套资金为标准，可以将政府间转移支付划分为配套性拨款（matching grants）和非配套拨款（nonmatching grants）。

18.3.1 选择性拨款

选择性拨款也可以称为有条件拨款或专项拨款，是指一种具有明确的资金用途规定，即附有关于资金使用的附加条件的政府间转移支付形式，它体现着上级政府对下级政府定向支援或者委托下级政府办理某项公共服务供给的意图。

作为一种指定了用途的拨款，选择性拨款显然是不得挪作他用的。选择性拨款的主要功能在于，保证各个地区的居民享有与整个国民经济发展水平相适应的教育、医疗、文化生活、生态环境条件，协助下级政府改善交通、通讯、能源等经济发展的基础设施条件。根据不同时期经济社会发展状况，选择性拨款的项目范围及其补助比例也需要做相应的调整。同时，选择性拨款范围的大小和比例的高低，还应该视上级政府的财力状况而定。从下级政府角度来看，选择性拨款的确使之增加了财政收入，但在财力增加的同时，却并未能够获得较高的财权上的自由度，因为下级财政得到的是一笔规定了特定用途的拨款，它的使用需要以上级财政的意志为转移，下级政府只是具体负责落实拨款的用途，并且承诺达到既定的使用效果，还必须接受上级政府的检查和监督。

18.3.2 一般性拨款

一般性拨款也可以称为无条件拨款或非专项拨款，是一种不带使用条件或没有指定资金用途的政府间转移支付形式，其作用是重点解决下级政府的财政收入与责任不对称的问题。

与选择性拨款相反，一般性拨款并不规定所拨财政资金的具体用途或大致投向，它赋予下级政府以较大的自由权，使下级政府可以依照本地情况灵活地安排资金投向，上级政府对此一般不加过多的限制和干预。

18.3.3 配套性拨款

配套性拨款也可以称为对称拨款，是因在上级政府对下级政府实施转移支付时，同时也要求下级政府拿出相应的配套资金而得名的。这里所谓的“配套”，既可以是某一固定数额的资金，也可以是相当于上级财政拨款的一定比例的资金，意在由上级和下级政府共同承担提供公共物品的职责。它可能会限定资金的大致投向或具体使用范围，也可能不予严格的限定。配套数额或比例也是依照具体情况的不同而变化的，在下级财政较为拮据的情况下，补助金的配套数额或比例会低一些；对于富裕地区来说，即使配套数额或比例高一些的话，也是合情合理的。

18.3.4 非配套拨款

非配套拨款也可以称为非对称拨款，是指在上级政府对下级政府实施转移支付时，并不要求下级政府拿出配套资金的政府间转移支付形式。

与配套拨款相反，非配套拨款不要求下级财政拿出一定数额或比例的资金作为相应的配套资金，从而减轻了下级政府在使用上级政府转移支付资金时的财力负担，尤其对那些本来财政就不宽裕的下级政府来说，更是具有特殊的意义。

这里需要注意的是，无论是选择性拨款和一般性拨款，还是配套性拨款和非配套拨款，它们之间并不是完全割裂开来的，它们是相互联系、互有交叉的。换句话说，一笔选择性的政府间转移支付资金，既有可能是配套性的，也有可能是非配套性的；一般性拨款也是如此。同样，一笔配套性的政府间转移支付资金，既有可能是选择性的，也有可能是一般性的；非配套拨款亦然。

本章小结

1. 所谓转移支付，可以理解为政府单方面的无偿支出，主要包括补助支出、捐赠支出和债务利息支出。按照转移支付对象的不同，可以将其划分为政府向居民、企业的转移支付和政府与政府之间的转移支付。

2. 政府间转移支付是指一个国家的各级政府彼此之间在既定的职责范围、支出责任和税收划分框架下所进行的财政资金的相互转移，它包括上级政府对下级政府的各项补助、下级政府向上级政府上解的收入、共享税的分配以及发达地区对不发达地区的补助等。政府间转移支付有纵向转移支付和横向转移支付两种形式。

3. 政府间转移支付具有三个特点：(1) 政府间转移支付的范围只限于政府之间；(2) 政府间转移支付是无偿的支出；(3) 政府间转移支付并非政府的终极支出。

4. 实行政府间转移支付，可以从地方性公共物品的外溢性、纵向和横向的财政失衡以及税收分割的不足等方面来寻找理论依据。

5. 从不同的角度，按照不同的方法，可以将政府间转移支付划分为不同的种类：以上级政府对下级政府的转移支付是否定向为标准，可以将政府间转移支付分为选择性拨款和一般性拨款；以是否要求下级政府提供配套资金为标准，可以将政府间转移支付划分为配套性拨款和非配套拨款。

关键术语

转移支付　政府间转移支付　纵向财政失衡
横向财政失衡　政府间横向转移支付　政府间纵向转移支付
选择性拨款　一般性拨款　配套性拨款
非配套拨款

复习思考题

1. 何谓政府间转移支付？政府间转移支付有哪些特点？
2. 为什么要实行政府间转移支付？
3. 政府间转移支付包括哪些种类？每种形式具有什么样的含义？

本章阅读书目

1. 蒙丽珍. 转移支付分析比较及选择. 大连：东北财经大学出版社，1996
2. 刘小明. 财政转移支付制度研究. 北京：中国财政经济出版社，2001
3. [美] 费雪. 州和地方财政学. 北京：中国人民大学出版社，2009

参考文献

中文文献

[1] 陈共．财政学．成都：四川人民出版社，1991

[2] 陈共．财政学．北京：中国人民大学出版社，2009

[3] 邓子基．比较财政学．北京：中国财政经济出版社，1987

[4] 邓子基，张馨．现代西方财政学．北京：中国财政经济出版社，1994

[5] 高培勇．西方税收——理论与实践．北京：中国财政经济出版社，1993

[6] 高培勇，梁友平．国际税收知识手册．成都：四川人民出版社，1990

[7] 高培勇．国债运行机制研究．北京：商务印书馆，1995

[8] 葛惟熹．国际税收教程．北京：中国财政经济出版社，1987

[9] 何盛明．地方财政学．大连：东北财经大学出版社，1992

[10] 侯梦蟾．税收经济学导论．北京：中国财政经济出版社，1990

[11] 胡鞍钢，邹平．社会与发展：中国社会发展地区差距研究．杭州：浙江人民出版社，1999

[12] 胡代光，厉以宁．当代资产阶级经济学主要流派．北京：商务印书馆，1982

[13] 姜维壮．国际财政制度比较．北京：中国财政经济出版社，1991

[14] 孔令书，边立铭．俄罗斯联邦财政制度．北京：中国财政经济出版社，

1998

[15] 寇铁军. 财政学. 大连：东北财经大学出版社，2001

[16] 李超英. 财政学概要. 台北：五南图书出版公司，2000

[17] 李建昌，高培勇. 当代美国财税教程. 北京：世界知识出版社，1988

[18] 李九龙，於鼎丞. 外国税制. 大连：东北财经大学出版社，1987

[19] 厉以宁，秦宛顺. 现代西方经济学概论. 北京：北京大学出版社，1983

[20] 梁小民. 西方经济学导论. 北京：北京大学出版社，1984

[21] 刘宇飞. 当代西方财政学. 北京：北京大学出版社，2000

[22] 彭澄，倪平松. 外国财政. 大连：东北财经大学出版社，1987

[23] 平新乔. 财政原理与比较财政制度. 上海：上海三联书店，1992

[24] 孙开. 政府间财政关系研究. 大连：东北财经大学出版社，1994

[25] 史忠良，刘汉屏，钱淑萍，董福荣. 地方财税体制改革研究. 北京：中国财政经济出版社，1998

[26] 唐腾翔. 比较税制. 北京：中国财政经济出版社，1990

[27] 童伟. 匈牙利财政制度. 北京：中国财政经济出版社，1998

[28] 王朝才. 日本财政制度. 北京：中国财政经济出版社，1998

[29] 王传纶. 资本主义财政. 北京：中国人民大学出版社，1981

[30] 王莹，徐志等. 印度财政制度. 北京：中国财政经济出版社，1999

[31] 汪祥春. 当代西方宏观经济学. 大连：东北财经大学出版社，1993

[32] 韦自良. 香港税务指南. 北京：商务印书馆，1989

[33] 吴家声. 财政学. 台北：五南图书出版有限公司，1992

[34] 肖德义. 西方财政学. 北京：中国财政经济出版社，1989

[35] 薛天栋. 现代西方财政学. 上海：上海人民出版社，1983

[36] 张馨，杨志勇，郝联峰，袁东. 当代财政与财政学主流. 大连：东北财经大学出版社，2000

[37] 周玉津. 财政学概要. 台北：五南图书出版公司，2000

[38] 褚葆一. 当代美国经济. 北京：中国财政经济出版社，1981

[39] 朱秋霞. 德国财政制度. 北京：中国财政经济出版社，1999

中译本文献

[1] [美] 阿图·埃克斯坦. 公共财政学. 北京：中国财政经济出版社，1983

[2] [英] 安东尼·B·阿特金森，[美] 约瑟夫·E·斯蒂格利茨. 公共经济学. 上海：上海三联书店，1992

[3] [日] 坂入长太郎. 欧美财政思想史. 北京：中国财政经济出版社，1987

[4] [美] 保罗·R·格雷戈里，罗伯特·C·斯图尔特. 比较经济体制学. 上海：上海三联书店，1988

[5] [美] 保罗·萨缪尔森. 经济学. 北京：商务印书馆，1979

[6] [美] 鲍迪威，威迪逊. 公共部门经济学. 北京：中国人民大学出版社，2000

[7] [英] 布赖恩·摩根. 货币学派与凯恩斯学派. 北京：商务印书馆，1984

[8] [英] C. V. 布朗，P. M. 杰克逊. 公共部门经济学. 北京：中国人民大学出版社，2000

[9] [美] 哈维·S·罗森. 财政学. 北京：中国财政经济出版社，1992

[10] [英] 马歇尔. 经济学原理. 北京：商务印书馆，1997

[11] [美] R. A. 穆斯格雷夫，P. B. 穆斯格雷夫. 美国财政理论与实践. 北京：中国财政经济出版社，1987

[12] [美] 斯蒂格利茨. 公共部门经济学. 北京：中国人民大学出版社，2000

[13] [英] 西蒙·詹姆斯，克里斯托弗·诺布斯. 税收经济学. 北京：中国财政经济出版社，1988

[14] [美] 詹姆斯·M·布坎南. 民主过程中的财政. 上海：上海三联书店，1992

外文文献

[1] Ansel M. Sharp，Kent W. Olesn. *Public Finance*. Oklahama State University West Publishing Company，1978

[2] Coopers & Lybrand. *Asia & Australasia Tax Summaries* 1988. John Wiley & Sons，1988

[3] Coopers & Lybrand. *International Tax Summaries* 1990. John Wiley & Sons，1990

[4] David N. Hyman. *Public Finance*：*A Contemporary Application of Theory to Policy*. The Dryden Press，1990

[5] Deloitte Haskins & Sells. *Taxation of International Executives*. Kluwer Law and Taxation Publishers，1985

[6] Due，J. F.. *Government Finance*：*Economics of The Public Sector*. Richard D. Irvin Illinois，1981

[7] Earl R. Rolph, George F. Break. *Public Finance*. The Ronald Press Company, 1981

[8] Edger K. Browning, Jacquelene M. Browning. *Public Finance and The Price System*. Macmillan Publishing Inc. New York, 1982

[9] Hal R. Varin. *Intermediate Microeconomics*. W. Norton & Company, 1990

[10] H. J. Arrow. *The Economics of Taxation*. The Brookings Institution, 1980

[11] Howard Sutton. *Contemporary Economics*. The Dryden Press, 1976

[12] James A. Maxwell, Richard J. Aronson. *Financing State and Local Government*. Brookings Institution Washington D. C. , 1977

[13] Michael J. Boskin and Charles E. Mclure, Jr. *World Tax Reform: Case Studies of Developed and Developing Countries*. International Center for Economic Growth, 1990

[14] Richard A. Brealey, Stewart C. Myers. *Principles of Corporate Finance*. McGraw-Hill Inc. , 1991

[15] Richard A. Musgrave, Peggy B. Musgrave. *Public Finance in Theory and Practice*. McGraw-Hill Book Company, 1984

[16] R. W. Boadway. *Public Economics*. Little Browand Company, 1979

[17] Wayland D. Gardner. *Government Finance: Federal, State and Local*. Prentice-Hall Inc. , 1978

人大版公共管理类教材

公共管理类专业教材——学科基础课教材

书名	作者
现代管理学原理（第三版）（“十一五”国家级规划教材）	娄成武　魏淑艳
一般管理学原理（第四版）	张康之　周　军
管理学基础（第三版）	方振邦
政治学原理（第三版）	景跃进　张小劲
现代政治学原理（第四版）	石永义　刘玉萼　张　璋
公共管理学（第二版）	陈振明
公共管理学——一种不同于传统行政学的研究途径（第二版）	陈振明
公共管理学（第三版）（数字教材版）（“十二五”国家级规划教材）	蔡立辉　王乐夫
公共管理学（精编版）	王乐夫　蔡立辉
公共管理学（第二版）	张康之　郑家昊
公共管理概论（第二版）	朱立言　谢　明
公共政策导论（第六版）（数字教材版）	谢　明
公共政策概论（第二版）	谢　明
公共政策学——政策分析的理论、方法和技术（“十一五”国家级规划教材）	陈振明
公共政策学（第二版）	杨宏山
政策科学——公共政策分析导论（第二版）	陈振明
公共经济学（第三版）（“十二五”国家级规划教材）	高培勇
公共经济学教程	秦立建
政府经济学（第四版）（“十一五”国家级规划教材）	郭小聪
政府经济学（第四版）	潘明星　韩丽华

公共管理类专业教材——方法课教材

书名	作者
公共管理研究方法	何兰萍　张俊艳
行政学研究方法与应用案例	萧鸣政　等
管理定量分析：方法与技术（第三版）	刘兰剑

公共管理类专业教材——行政管理、公共事业管理专业教材

书名	作者
行政法学导论	姜晓萍
公共部门人力资源管理（第四版）	孙柏瑛　祁凡骅
公共部门人力资源开发与管理（第五版）（“十二五”国家级规划教材）	孙柏瑛　祁凡骅
公共部门人力资源管理（第三版）	滕玉成　于　萍
公共部门人力资源管理概论（第二版）	方振邦
公共部门人力资源管理案例	周均旭
行政管理学（第五版）（数字教材版）	郭小聪
公共行政学（第五版）	彭和平

书名	作者
公共行政学（第二版）	张康之　张乾友
行政学导论（第三版）	齐明山
行政管理学导引与案例	陈季修
管理心理学（第三版）	范逢春
公共组织行为学（第三版）（“十一五”国家级规划教材）	孙　萍　张　平
公共组织学（第四版）	李传军
行政组织学（第二版）	张　昕　李　泉
公共组织理论	陆明远　冯　楠
公共事业管理概论（第三版）	朱仁显
公共组织财务管理（第三版）（“十一五”国家级规划教材）	王为民
国家公务员制度（第五版）（数字教材版）（“十二五”国家级规划教材）	舒　放　贾自欣
国家公务员制度概论（第二版）	刘碧强　郗永勤
公务员制度概论	李如海
公务员制度	温志强　王彦平　郝雅立
当代国家公务员制度：理论与实践	胡春艳
行政领导学（第三版）	朱立言　李国梁
领导学（第五版）	邱霈恩
领导学	孙　健
现代市政学（第五版）（数字教材版）	王佃利
市政管理学（第五版）（“十一五”国家级规划教材）	杨宏山
社区管理（第四版）	汪大海　魏　娜　郇建立
社区管理原理与案例	魏　娜
电子政务教程（第三版）（“十一五”国家级规划教材）	赵国俊
电子政府与电子政务（第二版）（“十一五”国家级规划教材）	张锐昕
行政伦理学教程（第四版）（“十二五”国家级规划教材）	张康之　李传军
公共危机管理概论（第二版）	王宏伟
公共危机管理	唐　钧
当代中国政府与政治（第二版）	景跃进　陈明明　肖　滨
当代中国政府与行政（第三版）	魏　娜　吴爱明
地方政府学概论（第二版）	方　雷
地方政府管理（第二版）	陈瑞莲　张紧跟
管理秘书实务（第三版）	赵锁龙
行政秘书学	唐　钧
公文写作与处理	赵国俊
机关管理的原理与方法（第三版）	赵国俊　陈幽泓
公共部门绩效管理（第二版）	方振邦
政府绩效管理（第二版）	方振邦　葛蕾蕾
政府绩效评估	蔡立辉
政府公共关系（第二版）（“十一五”国家级规划教材）	廖为建　张　宁
西方行政学理论概要（第二版）（“十一五”国家级规划教材）	丁　煌
公共行政学史（第二版）	何艳玲

书名	作者
西方公共管理名著导读	汪大海
文化管理学（第三版）（“十二五”国家级规划教材）	孙　萍
文化创意产业导论	魏鹏举
卫生事业管理（第二版）（“十一五”国家级规划教材）	李　鲁
现代公用事业管理	崔运武

公共管理类专业教材——劳动与社会保障专业教材

书名	作者
社会保障概论（第七版）	孙光德　董克用
社会保障学	戴卫东
劳动经济学（“十一五”国家级规划教材）	董克用　刘　昕
劳动法与社会保障法	黎建飞
社会保险学（第四版）	孙树菡　朱丽敏
社会保障基金管理	李春根
社会保障国际比较	仇雨临

公共管理类专业教材——土地资源管理专业教材

书名	作者
土地经济学（第八版）（“十一五”国家级规划教材）	毕宝德
土地法学（中国人民大学“十三五”规划教材）	严金明
土地资源学	张正峰　赵文武
土地资源管理学（第二版）	张正峰
国土空间规划学	张占录　张正峰
不动产估价（第二版）（“十一五”国家级规划教材）	叶剑平　曲卫东
土地信息系统	曲卫东　韩　琼
地籍管理（第五版）（“十一五”国家级规划教材）	谭　峻　林增杰

公共管理类专业教材——城市管理专业教材

书名	作者
城市管理学（第四版）	杨宏山
城市管理学：公共视角	陆　军　等
城市管理法	王丛虎
城市总体规划原理	郐艳丽　田　莉

公共管理类教材——应急管理专业教材

书名	作者
应急管理导论：原理与案例	李燕凌　朱正威 张海波　章文光
应急管理概论	王宏伟
应急管理理论与实践	唐　钧
突发事件风险管理	张小明

书名	作者
应急管理新论	王宏伟
新媒体时代的应急管理与危机公关	唐　钧
公共安全风险治理	唐　钧

公共管理硕士（MPA）教材——核心课教材

书名	作者
全国公共管理硕士（MPA）核心课程教学指导纲要	全国公共管理专业学位研究生教育指导委员会
社会主义建设理论与实践（第三版）	李景治　蒲国良
公共管理英语（修订版）	顾建光
学术规范和论文写作	胡宏伟
公共管理学（第三版）（全国优秀教材二等奖）	张成福　党秀云
公共管理学原理（修订版）	陈振明
公共管理导论	竺乾威　朱春奎　李瑞昌
公共政策分析	陈振明
公共政策分析导论	陈振明
公共政策分析概论（修订版）	谢　明
公共部门经济学（第三版）	高培勇　崔　军
公共经济学	唐任伍
行政法学（修订版）	皮纯协　张成福
行政法学概论（第三版）	胡锦光
非营利组织管理概论（修订版）	王　名
非营利组织管理	王　名　王　超
公共管理伦理学（修订版）	张康之
社会研究方法	陈振明
电子政务理论与方法（第五版）	金江军
公文写作概论	高永贵

公共管理硕士（MPA）教材——专业方向必修课、选修课教材

书名	作者
公务员制度教程（第六版）	舒　放　王克良
比较政府与政治（修订版）	卓　越
当代中国政府与政治（第三版）	吴爱明　朱国斌　林　震
公共部门人力资源管理及案例教程（第三版）	陈天祥
公共部门绩效评估（修订版）	卓　越
公共部门危机管理（第三版）	张小明
应急管理通论（第二版）	李雪峰
公共部门战略管理（修订版）	陈振明
MPA 学位论文写作指南	汪大海

中国人民大学出版社　管理分社

教师教学服务说明

中国人民大学出版社管理分社以出版工商管理和公共管理类精品图书为宗旨。为更好地服务一线教师，我们着力建设了一批数字化、立体化的网络教学资源。教师可以通过以下方式获得免费下载教学资源的权限：

- 在中国人民大学出版社网站 www.crup.com.cn 进行注册，注册后进入“会员中心”，在左侧点击“我的教师认证”，填写相关信息，提交后等待审核。我们将在一个工作日内为您开通相关资源的下载权限。
- 如您急需教学资源或需要其他帮助，请加入教师 QQ 群或在工作时间与我们联络。

中国人民大学出版社　管理分社

教师 QQ 群：648333426(工商管理)　1057207274(财会)
648117133(公共管理)
教师群仅限教师加入，入群请备注（学校+姓名）

联系电话：010-62515782，82501868，82501048，62514760

电子邮箱：glcbfs@crup.com.cn

通讯地址：北京市海淀区中关村大街甲 59 号文化大厦 1501 室（100872）

管理书社　　人大社财会　　公共管理与政治学悦读坊